Original illisible
NF Z 43-120-10

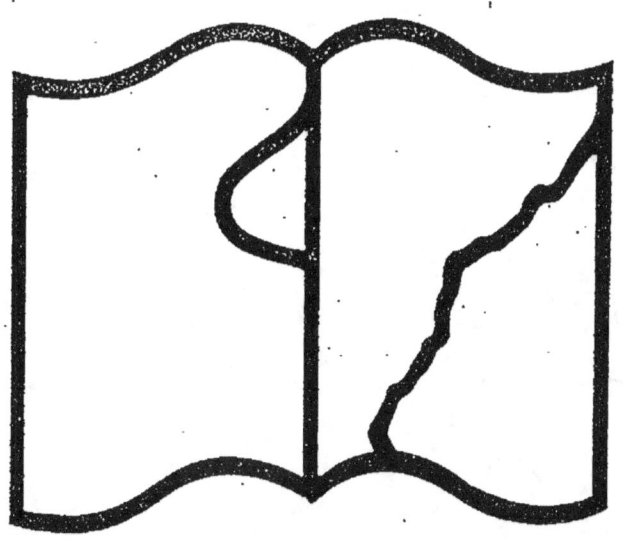

Texte détérioré — reliure défectueuse
NF Z 43-120-11

"VALABLE POUR TOUT OU PARTIE
DU DOCUMENT REPRODUIT".

OEUVRES

DE

NAPOLÉON

BONAPARTE.

IMPRIMERIE DE C. L. F. PANCKOUCKE.

OEUVRES

DE

NAPOLÉON BONAPARTE.

TOME QUATRIÈME.

PARIS,
C. L. F. PANCKOUCKE, ÉDITEUR,
Rue des Poitevins, n° 14.

MDCCCXXI.

OEUVRES DE NAPOLÉON BONAPARTE.

LIVRE CINQUIÈME.

EMPIRE.

1806.

Munich, le 6 janvier 1806[1].

Au sénat conservateur.

Sénateurs,

« La paix a été conclue à Presbourg et ratifiée à Vienne entre moi et l'empereur d'Autriche. Je voulais, dans une séance solennelle, vous en faire connaître moi-même les conditions ; mais ayant depuis long-temps arrêté, avec le roi de Bavière, le mariage de mon fils le prince Eugène, avec la princesse Augusta, sa fille, et me trouvant à Munich au moment où la célébration du mariage devait avoir lieu, je n'ai pu résister au plaisir d'unir moi-même les jeunes époux qui sont tous deux le modèle de leur sexe. Je suis, d'ailleurs, bien aise de donner à la maison royale de Bavière, et à ce brave peuple bavarois, qui, dans cette circonstance, m'a

---

[1] A compter du 1ᵉʳ janvier 1806, le calendrier républicain a été supprimé par une loi.

rendu tant de services et montré tant d'amitié, et dont les ancêtres furent constamment unis de politique et de cœurs à la France, cette preuve de ma considération et de mon estime particulière.

Le mariage aura lieu le 15 janvier. Mon arrivée au milieu de mon peuple sera donc retardée de quelques jours ; ces jours paraîtront longs à mon cœur ; mais après avoir été sans cesse livré aux devoirs d'un soldat, j'éprouve un tendre délassement à m'occuper des détails et des devoirs d'un père de famille. Mais ne voulant point retarder davantage la publication du traité de paix, j'ai ordonné, en conséquence de nos statuts constitutionnels, qu'il vous fût communiqué sans délai, pour être ensuite publié comme loi de l'empire.

NAPOLÉON.

Munich, le 12 janvier 1806.

Au sénat conservateur.

Sénateurs,

« Le sénatus-consulte organique du 18 floréal an 12 a pourvu à tout ce qui était relatif à l'hérédité de la couronne impériale en France.

« Le premier statut constitutionnel de notre royaume d'Italie, en date du 19 mars 1805, a fixé l'hérédité de cette couronne dans notre descendance directe et légitime, soit naturelle, soit adoptive [1].

« Les dangers que nous avons courus au milieu de la guerre, et qui se sont encore exagérés chez nos peuples d'Italie, ceux

---

[1] Art. 2. La couronne d'Italie est héréditaire dans sa descendance directe et légitime, soit naturelle, soit adoptive, de mâle en mâle, et à l'exclusion perpétuelle des femmes et de leur descendance, sans néanmoins que son droit d'adoption puisse s'étendre sur une autre personne, qu'un citoyen de l'empire français ou du royaume d'Italie (*Statut constitutionnel du royaume d'Italie, 19 mars 1805*).

que nous pouvons courir en combattant les ennemis qui restent encore à la France, leur font concevoir de vives inquiétudes : ils ne jouissent pas de la sécurité que leur offre la modération et la libéralité de nos lois, parce que leur avenir est encore incertain.

« Nous avons considéré comme un de nos premiers devoirs de faire cesser ces inquiétudes.

« Nous nous sommes en conséquence déterminé à adopter comme notre fils le prince Eugène, archi-chancelier d'état de notre empire, et vice-roi de notre royaume d'Italie. Nous l'avons appelé, après nous et nos enfans naturels et légitimes, au trône d'Italie, et nous avons statué qu'à défaut, soit de notre descendance directe, légitime et naturelle, soit de la descendance du prince Eugène, notre fils, il appartiendra au parent le plus proche de celui des princes de notre sang, qui, le cas arrivant, se trouvera alors régner en France.

« Nous avons jugé de notre dignité que le prince Eugène jouisse de tous les honneurs attachés à notre adoption, quoiqu'elle ne lui donne des droits que sur la couronne d'Italie ; entendant que dans aucun cas, ni dans aucune circonstance, notre adoption ne puisse autoriser ni lui, ni ses descendans, à élever des prétentions sur la couronne de France, dont la succession est irrévocablement réglée par les constitutions de l'empire.

» L'histoire de tous les siècles nous apprend que l'uniformité des lois nuit essentiellement à la force et à la bonne organisation des empires, lorsqu'elle s'étend au-delà de ce que permettent, soit les mœurs des nations, soit les considérations géographiques.

« Nous nous réservons, d'ailleurs, de faire connaître par des dispositions ultérieures les liaisons que nous entendons qu'il existe après nous, entre tous les états fédératifs de l'empire français. Les différentes parties indépendantes entre elles, ayant un intérêt commun, doivent avoir un lien commun.

« Nos peuples d'Italie accueilleront avec des transports de joie les nouveaux témoignages de notre sollicitude ; ils verront un garant de la félicité dont ils jouissent, dans la permanence du gouvernement de ce jeune prince, qui, dans des circonstances si orageuses, et surtout dans ces premiers momens si difficiles pour les hommes même expérimentés, a su gouverner par l'amour, et faire chérir nos lois.

« Il nous a offert un spectacle dont tous les instans nous ont vivement intéressés. Nous l'avons vu mettre en pratique, dans des circonstances nouvelles, les principes que nous nous étions étudié à inculquer dans son esprit et dans son cœur, pendant tout le temps où il a été sous nos yeux. Lorsqu'il s'agira de défendre nos peuples d'Italie, il se montrera également digne d'imiter et de renouveller ce que nous pouvons avoir fait de bien dans l'art si difficile des batailles.

« Au même moment où nous avons ordonné que notre quatrième statut constitutionnel fût communiqué aux trois colléges d'Italie, il nous a paru indispensable de ne pas différer un instant à vous instruire des dispositions qui asseoient la prospérité et la durée de l'empire sur l'amour et l'intérêt de toutes les nations qui le composent. Nous avons aussi été persuadés que tout ce qui est pour nous un sujet de bonheur et de joie, ne saurait être indifférent ni à vous, ni à mon peuple. »

NAPOLÉON.

Paris, le 2 mars 1806.

Discours prononcé par l'empereur à l'ouverture du corps législatif.

« Messieurs les députés des départemens au corps législatif, messieurs les tribuns et les membres de mon conseil-d'état, depuis votre dernière session, la plus grande partie de l'Europe s'est coalisée avec l'Angleterre. Mes armées n'ont cessé de vaincre que lorsque je leur ai ordonné de ne plus combattre. J'ai vengé les droits des états faibles, opprimés par les forts. Mes alliés ont augmenté en puissance et en considération ; mes ennemis ont été humiliés et confondus ; la maison de Naples a perdu sa couronne sans retour ; la presqu'île de l'Italie toute entière fait partie du grand empire. J'ai garanti, comme chef suprême, les souverains et les constitutions qui en gouvernent les différentes parties.

« La Russie ne doit le retour des débris de son armée, qu'au bienfait de la capitulation que je lui ai accordée. Maître de renverser le trône impérial d'Autriche, je l'ai raffermi. La conduite du cabinet de Vienne sera telle, que la postérité ne me reprochera pas d'avoir manqué de prévoyance. J'ai ajouté une entière confiance aux protestations qui m'ont été faites par son souverain. D'ailleurs, les hautes destinées de ma couronne ne dépendent pas des sentimens et des dispositions des cours étrangères. Mon peuple maintiendra toujours ce trône à l'abri des efforts de la haine et de la jalousie ; aucun sacrifice ne lui sera pénible pour assurer ce premier intérêt de la patrie.

« Nourri dans les camps, et dans des camps toujours triomphans, je dois dire cependant que, dans ces dernières circonstances, mes soldats ont surpassé mon attente ; mais il m'est doux de déclarer aussi que mon peuple a rempli tous ses devoirs. Au fond de la Moravie, je n'ai pas cessé un instant d'éprouver les effets de son amour et de son enthousiasme. Jamais il ne m'en a donné des marques qui aient pénétré mon cœur de plus douces émotions. Français ! je n'ai pas été trompé dans mon espérance. Votre amour, plus que l'étendue et la richesse de votre territoire, fait ma gloire. Magistrats, prêtres, citoyens, tous se sont montrés dignes des hautes destinées de cette belle France, qui, depuis deux siècles, est l'objet des ligues et de la jalousie de ses voisins.

« Mon ministre de l'intérieur vous fera connaître les événemens qui se sont passés dans le cours de l'année. Mon conseil-d'état vous présentera des projets de lois pour améliorer les différentes branches de l'administration. Mes ministres des finances et du trésor public vous communiqueront les comptes qu'ils m'ont rendus, vous y verrez l'état prospère de nos finances. Depuis mon retour, je me suis occupé sans relâche de rendre à l'administration ce ressort et cette activité qui portent la vie jusqu'aux extrémités de ce vaste empire. Mon peuple ne supportera pas de nouvelles charges, mais il vous sera proposé de nouveaux développemens au système des finances, dont les bases ont été posées l'année dernière. J'ai l'intention de diminuer les impositions directes qui pèsent uniquement sur le territoire, en remplaçant une partie de ces charges par des perceptions indirectes.

Les tempêtes nous ont fait perdre quelques vaisseaux après un combat imprudemment engagé. Je ne saurais trop me louer de la grandeur d'ame et de l'attachement que le roi d'Espagne a montrés dans ces circonstances pour la cause commune. Je désire la paix avec l'Angleterre. De mon côté, je n'en retarderai jamais le moment. Je serai toujours prêt à la conclure, en prenant pour base les stipulations du traité d'Amiens. Messieurs les députés du corps législatif, l'attachement que vous m'avez montré, la manière dont vous m'avez secondé dans les dernières sessions ne me laissent point de doute sur votre assistance. Rien ne vous sera proposé qui ne soit nécessaire pour garantir la gloire et la sûreté de mes peuples. »

NAPOLÉON.

Au palais des Tuileries, le 15 mars 1806.

Acte impérial.

Napoléon, par la grâce de Dieu et les constitutions, empereur des Français et roi d'Italie, à tous ceux qui les présentes verront salut :

LL. MM. les rois de Prusse et de Bavière nous ayant cédé respectivement les duchés de Clèves et de Berg dans toute leur souveraineté, généralement avec tous droits, titres et prérogatives qui ont été de tous temps attachés à la possession de ces deux duchés, ainsi qu'ils ont été possédés par eux, pour en disposer en faveur d'un prince à notre choix, nous avons transmis lesdits duchés, droits, titres, prérogatives, avec la pleine souveraineté, ainsi qu'ils nous ont été cédés, et les transmettons par la présente au prince Joachim, notre très-cher beau-frère, pour qu'il les possède pleinement et dans toute leur étendue, en qualité de duc de Clèves et de Berg, et les transmette héréditairement à ses descendans mâles naturels et légitimes, d'après l'ordre de primogéniture, avec exclusion perpétuelle du sexe féminin et de sa descendance.

Mais si, ce que Dieu veuille prévenir, il n'existait plus de descendant mâle, naturel et légitime dudit prince Joachim, notre beau-frère, les duchés de Clèves et de Berg passeront avec tous droits, titres et prérogatives, à nos descendans mâles, naturels et légitimes, et s'il n'en existe plus, aux descendans de notre frère le prince Joseph, et à défaut d'eux, aux descendans de notre frère le prince Louis, sans que dans aucun cas lesdits duchés de Clèves et de Berg puissent être réunis à notre couronne impériale.

Comme nous avons été particulièrement déterminés au choix que nous avons fait de la personne du prince Joachim, notre beau-frère, parce que nous connaissons ses qualités distinguées, et que nous étions assuré des avantages qui doivent en résulter pour les habitans des duchés de Berg et de Clèves, nous avons la ferme confiance qu'ils se montreront dignes de la grâce de leur nouveau prince, en continuant de jouir de la bonne réputation acquise sous leur ancien prince, par leur fidélité et attachement, et qu'ils mériteront par là notre grâce et notre protection impériale.   NAPOLÉON.

Au palais des Tuileries, le 30 mars 1806.

Message au sénat conservateur.

Sénateurs,

« Nous avons chargé notre cousin, l'archi-chancelier de l'empire, de vous donner connaissance, pour être transcrits sur vos registres : 1°. Des statuts qu'en vertu de l'article 14 de l'acte des constitutions de l'empire, en date du 28 floréal an 12, nous avons jugé convenable d'adopter : ils forment la loi de notre famille impériale. 2°. De la disposition que nous avons faite du royaume de Naples et de Sicile, des duchés de Berg et de Clèves, du duché de Guastalla et de la principauté de Neufchâtel, que différentes transactions politiques ont mis entre nos mains. 3°. De l'accroissement de territoire que nous avons trouvé à propos de donner, tant à notre royaume d'Italie, en y incorporant tous les états vénitiens, qu'à la principauté de Lucques.

« Nous avons jugé, dans ces circonstances, devoir imposer plusieurs obligations, et faire supporter plusieurs charges à notre couronne d'Italie, au roi de Naples et au prince de Lucques. Nous avons ainsi trouvé moyen de concilier les intérêts et la dignité de notre trône, et le sentiment de notre reconnaissance pour les services qui nous ont été rendus dans la carrière civile et dans la carrière militaire. Quelle que soit la puissance à laquelle la divine Providence et l'amour de nos peuples nous aient élevé, elle est insuffisante pour récompenser tant de braves, et pour reconnaître les nombreux témoignages de fidélité et d'amour qu'ils ont donnés à notre personne. Vous remarquerez dans plusieurs des dispositions qui vous seront communiquées, que nous ne nous sommes pas uniquement abandonné aux sentimens affectueux dont nous étions pénétré, et au bonheur de faire du bien à ceux qui nous ont si bien servi : nous avons été principalement guidé par la grande pensée de consolider l'ordre social et notre trône qui en est le fondement et la base, et de donner des centres de correspondance et d'appui à ce grand empire ; elle se rattache à nos pensées les plus chères, à celle à laquelle nous avons dévoué notre vie entière, la grandeur et la prospérité de nos peuples. » NAPOLÉON.

Au palais des Tuileries, le 30 mars 1806.

Préambule de l'acte constitutif de la famille impériale.

Napoléon, par la grâce de Dieu et les constitutions de l'état, empereur des Français et roi d'Italie, à tous présens et à venir, salut :

L'article 14 de l'acte des constitutions du 28 floréal an 12, porte que nous établirons par des statuts auxquels nos successeurs seront tenus de se conformer, les devoirs des individus de tout sexe, membres de la maison impériale, envers l'empereur. Pour nous acquitter de cette importante obligation, nous avons considéré dans son objet et dans ses conséquences la disposition dont il s'agit, et nous avons pesé les principes sur lesquels doit reposer le statut constitutionnel qui formera la loi de notre famille. L'état des princes appelés à régner sur ce vaste empire et à le fortifier par des alliances, ne saurait être absolument le même que celui des autres Français. Leur naissance, leur mariage, leur décès, les adoptions qu'ils pourraient faire, intéressent la nation toute entière, et influent plus ou moins sur ses destinées ; comme tout ce qui concerne l'existence sociale de ces principes appartient plus au droit politique qu'au droit civil, les dispositions de celui-ci ne peuvent leur être appliquées qu'avec les modifications déterminées par la raison d'état ; et si cette raison d'état leur impose des obligations dont les simples citoyens sont affranchis, ils doivent les considérer comme une conséquence nécessaire de cette haute dignité à laquelle ils sont élevés, et qui les dévoue sans réserve aux grands intérêts de la patrie et à la gloire de notre maison. Des actes aussi importans que ceux qui constatent l'état civil de la maison impériale, doivent être reçus dans les formes les plus solennelles ; la dignité du trône l'exige, et il faut d'ailleurs rendre toute surprise impossible.

En conséquence, nous avons jugé convenable de confier à notre cousin l'archi-chancelier de l'empire, le droit de remplir exclusivement, par rapport à nous et aux princes et princesses de notre maison, les fonctions attribuées par les lois aux officiers de l'état civil. Nous avons aussi commis à l'archi-chancelier le soin de recevoir le testament de l'empereur et le statut qui fixera le douaire de l'impératrice. Ces actes, ainsi que ceux de l'état civil, tiennent de si près à la maison impériale et à l'ordre politique, qu'il est impossible de leur appliquer exclusivement les formes ordinairement employées pour les contrats et pour les dispositions de dernière volonté.

Après avoir réglé l'état des princes et princesses de notre sang, notre sollicitude devait se porter sur l'éducation de leurs enfans ; rien de plus important que d'écarter d'eux, de bonne heure, les flatteurs qui tenteraient de les corrompre ; les ambitieux qui, par des complaisances coupables, pourraient capter leur confiance, et préparer à la nation des souverains faibles, sous le nom desquels ils se promettraient un jour de régner. Le choix des personnes chargées de l'éducation des enfans des princes et princesses de la maison impériale doit donc être réservé à l'empereur. Nous avons ensuite considéré les princes et princesses dans les actions communes de la vie. Trop souvent la conduite des princes a troublé le repos des peuples, et produit des déchiremens dans l'état. Nous devons armer les empereurs qui régneront après nous, de tout le pouvoir nécessaire pour prévenir ces malheurs dans leur cause éloignée, pour les arrêter dans leurs progrès, pour les étouffer lorsqu'ils éclatent. Nous avons aussi pensé que les princes de l'empire, titulaires des grandes dignités, étant appelés par leurs éminentes prérogatives à servir d'exemple au reste de nos sujets, leur conduite devait, à plusieurs égards, être l'objet de notre particulière sollicitude. Tant de précautions seraient sans doute inutiles, si les souverains qui sont destinés à s'asseoir un jour sur le trône impérial, avaient, comme nous, l'avantage de ne voir autour d'eux que des parens dévoués à leur service et au bonheur des peuples, que des grands, distingués par un attachement inviolable à leur personne; mais notre prévoyance doit se porter sur d'autres temps, et notre amour pour la patrie nous presse d'assurer, s'il se peut, aux Français, pour une longue suite de siècles, l'état de gloire et de prospérité où, avec l'aide de Dieu, nous sommes parvenu à les placer.

A ces causes, nous avons décrété et décrétons le présent statut, auquel, en exécution de l'article 14 de l'acte des constitutions de l'empire, du 28 floréal an 12, nos successeurs seront tenus de se conformer. NAPOLÉON.

Au palais des Tuileries, le 30 mars 1806.

Acte impérial.

Les intérêts de notre peuple, l'honneur de notre couronne, et la tranquillité du continent de l'Europe, voulant que nous assurions d'une manière stable et définitive le sort des peuples de Naples et de Sicile tombés en notre pouvoir par le droit de conquête, et faisant d'ailleurs partie du grand empire, nous avons déclaré et déclarons par les présentes, reconnaître pour roi de Naples et de Sicile, notre frère bien aimé Joseph Napoléon, grand-électeur de France. Cette couronne sera héréditaire par ordre de primogéniture dans sa descendance masculine, légitime et naturelle. Venant à s'éteindre, ce que Dieu ne veuille, sadite descendance, nous prétendons y appeler nos enfans mâles, légitimes et naturels, par ordre de primogéniture, et à défaut de nos enfans mâles, légitimes et naturels, ceux de notre frère Louis et de sa descendance masculine, légitime et naturelle, par ordre de primogéniture; nous réservant, si notre frère Joseph Napoléon venait à mourir de notre vivant, sans laisser d'enfans mâles, légitimes et naturels, le droit de désigner, pour succéder à ladite couronne, un prince de notre maison, ou même d'y appeler un enfant adoptif, selon que nous le jugerons convenable pour l'intérêt de nos peuples et pour l'avantage du grand système que la divine Providence nous a destiné à fonder.

Nous instituons dans ledit royaume de Naples et de Sicile six grands fiefs de l'empire, avec le titre de duché et les mêmes avantages et prérogatives que ceux qui sont institués dans les provinces vénitiennes réunies à notre couronne d'Italie, pour être, lesdits duchés, grands fiefs de l'empire, à perpétuité, et le cas échéant, à notre nomination et à celle de nos successeurs. Tous les détails de la formation desdits fiefs sont remis aux soins de notre dit frère Joseph Napoléon.

Nous nous réservons sur ledit royaume de Naples et de Sicile, la disposition d'un million de rentes pour être distribué aux généraux, officiers et soldats de notre armée qui ont rendu le plus de services à la patrie et au trône, et que nous désignerons à cet effet, sous la condition expresse de ne pouvoir, lesdits généraux, officiers ou soldats, avant l'expiration de dix années, vendre ou aliéner lesdites rentes qu'avec notre autorisation.

Le roi de Naples sera à perpétuité grand dignitaire de l'empire, sous le titre de grand-électeur; nous réservant toutefois, lorsque nous le jugerons convenable, de créer la dignité de prince vice-grand-électeur.

Nous entendons que la couronne de Naples et de Sicile, que nous plaçons sur la tête de notre frère Joseph Napoléon et de ses descendans, ne porte atteinte en aucune manière que ce soit à leurs droits de succession au trône de France. Mais il est également dans notre volonté que les couronnes, soit de France, soit d'Italie, soit de Naples et de Sicile, ne puissent jamais être réunies sur la même tête.

NAPOLÉON.

Au palais des Tuileries, le 30 mars 1806.

Acte impérial.

Napoléon, par la grâce de Dieu et les constitutions, empereur des Français et roi d'Italie, à tous présens et à venir, salut :

La principauté de Guastalla étant à notre disposition, nous en avons disposé, comme nous en disposons par les présentes, en faveur de la princesse Pauline, notre bien-aimée sœur, pour en jouir, en toute propriété et souveraineté, sous le titre de princesse et duchesse de Guastalla.

Nous entendons que le prince Borghèse, son époux, porte le titre de prince et duc de Gastualla; que cette principauté soit transmise, par ordre de primogéniture, à la descendance masculine, légitime et naturelle de notre sœur Pauline; et, à défaut de ladite descendance masculine, légitime et naturelle, nous nous réservons de disposer de la principauté de Gustalla, à notre choix, et ainsi que nous le jugerons convenable pour le bien de nos peuples, et pour l'intérêt de notre couronne.

Nous entendons toutefois que le cas arrivant où ledit prince Borghèse survivrait à son épouse, notre sœur, la princesse Pauline, il ne cesse pas de jouir personnellement et sa vie durant, de ladite principauté.   NAPOLÉON.

Au palais des Tuileries, le 30 mars 1806.

Acte impérial.

Voulant donner à notre cousin le maréchal Berthier, notre grand-veneur et notre ministre de la guerre, un témoignage de notre bienveillance pour l'attachement qu'il nous a montré, et la fidélité et le talent avec lesquels il nous a constamment servi, nous avons résolu de lui transférer, comme en effet, nous lui transférons par les présentes, la principauté de Neufchâtel avec le titre de prince et duc de Neufchâtel, pour la posséder en toute propriété et souveraineté, telle qu'elle nous a été cédée par S. M. le roi de Prusse. Nous entendons qu'il transmettra ladite principauté à ses enfans mâles, légitimes et naturels, par ordre de primogéniture, nous réservant, si sa descendance masculine légitime et naturelle venait à s'éteindre, ce que Dieu ne veuille, de transmettre ladite principauté aux mêmes titres et charges, à notre choix, et ainsi que nous le croirons convenable pour le bien de nos peuples et l'intérêt de notre couronne. Notre cousin le maréchal Berthier prêtera en nos mains, et en sadite qualité de prince et duc de Neufchâtel, le serment de nous servir en bon et loyal sujet. Le même serment sera prêté à chaque vacance par ses successeurs. Nous ne doutons pas qu'ils n'héritent de ses sentimens pour nous, et qu'ils nous portent, ainsi qu'à nos descendans, le même attachement et la même fidélité. Nos peuples de Neufchâtel mériteront, par leur obéissance envers leur nouveau souverain, la protection spéciale qu'il est dans notre intention de leur accorder constamment.

NAPOLÉON.

Paris, le 21 avril 1806.

Copie d'une note remise par Napoléon, lui-même, à M. Talleyrand, ministre des relations extérieures.

Faire un nouvel état au nord de l'Allemagne, qui soit dans les intérêts de la France; qui garantisse la Hollande et la Flandre contre la Prusse, et l'Europe contre la Russie.

Le noyau serait le duché de Berg, le duché de Clèves, Hesse-Darmstadt, etc., etc. : chercher, en outre, dans les entours tout ce qui pourrait y être incorporé, pour pouvoir former un million ou douze cent mille ames.

Y joindre, si l'on veut, le Hanovre.

Y joindre, dans la perspective, Hambourg, Bremen, Lubeck.

Donner la statistique de ce nouvel état.

Cela fait, considérer l'Allemagne comme divisée en huit états : Bavière, Bade, Wurtemberg, et le nouvel état; ces quatre, dans les intérêts de la France.

L'Autriche, la Prusse, la Saxe, Hesse-Cassel, dans les quatre autres.

D'après cette division, supposez qu'on détruise la constitution germanique, et qu'on annulle, au profit des huit grands états, les petites souverainetés, il faut faire un calcul statistique pour savoir si les quatre états qui sont dans les intérêts de la France perdront ou gagneront plus à cette destruction, que les quatre états qui n'y sont pas.

Un rapport sur ces deux objets, dimanche matin.

NAPOLÉON.

Nota. Le dimanche était le 23 d'avril.

Paris, le 5 juin 1806.

Réponse de l'empereur à un discours de l'ambassadeur de la Porte-Ottomane.

Monsieur l'ambassadeur, votre mission m'est agréable. Les assurances que vous me donnez des sentimens du sultan Sélim, votre maître, vont à mon cœur. Un des plus grands, des plus précieux avantages que je veux retirer des succès qu'ont obtenus mes armes, c'est de soutenir et d'aider le plus utile comme le plus ancien de mes alliés. Je me plais à vous en donner publiquement et solennellement l'assurance. Tout ce qui arrivera d'heureux ou de malheureux aux Ottomans, sera heureux ou malheureux pour la France. Monsieur l'ambassadeur, transmettez ces paroles au sultan Sélim; qu'il s'en souvienne toutes les fois que mes ennemis, qui sont aussi les siens, voudront arriver jusqu'à lui. Il ne peut jamais rien avoir à craindre de moi; uni avec moi, il n'aura jamais à redouter la puissance d'aucun de ses ennemis. »

Paris, le 5 juin 1806.

Réponse de l'empereur à une députation du corps législatif hollandais.

Messieurs les représentans du peuple batave,

J'ai toujours regardé comme le premier intérêt de ma couronne de protéger votre patrie. Toutes les fois que j'ai dû intervenir dans vos affaires intérieures, j'ai d'abord été frappé des inconvéniens attachés à la forme incertaine de votre gouvernement. Gouvernés par une assemblée populaire, elle eût été influencée par les intrigues, et agitée par les puissances voisines. Gouvernés par une magistrature élective, tous les renouvellemens de cette magistrature eussent été des momens de crise pour l'Europe, et le signal de nouvelles guerres maritimes. Tous ces inconvéniens ne pouvaient être parés que par un gouvernement héréditaire. Je l'ai appelé dans votre patrie par mes conseils, lors de l'établissement de votre dernière constitution; et l'offre que vous faites de la couronne de Hollande au prince Louis, est conforme aux vrais intérêts de votre patrie, aux miens, et propre à assurer le repos général de l'Europe. La France a été assez généreuse pour renoncer à tous les droits que les événemens de la guerre lui avaient donnés sur vous; mais je ne pouvais confier les places fortes qui couvrent ma frontière du Nord à la garde d'une main infidèle, ou même douteuse.

Messieurs les représentans du peuple batave, j'adhère au vœu de LL. HH. PP. Je proclame roi de Hollande le prince Louis. Vous, prince, régnez sur ces peuples; leurs pères n'acquirent leur indépendance que par les secours constans de la France. Depuis, la Hollande fut l'alliée de l'Angleterre; elle fut conquise; elle dut encore à la France son existence. Qu'elle vous doive donc des rois qui protégent ses libertés, ses lois et sa religion. Mais ne cessez jamais d'être Français. La dignité de connétable de l'empire sera possédée par vous et vos descendans : elle vous retracera les devoirs que vous avez à remplir envers moi, et l'importance que j'attache à la garde des places fortes qui garantissent le nord de mes états, et que je vous confie. Prince, entretenez parmi vos troupes cet esprit que je leur ai vu sur les champs de bataille. Entretenez dans vos nouveaux sujets des sentimens d'union et d'amour pour la France. Soyez l'effroi des méchans et le père des bons : c'est le caractère des grands rois.   NAPOLÉON.

Au palais de Saint-Cloud, le 5 juin 1806.

Message au sénat conservateur.

Sénateurs,

Nous chargeons notre cousin l'archichancelier de l'empire de vous faire connaître, qu'adhérant au vœu de leurs hautes puissances, nous avons proclamé le prince Louis Napoléon, notre bien aimé frère, roi de Hollande, pour ladite couronne être héréditaire en toute souveraineté, par ordre de primogéniture, dans sa descendance naturelle, légitime et masculine; notre intention étant en même temps que le roi de Hollande et ses descendans conservent la dignité de connétable de l'empire. Notre détermination dans cette circonstance nous a paru conforme aux intérêts de nos peuples. Sous le point de vue militaire, la Hollande possédant toutes les places fortes qui garantissent notre frontière du Nord, il importait à la sûreté de nos états que la garde en fût confiée à des personnes sur l'attachement desquelles nous ne pussions concevoir aucun doute. Sous le point de vue commercial, la Hollande étant située à l'embouchure des grandes rivières qui arrosent une partie considérable de notre territoire, il fallait que nous eussions la garantie que le traité de commerce que nous conclurons avec elle serait fidèlement exécuté, afin de concilier les intérêts de nos manufactures et de notre commerce avec ceux du commerce de ces peuples. Enfin, la Hollande est le premier intérêt politique de la France. Une magistrature élective aurait eu l'inconvénient de livrer fréquemment ce pays aux intrigues de nos ennemis, et chaque élection serait devenue le *signal d'une guerre nouvelle.*

Le prince Louis, n'étant animé d'aucune ambition personnelle, nous a donné une preuve de l'amour qu'il nous porte, et de son estime pour les peuples de Hollande, en acceptant un trône qui lui impose de si grandes obligations.

L'archichancelier de l'empire d'Allemagne, électeur de Ratisbonne et primat de Germanie, nous ayant fait connaître que son intention était de se donner un coadjuteur, et que, d'accord avec ses ministres et les principaux membres de son chapitre, il avait pensé qu'il était du bien de la religion et de l'empire germanique qu'il nommât à cette place notre oncle et cousin le cardinal Fesch, notre grand aumônier et archevêque de Lyon, nous avons accepté ladite nomination au nom dudit cardinal. Si cette détermination de l'électeur archichancelier de l'empire germanique est utile à l'Allemagne, elle n'est pas moins conforme à la politique de la France.

Ainsi, le service de la patrie appelle loin de nous nos frères et nos enfans; mais le bonheur et les prospérités de nos peuples composent aussi nos plus chères affections.

NAPOLÉON.

Au palais de Saint-Cloud, le 5 juin 1806.

Message au sénat conservateur.

Sénateurs, les duchés de Bénévent et de Ponte-Corvo étaient un sujet de litige entre le roi de Naples et la cour de Rome : nous avons jugé convenable de mettre un terme à ces difficultés, en érigeant ces duchés en fiefs immédiats de notre empire. Nous avons saisi cette occasion de récompenser les services qui nous ont été rendus par notre grand chambellan et ministre des relations extérieures, Talleyrand, et par notre cousin le maréchal de l'empire, Bernadotte. Nous n'entendons pas cependant, par ces dispositions, porter aucune atteinte aux droits du roi de Naples et de la cour de Rome, notre intention étant de les indemniser l'un et l'autre. Par cette mesure, ces deux gouvernemens, sans éprouver aucune perte, verront disparaître les causes de mésintelligence qui, en différens temps, ont compromis leur tranquillité, et qui, encore aujourd'hui, sont un sujet d'inquiétude pour l'un et pour l'autre de ces états, et surtout pour le royaume de Naples, dans le territoire duquel ces deux principautés se trouvent enclavées. NAPOLÉON.

Au palais de Saint-Cloud, le 5 juin 1806.

Acte impérial.

Voulant donner à notre grand-chambellan et ministre des relations extérieures, Talleyrand, un témoignage de notre bienveillance pour les services qu'il a rendus à notre couronne, nous avons résolu de lui transférer, comme en effet nous lui transférons par les présentes la principauté de Bénévent, avec le titre de prince et duc de Bénévent, pour la posséder en toute propriété et souveraineté, et comme fief immédiat de notre couronne.

Nous entendons qu'il transmettra ladite principauté à ses enfans mâles, légitimes et naturels, par ordre de primogéniture, nous réservant, si sa descendance masculine, naturelle et légitime venait à s'éteindre, ce que Dieu ne veuille, de transmettre ladite principauté, aux mêmes titres et charges, à notre choix et ainsi que nous le croirons convenable pour le bien de nos peuples et l'intérêt de notre couronne.

Notre grand chambellan et ministre des relations extérieures, Talleyrand, prêtera en nos mains, et en sadite qualité de prince et duc de Bénévent, le serment de nous servir en bon et loyal sujet. Le même serment sera prêté à chaque vacance par ses successeurs. NAPOLÉON.

Au palais de Saint-Cloud, le 11 septembre 1806.

A. S. A. E. le prince primat.

Mon frère!

Les formes de nos communications en ma qualité de protecteur, avec les souverains réunis en congrès à Francfort, n'étant pas encore terminées, nous avons pensé qu'il n'en était aucune qui fût plus convenable que d'adresser la présente à votre A. Em., afin qu'elle en fasse part aux deux colléges. En effet, quel organe pouvions-nous plus naturellement choisir, que celui d'un prince à la sagesse duquel a été confié le soin de préparer le premier statut fondamental? Nous aurions attendu que ce statut eût été arrêté par le congrès, et nous eût été donné en communication, s'il ne devait pas contenir des dispositions qui nous regardent personnellement. Cela seul a dû nous porter à prendre nous-même l'initiative pour soumettre nos sentimens et nos réflexions à la sagesse des princes confédérés.

Lorsque nous avons accepté le titre de protecteur de la confédération du Rhin, nous n'avons eu en vue que d'établir en droit ce qui existait de fait depuis plusieurs siècles. En l'acceptant, nous avons contracté la double obligation de garantir le territoire de la confédération contre les troupes étrangères et le territoire de chaque confédéré contre les entreprises des autres. Ces observations, toutes conservatrices, plaisent à notre cœur; elles sont conformes à ces sentimens de bienveillance et d'amitié dont nous n'avons cessé, dans toutes les circonstances, de donner des preuves aux membres de la confédération. Mais là se bornent nos devoirs envers eux. Nous n'entendons en rien nous arroger la portion de souveraineté qu'exerçait l'empereur d'Allemagne comme suzerain. Le gouvernement des peuples que la providence nous a confié, occupant tous nos momens, nous ne saurions voir croître nos obligations sans en être alarmé. Comme nous ne voulons pas qu'on puisse nous attribuer le bien que les souverains font dans leurs états, nous ne voulons pas non plus qu'on nous impute les maux que la vicissitude des choses humaines peut y introduire. Les affaires intérieures de chaque état ne nous regardent pas. Les princes de la confédération du

Rhin sont les souverains qui n'ont point de suzerain. Nous les avons reconnus comme tels. Les discussions qu'ils pourraient avoir avec leurs sujets, ne peuvent donc être portées à un tribunal étranger? La diète est le tribunal politique, conservateur de la paix entre les différens souverains qui composent la confédération. Ayant reconnu tous les autres princes qui formaient le corps germanique, comme souverains indépendans, nous ne pouvons reconnaître qui que ce soit comme leur suzerain. Ce ne sont point des rapports de suzeraineté qui nous lient à la confédération, mais des rapports de simple protection. Plus puissant que les princes confédérés, nous voulons jouir de la supériorité de notre puissance, non pour restreindre leurs droits de suzeraineté, mais pour leur en garantir la plénitude.

Sur ce, nous prions Dieu, mon frère, qu'il vous ait en sa sainte et digne garde. NAPOLÉON.

Au palais de Saint-Cloud, le 21 septembre 1806.

A. S. M. le roi de Bavière.

Monsieur mon frère!

Il y a plus d'un mois que la Prusse arme, et il est connu de tout le monde qu'elle arme contre la France et contre la confédération du Rhin. Nous cherchons les motifs sans pouvoir les pénétrer. Les lettres que S. M. prussienne nous écrit sont amicales; son ministre des affaires étrangères a notifié, à notre envoyé extraordinaire et ministre plénipotentiaire, qu'elle reconnaissait la confédération du Rhin, et qu'elle n'avait rien à objecter contre les arrangemens faits dans le midi de l'Allemagne.

Les armemens de la Prusse sont-ils le résultat d'une coalition avec la Russie, ou seulement des intrigues des différens partis qui existent à Berlin, et de l'irréflexion du cabinet? Ont-ils pour objet de forcer la Hesse, la Saxe et les villes anséatiques à contracter des liens que ces deux dernières puissances paraissent ne pas vouloir former? La Prusse voudrait-elle nous obliger nous-même à nous départir de la déclaration que nous avons faite, que les villes anséatiques ne pourront entrer dans aucune confédération particulière; déclaration fondée sur l'intérêt du commerce de la France et du midi de l'Allemagne, et sur ce que l'Angleterre nous a fait connaître que tout changement dans la situation présente des villes anséatiques, serait un obstacle de plus à la paix générale? Nous avons aussi déclaré que les princes de la confédération germanique, qui n'étaient point compris dans la confédération du Rhin, devaient être maîtres de ne consulter que leurs intérêts et leurs convenances, qu'ils devaient se regarder comme parfaitement libres, que nous ne ferions rien pour qu'ils entrassent dans la confédération du Rhin, mais que nous ne souffririons pas que qui que ce fût les forçât de faire ce qui serait contraire à leur volonté, à leur politique, aux intérêts de leurs peuples. Cette déclaration si juste aurait-elle blessé le cabinet de Berlin, et voudrait-il nous obliger à la rétracter? Entre tous ces motifs, quel peut être le véritable? Nous ne saurions le deviner, et l'avenir seul pourra révéler le secret d'une conduite aussi étrange qu'elle était inattendue. Nous avons été un mois sans y faire attention. Notre impassibilité n'a fait qu'enhardir tous les brouillons qui veulent précipiter la cour de Berlin dans la lutte la plus inconsidérée.

Toutefois, les armemens de la Prusse ont amené le cas prévu par l'un des articles du traité du 12 juillet, et nous croyons nécessaire que tous les souverains qui composent la confédération du Rhin, arment pour défendre ses intérêts, pour garantir son territoire et en maintenir l'inviolabilité. Au lieu de 200,000 hommes que la France est obligée de fournir, elle en fournira 300,000, et nous venons d'ordonner que les troupes nécessaires pour compléter ce nombre, soient transportées en poste sur le Bas-Rhin ; les troupes de V. M. étant oujours restées sur le pied de guerre, nous invitons V. M. à ordonner qu'elles soient mises, sans délai, en état de marche avec leurs équipages de campagne, et de concourir à la défense de la cause commune, dont le succès, nous avons lieu de le croire, répondra à sa justice, si toutefois, contre nos désirs et contre nos espérances, la Prusse nous met dans la nécessité de repousser la force par la force.

Sur ce, nous prions Dieu, mon frère, qu'il vous ait en sa sainte et digne garde. NAPOLÉON.

Au quartier impérial de Bamberg, le 6 octobre 1806.

Proclamation à la grande armée.

Soldats,

« L'ordre pour votre rentrée en France était parti ; vous vous en étiez déjà rapprochés de plusieurs marches. Des fêtes triomphales vous attendaient, et les préparatifs pour vous recevoir étaient commencés dans la capitale.

« Mais, lorsque nous nous abandonnions à cette trop confiante sécurité, de nouvelles trames s'ourdissaient sous le masque de l'amitié et de l'alliance. Des cris de guerre se sont fait entendre à Berlin ; depuis deux mois nous sommes provoqués tous les jours davantage.

« La même faction, le même esprit de vertige qui, à la faveur de nos dissensions intestines, conduisit, il y a quatorze ans, les Prussiens au milieu des plaines de la Champagne, domine dans leurs conseils. Si ce n'est plus Paris qu'ils veulent brûler et renverser jusque dans ses fondemens, c'est, aujourd'hui, leurs drapeaux qu'ils se vantent de planter dans les capitales de nos alliés ; c'est la Saxe qu'ils veulent obliger à renoncer, par une transaction honteuse, à son indépendance, en la rangeant au nombre de leurs provinces ; c'est enfin vos lauriers qu'ils veulent arracher de votre front. Ils veulent que nous évacuions l'Allemagne à l'aspect de leur armée ! les insensés ! ! ! Qu'ils sachent donc qu'il serait mille fois plus facile de détruire la grande capitale que de flétrir l'honneur des enfans du grand-peuple et de ses alliés. Leurs projets furent confondus alors ; ils trouvèrent dans les plaines de la Champagne la défaite, la mort et la honte : mais les leçons de l'expérience s'effacent, et il est des hommes chez lesquels le sentiment de la haine et de la jalousie ne meurt jamais.

« Soldats, il n'est aucun de vous qui veuille retourner en France par un autre chemin que par celui de l'honneur. Nous ne devons y rentrer que sous des arcs de triomphe.

« Eh quoi ! aurions-nous donc bravé les saisons, les mers, les déserts ; vaincu l'Europe plusieurs fois coalisée contre nous ; porté notre gloire de l'orient à l'occident, pour retourner aujourd'hui dans notre patrie comme des transfuges, après avoir abandonné nos alliés, et pour entendre dire que l'aigle française a fui épouvantée à l'aspect des armées prussiennes..... Mais déjà ils sont arrivés sur nos avant-postes....

« Marchons donc, puisque la modération n'a pu les faire sortir de cette étonnante ivresse. Que l'armée prussienne éprouve le même sort qu'elle éprouva il y a quatorze ans ! qu'ils apprennent que s'il est facile d'acquérir un accroissement de domaines et de puissance avec l'amitié du grand-peuple, son inimitié (qu'on ne peut provoquer que par l'abandon de tout esprit de sagesse et de raison) est plus terrible que les tempêtes de l'Océan. NAPOLÉON.

Au quartier impérial de Bamberg, le 7 octobre 1806.

Au sénat conservateur.

« Sénateurs,

« Nous avons quitté notre capitale, pour nous rendre au milieu de notre armée d'Allemagne, dès l'instant que nous avons su avec certitude qu'elle était menacée sur ses flancs par des mouvemens inopinés. A peine arrivé sur les frontières de nos états, nous avons eu lieu de reconnaître combien notre présence y était nécessaire, et de nous applaudir des mesures défensives que nous avons prises avant de quitter le centre de notre empire. Déjà les armées prussiennes, portées au grand complet de guerre, s'étaient ébranlées de toutes parts ; elles avaient dépassé leurs frontières, la Saxe était envahie, et le sage prince qui gouverne était forcé d'agir contre sa volonté, contre l'intérêt de ses peuples. Les armées prussiennes étaient arrivées devant les cantonnemens de nos troupes. Des provocations de toutes espèces, et même des voies de fait avaient signalé l'esprit de haine qui animait nos ennemis, et la modération de nos soldats, qui, tranquilles à l'aspect de tous ces mouvemens, étonnés seulement de ne recevoir aucun ordre, se reposaient dans la double confiance que donnent le courage et le bon droit. Notre premier devoir a été de passer le Rhin nous-même, de former nos camps, et de faire entendre le cri de guerre. Il a retenti au cœur de tous nos guerriers. Des marches combinées et rapides les ont portés en un clin-d'œil au lieu que nous leur avons indiqué. Tous nos camps sont formés ; nous allons marcher contre les armées prussiennes, et repousser la force par la force. Toutefois, nous osons le dire, notre cœur est péniblement affecté de cette prépondérance constante qu'obtient en Europe le génie du mal, occupé sans cesse à traverser les desseins que nous formons pour la tranquillité de l'Europe, le repos et le bonheur de la génération présente, assiégeant tous les cabinets par tous les genres de séductions, et égarant ceux qu'il n'a pu corrompre, les aveuglant sur leurs véritables intérêts, et les lançant au milieu des partis, sans autre guide que les passions qu'il a su inspirer. Le cabinet de Berlin lui-même n'a point choisi avec délibération le parti qu'il prend; il y a été jeté avec art et une malicieuse adresse. Le roi s'est trouvé tout-à-coup à cent lieues de sa capitale, aux frontières de la confédération du Rhin, au milieu de son armée et vis-à-vis des troupes françaises dispersées dans leurs cantonnemens, et qui croyaient devoir compter sur les liens qui unissaient les deux états, et sur les protestations prodiguées en toutes circonstances par la cour de Berlin. Dans une guerre aussi juste, où nous ne prenons les armes que pour nous défendre, que nous n'avons provoquée par aucun acte, par aucune prétention, et dont il nous serait impossible d'assigner la véritable cause, nous comptons entièrement sur l'appui des lois et sur celui des peuples, que les circonstances appellent à nous donner de nouvelles preuves de leur dévouement et de leur courage. De notre côté, aucun sacrifice personnel ne nous sera pénible, aucun danger ne nous arrêtera, toutes les fois qu'il s'agira d'assurer les droits, l'honneur et la prospérité de nos peuples.

« Donné en notre quartier-impérial de Bamberg, le 7 octobre 1806. NAPOLÉON.

Bamberg, le 8 octobre 1806.

Premier bulletin de la grande armée.

La paix avec la Russie, conclue et signée le 20 juillet, des négociations avec l'Angleterre, entamées et presque conduites à leur maturité, avaient porté l'alarme à Berlin. Les bruits vagues qui se multiplièrent, et la conscience des torts de ce cabinet envers toutes les puissances qu'il avait successivement trahis, le portèrent à ajouter croyance aux bruits répandus qu'un des articles secrets du traité conclu avec la Russie, donnait la Pologne au prince Constantin, avec le titre de roi; la Silésie à l'Autriche, en échange de la portion autrichienne de la Pologne, et le Hanovre à l'Angleterre. Il se persuada enfin que ces trois puissances étaient d'accord avec la France, et que de cet accord résultait un danger imminent pour la Prusse.

Les torts de la Prusse envers la France remontaient à des époques fort éloignées. La première, elle avait armé pour profiter de nos dissensions intestines. On la vit ensuite courir aux armes au moment de l'invasion du duc d'Yorck en Hollande; et, lors des événemens de la guerre, quoiqu'elle n'eût aucun motif de mécontentement contre la France, elle arma de nouveau, et signa, le 1er octobre 1805, ce fameux traité de Potsdam, qui fut, un mois après, remplacé par le traité de Vienne.

Elle avait des torts envers la Russie, qui ne peut oublier l'inexécution du traité de Potsdam et la conclusion subséquente du traité de Vienne.

Ses torts envers l'empereur d'Allemagne et le corps germanique, plus nombreux et plus anciens, ont été connus de tous les temps. Elle se tint toujours en opposition avec la diète. Quand le corps germanique était en guerre, elle était en paix avec ses ennemis. Jamais ses traités avec l'Autriche ne recevaient d'exécution, et sa constante étude était d'exciter les puissances au combat, afin de pouvoir, au moment de la paix, venir recueillir les fruits de son adresse et de leurs succès.

Ceux qui supposeraient que tant de versatilité tient à un défaut de moralité de la part du prince, seraient dans une grande erreur. Depuis quinze ans, la cour de Berlin est une arène où les partis se combattent et triomphent tour à tour; l'un veut la guerre, et l'autre veut la paix. Le moindre événement politique, le plus léger incident donne l'avantage à l'un ou à l'autre, et le roi, au milieu de ce mouvement des passions opposées, au sein de ce dédale d'intrigues, flotte incertain sans cesser un moment d'être honnête homme.

Le 11 août, un courrier de M. le marquis de Lucchesini arriva à Berlin, et y porta, dans les termes les plus positifs, l'assurance de ces prétendues dispositions par lesquelles la France et la Russie seraient convenues, par le traité du 20 juillet, de rétablir le royaume de Pologne, et d'enlever la Silésie à la Prusse. Les partisans de la guerre s'enflammèrent aussitôt; ils firent violence aux sentimens personnels du roi; quarante courriers partirent dans une seule nuit, et l'on courut aux armes.

La nouvelle de cette explosion soudaine parvint à Paris le 20 du même mois. On plaignit un allié si cruellement abusé; on lui donna sur-le-champ des explications, des assurances précises, et comme une erreur manifeste était le seul motif de ces armemens imprévus, on espéra que la réflexion calmerait une effervescence aussi peu motivée.

Cependant le traité signé à Paris, ne fut pas ratifié à Saint-Pétersbourg, et des renseignemens de toute espèce ne tardèrent pas à faire connaître à la Prusse, que M. le marquis de Lucchesini avait puisé ses renseignemens dans les réunions les plus suspectes de la capitale, et parmi les hommes d'intrigues qui composaient sa société habituelle. En conséquence il fut rappelé, on annonça pour lui succéder M. le baron de Knobelsdorff, homme d'un caractère plein de droiture et de franchise, et d'une moralité parfaite.

Cet envoyé extraordinaire arriva bientôt à Paris, porteur d'une lettre du roi de Prusse, datée du 23 août.

Cette lettre était remplie d'expressions obligeantes et de déclarations pacifiques, et l'empereur y répondit d'une manière franche et rassurante.

Le lendemain du jour où partit le courrier porteur de cette réponse, on apprit que des chansons outrageantes pour la France avaient été chantées sur le théâtre de Berlin; qu'aussitôt après le départ de M. de Knobelsdorff les armemens avaient redoublé, et que, quoique les hommes demeurés de sang-froid eussent rougi de ces fausses alarmes, le parti de la guerre soufflant la discorde de tous côtés, avait si bien exalté toutes les têtes que le roi se trouvait dans l'impuissance de résister au torrent.

On commença dès-lors à comprendre à Paris, que le parti de la paix ayant lui-même été alarmé par des assurances mensongères et des apparences trompeuses, avait perdu tous ses avantages, tandis que le parti de la guerre mettant à profit l'erreur dans laquelle ses adversaires s'étaient laissé entraîner, avait ajouté provocation à provocation, et accumulé insulte sur insulte, et que les choses étaient arrivées à un tel point, qu'on ne pourrait sortir de cette situation que par la guerre.

L'empereur vit alors que telle était la force des circonstances, qu'il ne pouvait éviter de prendre les armes contre son allié. Il ordonna ses préparatifs.

Tout marchait à Berlin avec une grande rapidité : les troupes prussiennes entrèrent en Saxe, arrivèrent sur les frontières de la confédération, et insultèrent les avant-postes.

Le 24 septembre, la garde impériale partit de Paris pour Bamberg, où elle est arrivée le 6 octobre. Les ordres furent expédiés pour l'armée, et tout se mit en mouvement.

Ce fut le 25 septembre que l'empereur quitta Paris; le 28 il était à Mayence, le 2 octobre à Wurtzbourg, et le 6 à Bamberg.

Le même jour, deux coups de carabine furent tirés par les hussards prussiens sur un officier de l'état-major français. Les deux armées pouvaient se considérer comme en présence.

Le 7, S. M. l'empereur reçut un courrier de Mayence, dépêché par le prince de Bénévent, qui était porteur de deux dépêches importantes : l'une était une lettre du roi de Prusse, d'une vingtaine de pages, qui n'était réellement qu'un mauvais pamphlet contre la France, dans le genre de ceux que le cabinet anglais fait faire par ses écrivains à cinq cents livres sterling par an. l'Empereur n'en acheva point la lecture, et dit aux personnes qui l'entouraient : « Je plains mon frère le roi de Prusse, il n'entend pas le français, il n'a sûrement pas lu cette rapsodie. » A cette lettre était jointe la célèbre note de M. Knobelsdorff. « Maréchal, dit l'Empereur au maréchal Berthier, on nous donne un rendez-vous d'honneur pour le 8 ; jamais un Français n'y a manqué ; mais comme on dit qu'il y a une belle reine qui veut être témoin des combats, soyons courtois, et marchons, sans nous coucher, pour la Saxe. » L'empereur avait raison de parler ainsi, car la reine de Prusse est à l'armée, habillée en amazone, portant l'uniforme de son régiment de dragons, écrivant vingt lettres par jour pour exciter de toute part l'incendie. Il semble voir Armide dans son égarement, mettant le feu à son propre palais ; après elle le prince Louis de Prusse, jeune prince plein de bravoure et de courage, excité par le parti, croit trouver une grande renommée dans les vicissitudes de la guerre. A l'exemple de ces deux grands personnages, toute la cour crie à la guerre ; mais quand la guerre se sera présentée, avec toutes ses horreurs, tout le monde s'excusera d'avoir été coupable, et d'avoir attiré la foudre sur les provinces paisibles du Nord ; alors par une suite naturelle des inconséquences des gens de cour, on verra les auteurs de la guerre, non seulement la trouver insensée, s'excuser de l'avoir provoquée, et dire qu'ils la voulaient, mais dans un autre temps ; mais même en faire retomber le blâme sur le roi, honnête homme, qu'ils ont rendu la dupe de leurs intrigues et de leurs artifices.

Voici la disposition de l'armée française :

L'armée doit se mettre en marche par trois débouchés.

La droite, composée des corps des maréchaux Soult et Ney et d'une division des Bavarois, part d'Amberg et de Nuremberg, se réunit à Bayreuth, et doit se porter sur Hoff, où elle arrivera le 9.

Le centre, composé de la réserve du grand-duc de Berg, du corps du maréchal prince de Ponte-Corvo et du maréchal Davoust, et de la garde impériale, débouche par Bamberg sur Cronach, arrivera le 8 à Saalbourg, et de là se portera par Saalbourg et Schleitz sur Gera.

La gauche, composée des corps des maréchaux Lannes et Augereau, doit se porter de Schwenfurth sur Cobourg, Graffental et Saalfed.

De mon camp impérial de Gera, le 12 octobre 1806.

Au roi de Prusse.

« Monsieur mon frère, je n'ai reçu que le 7 la lettre de V. M., du 25 septembre. Je suis fâché qu'on lui ait fait signer cette espèce de pamphlet [1]. Je ne lui réponds que pour lui protester que jamais je n'attribuerai à elle les choses qui y sont contenues ; toutes sont contraires à son caractère et à l'honneur de tous deux. Je plains et dédaigne les rédacteurs d'un pareil ouvrage. J'ai reçu immédiatement après la note de son ministre, du 1er octobre. Elle m'a donné rendez-vous le 8 : en bon chevalier, je lui ai tenu parole ; je suis au mi-

---

[1] Ceci a rapport à une lettre du roi de Prusse, composée de vingt pages, véritable rapsodie, et que très-certainement le roi n'a pu ni lire ni comprendre. Nous ne pouvons l'imprimer, attendu que tout ce qui tient à la correspondance particulière des souverains, reste dans le portefeuille de l'empereur, et ne vient point à la connaissance du public. Si nous publions celle de S. M., c'est parce que beaucoup d'exemplaires en ayant été faits au quartier-général des Prussiens, où on la trouve très-belle, une copie en est tombée entre nos mains.

(*Moniteur*).

lieu de la Saxe. Qu'elle m'en croie, j'ai des forces telles que toutes ses forces ne peuvent balancer long-temps la victoire. Mais pourquoi répandre tant de sang? A quel but? Je tiendrai à V. M. le même langage que j'ai tenu à l'empereur Alexandre deux jours avant la bataille d'Austerlitz. Fasse le ciel que des hommes vendus ou fanatisés, plus les ennemis d'elle et de son règne, qu'ils ne sont les miens et de ma nation, ne lui donnent pas les mêmes conseils pour la faire arriver au même résultat!

« Sire, j'ai été ami de V. M. depuis six ans. Je ne veux point profiter de cette espèce de vertige qui anime ses conseils, et qui lui ont fait commettre des erreurs politiques dont l'Europe est encore tout étonnée, et des erreurs militaires de l'énormité desquelles l'Europe ne tardera pas à retentir. Si elle m'eût demandé des choses possibles, par sa note, je les lui eusse accordées; elle a demandé mon déshonneur, elle devait être certaine de ma réponse. La guerre est donc faite entre nous, l'alliance rompue pour jamais. Mais pourquoi faire égorger nos sujets? Je ne prise point une victoire qui sera achetée par la vie d'un bon nombre de mes enfans. Si j'étais à mon début dans la carrière militaire, et si je pouvais craindre les hasards des combats, ce langage serait tout à fait déplacé. Sire, votre majesté sera vaincue; elle aura compromis le repos de ses jours, l'existence de ses sujets sans l'ombre d'un prétexte. Elle est aujourd'hui intacte, et peut traiter avec moi d'une manière conforme à son rang; elle traitera avant un mois dans une situation différente. Elle s'est laissé aller à des irritations qu'on a calculées et préparées avec art; elle m'a dit qu'elle m'avait souvent rendu des services; eh bien! je veux lui donner la plus grande preuve du souvenir que j'en ai; elle est maîtresse de sauver à ses sujets les ravages et les malheurs de la guerre; à peine commencée, elle peut la terminer, et elle fera une chose dont l'Europe lui saura gré. Si elle écoute les furibonds qui, il y a quatorze ans, voulaient prendre Paris, et qui aujourd'hui l'ont embarquée dans une guerre, et immédiatement après dans des plans offensifs également inconcevables, elle fera à son peuple un mal que le reste de sa vie ne pourra guérir. Sire, je n'ai rien à gagner contre V. M.; je ne veux rien et n'ai rien voulu d'elle; la guerre actuelle est une guerre impolitique. Je sens que peut-être j'irrite dans cette lettre une certaine susceptibilité naturelle à tout souverain; mais les circonstances ne demandent aucun ménagement; je lui dis les choses comme je les pense; et d'ailleurs, que V. M. me permette de le lui dire, ce n'est pas pour l'Europe une grande découverte que d'apprendre que la France est du triple plus populeuse et aussi brave et aguerrie que les Etats de V. M. Je ne lui ai donné aucun sujet réel de guerre. Qu'elle ordonne à cet essaim de malveillans et d'inconsidérés de se taire à l'aspect de son trône dans le respect qui lui est dû; et qu'elle rende la tranquillité à elle et à ses Etats. Si elle ne retrouve plus jamais en moi un allié, elle retrouvera un homme désireux de ne faire que des guerres indispensables à la politique de mes peuples, et de ne point répandre le sang dans une lutte avec des souverains qui n'ont avec moi aucune opposition d'industrie, de commerce et de politique. Je prie V. M. de ne voir dans cette lettre que le désir que j'ai d'épargner le sang des hommes, et d'éviter à une nation qui, géographiquement, ne saurait être ennemie de la mienne, l'amer repentir d'avoir trop écouté des sentimens éphémères qui s'excitent et se calment avec tant de facilité parmi les peuples.

« Sur ce, je prie Dieu, monsieur mon frère, qu'il vous ait en sa sainte et digne garde.

« De votre majesté, le bon frère,   NAPOLÉON. »

Auma, le 12 octobre 1806.

Deuxième bulletin de la grande armée.

L'empereur est parti de Bamberg le 8 octobre, à trois heures du matin, et est arrivé à neuf heures à Cronach. Sa majesté a traversé la forêt de Franconie à la pointe du jour du 9, pour se rendre à Ebersdorff, et de là elle s'est portée sur Schleitz, où elle a assisté au premier combat de la campagne. Elle est revenue coucher à Ebersdorff, en est repartie le 10 pour Schleitz, et est arrivée le 11 à Auma, où elle a couché après avoir passé la journée à Gera. Le quartier-général part dans l'instant même pour Gera. Tous les ordres de l'empereur ont été parfaitement exécutés.

Le maréchal Soult se portait le 7 à Bayreuth, se présentait le 9 à Hoff, a enlevé tous les magasins de l'ennemi, lui a fait plusieurs prisonniers, et s'est porté sur Plauen le 10.

Le maréchal Ney a suivi son mouvement à une demi-journée de distance.

Le 8, le grand duc de Berg a débouché avec la cavalerie légère, de Cronach, et s'est porté devant Saalbourg, ayant avec lui le vingt-cinquième régiment d'infanterie légère. Un régiment prussien voulut défendre le passage de la Saale ; après une canonnade d'une demi-heure, menacé d'être tourné, il a abandonné sa position et la Saale.

Le 9, le grand duc de Berg se porta sur Schleitz ; un général prussien y était avec dix mille hommes. L'empereur y arriva à midi, et chargea le maréchal prince de Ponte-Corvo d'attaquer et d'enlever le village, voulant l'avoir avant la fin du jour. Le maréchal fit ses dispositions, se mit à la tête de ses colonnes ; le village fut enlevé et l'ennemi poursuivi. Sans la nuit, la plus grande partie de cette division eût été prise. Le général Watier, avec le quatrième régiment de hussards et le cinquième régiment de chasseurs, fit une belle charge de cavalerie contre trois régimens prussiens ; quatre compagnies du vingt-septième d'infanterie légère se trouvant en plaine, furent chargées par les hussards prussiens ; mais ceux-ci virent comme l'infanterie française reçoit la cavalerie prussienne. Deux cents cavaliers prussiens restèrent sur le champ de bataille. Le général Maisons commandait l'infanterie légère. Un colonel ennemi fut tué, deux pièces de canon prises, trois cents hommes furent faits prisonniers, et quatre cents tués. Notre perte a été de peu d'hommes ; l'infanterie prussienne a jeté ses armes, et a fui, épouvantée, devant les baïonnettes françaises. Le grand-duc de Berg était au milieu des charges, le sabre à la main.

Le 10, le prince de Ponte-Corvo a porté son quartier-général à Auma ; le 11, le grand-duc de Berg est arrivé à Gera. Le général de brigade Lasalle, de la cavalerie de réserve, a culbuté l'escorte des bagages ennemis ; cinq cents caissons et voitures de bagage ont été pris par les hussards français. Notre cavalerie légère est couverte d'or. Les équipages de pont et plusieurs objets importans font partie du convoi.

La gauche a eu des succès égaux. Le maréchal Lannes est entré à Cobourg le 8, se portait le 9 sur Graffenthal. Il a attaqué, le 10, à Saalfeld, l'avant-garde du prince Hohenlohe, qui était commandée par le prince Louis de Prusse, un des champions de la guerre. La canonnade n'a duré que deux heures ; la moitié de la division du général Suchet a seule donné. La cavalerie prussienne a été culbutée par les neuvième et dixième régimens d'hussards ; l'infanterie prussienne n'a pu conserver aucun ordre de retraite ; partie a été culbutée dans un marais, partie dispersée dans les bois. On a fait mille prisonniers, six cents hommes sont restés sur le champ de bataille ; trente pièces de canon sont tombées au pouvoir de l'armée.

Voyant ainsi la déroute de ses gens, le prince Louis de Prusse, en brave et loyal soldat, se prit corps à corps avec un maréchal-des-logis du dixième régiment de hussards. *Rendez vous, colonel*, lui dit le hussard, *ou vous êtes mort*. Le prince lui répondit par un coup de sabre; le maréchal-des-logis riposta par un coup de pointe, et le prince tomba mort. Si les derniers instans de sa vie ont été ceux d'un mauvais citoyen, sa mort est glorieuse et digne de regrets. Il est mort comme doit désirer de mourir tout bon soldat. Deux de ses aides-de-camp ont été tués à ses côtés. On a trouvé sur lui des lettres de Berlin, qui font voir que le projet de l'ennemi était d'attaquer incontinent, et que le parti de la guerre, à la tête duquel étaient le jeune prince et la reine, craignait toujours que les intentions pacifiques du roi, et l'amour qu'il porte à ses sujets ne lui fissent adopter des tempéramens, et ne déjouassent leurs cruelles espérances. On peut dire que les premiers coups de la guerre ont tué un de ses auteurs.

Dresde ni Berlin ne sont couverts par aucun corps d'armée. Tournée par sa gauche, prise en flagrant délit au moment où elle se livrait aux combinaisons les plus hasardées, l'armée prussienne se trouve, dès le début, dans une position assez critique. Elle occupe Eisenach, Gotha, Erfurt, Weimar. Le 12, l'armée française occupe Saalfed et Gera, et marche sur Naumbourg et Jena. Des coureurs de l'armée française inondent la plaine de Leipsick.

Toutes les lettres interceptées peignent le conseil du roi déchiré par des opinions différentes, toujours délibérant et jamais d'accord. L'incertitude, l'alarme et l'épouvante paraissent déjà succéder à l'arrogance, à l'inconsidération et à la folie.

Hier 11, en passant à Gera devant le vingt-septième régiment d'infanterie légère, l'empereur a chargé le colonel de témoigner sa satisfaction à ce régiment, sur sa bonne conduite.

Dans tous ces combats, nous n'avons à regretter aucun officier de marque : le plus élevé en grade est le capitaine Campobasso, du vingt-septième régiment d'infanterie légère, brave et loyal officier. Nous n'avons pas eu quarante hommes tués et soixante blessés.

Gera, le 13 octobre 1806.

Troisième bulletin de la grande armée.

Le combat de Schleitz, qui a ouvert la campagne, et qui a été très-funeste à l'armée prussienne, celui de Saalfeld qui l'a suivi le lendemain, ont porté la consternation chez l'ennemi. Toutes les lettres interceptées disent que la consternation est à Erfurt, où se trouvent encore le roi et la reine, le duc de Brunswick, etc.; qu'on discute sur le parti à prendre sans pouvoir s'accorder. Mais pendant qu'on délibère, l'armée française marche. A cet esprit d'effervescence, à cette excessive jactance, commencent à succéder des observations critiques sur l'inutilité de cette guerre, sur l'injustice de s'en prendre à la France, sur l'impossibilité d'être secouru, sur la mauvaise volonté des soldats, sur ce qu'on n'a pas fait ceci, et mille et une autres observations qui sont toujours dans la bouche de la multitude, lorsque les princes sont assez faibles pour la consulter sur les grands intérêts politiques au-dessus de sa portée.

Cependant, le 12 au soir, les coureurs de l'armée française étaient aux portes de Leipsick; le quartier-général du grand-duc de Berg, entre Zeist et Leipzick; celui du prince de Ponte-Corvo, à Zeist; le quartier impérial à Gera; la garde impériale et le corps d'armée du maréchal Soult, à Gera; le corps d'armée du maréchal Ney, à Neustadt; en première ligne, le corps d'armée du maréchal Davoust, à Naumbourg, celui du maréchal Lannes, à Jena; celui du maréchal Augereau, à Kala. Le prince Jérôme, auquel l'empereur a confié le commandement des alliés et d'un corps de troupes bavaroises, est arrivé à Schleitz, après avoir fait bloquer le fort de Culenbach par un régiment.

L'ennemi, coupé à Dresde, était encore le 11 à Erfurt, et travaillait à réunir ses colonnes qu'il avait envoyées sur Cassel et Wurtzbourg, dans des projets offensifs; voulant ouvrir la campagne par une invasion en Allemagne. Le Weser, où il avait construit des batteries, la Saale qu'il prétendait également défendre, et les autres rivières, sont tournées à-peu-près comme le fut l'Iller l'année passée; de sorte que l'armée française borde la Saale, ayant le dos à l'Elbe et marchant sur l'armée prussienne qui, de son côté, a le dos sur le Rhin, position assez bizarre, d'où doivent naître des événemens d'une grande importance.

Le temps, depuis notre entrée en campagne, est superbe, le pays abondant, le soldat plein de vigueur et de santé. On fait des marches de dix lieues, et pas un traîneur; jamais l'armée n'a été si belle.

Toutes les intentions du roi de Prusse se trouvent exécutées: il voulait que le 8 octobre l'armée française eût évacué le territoire de la confédération, et elle l'avait évacué; mais au lieu de repasser le Rhin, elle a passé la Saale.

Gera, le 1⁴ octobre 1806.

Quatrième bulletin de la grande armée.

Les événemens se succèdent avec rapidité. L'armée prussienne est prise en flagrant délit, ses magasins enlevés: elle est tournée.

Le maréchal Davoust est arrivé à Naumbourg le 1*, à neuf heures du soir, y a saisi les magasins de l'armée ennemie, fait des prisonniers et pris un superbe équipage de 18 pontons de cuivre attelés.

Il paraît que l'armée prussienne se met en marche pour gagner Magdebourg ; mais l'armée française a gagné trois marches sur elle. L'anniversaire des affaires d'Ulm sera célèbre dans l'histoire de France.

Une lettre qui vient d'être interceptée, fait connaître la vraie situation des esprits, mais cette bataille dont parle l'officier prussien, aura lieu dans peu de jours. Les résultats décideront du sort la guerre. Les Français doivent être sans inquiétude.

Jéna, 15 octobre 1806.

Cinquième bulletin de la grande armée.

La bataille de Jéna a lavé l'affront de Rosbach et décidé, en sept jours, une campagne qui a entièrement calmé cette frénésie guerrière qui s'était emparée des têtes prussiennes.

Voici la position de l'armée au 13 :

Le grand-duc de Berg et le maréchal Davoust, avec leurs corps d'armée, étaient à Naumbourg, ayant des partis sur Leipsick et Halle.

Le corps du maréchal prince de Ponte-Corvo était en marche pour se rendre à Dornbourg.

Le corps du maréchal Lannes arrivait à Iéna.

Le corps du maréchal Augereau était en position à Kala.

Le corps du maréchal Ney était à Roda.

Le quartier-général, à Gera.

L'empereur, en marche pour se rendre à Jéna.

Le corps du maréchal Soult, de Gera était en marche pour prendre une position plus rapprochée, à l'embranchement des routes de Naumbourg et d'Jéna.

Voici la position de l'ennemi :

Le roi de Prusse voulut commencer les hostilisés au 9 octobre, en débouchant sur Francfort par sa droite, sur Wurtzbourg par son centre, et sur Bamberg par sa gauche; toutes les divisions de son armée étaient disposées pour exécuter ce plan ; mais l'armée française tournant sur l'extrémité de sa gauche, se trouva en peu de jours à Saalbourg, à Lobenstein, à Schleitz, à Gera, à Naumbourg. L'armée prussienne, tournée employa, les journées des 9, 10, 11 et 12 à rappeler tous ses détachemens, et le 13, elle se présenta en bataille entre Capelsdorf et Auerstædt, forte de près de cent cinquante mille hommes.

Le 13, à deux heures après-midi, l'empereur arriva à Iéna, et sur un petit plateau qu'occupait notre avant-garde, il apperçut les dispositions de l'ennemi qui paraissait manœuvrer pour attaquer le lendemain, et forcer les divers débouchés de la Saale. L'ennemi défendait en force, et par une position inexpugnable, la chaussée de Jéna à Weimar, et paraissait penser que les Français ne pourraient déboucher dans la plaine, sans avoir forcé ce passage. Il ne paraissait pas possible en effet de faire monter de l'artillerie sur le plateau, qui d'ailleurs était si petit, que quatre bataillons pouvaient à peine s'y déployer. On fit travailler toute la nuit à un chemin dans le roc, et l'on parvint à conduire l'artillerie sur la hauteur.

Le maréchal Davoust reçut l'ordre de déboucher par Naumbourg pour défendre les défilés de Koesen si l'ennemi voulait marcher sur Naumbourg, ou pour se rendre à Apolda pour le prendre à dos, s'il restait dans la position où il était.

Le corps du maréchal prince de Ponte-Corvo fut destiné à déboucher de Dornbourg, pour tomber sur les derrières de l'ennemi, soit qu'il se portât en force sur Naumbourg, soit qu'il se portât sur Jéna.

La grosse cavalerie qui n'avait pas encore rejoint l'armée, ne pouvait la rejoindre qu'à midi; la cavalerie de la garde impériale était à trente-six heures de distance, quelque fortes marches qu'elle eût faites depuis son départ de Paris. Mais il est des momens à la guerre où aucune considération ne doit balancer l'avantage de prévenir l'ennemi et de l'attaquer le premier. L'empereur fit ranger sur le plateau qu'occupait l'avant-garde, que l'ennemi paraissait avoir négligé, et vis-à-vis duquel il était en position, tout le corps du maréchal Lannes; ce corps d'armée fut rangé par les soins du général Victor, chaque division formant une aile. Le maréchal Lefebvre fit ranger au sommet la garde impériale en bataillon carré. L'empereur bivouaqua au milieu de ses braves. La nuit offrait un spectacle digne d'observation, celui de deux armées dont l'une déployait son front sur six lieues d'étendue, et embrasait de ses feux l'atmosphère, l'autre dont les feux apparens étaient concentrés sur un petit point; et dans l'une et l'autre armée, de l'activité et du mouvement; les feux des deux armées étaient à une demi-portée de canon; les sentinelles se touchaient presque, et il ne se faisait pas un mouvement qui ne fût entendu.

Les corps des maréchaux Ney et Soult passaient la nuit en marche. A la pointe du jour, toute l'armée prit les armes. La division Gazan, était rangée sur trois lignes, sur la gauche du plateau. La division Suchet formait la droite; la garde impériale occupait le sommet du monticule; chacun de ces corps ayant ses canons dans les intervalles. De la ville et des vallées voisines on avait pratiqué des débouchés qui permettaient le déploiement le plus facile aux troupes qui n'avaient pu être placées sur le plateau; car c'était peut-être la première fois qu'une armée devait passer par un si petit débouché.

Un brouillard épais obscurcissait le jour. L'empereur passa devant plusieurs lignes. Il recommanda aux soldats de se tenir en garde contre cette cavalerie prussienne qu'on peignait comme si redoutable. Il les fit souvenir qu'il y avait un an qu'à la même époque ils avaient pris Ulm; que l'armée prussienne, comme l'armée autrichienne, était aujourd'hui cernée, ayant perdu sa ligne d'opérations, ses magasins ; qu'elle ne se battait plus dans ce moment pour la gloire, mais pour sa retraite ; que cherchant à faire une trouée sur différens points, les corps d'armée qui la laisseraient passer, seraient perdus d'honneur et de réputation. A ce discours animé, le soldat répondit par des cris de *marchons*. Les tirailleurs engagèrent l'action, la fusillade devint vive. Quelque bonne que fût la position que l'ennemi occupait, il en fut débusqué, et l'armée française, débouchant dans la plaine, commença à prendre son ordre de bataille.

De son côté, le gros de l'armée ennemie, qui n'avait eu le projet d'attaquer que lorsque le brouillard serait dissipé, prit les armes. Un corps de cinquante mille hommes de la gauche, se posta pour couvrir les défilés de Naumbourg et s'emparer des débouchés de Koesen; mais il avait déjà été prévenu par le maréchal Davoust. Les deux autres corps formant une force de 80,000 hommes, se portèrent en avant de l'armée française qui débouchait du plateau de Jéna. Le brouillard couvrit les deux armées pendant deux heures, mais enfin il fut dissipé par un beau soleil d'automne. Les deux armées s'aperçurent à petite portée de canon. La gauche de l'armée française, appuyée sur un village et des bois, était commandée par le maréchal Augereau. La garde impériale la séparait du centre qu'occupait le maréchal Lannes. La droite était formée par le corps du maréchal Soult ; le maréchal Ney n'avait qu'un simple corps de trois mille hommes, seules troupes qui fussent arrivées de son corps d'armée.

L'armée ennemie était nombreuse et montrait une belle cavalerie. Ses manœuvres étaient exécutées avec précision et rapidité. L'empereur eût désiré retarder de deux heures d'en venir aux mains, afin d'attendre dans la position qu'il venait de prendre après l'attaque du matin, les troupes qui devaient le joindre, et surtout sa cavalerie ; mais l'ardeur française l'emporta. Plusieurs bataillons s'étant engagés, au village de Hollstedt, il vit l'ennemi s'ébranler pour les en déposter. Le maréchal Lannes reçut ordre sur-le-champ de marcher en échelons pour soutenir ce village. Le maréchal Soult avait attaqué un bois sur la droite ; l'ennemi ayant fait un mouvement de sa droite sur notre gauche, le maréchal Augereau fut chargé de le repousser ; en moins d'une heure, l'action devint générale ; deux cent cinquante ou trois cent mille hommes avec sept ou huit cents pièces de canon, semaient partout la mort, et offraient un de ces spectacles rares dans l'histoire. De part et d'autre, on manœuvra constamment comme à une parade. Parmi nos troupes, il n'y eut jamais le moindre désordre, la victoire ne fut pas un moment incertaine. L'empereur eut toujours auprès de lui, indépendamment de la garde impériale, un bon nombre de troupes de réserve pour pouvoir parer à tout accident imprévu.

Le maréchal Soult ayant enlevé le bois qu'il attaquait depuis deux heures, fit un mouvement en avant. Dans cet instant, on prévint l'empereur que la division de cavalerie française de réserve commençait à se placer, et que deux divisions du corps du maréchal Ney se plaçaient en arrière sur le champ de bataille. On fit alors avancer toutes les troupes qui étaient en réserve sur la première ligne, et qui, se trouvant ainsi appuyées, culbutèrent l'ennemi dans un clin-d'œil, et le mirent en pleine retraite. Il la fit en ordre pendant la première heure ; mais elle devint un affreux désordre du moment que nos divisions de dragons et nos cuirassiers, ayant le grand-duc de Berg à leur tête, purent prendre part à l'affaire. Ces braves cavaliers, frémissant de voir la victoire décidée sans eux, se précipitèrent partout où ils rencontrèrent l'ennemi. La cavalerie, l'infanterie prussienne ne purent soutenir leur choc. En vain l'infanterie ennemie se forma en bataillons carrés, cinq de ces bataillons furent enfoncés; artillerie, cavalerie, infanterie, tout fut culbuté et pris. Les Français arrivèrent à Weimar en même temps que l'ennemi, qui fut ainsi poursuivi pendant l'espace de six lieues.

A notre droite, le corps du maréchal Davoust faisait des prodiges. Non-seulement il contint, mais mena battant pendant plus de trois lieues, le gros des troupes ennemies qui devait déboucher du côté de Koesen. Ce maréchal a déployé une bravoure distinguée et de la fermeté de caractère, première qualité d'un homme de guerre. Il a été secondé par les généraux Gudin, Friant, Morand, Daultapne, chef de l'état-major, et par la rare intrépidité de son brave corps d'armée.

Les résultats de la bataille sont trente à quarante mille prisonniers; il en arrive à chaque moment; vingt-cinq à trente drapeaux, trois cents pièces de canon, des magasins immenses de subsistances. Parmi les prisonniers, se trouvent plus de vingt généraux, dont plusieurs lieutenants-généraux, entr'autres le lieutenant-général Schmettau. Le nombre des morts est immense dans l'armée prussienne. On compte qu'il y a plus de vingt mille tués ou blessés; le feld-maréchal Mollendorff a été blessé; le duc de Brunswick a été tué; le général Rüchel a été tué; le prince Henri de Prusse grièvement blessé. Au dire des déserteurs, des prisonniers et des parlementaires, le désordre et la consternation sont extrêmes dans les débris de l'armée ennemie.

De notre côté, nous n'avons à regretter parmi les généraux que la perte du général de brigade de Billy, excellent soldat; parmi les blessés, le général de brigade Conroux. Parmi les colonels morts, les colonels Vergès, du douzième régiment d'infanterie de ligne; Lamotte, du trente-sixième; Barbenegre, du neuvième de hussards; Marigny, du vingtième de chasseurs; Harispe, du seizième d'infanterie légère; Dulembourg, du premier de dragons; Nicolas, du soixante-unième de ligne; Viala, du quatre-vingt-unième; Higonet, du cent-huitième.

Les hussards et les chasseurs ont montré dans cette journée une audace digne des plus grands éloges. La cavalerie prussienne n'a jamais tenu devant eux; et toutes les charges qu'ils ont faites devant l'infanterie, ont été heureuses.

Nous ne parlons pas de l'infanterie française; il est reconnu depuis long-temps que c'est la meilleure infanterie du monde. L'empereur a déclaré que la cavalerie française, après l'expérience des deux campagnes et de cette dernière bataille, n'avait pas d'égale.

L'armée prussienne a dans cette bataille perdu toute retraite et toute sa ligne d'opérations. Sa gauche, poursuivie par le maréchal Davoust, opéra sa retraite sur Weimar, dans le temps que sa droite et son centre se retiraient de Weimar sur Naumbourg. La confusion fut donc extrême. Le roi a dû se retirer à travers les champs, à la tête de son régiment de cavalerie.

Notre perte est évaluée à mille ou douze cents tués et à trois mille blessés. Le grand-duc de Berg investit en ce moment la place d'Erfurth, où se trouve un corps d'ennemis que commandent le maréchal de Mollendorff et le prince d'Orange.

L'état-major s'occupe d'une relation officielle, qui fera connaître dans tous ses détails cette bataille et les services rendus par les différens corps d'armée et régimens. Si cela peut ajouter quelque chose aux titres qu'a l'armée à l'estime et à la considération de la nation, rien ne pourra ajouter au sentiment d'attendrissement qu'ont éprouvé ceux qui ont été témoins de l'enthousiasme et de l'amour qu'elle témoignait à l'empereur au plus fort du combat. S'il y avait un moment d'hésitation, le seul cri de *vive l'empereur!* ranimait les courages et retrempait toutes les ames. Au fort de la mêlée, l'empereur voyant ses ailes menacées par la cavalerie, se portait au galop pour ordonner des manœuvres et des changemens de front en carrés; il était interrompu à chaque instant par des cris de *vive l'empereur!* La garde impériale à pied voyait avec un dépit qu'elle ne pouvait dissimuler; tout le monde aux mains et elle dans l'inaction. Plusieurs voix firent entendre les mots *en avant?* « Qu'est-ce? dit l'empereur; ce ne peut être qu'un jeune homme qui n'a pas de barbe qui peut vouloir préjuger ce que je dois faire; qu'il attende qu'il ait commandé dans trente batailles rangées, avant de prétendre me donner des avis. » C'étaient effectivement des vélites, dont le jeune courage était impatient de se signaler.

Dans une mêlée aussi chaude, pendant que l'ennemi perdait presque tous ses généraux, on doit remercier cette Providence qui gardait notre armée. Aucun homme de marque n'a été tué ni blessé. Le maréchal Lannes a eu un biscaïen qui lui a rasé le poitrine sans le blesser. Le maréchal Davoust a eu son chapeau emporté et un grand nombre de balles dans ses habits. L'empereur a toujours été entouré, partout où il a paru, du prince de Neufchâtel, du maréchal Bessières, du grand maréchal du palais, Duroc, du grand-écuyer Caulincourt, et de ses aides-de-camp et écuyers de service. Une partie de l'armée n'a pas donné, ou est encore sans avoir tiré un coup de fusil.

De notre camp impérial de Weimar, le 15 octobre 1806.

Aux archevêques et évêques de l'empire.

« Monsieur l'évêque, le succès que nous venons de remporter sur nos ennemis, avec l'aide de la divine providence, imposent à nous et à notre peuple l'obligation d'en rendre au Dieu des armées de solennelles actions de graces. Vous avez vu, par la dernière note du roi de Prusse, la nécessité où nous nous sommes trouvé de tirer l'épée pour défendre le bien le plus précieux de notre peuple, l'honneur. Quelque répugnance que nous ayons eue, nous avons été poussé à bout par nos ennemis; ils ont été battus et confondus. Au reçu de la présente, veuillez donc réunir nos peuples dans les temples, chanter un *Te Deum*, et ordonner des prières pour remercier Dieu de la prospérité qu'il a accordée à nos armes. Cette lettre n'étant pas à une autre fin, je prie Dieu, M. l'évêque, qu'il vous ait en sa sainte garde. » NAPOLÉON.

Weimar, le 15 octobre 1806.

Sixième bulletin de la grande armée.

Six mille Saxons et plus de trois cents officiers ont été faits prisonniers. L'empereur a fait réunir les officiers, et leur a dit qu'il voyait avec peine que leur armée lui faisait la guerre; qu'il n'avait pris les armes que pour assurer l'indépendance de la nation saxonne, et s'opposer à ce qu'elle fût incorporée à la monarchie prussienne; que son intention était de les renvoyer tous chez eux s'il donnait leur parole de ne jamais servir contre la France; que leur souverain, dont il reconnaissait les qualités, avait été d'une extrême faiblesse en cédant ainsi aux menaces des Prussiens, et en les laissant entrer sur son territoire; mais qu'il fallait que tout cela finît; que les Prussiens restassent en Prusse, et qu'ils ne se mêlassent en rien des affaires de l'Allemagne; que les Saxons devaient se trouver réunis dans la confédération du Rhin, sous la protection de la France, protection qui n'était pas nouvelle, puisque depuis deux cents ans, sans la France, ils eussent été envahis par l'Autriche, ou par la Prusse; que l'empereur n'avait pris les armes que lorsque la Prusse avait envahi la Saxe; qu'il fallait mettre un terme à ces violences; que le continent avait besoin de repos, et que, malgré les intrigues et les basses passions qui agitent plusieurs cours, il fallait que ce repos existât, dût-il en coûter la chute de quelques trônes.

Effectivement tous les prisonniers saxons ont été renvoyés chez eux avec la proclamation de l'empereur aux Saxons, et des assurances qu'on n'en voulait point à leur nation.

Weimar, le 16 octobre 1806.

Septième bulletin de la grande armée.

Le grand-duc de Berg a cerné Erfurth le 15, dans la matinée. Le 16, la place a capitulé. Par ce moyen, quatorze mille hommes, dont huit mille blessés et six mille bien portans, sont devenus prisonniers de guerre, parmi lesquels sont le prince d'Orange, le feld-maréchal Mollendorf, le lieutenant-général Larisph, le lieutenant-général Graver, les généraux majors Leffave et Zveilfel. Un parc de cent vingt pièces d'artillerie approvisionné est également tombé en notre pouvoir. On ramasse tous les jours des prisonniers.

Le roi de Prusse a envoyé un aide-de camp à l'empereur, avec une lettre en réponse à celle que l'empereur lui avait écrite avant la bataille; mais le roi de Prusse n'a répondu qu'après. Cette démarche de l'empereur Napoléon était pareille à celle qu'il fit auprès de l'empereur de Russie, avant la bataille d'Austerlitz; il dit au roi de Prusse : « Le succès de mes armes n'est point incertain. Vos troupes seront battues; mais il en coûtera le sang de mes enfans; s'il pouvait être épargné par quelque arrangement compatible avec l'honneur de ma couronne, il n'y a rien que je ne fasse pour épargner un sang si précieux. Il n'y a que l'honneur qui, à mes yeux, soit encore plus précieux que le sang de mes soldats. »

Il paraît que les débris de l'armée prussienne se retirent sur Magdebourg. De toute cette immense et belle armée, il ne s'en réunira que des débris.

Weimar, le 16 octobre 1806, au soir.

Huitième bulletin de la grande armée.

Les différens corps d'armée qui sont à la poursuite de l'ennemi, annoncent à chaque instant des prisonniers, la prise de bagages, de pièces de canon, de magasins, de munitions de toute espèce. Le maréchal Davoust vient de prendre trente pièces de canon; le maréchal Soult, un convoi de trois mille tonneaux de farine; le maréchal Bernadotte, quinze cents prisonniers; l'armée ennemie est tellement dispersée et mêlée avec nos troupes, qu'un de ses bataillons vint se placer dans un de nos bivouacs, se croyant dans le sien.

Le roi de Prusse tâche de gagner Magdebourg. Le maréchal Mollendorf est très-malade à Erfurth, le grand-duc de Berg lui a envoyé son médecin.

La reine de Prusse a été plusieurs fois en vue de nos postes; elle est dans des transes et dans des alarmes continuelles. La veille, elle avait passé son régiment en revue. Elle excitait sans cesse le roi et les généraux. Elle voulait du sang, le sang le plus précieux a coulé. Les généraux les plus marquans sont ceux sur qui sont tombés les premiers coups.

Le général de brigade Durosnel a fait, avec les septième et vingtième de chasseurs, une charge hardie qui a eu le plus grand effet. Le major du vingtième régiment s'y est distingué. Le général de brigade Colbert, à la tête du troisième de hussards et du douzième de chasseurs, a fait sur l'infanterie ennemie plusieurs charges qui ont eu le plus grand succès.

Weimar, le 17 octobre 1806.

Neuvième bulletin de la grande armée.

La garnison d'Erfurth a défilé. On y a trouvé beaucoup plus de monde qu'on ne croyait. Il y a une grande quantité de magasins. L'empereur a nommé le général Clarke commandant de la ville et citadelle d'Erfurth et du pays environnant. La citadelle d'Erfurth est un bel octogone bastionné, avec casemates, et bien armé. C'est une acquisition précieuse qui nous servira de point d'appui au milieu de nos opérations.

On a dit dans le cinquième bulletin qu'on avait pris vingt-cinq à trente drapeaux; il y en a jusqu'ici quarante-cinq au quartier-général. Il est probable qu'il y en aura plus de soixante. Ce sont des drapeaux donnés par le grand Frédéric à ses soldats. Celui du régiment des gardes, celui du régiment de la reine, brodé des mains de cette princesse, se trouvent du nombre. Il paraît que l'ennemi veut tâcher de se rallier sur Magdebourg; mais pendant ce temps-là on marche de tous côtés. Les différens corps de l'armée sont à sa poursuite par différens chemins. A chaque instant arrivent des courriers annonçant que des bataillons entiers sont coupés, des pièces de canon prises, des bagages, etc.

L'empereur est logé au palais de Weimar, où logeait quelques jours avant la reine de Prusse. Il paraît que ce qu'on a dit d'elle est vrai. Elle était ici pour souffler le feu de la guerre. C'est une femme d'une jolie figure, mais de peu d'esprit, incapable de présager les conséquences de ce qu'elle faisait. Il faut aujourd'hui, au lieu de l'accuser, la plaindre, car elle doit avoir bien des remords des maux qu'elle a faits à sa patrie, et de l'ascendant qu'elle a exercé sur le roi son mari, qu'on s'accorde à présenter comme un parfait honnête homme, qui voulait la paix et le bien de ses peuples.

Naumbourg, le 18 octobre 1806.

Dixième bulletin de la grande armée.

Parmi les soixante drapeaux qui ont été pris à la bataille de Jéna, il s'en trouve plusieurs des gardes du roi de Prusse et un des gardes du corps, sur lequel la légende est écrite en français.

Le roi de Prusse a fait demander un armistice de six semaines. L'empereur a répondu qu'il était impossible, après une victoire, de donner à l'ennemi le temps de se rallier.

Cependant les Prussiens ont fait tellement courir ce bruit, que plusieurs de nos généraux les ayant rencontrés, on leur a fait croire que cet armistice était conclu.

Le maréchal Soult est arrivé le 16 à Greussen, poursuivant devant lui la colonne où était le roi, qu'on estimait forte de dix ou douze mille hommes. Le général Kalkreuth, qui la commandait, fit dire au maréchal Soult qu'un armistice avait été conclu. Ce maréchal répondit qu'il était impossible que l'empereur eût fait cette faute; qu'il croirait à cet armistice, lorsqu'il lui aurait été notifié officiellement. Le général Kalkreuth témoigna le désir de voir le maréchal Soult, qui se rendit aux avant-postes. « Que voulez-vous de nous, lui dit le général prussien? le duc de Brunswick est mort, tous nos généraux sont tués, blessés ou pris, la plus grande partie de notre armée est en fuite; vos succès sont assez grands. Le roi a demandé une suspension d'armes, il est impossible que votre empereur ne l'accorde pas. — Monsieur le général, lui répondit le maréchal Soult, il y a long-temps qu'on en agit ainsi avec nous; on en appelle à notre générosité quand on est vaincu, et on oublie un instant après la magnanimité que nous avons coutume de montrer. Après la bataille d'Austerlitz, l'empereur accorda un armistice à l'armée russe; cet armistice sauva l'armée. Voyez la manière indigne dont agissent aujourd'hui les Russes. On dit qu'ils veulent revenir : nous brûlons du désir de les revoir. S'il y avait eu chez eux autant de générosité que chez nous, on nous aurait laissé tranquilles enfin, après la modération que nous avons montrée dans la victoire. Nous n'avons en rien provoqué la guerre injuste que vous nous faites. Vous l'avez déclarée de gaîté de cœur; la bataille de Jéna a décidé du sort de la campagne. Notre métier est de vous faire le plus de mal que nous pourrons. Posez les armes, et j'attendrai dans cette situation les ordres de l'Empereur. » Le vieux général Kalkreuth vit bien qu'il n'avait rien à répondre. Les deux généraux se séparèrent, et les hostilités recommencèrent un instant après : le village de Creussen fut enlevé, l'ennemi culbuté et poursuivi l'épée dans les reins.

Le grand-duc de Berg et les maréchaux Soult et Ney doivent, dans les journées des 17 et 18, se réunir par des marches combinées et écraser l'ennemi. Ils auront sans doute cerné un bon nombre de fuyards; les campagnes en sont couvertes, et les routes sont encombrées de caissons et de bagages de toute espèce.

Jamais plus grande victoire ne fut signalée par de plus grands désastres. La réserve que commande le prince Eugène de Wurtemberg, est arrivée à Halle; ainsi nous ne sommes qu'au neuvième jour de la campagne, et déjà l'ennemi est obligé de mettre en avant sa dernière ressource. L'empereur marche à elle; elle sera attaquée demain, si elle tient dans la position de Halle.

Le maréchal Davoust est parti aujourd'hui pour prendre possession de Leipsick et jeter un pont sur l'Elbe. La garde impériale à cheval vient enfin nous joindre.

Indépendamment des magasins considérables trouvés à Naumbourg, on en a trouvé un grand nombre à Weissenfels.

Le général en chef Rüchel a été trouvé, dans un village, mortellement blessé; le maréchal Soult lui a envoyé son chirurgien. Il semble que ce soit un décret de la Providence, que tous ceux qui ont poussé à cette guerre aient été frappés par ses premiers coups.

Mersebourg, le 19 octobre 1806.

Onzième bulletin de la grande armée.

Le nombre des prisonniers qui ont été faits à Erfurth est plus considérable qu'on ne le croyait. Les passeports accordés aux officiers qui doivent retourner chez eux sur parole, en vertu d'un des articles de la capitulation, se sont montés à six cents.

Le corps du maréchal Davoust a pris possession le 18 de Leipsick.

Le prince de Ponte-Corvo, qui se trouvait le 17 à Eisleben, pour couper des colonnes prussiennes, ayant appris que la réserve de S. M. le roi de Prusse, commandée par le prince Eugène de Wurtemberg, était arrivée à Halle, s'y porta. Après avoir fait ses dispositions, le prince de Ponte-Corvo fit attaquer Halle par le général Dupont, et laissa la division Drouet en réserve sur sa gauche. Le trente-deuxième et le neuvième d'infanterie légère passèrent les trois ponts au pas de charge, et entrèrent dans la ville, soutenus par le quatre-vingt-seizième. En moins d'une heure tout fut culbuté. Les deuxième et quatrième régimens de hussards et toute la division du général Rivaut traversèrent la ville et chassèrent l'ennemi de Dienitz, de Peissen et de Rabatz. La cavalerie prussienne voulut charger le huitième et le quatre-vingt-seizième d'infanterie, mais elle fut vivement reçue et repoussée.

La réserve du prince de Wurtemberg fut mise dans la plus complète déroute, et poursuivie l'espace de quatre lieues.

Les résultats de ce combat, qui mérite une relation particulière et soignée, sont cinq mille prisonniers, dont deux généraux et trois colonels, quatre drapeaux et trente-quatre pièces de canon.

Le général Dupont s'est conduit avec beaucoup de distinction.

Le général de division Rouyer a eu un cheval tué sous lui. Le général de division Drouet a pris en entier le régiment de Treskow.

De notre côté, la perte ne se monte qu'à quarante hommes tués et deux cents blessés. Le colonel du neuvième régiment d'infanterie légère a été blessé.

Le général Léopold Berthier, chef de l'état-major du prince de Ponte-Corvo, s'est comporté avec distinction.

Par le résultat du combat de Halle, il n'est plus de troupes ennemies qui n'aient été entamées.

Le général prussien Blucher, avec cinq mille hommes, a traversé la division de dragons du général Klein, qui l'avait coupé. Ayant allégué au général Klein qu'il y avait un armistice de six semaines, ce général a eu la simplicité de le croire.

L'officier d'ordonnance près de l'empereur, Montesquiou, qui avait été envoyé en parlementaire auprès du roi de Prusse l'avant-veille de la bataille, est de retour. Il a été entraîné, pendant plusieurs jours, avec les fuyards ennemis; il dépeint le désordre de l'armée prussienne comme inexprimable. Cependant la veille de la bataille, leur jactance était sans égale. Il n'était question de rien moins que de couper l'armée française et d'enlever des colonnes de quarante mille hommes. Les généraux prussiens singeaient, autant qu'ils pouvaient, les manières du grand Frédéric.

Quoique nous fussions dans leur pays, les généraux paraissaient être dans l'ignorance la plus absolue de nos mouvemens; ils croyaient qu'il n'y avait sur le petit plateau de Jéna que quatre mille hommes; et cependant la plus grande partie de l'armée a débouché sur ce plateau.

L'armée ennemie se retire à force sur Magdebourg. Il est

probable que plusieurs colonnes seront coupées avant d'y arriver. On n'a point de nouvelles depuis plusieurs jours du maréchal Soult, qui a été détaché avec quarante mille hommes pour poursuivre l'armée ennemie.

L'empereur a traversé le champ de bataille de Rosbach; il a ordonné que la colonne qui y avait été élevée, fût transportée à Paris.

Le quartier-général de l'empereur a été le 18 à Mersebourg; il sera le 19 à Halle. On a trouvé dans cette dernière ville des magasins de toute espèce, très-considérables.

Halle, le 19 octobre 1806.

Douzième bulletin de la grande armée.

Le maréchal Soult a poursuivi l'ennemi jusqu'aux portes de Magdebourg. Plusieurs fois les Prussiens ont voulu prendre position, et toujours ils ont été culbutés.

On a trouvé à Nordhausen des magasins considérables, et même une caisse du roi de Prusse, remplie d'argent.

Pendant les cinq jours que le maréchal Soult a employés à la poursuite de l'ennemi, il a fait douze cents prisonniers et pris trente pièces de canon, et deux ou trois cents caissons.

Le premier objet de la campagne se trouve rempli. La Saxe, la Westphalie, et tous les pays situés sur la rive gauche de l'Elbe, sont délivrés de la présence de l'armée prussienne. Cette armée, battue et poursuivie l'épée dans les reins pendant plus de cinquante lieues, est aujourd'hui sans artillerie, sans bagages, et sans officiers, réduite au-dessous du tiers de ce qu'elle était il y a huit jours; et, ce qui est encore pis que cela, elle a perdu son moral et toute confiance en elle-même.

Deux corps de l'armée française sont sur l'Elbe, occupés à construire des ponts.

Le quartier-général est à Halle.

Halle, le 20 octobre 1806.

Treizième bulletin de la grande armée.

Le général Macon, commandant à Leipsick, a fait aux banquiers, négocians et marchands de cette ville une notification [1]. Puisque les oppresseurs des mers ne respectent aucun pavillon, l'intention de l'empereur est de saisir partout leurs marchandises et de les bloquer véritablement dans leur île.

On a trouvé dans les magasins militaires de Leipsick quinze mille quintaux de farine et beaucoup d'autres denrées d'approvisionnement.

Le grand-duc de Berg est arrivé à Halberstadt le 19. Le 20, il a inondé toute la plaine de Magdebourg, par sa cavalerie, jusqu'à la portée du canon. Les troupes ennemies, les détachemens isolés, les hommes perdus, seront pris au moment où ils se présenteront pour entrer dans la place.

Un régiment de hussards ennemis croyait que Halberstadt était encore occupé par les Prussiens; il a été chargé par le deuxième de hussards, et a éprouvé une perte de trois cents hommes.

Le général Beaumont s'est emparé de six cents hommes de la garde du roi, et de tous les équipages de ce corps.

Deux heures auparavant, deux compagnies de la garde royale à pied avaient été prises par le maréchal Soult.

Le lieutenant-général, comte de Schmettau, qui avait été fait prisonnier, vient de mourir à Weimar.

Ainsi, de cette belle et superbe armée qui, il y a peu de jours, menaçait d'envahir la confédération du Rhin, et qui inspirait à son souverain une telle confiance, qu'il osait ordonner à l'empereur Napoléon de sortir de l'Allemagne avant le 8 octobre, s'il ne voulait pas y être contraint par la force; de cette belle et superbe armée, disons-nous, il ne reste que

---

[1] Cette notification était une injonction à tous les négocians de déclarer les marchandises anglaises, dont la saisie était ordonnée.

les débris, chaos informe qui mérite plutôt le nom de rassemblement que celui d'armée. De cent soixante mille hommes qu'avait le roi de Prusse, il serait difficile d'en réunir plus de cinquante mille, encore sont-ils sans artillerie et sans bagages, armés en partie, en partie désarmés. Tous ces événemens justifient ce que l'empereur a dit dans sa première proclamation, lorsqu'il s'est exprimé ainsi : « Qu'ils apprennent que s'il est facile d'acquérir un accroissement de domaines et de puissance avec l'amitié du grand peuple, son inimitié est plus *terrible que les tempêtes de l'Océan.* »

Rien ne ressemble en effet davantage à l'état actuel de l'armée prussienne que les débris d'un naufrage. C'était une belle et nombreuse flotte qui ne prétendait pas moins qu'asservir les mers; les vents impétueux du nord ont soulevé l'Océan contre elle. Il ne rentre au port qu'une petite partie des équipages qui n'ont trouvé de salut qu'en se sauvant sur des débris.

Trois lettres interceptées peignent au vrai la situation des choses.

Une autre lettre également interceptée, montre à quel point le cabinet prussien a été dupe de fausses apparences. Il a pris la modération de l'empereur Napoléon pour de la faiblesse. De ce que ce monarque ne voulait pas la guerre, et faisait tout ce qui pouvait être convenable pour l'éviter, on a conclu qu'il n'était pas en mesure, et qu'il avait besoin de deux cent mille conscrits pour recruter son armée.

Cependant l'armée française n'était plus claquemurée dans les camps de Boulogne; elle était en Allemagne : M. Ch. L. de Hesse et M. d'Haugwitz auraient pu la compter. Reconnaissons donc ici la volonté de cette providence qui ne laisse pas à nos ennemis des yeux pour voir, des oreilles pour entendre, du jugement et de la raison pour raisonner.

Il paraît que M. Charles Louis de Hesse convoitait seulement Mayence. Pourquoi pas Metz ? pourquoi pas les autres places de l'ouest de la France ? Ne dites donc plus que l'ambition des Français vous a fait prendre les armes ; convenez que c'est votre ambition mal raisonnée qui vous a excités à la guerre. Parce qu'il y avait une armée française à Naples, une autre en Dalmatie, vous avez projeté de tomber sur le grand-peuple ; mais en sept jours vos projets ont été confondus. Vous vouliez attaquer la France sans courir aucun danger, et déjà vous avez cessé d'exister.

On rapporte que l'empereur Napoléon ayant, avant de quitter Paris, rassemblé ses ministres, leur dit : « Je suis innocent de cette guerre ; je ne l'ai provoquée en rien : elle n'est point entrée dans mes calculs. Que je sois battu si elle est de mon fait. Un des principaux motifs de la confiance dans laquelle je suis que mes ennemis seront détruits, c'est que je vois dans leur conduite le doigt de la providence, qui, voulant que les traîtres soient punis, a tellement éloigné toute sagesse de leurs conseils, que lorsqu'ils pensent m'attaquer dans un moment de faiblesse, ils choisissent l'instant même où je suis le plus fort. »

Dessau, le 22 octobre 1806.

Quatorzième bulletin de la grande armée.

Le maréchal Davoust est arrivé le 20 à Wittemberg, et a surpris le pont sur l'Elbe au moment où l'ennemi y mettait le feu.

Le maréchal Lannes est arrivé à Dessau ; le pont était brûlé ; il a fait travailler sur-le-champ à le réparer.

Le marquis de Lucchesini s'est présenté aux avant-postes avec une lettre du roi de Prusse. L'empereur a envoyé le grand-maréchal de son palais, Duroc, pour conférer avec lui.

Magdebourg est bloqué. Le général de division Legrand, dans sa marche sur Magdebourg, a fait quelques prisonniers.

Le maréchal Soult a ses postes autour de la ville. Le grand-duc de Berg y a envoyé son chef d'état-major le général Belliard. Ce général y a vu le prince de Hohenlohe. Le langage des officiers prussiens était bien changé. Ils demandent la paix à grands cris. « Que veut votre empereur, nous disent-ils ? Nous poursuivra-t-il toujours l'épée dans les reins ? Nous n'avons pas un moment de repos depuis la bataille. » Ces messieurs étaient sans doute accoutumés aux manœuvres de la guerre de sept ans. Ils voulaient demander trois jours pour enterrer les morts. « Songez aux vivans, a répondu l'empereur, et laissez-nous le soin d'enterrer les morts ; il n'y a pas besoin de trêve pour cela. »

La confusion est extrême dans Berlin. Tous les bons citoyens, qui gémissaient de la fausse direction donnée à la politique de leur pays, reprochent avec raison aux boute-feux excités par l'Angleterre, les tristes effets de leurs menées. Il n'y a qu'un cri contre la reine dans tout le pays.

Il paraît que l'ennemi cherche à se rallier derrière l'Oder.

Le souverain de Saxe a remercié l'empereur de la générosité avec laquelle il l'a traité, et qui va l'arracher à l'influence prussienne. Cependant bon nombre de ses soldats ont péri dans toute cette bagarre.

Le quartier-général était, le 21, à Dessau.

Wittemberg, le 23 octobre 1806.

Quinzième bulletin de la grande armée.

Voici les renseignemens qu'on a pu recueillir sur les causes de cette étrange guerre.

Le général Schmettau (mort prisonnier à Weymar) fit un mémoire écrit avec beaucoup de force et dans lequel il établissait que l'armée prussienne devait se regarder comme déshonorée, qu'elle était cependant en état de battre les Français, et qu'il fallait faire la guerre.

Les généraux Ruchel (tué) et Blucher (qui ne s'est sauvé que par un subterfuge, en abusant de la bonne foi française), souscrivirent ce mémoire, qui était rédigé en forme de pétition au roi. Le prince Louis-Ferdinand de Prusse (tué) l'appuya de toutes sortes de sarcasmes. L'incendie gagna toutes les têtes. Le duc de Brunswick (blessé très-grièvement), homme connu pour être sans volonté et sans caractère, fut enrôlé dans la faction de la guerre. Enfin, le mémoire étant ainsi appuyé, on le présenta au roi. La reine se chargea de disposer l'esprit de ce prince, et de lui faire connaître ce qu'on pensait de lui. Elle lui rapporta qu'on disait qu'il n'était pas brave, et que, s'il ne faisait pas la guerre, c'est qu'il n'osait pas se mettre à la tête de l'armée. Le roi, réellement aussi brave qu'aucun prince de Prusse, se laissa entraîner sans cesser de conserver l'opinion intime qu'il faisait une grande faute.

Il faut signaler les hommes qui n'ont pas partagé les illusions des partisans de la guerre. Ce sont le respectable feld-maréchal Mollendorf et le général Kalkreuth.

On assure qu'après la belle charge du neuvième et du dixième régiment de hussards à Saalfeld, le roi dit : « Vous prétendiez que la cavalerie française ne valait rien, voyez cependant ce que fait la cavalerie légère, et jugez ce que feront les cuirassiers. Ces troupes ont acquis leur supériorité par quinze ans de combats. Il en faudrait autant, afin de parvenir à les égaler ; mais qui de nous serait assez ennemi de la Prusse pour désirer cette terrible épreuve ? »

L'empereur, déjà maître de toutes les communications et des magasins de l'ennemi, écrivit le 12 de ce mois la lettre ci-jointe (nous l'avons rapportée à son ordre de date), qu'il envoya au roi de Prusse par l'officier d'ordonnance Montesquiou.

Cet officier arriva le 13, à quatre heures après midi, au

quartier du général Hohenlohe, qui le retint auprès de lui, et qui prit la lettre dont il était porteur.

Le camp du roi de Prusse était à deux lieues en arrière. Ce prince devait donc recevoir la lettre de l'empereur au plus tard à six heures du soir. On assure cependant qu'il ne la reçut que le 14, à neuf heures du matin, c'est-à-dire, lorsque déjà l'on se battait.

On rapporte aussi que le roi de Prusse dit alors : « Si cette lettre était arrivée plus tôt, peut-être aurait-on pu ne pas se battre; mais ces jeunes gens ont la tête tellement montée, que s'il eût été question hier de la paix, je n'aurais pas ramené le tiers de mon armée à Berlin. »

Le roi de Prusse a eu deux chevaux tués sous lui, et a reçu un coup de fusil dans la manche.

Le duc de Brunswick a eu tous les torts dans cette guerre; il a mal conçu et mal dirigé les mouvemens de l'armée; il croyait l'empereur à Paris, lorsqu'il se trouvait sur ses flancs; il pensait avoir l'initiative des mouvemens, et il était déjà tourné.

Au reste, la veille de la bataille, la consternation était déjà dans les chefs; ils reconnaissaient qu'on était mal posté, et qu'on allait jouer le va-tout de la monarchie. Ils disaient tous : « Eh bien ? nous paierons de notre personne ». Ce qui est, d'ordinaire, le sentiment des hommes qui conservent peu d'espérance.

La reine se trouvait toujours au quartier-général à Weimar; il a bien fallu lui dire enfin que les circonstances étaient sérieuses, et que le lendemain il pouvait se passer de grands événemens pour la monarchie prussienne. Elle voulait que le roi lui dît de s'en aller; et, en effet elle fut mise dans le cas de partir.

Lord Morpeth, envoyé par la cour de Londres pour marchander le sang prussien, mission véritablement indigne d'un homme tel que lui, arriva le 11 à Weimar, chargé de faire des offres séduisantes, et de proposer des subsides considérables. L'horizon s'était déjà fort obscurci, le cabinet ne voulut pas voir cet envoyé ; il lui fit dire qu'il y avait peut-être peu de sûreté pour sa personne, et il l'engagea à retourner à Hambourg, pour y attendre l'événement. Qu'aurait dit la duchesse de Devonshire, si elle avait vu son gendre chargé de souffler le feu de la guerre, de venir offrir un or empoisonné, et obligé de retourner sur ses pas tristement et en grande hâte ? On ne peut que s'indigner de voir l'Angleterre compromettre de la sorte des agens estimables et jouer un rôle aussi odieux.

On n'a point encore de nouvelles de la conclusion d'un traité entre la Prusse et la Russie, et il est certain qu'aucun Russe n'a paru, jusqu'à ce jour, sur le territoire prussien. Du reste, l'armée désire fort les voir ; ils trouveront Austerlitz en Prusse.

Le prince Louis-Ferdinand de Prusse, et les autres généraux qui ont succombé sous les premiers coups des Français, sont aujourd'hui désignés comme les principaux moteurs de cette incroyable frénésie. Le roi, qui en a couru toutes les chances, et qui supporte tous les malheurs qui en ont été le résultat, est de tous les hommes entraînés par elle, celui qui y était demeuré le plus étranger.

Il y a à Leipsick une telle quantité de marchandises anglaises, qu'on a déjà offert soixante millions pour les racheter.

On se demande ce que l'Angleterre gagnera à tout ceci. Elle pouvait recouvrer le Hanovre, garder le cap de Bonne-Espérance, conserver Malte, faire une paix honorable, et rendre la tranquillité au Monde. Elle a voulu exciter la Prusse contre la France, pousser l'empereur et la France à bout ; eh bien ! elle a conduit la Prusse à sa ruine, procuré à l'empereur une plus grande gloire, à la France une plus grande puissance; et le temps approche où l'on pourra déclarer l'Angleterre en état de blocus continental. Est-ce donc avec du sang que les Anglais ont espéré alimenter leur commerce et ranimer leur industrie ? De grands malheurs peuvent fondre sur l'Angleterre ; l'Europe les attribuera à la perte de ce ministre honnête homme, qui voulait gouverner par des idées grandes et libérales, et que le peuple anglais pleurera un jour avec des larmes de sang.

Les colonnes françaises sont déjà en marche sur Potsdam et Berlin. Les députés de Potsdam sont arrivés pour demander une sauve-garde.

Le quartier impérial est aujourd'hui à Wittemberg.

Wittemberg, le 24 octobre 1806.

Seizième bulletin de la grande armée.

Le duc de Brunswick a envoyé son maréchal du palais à l'empereur. Cet officier était chargé d'une lettre par laquelle le duc recommandait ses états à S. M.

L'empereur lui a dit : Si je faisais démolir la ville de Brunswick, et si je n'y laissais pas pierre sur pierre, que dirait votre prince ? La loi du talion ne me permet-elle pas de faire à Brunswick ce qu'il voulait faire dans ma capitale ? Annoncer le projet de démolir des villes, cela peut être insensé ; mais vouloir ôter l'honneur à toute une armée de braves gens, lui proposer de quitter l'Allemagne par journées d'étapes, à la seule sommation de l'armée prussienne, voilà ce que la postérité aura peine à croire. Le duc de Brunswick n'eût jamais dû se permettre un tel outrage ; lorsqu'on a blanchi sous les armes, on doit respecter l'honneur militaire, et ce n'est pas d'ailleurs dans les plaines de Champagne que ce général a pu acquérir le droit de traiter les drapeaux français avec un tel mépris. Une pareille sommation ne déshonorera que le militaire qui l'a pu faire. Ce n'est pas au roi de Prusse que restera ce déshonneur, c'est au chef de son conseil militaire, c'est au général à qui, dans ces circonstances difficiles, il avait remis le soin des affaires; c'est enfin le duc de Brunswick que la France et la Prusse peuvent accuser seul de la guerre. La frénésie dont ce vieux général a donné l'exemple, a autorisé une jeunesse turbulente et entraîné le roi contre sa propre pensée et son intime conviction. Toutefois, monsieur, dites aux habitans du pays de Brunswick qu'ils trouveront dans les Français des ennemis généreux, que je désire adoucir à leur égard les rigueurs de la guerre, et que le mal que pourrait occasioner le passage des troupes, serait contre mon gré. Dites au général Brunswick qu'il sera traité avec tous les honneurs dus à un officier prussien; mais que je ne puis reconnaître dans un général prussien, un souverain. S'il arrive que la maison de Brunswick perde la souveraineté de ses ancêtres, elle ne pourra s'en prendre qu'à l'auteur de deux guerres qui, dans l'une, voulut saper jusque dans ses fondemens la grande capitale; qui, dans l'autre, prétendit déshonorer deux cent mille braves, qu'on parviendrait peut-être à vaincre, mais qu'on ne surprendra jamais hors du chemin de l'honneur et de la gloire. Beaucoup de sang a été versé en peu de jours; de grands désastres pèsent sur la monarchie prussienne. Qu'il est digne de blâme cet homme qui d'un mot pouvait les prévenir, si, comme Nestor, élevant la parole au milieu des conseils, il avait dit :

« Jeunesse inconsidérée, taisez-vous ; femmes, retournez à vos fuseaux et rentrez dans l'intérieur de vos ménages; et vous, sire, croyez-en le compagnon du plus illustre de vos prédécesseurs : puisque l'empereur Napoléon ne veut pas la guerre, ne le placez pas entre la guerre et le déshonneur; ne vous engagez pas dans une lutte dangereuse avec une armée qui s'honore de quinze ans de travaux glorieux, et que la victoire a accoutumée à tout soumettre.» Au lieu de tenir ce langage qui convenait si bien à la prudence de son âge et à l'expérience de sa longue carrière, il a été le premier à crier aux armes. Il a méconnu jusqu'aux liens du sang, en armant un fils contre son père; il a menacé de planter ses drapeaux sur le palais de Stuttgard, et accompagnant ses démarches d'imprécations contre la France, il s'est déclaré l'auteur de ce manifeste insensé qu'il avait désavoué pendant quatorze ans, quoiqu'il n'osât pas nier de l'avoir revêtu de sa signature.

On a remarqué que pendant cette conversation, l'empereur avec cette chaleur dont il est quelquefois animé, a répété souvent : renverser et détruire les habitations des citoyens paisibles, c'est un crime qui se répare avec du temps et de l'argent; mais déshonorer une armée, vouloir qu'elle fuie hors de l'Allemagne, devant l'aigle prussienne, c'est une bassesse que celui-là seul qui la conseille, était capable de commettre.

M. de Lucchesini est toujours au quartier-général; l'empereur a refusé de le voir, mais on observe qu'il a de fréquentes conférences avec le grand-maréchal du palais Duroc.

L'empereur a ordonné de faire présent, sur la grande quantité de draps anglais trouvée à Leipsick, d'un habillement complet à chaque officier, et d'une capotte et d'un habit à chaque soldat.

Le quartier-général est à Kropstadt.

Potsdam, le 25 octobre 1806.

Dix-septième bulletin de la grande armée.

Le corps du maréchal Lannes est arrivé le 24 à Potsdam.
Le corps du maréchal Davoust a fait son entrée le 25, à dix heures du matin, à Berlin.

Le corps du maréchal prince de Ponte-Corvo est à Brandenbourg.

Le corps du maréchal Augereau fera son entrée à Berlin, demain 26.

L'empereur est arrivé hier à Potsdam, et est descendu au palais. Dans la soirée, il est allé visiter le nouveau palais, Sans-Soucy, et toutes les positions qui environnent Potsdam. Il a trouvé la situation et la distribution du château de Sans-Soucy, agréables. Il est resté quelque temps dans la chambre du grand Frédéric, qui se trouve tendue et meublée telle qu'elle l'était à sa mort.

Le prince Ferdinand, frère du grand Frédéric, est demeuré à Berlin.

On a trouvé dans l'arsenal de Berlin cinq cents pièces de canon, plusieurs centaines de milliers de poudre et plusieurs milliers de fusils.

Le général Hullin est nommé commandant de Berlin.

Le général Bertrand, aide-de-camp de l'empereur, s'est rendu à Spandau, la forteresse se défend; il en a fait l'investissement avec les dragons de la division Dupont.

Le grand-duc de Berg s'est rendu à Spandau pour se mettre à la poursuite d'une colonne qui file de Spandau sur Stettin, et qu'on espère couper.

Le maréchal Lefebvre, commandant la garde impériale à pied, et le maréchal Bessières, commandant la garde impériale à cheval, sont arrivés à Potsdam le 24, à neuf heures du soir. La garde à pied a fait quatorze lieues dans un jour.

L'empereur reste toute la journée du 25 à Potsdam.

Le corps du maréchal Ney bloque Magdebourg.

Le corps du maréchal Soult a passé l'Elbe à une journée de Magdebourg, et poursuit l'ennemi sur Stettin.

Le temps continue à être superbe; c'est le plus bel automne que l'on ait vu.

En route, l'empereur étant à cheval, pour se rendre de Wittemberg à Potsdam, a été surpris par un orage, et a mis pied à terre dans la maison du grand-veneur de Saxe. S. M. a été fort étonnée de s'entendre appeler par son nom par une jolie femme ; c'était une Egyptienne, veuve d'un officier français de l'armée d'Egypte, et qui se trouvait en Saxe depuis trois mois ; elle demeurait chez le grand-veneur de Saxe, qui l'avait recueillie et honorablement traitée. L'empereur lui a fait une pension de 1200 fr. et s'est chargé de placer son enfant. « C'est la première fois, a dit l'empereur, que je mets pied à terre pour un orage ; j'avais le pressentiment qu'une bonne action m'attendait là. »

On remarque comme une singularité, que l'empereur Napoléon est arrivé à Potsdam, et descendu dans le même appartement, le jour même, et presque à la même heure que l'empereur de Russie, lors du voyage que fit ce prince, l'an passé, et qui a été si funeste à la Prusse. C'est de ce moment que la reine a quitté le soin de ses affaires intérieures et les graves occupations de la toilette, pour se mêler des affaires d'état, influencer le roi, et susciter partout ce feu dont elle était possédée.

La saine partie de la nation prussienne regarde ce voyage comme un des plus grands malheurs qui soit arrivé à la Prusse. On ne se fait point d'idée de l'activité de la faction pour porter le roi à la guerre malgré lui.

Le résultat du célèbre serment fait sur le tombeau du grand Frédéric le 4 novembre 1805, a été la bataille d'Austerlitz et l'évacuation de l'Allemagne par l'armée russe, à journées d'étapes. On fit quarante-huit heures après, sur ce sujet, une gravure qu'on trouve dans toutes les boutiques, et qui excite le rire même des paysans. On y voit le bel empereur de Russie, près de lui la reine, et de l'autre côté le roi qui lève la main sur le tombeau du grand Frédéric ; la reine elle-même, drapée d'un schall à peu près comme les gravures de Londres représentent lady Hamilton, appuie la main sur son cœur, et a l'air de regarder l'empereur de Russie. On ne conçoit point que la police de Berlin ait laissé répandre une aussi pitoyable satire.

Toutefois, l'ombre du grand Frédéric n'a pu que s'indigner de cette scène scandaleuse. Son esprit, son génie et ses vœux étaient avec la nation qu'il a tant estimée, et dont il disait que s'il en était roi, il ne se tirerait pas un coup de canon en Europe, sans sa permission.

Potsdam, le 26 octobre 1806.

Dix-huitième bulletin de la grande armée.

L'empereur a passé à Potsdam la revue de la garde à pied, composée de dix bataillons et de soixante pièces d'artillerie, servie par l'artillerie à cheval. Ces troupes, qui ont éprouvé tant de fatigues, avaient la même tenue qu'à la parade de Paris.

A la bataille de Jéna, le général de division Victor a reçu un biscaïen qui lui a fait une contusion : il a été obligé de garder le lit pendant quelques jours. Le général de brigade Gardane, aide-de-camp de l'empereur, a eu un cheval tué et a été légèrement blessé. Quelques officiers supérieurs ont eu des blessures, d'autres des chevaux tués, et tous ont rivalisé de courage et de zèle.

L'empereur a été voir le tombeau du grand Frédéric. Les restes de ce grand homme sont renfermés dans un cercueil de bois recouvert en cuivre, placé dans un caveau sans ornemens, sans trophées, sans aucune distinction qui rappellent les grandes actions qu'il a faites.

L'empereur a fait présent à l'Hôtel-des-Invalides de Paris, de l'épée de Frédéric, de son cordon de l'Aigle-Noir, de sa ceinture de général, ainsi que des drapeaux que portait sa garde dans la guerre de sept ans. Les vieux invalides de l'armée de Hanovre accueilleront avec un respect religieux tout ce qui a appartenu à un des premiers capitaines dont l'histoire conservera le souvenir.

Lord Morpeth, envoyé d'Angleterre auprès du cabinet prussien, ne se trouvait, pendant la journée de Jéna, qu'à six lieues du champ de bataille. Il a entendu le canon ; un courrier vint bientôt lui annoncer que la bataille était perdue, et en un moment il fut entouré de fuyards qui le poussaient de tous côtés. Il courait en criant : *Il ne faut pas que je sois pris !* Il offrit jusqu'à soixante guinées pour obtenir un cheval ; il en obtint un et se sauva.

La citadelle de Spandau, située à trois lieues de Berlin, et à quatre lieues de Potsdam, forte par sa situation au milieu des eaux, et renfermant douze cents hommes de garnison, et une grande quantité de munitions de guerre et de bouche, a été cernée le 24 dans la nuit. Le général Bertrand, aide-de-camp de l'empereur, avait déjà reconnu la place. Les pièces étaient disposées pour jeter des obus et intimider la garnison. Le maréchal Lannes a fait signer par le commandant la capitulation de cette place.

On a trouvé à Berlin des magasins considérables d'effets de campement et d'habillement ; on en dresse les inventaires.

Une colonne, commandée par le duc de Weimar, est poursuivie par le maréchal Soult. Elle s'est présentée le 23 devant Magdebourg. Nos troupes étaient là depuis le 20. Il est probable que cette colonne, forte de quinze mille hommes, sera coupée et prise. Magdebourg est le premier point de rendez-vous des troupes prussiennes. Beaucoup de corps s'y rendent. Les Français le bloquent.

Une lettre de Helmstadt, récemment interceptée, contient des détails curieux.

MM. le prince d'Hatzfeld, Busching, président de la police, le président de Kercheisen ; Formey, conseiller intime ;

Polzig, conseiller de la municipalité; MM. Ruck, Siegr et Hermensdorf, conseillers députés de la ville de Berlin, ont remis ce matin à l'empereur, à Potsdam, les clefs de cette capitale. Ils étaient accompagnés de MM. Grote, conseiller des finances; le baron de Vichnitz et le baron d'Eckarlstein. Ils ont dit que les bruits qu'on avait répandus sur l'esprit de cette ville étaient faux; que les bourgeois et la masse du peuple avaient vu la guerre avec peine; qu'une poignée de femmes et de jeunes officiers avaient fait seuls ce tapage; qu'il n'y avait pas un seul homme sensé qui n'eût vu ce qu'on avait à craindre, et qui pût deviner ce qu'on avait à espérer. Comme tous les Prussiens, ils accusent le voyage de l'empereur Alexandre des malheurs de la Prusse. Le changement qui s'est dès-lors opéré dans l'esprit de la reine, qui, de femme timide et modeste, s'occupant de son intérieur, est devenue turbulente et guerrière, a été une révolution subite. Elle a voulu tout à coup avoir un régiment, aller au conseil; elle a si bien mené la monarchie, qu'en peu de jours elle l'a conduite au bord du précipice.

Le quartier-général est à Charlottembourg.

Charlottembourg, le 27 octobre 1806.

Dix-neuvième bulletin de la grande armée.

L'empereur, parti de Potsdam aujourd'hui à midi, a été visiter la forteresse de Spandau. Il a donné des ordres au général de division Chasseloup, commandant le génie de l'armée, sur les améliorations à faire aux fortifications de cette place. C'est un ouvrage superbe; les magasins sont magnifiques. On a trouvé à Spandau des farines, des grains, de l'avoine pour nourrir l'armée pendant deux mois, des munitions de guerre pour doubler l'approvisionnement de l'artillerie. Cette forteresse, située sur la Sprée, à deux lieues de Berlin, est une acquisition inestimable. Dans nos mains, elle soutiendra deux mois de tranchée ouverte. Si les Prussiens ne l'ont pas défendue, c'est que le commandant n'avait pas reçu d'ordre, et que les Français y sont arrivés en même temps que la nouvelle de la bataille perdue. Les batteries n'étaient pas faites et la place était désarmée.

Pour donner une idée de l'extrême confusion qui règne dans cette monarchie, il suffit de dire que la reine, à son retour de ses ridicules et tristes voyages d'Erfurt et de Weimar, a passé la nuit à Berlin, sans voir personne; qu'on a été long-temps sans avoir de nouvelles du roi; que personne n'a pourvu à la sûreté de la capitale, et que les bourgeois ont été obligés de se réunir pour former un gouvernement provisoire.

L'indignation est à son comble contre les auteurs de la guerre. Le manifeste, que l'on appelle à Berlin un indécent libelle où aucun grief n'est articulé, a soulevé la nation contre son auteur, misérable scribe nommé Gentz, un de ces hommes sans honneur qui se vendent pour de l'argent.

Tout le monde avoue que la reine est l'auteur des maux que souffre la nation prussienne. On entend dire partout : Elle était si bonne, si douce il y a un an! mais depuis cette fatale entrevue avec l'empereur Alexandre, combien elle est changée!

Il n'y a eu aucun ordre donné dans les palais, de manière qu'on a trouvé à Potsdam l'épée du grand Frédéric, la ceinture de général qu'il portait à la guerre de sept ans, et son cordon de l'Aigle-Noir. L'empereur s'est saisi de ces trophées avec empressement, et a dit : « J'aime mieux cela que vingt millions. » Puis, pensant un moment à qui il confierait ce précieux dépôt : « Je les enverrai, dit-il, à mes vieux soldats de la guerre d'Hanovre; j'en ferai présent au gouverneur des Invalides : cela restera à l'Hôtel. »

On a trouvé dans l'appartement qu'occupait la reine, à

Potsdam, le portrait de l'empereur de Russie, dont ce prince lui avait fait présent; on a trouvé à Charlottembourg sa correspondance avec le roi, pendant trois ans, et des mémoires rédigés par des écrivains anglais, pour prouver qu'on ne devait tenir aucun compte des traités conclus avec l'empereur Napoléon, mais se tourner tout à fait du côté de la Russie. Ces pièces surtout sont des pièces historiques; elles démontreraient, si cela avait besoin d'une démonstration, combien sont malheureux les princes qui laissent prendre aux femmes l'influence sur les affaires politiques. Les notes, les rapports, les papiers d'état étaient musqués, et se trouvaient mêlés avec les chiffons et d'autres objets de la toilette de la reine. Cette princesse avait exalté les têtes de toutes les femmes de Berlin; mais aujourd'hui elles ont bien changé : les premiers fuyards ont été mal reçus; on leur a rappelé, avec ironie, le jour où ils aiguisaient leurs sabres sur les places de Berlin, voulant tout tuer et tout pourfendre.

Le général Savary, envoyé avec un détachement de cavalerie à la recherche de l'ennemi, mande que le prince de Hohenlohe, obligé de quitter Magdebourg, se trouvait, le 25, entre Rattenau et Ruppin, se retirant sur Stettin.

Le maréchal Lannes était déjà à Zehdenick; il est probable que les débris de ce corps ne parviendront pas à se sauver sans être de nouveau entamés.

Le corps bavarois doit être entré ce matin à Dresde, on n'en a pas encore de nouvelles.

Le prince Louis-Ferdinand, qui a été tué dans la première affaire de la campagne, est appelé publiquement, à Berlin, le petit duc d'Orléans. Ce jeune homme abusait de la bonté du roi au point de l'insulter. C'est lui qui, à la tête d'une troupe de jeunes officiers, se porta, pendant une nuit, à la maison de M. de Haugwitz, lorsque ce ministre revint de Paris, et cassa ses fenêtres.

On ne sait si l'on doit le plus s'étonner de tant d'audace ou de tant de faiblesse.

Une grande partie de ce qui a été dirigé de Berlin sur Magdebourg et sur l'Oder a été intercepté par la cavalerie légère. On a déjà arrêté plus de soixante bateaux chargés d'effets d'habillement, de farine et d'artillerie. Il y a des régimens d'hussards qui ont plus de 500,000 francs. On a rendu compte qu'ils achetaient de l'or pour de l'argent à cinquante pour cent de perte.

Le château de Charlottembourg, où loge l'empereur, est situé à une lieue de Berlin, sur la Sprée.

Charlottembourg, le 27 octobre 1806.

Vingtième bulletin de la grande armée.

Si les événemens militaires n'ont plus l'intérêt de l'incertitude, ils ont toujours l'intérêt des combinaisons, des marches et des manœuvres. L'infatigable grand-duc de Berg se trouvait à Zehdenick le 26, à trois heures après-midi, avec la brigade de cavalerie légère du général Lasalle, et les divisions de dragons des généraux Beaumont et Grouchy étaient en marche pour arriver sur ce point.

La brigade du général Lasalle contint l'ennemi, qui lui montra près de six mille hommes de cavalerie. C'était toute la cavalerie de l'armée prussienne, qui, ayant abandonné Magdebourg, formait l'avant-garde du corps du prince de Hohenlohe, qui se dirigeait sur Stettin. A quatre heures après midi, les deux divisions de dragons étant arrivées, la brigade du général Lasalle chargea l'ennemi avec cette singulière intrépidité qui a caractérisé les hussards et les chasseurs français dans cette campagne. La ligne de l'ennemi, quoique triple, fut rompue, l'ennemi poursuivi dans le village de Zehdenick et culbuté dans les défilés. Le régiment des dragons de la reine voulut se reformer; mais les dragons de la division Grouchy se présentèrent, chargèrent l'ennemi, et en firent un horrible carnage. De ces six mille hommes de cavalerie, partie a été culbutée dans les marais; trois cents hommes sont restés sur le champ de bataille; sept cents ont été pris avec leurs chevaux, le colonel du régiment de la reine et un grand nombre d'officiers sont de ce nombre. L'étendard de ce régiment a été pris. Le corps du maréchal Lannes est en pleine marche pour soutenir la cavalerie. Les cuirassiers se portent en colonne sur la droite, et un autre corps d'armée se porte sur Gransée. Nous arriverons à Stettin avant cette armée, qui, attaquée dans sa marche en flanc, est déjà débordée par sa tête. Démoralisée comme elle l'est, on a lieu d'espérer que rien n'échappera, et que toute la partie de l'armée prussienne qui a inutilement perdu deux jours à Magdebourg pour se rallier, n'arrivera pas sur l'Oder.

Ce combat de cavalerie de Zehdenick a son intérêt comme fait militaire. De part et d'autre, il n'y avait pas d'infanterie; mais la cavalerie prussienne est si loin de la nôtre, que les événemens de la campagne ont prouvé qu'elle ne pouvait tenir vis à vis de forces moindres de la moitié.

Un adjoint de l'état-major, arrêté par un parti ennemi du côté de la Thuringe, lorsqu'il portait des ordres au maréchal Mortier, a été conduit à Custrin, et y a vu le roi. Il rapporte qu'au-delà de l'Oder, il n'est arrivé que très-peu de fuyards, soit à Stettin, soit à Custrin; il n'a presque point vu de troupes d'infanterie.

Berlin, le 28 octobre 1806.

Vingt-unième bulletin de la grande armée.

L'empereur a fait, hier 27, une entrée solennelle à Berlin. Il était environné du prince de Neufchâtel, des maréchaux Davoust et Augereau, de son grand-maréchal du palais, de son grand-écuyer et de ses aides-de-camp. Le maréchal Lefebvre ouvrait la marche, à la tête de la garde impériale à pied ; les cuirassiers de la division Nansouty étaient en bataille sur le chemin. L'empereur marchait entre les grenadiers et les chasseurs à cheval de sa garde. Il est descendu au palais à trois heures après-midi ; il a été reçu par le grand-maréchal du palais, Duroc. Un foule immense était accourue sur son passage. L'avenue de Charlottembourg à Berlin est très-belle ; l'entrée par cette porte est magnifique. La journée était superbe. Tout le corps de la ville, présenté par le général Hullin, commandant de la place, est venu à la porte offrir les clefs de la ville à l'empereur ; ce corps s'est rendu ensuite chez S. M. Le général prince d'Hatzfeld était à la tête.

L'empereur a ordonné que les deux mille bourgeois les plus riches se réunissent à l'hôtel-de-ville, pour nommer soixante d'entr'eux, qui formeront le corps municipal. Les vingt cantons fourniront une garde de soixante hommes chacun ; ce qui fera douze cents des plus riches bourgeois pour garder la ville et en faire la police. L'empereur a dit au prince d'Hatzfeld : « Ne vous présentez pas devant moi, je n'ai pas besoin de vos services. Retirez-vous dans vos terres. » Il a reçu le chancelier et les ministres du roi de Prusse.

Le 28, à neuf heures du matin, les ministres de Bavière, d'Espagne, de Portugal et de la Porte, qui étaient à Berlin, ont été admis à l'audience de l'empereur. Il a dit au ministre de la Porte d'envoyer un courrier à Constantinople, pour porter des nouvelles de ce qui se passait, et annoncer que les Russes n'entreraient pas aujourd'hui en Moldavie, et qu'ils ne tenteraient rien contre l'empire ottoman. Ensuite il a reçu tout le clergé protestant et calviniste. Il y a à Berlin plus de dix ou douze mille Français réfugiés par suite de l'édit de Nantes. S. M. a causé avec les principaux d'entr'eux. Il leur a dit qu'ils avaient de justes droits à sa protection, et que leurs priviléges et leur culte seraient maintenus. Il leur a recommandé de s'occuper de leurs affaires, de rester tranquilles, et de porter obéissance et respect à *César*.

Les cours de justice lui ont été présentées par le chancelier. Il s'est entretenu avec les membres de la division des cours d'appel et de première instance ; il s'est informé de la manière dont se rendait la justice.

M. le comte de Néale s'étant présenté dans les salons de l'empereur, S. M. lui a dit : « Eh ! bien, Monsieur, vos femmes ont voulu la guerre, en voici le résultat ; vous deviez mieux contenir votre famille. » Des lettres de sa fille avaient été interceptées : « Napoléon, disaient ces lettres, ne veut pas la guerre, il faut la lui faire. » — « Non, dit S. M. à M. de Néale, je ne veux pas la guerre, non pas que je me méfie de ma puissance, comme vous le pensez, mais parce que le sang de mes peuples m'est précieux, et que mon premier devoir est de ne le répandre que pour sa sûreté et son honneur. Mais ce bon peuple de Berlin est victime de la guerre, tandis que ceux qui l'ont attirée se sont sauvés. Je rendrai cette noblesse de cour si petite, qu'elle sera obligée de mendier son pain. »

En faisant connaître ses intentions au corps municipal, « j'entends, dit l'empereur, qu'on ne casse les fenêtres de personne. Mon frère le roi de Prusse a cessé d'être roi le jour où il n'a pas fait pendre le prince Louis-Ferdinand, lorsqu'il a été assez osé pour aller casser les fenêtres de ses ministres. »

Aujourd'hui 28, l'empereur est monté à cheval pour passer en revue le corps du maréchal Davoust ; demain S. M. passera en revue le corps du maréchal Augereau.

Le grand-duc de Berg, et les maréchaux Lannes et prince de Ponte-Corvo sont à la poursuite du prince de Hohenlohe. Après le brillant combat de cavalerie de Zehdenick, le grand-duc de Berg s'est porté à Templin; il y a trouvé les vivres et le dîner préparés pour les généraux et les troupes prussiennes.

A Gransée, le prince de Hohenlohe a changé de route, et s'est dirigé sur Furstemberg. Il est probable qu'il sera coupé de l'Oder, et qu'il sera enveloppé et pris.

Le duc de Weimar est dans une position semblable vis-à-vis du maréchal Soult. Ce duc a montré l'intention de passer l'Elbe à Tanger-Munde, pour gagner l'Oder. Le 25, le maréchal Soult l'a prévenu. S'il est joint, pas un homme n'échappera; s'il parvient à passer, il tombe dans les mains du grand-duc de Berg et des maréchaux Lannes et prince de Ponte-Corvo. Une partie de nos troupes borde l'Oder. Le roi de Prusse a passé la Vistule.

M. le comte de Zastrow a été présenté à l'empereur le 27, à Charlottembourg, et lui a remis une lettre du roi de Prusse.

Au moment même l'empereur reçoit un aide-de-camp du prince Eugène, qui lui annonce une victoire remportée sur les Russes en Albanie.

Voici la proclamation que l'empereur a faite à ses soldats :

Proclamation de l'empereur a l'armée.

Soldats ! vous avez justifié mon attente, et répondu dignement à la confiance du peuple français. Vous avez supporté les privations et les fatigues avec autant de courage que vous avez montré d'intrépidité et de sang-froid au milieu des combats. Vous êtes les dignes défenseurs de l'honneur de ma couronne et de la gloire du grand peuple; tant que vous serez animés de cet esprit, rien ne pourra vous résister. Je ne sais désormais à quelle arme je dois donner la préférence.... vous êtes tous de bons soldats. Voici les résultats de nos travaux.

Une des premières puissances militaires de l'Europe, qui osa naguère nous proposer une honteuse capitulation, est anéantie. Les forêts, les défilés de la Franconie, la Saale, l'Elbe, que nos pères n'eussent pas traversés en sept ans, nous les avons traversés en sept jours, et livré dans l'intervalle quatre combats et une grande bataille. Nous avons précédé à Potsdam, à Berlin, la renommée de nos victoires. Nous avons fait soixante mille prisonniers, pris soixante-cinq drapeaux, parmi lesquels ceux des gardes du roi de Prusse; six cents pièces de canon, trois forteresses, plus de vingt généraux. Cependant, près de la moitié de vous regrettent de n'avoir pas encore tiré un coup de fusil. Toutes les provinces de la monarchie prussienne, jusqu'à l'Oder, sont en notre pouvoir.

Soldats! les Russes se vantent de venir à nous. Nous marcherons à leur rencontre; nous leur épargnerons la moitié du chemin, ils retrouveront Austerlitz au milieu de la Prusse. Une nation qui a aussitôt oublié la générosité dont nous avons usé envers elle après cette bataille, où son empereur, sa cour, les débris de son armée n'ont dû leur salut qu'à la capitulation que nous leur avons accordée, est une nation qui ne saurait lutter avec succès contre nous.

Cependant, tandis que nous marchons au-devant des Russes, de nouvelles armées, formées dans l'intérieur de l'empire, viennent prendre notre place pour garder nos conquêtes. Mon peuple tout entier s'est levé, indigné de la honteuse capitulation que les ministres prussiens, dans leur délire, nous ont proposée. Nos routes et nos villes frontières sont remplies de conscrits qui brûlent de marcher sur vos traces. Nous ne serons plus désormais les jouets d'une paix traîtresse, et nous ne poserons plus les armes que nous n'ayons obligé les Anglais, ces éternels ennemis de notre nation, à renoncer au projet de troubler le continent, et à la tyrannie des mers.

Soldats! je ne puis mieux vous exprimer les sentimens que

j'ai pour vous, qu'en vous disant que je vous porte dans mon cœur l'amour que vous me montrez tous les jours.

Napoléon.

Berlin, le 29 octobre 1806.

Vingt-deuxième bulletin de la grande armée.

Les événemens se succèdent avec rapidité. Le grand-duc de Berg est arrivé le 27 à Hasleben avec une division de dragons. Il avait envoyé à Boitzenbourg le général Milhaud, avec le treizième régiment de chasseurs et la brigade de cavalerie légère du général Lassalle, sur Prentzlow. Instruit que l'ennemi était en force à Boitzenbourg, il s'est porté à Wigneensdorf. A peine arrivé là, il s'aperçut qu'une brigade de cavalerie ennemie s'était portée sur la gauche, dans l'intention de couper le général Milhaud. Les voir, les charger, jeter le corps des gendarmes du roi dans le lac, fut l'affaire d'un moment. Ce régiment se voyant perdu, demanda à capituler. Cinq cents hommes mirent pied à terre et remirent leurs chevaux. Les officiers se retirent chez eux sur parole. Quatre étendards de la garde, tous d'or, furent le trophée du petit combat de Wigneensdorf, qui n'était que le prélude de la belle affaire de Prentzlow.

Ces célèbres gendarmes, qui ont trouvé tant de commisération après la défaite, sont les mêmes qui, pendant trois mois, ont révolté la ville de Berlin par toutes sortes de provocations. Ils allaient sous les fenêtres de M. Laforêt, ministre de France, aiguiser leurs sabres : les gens de bon sens haussaient les épaules ; mais la jeunesse sans expérience, et les femmes passionnées, à l'exemple de la reine, voyaient dans cette fanfaronade, un pronostic sûr des grandes destinées qui attendaient l'armée prussienne.

Le prince de Hohenlohe, avec les débris de la bataille de Jéna, cherchait à gagner Stettin. Il avait été obligé de changer de route, parce que le grand-duc de Berg était à Templin avant lui. Il voulut déboucher de Boitzenbourg sur Hasleben, il fut trompé dans son mouvement. Le grand-duc de Berg jugea que l'ennemi cherchait à gagner Prentzlow; cette conjecture était fondée. Le prince marcha toute la nuit avec les divisions de dragons des généraux Beaumont et Grouchy, éclairées par la cavalerie légère du général Lasalle. Les premiers postes de nos hussards arrivèrent à Prentzlow avec l'ennemi, mais ils furent obligés de se retirer le 28 au matin devant les forces supérieures que déploya le prince de Hohenlohe. A neuf heures du matin, le grand-duc de Berg arriva à Prentzlow, et à dix heures, il vit l'armée ennemie en pleine marche. Sans perdre de temps en vains mouvemens, le prince ordonna au général Lasalle de charger dans les faubourgs de Prentzlow, et le fit soutenir par les généraux Grouchy et Beaumont, et leurs six pièces d'artillerie légère. Il fit traverser à Golmitz la petite rivière qui passe à Prentzlow, par trois régimens de dragons, attaquer le flanc de l'ennemi, et chargea son autre brigade de dragons de tourner la ville. Nos braves canonniers à cheval placèrent si bien leurs pièces, et tirèrent avec tant d'assurance, qu'ils mirent de l'incertitude dans les mouvemens de l'ennemi. Dans le moment, le général Grouchy reçut ordre de charger: ses braves dragons s'en acquittèrent avec intrépidité. Cavalerie, infanterie, artillerie, tout fut culbuté dans les faubourgs de Prentzlow. On pouvait entrer pêle-mêle avec l'ennemi dans la ville; mais le prince préféra les faire sommer par le général Béliard. Les portes de la ville étaient déjà brisées. Sans espérance, le prince de Hohenlohe, un des principaux boute-feux de cette guerre impie, capitula, et défila devant l'armée française avec seize mille hommes d'infanterie, presque tous gardes ou grenadiers; six régimens de cavalerie, quarante-cinq drapeaux et soixante-quatre pièces d'artillerie attelées. Tout ce qui avait échappé des gardes du roi de Prusse à la bataille de Jéna, est tombé en notre pouvoir. Nous avons tous les drapeaux des gardes à pied et à cheval du roi. Le prince de Hohenlohe, commandant en chef, après la blessure du duc de Brunswick, un prince de Mecklembourg-Schwerin et plusieurs généraux sont nos prisonniers.

« Mais il n'y a rien de fait, tant qu'il reste à faire, écrivit l'empereur au grand-duc de Berg. Vous avez débordé une colonne de huit mille hommes, commandée par le général Blucher; que j'apprenne bientôt qu'elle a éprouvé le même sort. »

Une autre de dix mille hommes a passé l'Elbe; elle est commandée par le duc de Weimar. Tout porte à croire que lui et toute sa colonne vont être enveloppés.

Le prince Auguste-Ferdinand, frère du prince Louis, tué à Saalfeld, et fils du prince Ferdinand, frère du Grand-Frédéric, a été pris par nos dragons les armes à la main.

Ainsi, cette grande et belle armée prussienne a disparu comme un brouillard d'automne au lever du soleil. Généraux en chef, généraux commandant les corps d'armée, princes, infanterie, cavalerie, artillerie, il n'en reste plus rien. Nos postes étant entrés à Francfort sur l'Oder, le roi de Prusse s'est porté plus loin. Il ne lui reste pas quinze mille hommes; et pour un tel résultat, il n'y a presque aucune perte de notre côté.

Le général Clarke, gouverneur du pays d'Erfurth, a fait capituler un bataillon saxon qui errait sans direction.

L'empereur a passé, le 28, la revue du corps du maréchal Davoust, sous les murs de Berlin. Il a nommé à toutes les places vacantes, il a récompensé les braves. Il a ensuite réuni les officiers et sous-officiers en cercle, et leur a dit : « Officiers et sous-officiers du troisième corps d'armée, vous vous êtes couverts de gloire à la bataille de Jéna; j'en conserverai un éternel souvenir. Les braves qui sont morts, sont morts avec gloire. Nous devons désirer de mourir dans des circonstances si glorieuses. » En passant la revue des douzième, soixante-unième et quatre-vingt-cinquième régimens de ligne qui ont le plus perdu à cette bataille, parce qu'ils ont dû soutenir les plus grands efforts, l'empereur a été attendri de savoir morts, ou grièvement blessés, beaucoup de ses vieux soldats dont il connaissait le dévouement et la bravoure depuis quatorze ans. Le douzième régiment surtout a montré une intrépidité digne des plus grands éloges.

Aujourd'hui à midi, l'empereur a passé la revue du septième corps, que commande le maréchal Augereau. Ce corps a très-peu souffert. La moitié des soldats n'a pas eu occasion de tirer un coup de fusil, mais tous avaient la même volonté et la même intrépidité. La vue de ce corps était magnifique. « Votre corps seul, a dit l'empereur, est plus fort que tout ce qui reste au roi de Prusse, et vous ne composez pas le dixième de mon armée. »

Tous les dragons à pied que l'empereur avait fait venir à la grande armée sont montés, et il y a au grand dépôt de Spandau quatre mille chevaux sellés et bridés dont on ne sait que faire, parce qu'il n'y a pas de cavaliers qui en aient besoin. On attend avec impatience l'arrivée des dépôts.

Le prince Auguste a été présenté à l'empereur, au palais de Berlin, après la revue du septième corps d'armée. Ce prince a été renvoyé chez son père, le prince Ferdinand, pour se reposer et se faire panser de ses blessures.

Hier, avant d'aller à la revue du corps du maréchal Davoust, l'empereur avait rendu visite à la veuve du prince Henri, et au prince et à la princesse Ferdinand, qui se sont toujours fait remarquer par la manière distinguée avec laquelle ils n'ont cessé d'accueillir les Français.

6.

Dans le palais qu'habite l'empereur à Berlin, se trouve la sœur du roi de Prusse, princesse électorale de Hesse-Cassel. Cette princesse est en couche. L'empereur a ordonné à son grand-maréchal du palais de veiller à ce qu'elle ne fût pas incommodée du bruit et des mouvemens du quartier-général.

Le dernier bulletin rapporte la manière dont l'empereur a reçu le prince d'Hatzfeld à son audience. Quelques instans après ce prince fut arrêté. Il aurait été traduit devant une commission militaire et inévitablement condamné à mort : des lettres de ce prince au prince Hohenlohe, interceptées aux avant-postes, avaient appris que, quoiqu'il se dît chargé du gouvernement civil de la ville, il instruisait l'ennemi des mouvemens des Français. Sa femme, fille du ministre Schulenbourg, est venue se jeter aux pieds de l'empereur ; elle croyait que son mari était arrêté à cause de la haine que le ministre Schulenbourg portait à la France. L'empereur la dissuada bientôt, et lui fit connaître qu'on avait intercepté des papiers dont il résultait que son mari faisait un double rôle, et que les lois de la guerre étaient impitoyables sur un pareil délit. La princesse attribuait à l'imposture de ses ennemis cette accusation, qu'elle appelait une calomnie. « Vous connaissez l'écriture de votre mari, dit l'empereur, je vais vous faire juge. » Il fit apporter la lettre interceptée, et la lui remit. Cette femme, grosse de plus de huit mois, s'évanouissait à chaque mot qui lui découvrait jusqu'à quel point était compromis son mari, dont elle reconnaissait l'écriture. L'empereur fut touché de sa douleur, de sa confusion, des angoisses qui la déchiraient. « Eh! bien, lui dit-il, vous tenez cette lettre, jetez-la au feu ; cette pièce anéantie, je ne pourrai plus faire condamner votre mari. » (Cette scène touchante se passait près de la cheminée). Madame d'Hatzfeld ne se le fit pas dire deux fois. Immédiatement après, le prince de Neufchatel reçut ordre de lui rendre son mari. La commission militaire était déjà réunie. La lettre seule de M. d'Hatzfeld le condamnait ; trois heures plus tard il était fusillé.

Berlin, le 30 octobre 1806.

Vingt-troisième bulletin de la grande armée.

Le duc de Weimar est parvenu à passer l'Elbe à Havelberg. Le général Soult s'est porté le 9 à Rathnau, et le 30 à Wertenhausen.

Le 29, la colonne du duc de Weimar était à Rhinsberg, et le maréchal prince de Ponte-Corvo à Furstemberg. Il n'y a pas de doute que ces quatorze mille hommes ne soient tombés ou ne tombent, dans ce moment, au pouvoir de l'armée française. D'un autre côté, le général Blucher, avec sept mille hommes, quittait Rhinsberg, le 29 au matin, pour se porter sur Stettin, le maréchal Lannes et le grand-duc de Berg avaient trois journées de marche d'avance sur lui. Cette colonne est tombée en notre pouvoir, ou y tombera sous quarante-huit heures.

Nous avons rendu compte, dans le dernier bulletin, qu'à l'affaire de Prentzlow, le grand-duc de Berg avait fait mettre bas les armes au prince de Hohenlohe et à ses dix-sept mille hommes. Le 29, une colonne ennemie de six mille hommes a capitulé dans les mains du général Milhaud à Passewalk. Cela nous donne encore deux mille chevaux sellés et bridés, avec les sabres. Voilà plus de six mille chevaux que l'empereur a ainsi à Spandau, après avoir monté toute sa cavalerie.

Le maréchal Soult, arrivé à Rathnau, a rencontré cinq escadrons de cavalerie saxonne qui ont demandé à capituler. Il leur a fait signer une capitulation. C'est encore cinq cents chevaux pour l'armée.

Le maréchal Davoust a passé l'Oder à Francfort. Les alliés bavarois et wirtembergeois, sous les ordres du prince Jérôme, sont en marche de Dresde sur Francfort.

Le roi de Prusse a quitté l'Oder, et a passé la Vistule; il est à Graudentz. Les places de la Silésie sont sans garnison et sans approvisionnemens. Il est probable que la place de Stettin ne tardera pas à tomber en notre pouvoir. Le roi de Prusse est sans armée, sans artillerie, sans fusils. C'est beaucoup que d'évaluer à douze ou quinze mille hommes ce qu'il aura pu réunir sur la Vistule. Rien n'est curieux comme les mouvemens actuels. C'est une espèce de chasse où la cavalerie légère, qui va aux aguets des corps d'armée, est sans cesse détournée par des colonnes ennemies qui sont coupées.

Jusqu'à cette heure, nous avons cent cinquante drapeaux, parmi lesquels sont ceux brodés des mains de la belle reine, beauté aussi funeste aux peuples de Prusse, que le fut Hélène aux Troyens.

Les gendarmes de la garde ont traversé Berlin pour se rendre prisonniers à Spandau. Le peuple, qui les avait vus si arrogans il y a peu de semaines, les a vus dans toute leur humiliation.

L'empereur a fait aujourd'hui une grande parade, qui a duré depuis onze heures du matin, jusqu'à six heures du soir. Il a vu en détail toute sa garde à pied et à cheval, et les beaux régimens des carabiniers et des cuirassiers de la division Nansouty; il a fait différentes promotions, en se faisant rendre compte de tout dans le plus grand détail.

Le général Savary, avec deux régimens de cavalerie, a déjà atteint le corps du duc de Weimar, et sert de communication pour transmettre des renseignemens au grand-duc de Berg, au prince de Ponte-Corvo et au maréchal Soult.

On a pris possession des états du duc de Brunswick. On croit que ce duc s'est réfugié en Angleterre. Toutes ses troupes ont été désarmées. Si ce prince a mérité, à juste titre, l'animadversion du peuple français, il a aussi encouru celle du peuple et de l'armée prussienne; du peuple qui lui reproche d'être l'un des auteurs de la guerre ; de l'armée, qui se plaint de ses manœuvres et de sa conduite militaire. Les faux calculs des jeunes gendarmes sont pardonnables ; mais la conduite de ce vieux prince, âgé de soixante-douze ans, est un excès de délire dont la catastrophe ne saurait exciter de regrets. Qu'aura donc de respectable la vieillesse, si, au défaut de son âge, elle joint la fanfaronade et l'inconsidération de la jeunesse?

Berlin, le 31 octobre 1806.

Vingt-quatrième bulletin de la grande armée.

Stettin est en notre pouvoir. Pendant que la gauche du grand-duc de Berg, commandée par le général Milhaud, faisait mettre bas les armes à une colonne de six mille hommes à Passewalk, la droite, commandée par le général Lasalle, sommait la ville de Settin, et l'obligeait à capituler. Stettin est une place en bon état, bien armée et bien palissadée : cent-soixante pièces de canon, des magasins considérables, une garnison de six mille hommes de belles troupes, prisonnière, beaucoup de généraux, tel est le résultat de la capitulation de Stettin, qui ne peut s'expliquer que par l'extrême découragement qu'a produit sur l'Oder et dans tous les pays de la rive droite la disparition de la grande armée prussienne.

De toute cette belle armée de cent quatre-vingt mille hommes, rien n'a passé l'Oder. Tout a été pris, ou erre encore entre l'Elbe et l'Oder, et sera pris avant quatre jours. Le nombre des prisonniers montera à près de cent mille hommes. Il est inutile de faire sentir l'importance de la prise de la ville de Stettin, une des places les plus commerçantes de la Prusse, et qui assure à l'armée un bon pont sur l'Oder et une bonne ligne d'opérations.

Du moment que les colonnes du duc de Weimar et du général Blucher, qui sont débordées par la droite et la gauche, et poursuivies par la queue, seront rendues, l'armée prendra quelques jours de repos.

On n'entend point encore parler des Russes. Nous désirons fort qu'il en vienne une centaine de milliers. Mais le bruit de leur marche est une vraie fanfaronade. Ils n'oseront pas venir à notre rencontre. La journée d'Austerlitz se représente à leurs yeux. Ce qui indigne les gens sensés, c'est d'entendre l'empereur Alexandre et son sénat dirigeant, dire que ce sont les alliés qui ont été battus. Toute l'Europe sait bien qu'il n'y a pas de familles en Russie qui ne portent le deuil.

Ce n'est point la perte des alliés qu'elle pleure : cent quatre-vingt-quinze pièces de bataille russes qui ont été prises, et qui sont à Strasbourg, ne sont pas les canons des alliés.

Les cinquante drapeaux russes qui sont suspendus à Notre-Dame de Paris, ne sont point les drapeaux des alliés. Les bandes de Russes qui sont morts dans nos hôpitaux, ou sont prisonniers dans nos villes, ne sont pas les soldats des alliés.

L'empereur Alexandre, qui commandait à Austerlitz et à Vischau, avec un si grand corps d'armée, et qui faisait tant de tapage, ne commandait pas les alliés.

Le prince qui a capitulé, et s'est soumis à évacuer l'Allemagne par journées d'étapes, n'était pas sans doute un prince allié. On ne peut que hausser les épaules à de pareilles forfanteries. Voilà le résultat de la faiblesse des princes et de la vénalité des ministres. Il était bien plus simple pour l'empereur Alexandre de ratifier le traité de paix qu'avait conclu son plénipotentiaire, et de donner le repos au continent. Plus la guerre durera, plus la chimère de la Russie s'effacera, et elle finira par être anéantie : autant la sage politique de Catherine était parvenue à faire de sa puissance un immense épouvantail; autant l'extravagance et la folie des ministres actuels la rendront ridicule en Europe.

Le roi de Hollande, avec l'avant-garde de l'armée du Nord, est arrivé, le 21, à Gottingue. Le maréchal Mortier, avec les deux divisions du huitième corps de la grande armée, commandées par les généraux Lagrange et Dupas, est arrivé le 26 à Fulde.

Le roi de Hollande a trouvé, à Munster, dans le comté de la Marck et autres états prussiens, des magasins et de l'artillerie.

On a ôté à Fulde et à Brunswick les armes du prince d'Orange et celles du duc. Ces deux princes ne régneront plus. Ce sont les principaux auteurs de cette nouvelle coalition.

Les Anglais n'ont pas voulu faire la paix; ils la feront; mais la France aura plus d'états et de côtes dans son système fédératif.

Berlin, le 2 novembre 1806.

Vingt-cinquième bulletin de la grande armée.

Le général de division Beaumont a présenté aujourd'hui à l'empereur cinquante nouveaux drapeaux et étendards pris sur l'ennemi; il a traversé toute la ville avec les dragons qu'il commande, et qui portaient ces trophées: le nombre des drapeaux, dont la prise a été la suite de la bataille de Jéna, s'élève en ce moment à deux cents.

Le général Davoust a fait cerner et sommer Custrin, et cette place s'est rendue. On y a fait quatre mille hommes prisonniers de guerre. Les officiers retournent chez eux sur parole, et les soldats sont conduits en France. Quatre-vingt-dix pièces de canon ont été trouvées sur les remparts; la place, en très-bon état, est située au milieu des marais; elle renferme des magasins considérables. C'est une des conquêtes les plus importantes de l'armée; elle a achevé de nous rendre maîtres de toutes les places sur l'Oder.

Le maréchal Ney va attaquer en règle Magdebourg, et il est probable que cette forteresse fera peu de résistance.

Le grand-duc de Berg avait son quartier général, le 31, à Friedland. Ses dispositions faites, il a ordonné l'attaque de la colonne du général prussien Bila, que le général Becker a chargé dans la plaine en avant de la petite ville d'Anklam, avec la brigade de dragons du général Boussart. Tout a été enfoncé, cavalerie et infanterie, et le général Becker est entré dans la ville avec les ennemis, qu'il a forcés de capituler. Le résultat de cette capitulation a été quatre mille prisonniers de guerre : les officiers sont renvoyés sur parole, et les soldats sont conduits en France. Parmi ces prisonniers, se trouve le régiment de hussards de la garde du roi, qui, après la guerre de sept ans, avaient reçu de l'impératrice Catherine, en témoignage de leur bonne conduite, des pelisses de peau de tigre.

La caisse du corps du général Bila, et une partie des bagages avaient passé la Peene et se trouvaient dans la Poméranie suédoise. Le grand-duc de Berg les a fait réclamer.

Le 1er novembre au soir, le grand-duc avait son quartier-général à Demmin.

Le général Blucher et le duc de Weimar, voyant le chemin de Stettin fermé, se portaient sur leur gauche, comme pour retourner sur l'Elbe; mais le maréchal Soult avait prévu ce mouvement : et il y a peu de doute que ces deux corps ne tombent bientôt entre nos mains.

Le maréchal a réuni son corps d'armée à Stettin, où l'on trouve encore chaque jour des magasins et des pièces de canon.

Nos coureurs sont déjà entrés en Pologne.

Le prince Jérôme, avec les Bavarois et les Wurtembergeois, formant un corps d'armée, se porte en Silésie.

S. M. a nommé le général Clarke gouverneur-général de Berlin et de la Prusse, et a déjà arrêté toutes les bases de l'organisation intérieure du pays.

Le roi de Hollande marche sur Hanovre, et le maréchal Mortier sur Cassel.

Berlin, le 3 novembre 1806.

Vingt-sixième bulletin de la grande armée.

On n'a pas encore reçu la nouvelle de la prise des colonnes du général Blucher et du duc de Weimar. Voici la situation de ces deux divisions ennemies et celle de nos troupes. Le général Blucher, avec sa colonne, s'était dirigé sur Stettin. Ayant appris que nous étions déjà dans cette ville, et que nous avions gagné deux marches sur lui, il se reploya, de Gransée, où nous arrivions en même temps que lui, sur Neustrelitz, où il arriva le 30 octobre, ne s'arrêtant point là, et se dirigeant sur Wharen, où on le suppose arrivé le 31, avec le projet de chercher à se retirer du côté de Rostock pour s'y embarquer.

Le 31, six heures après son départ, le général Savary, avec une colonne de six cents chevaux, est arrivé à Strelitz, où il a fait prisonnier le frère de la reine de Prusse, qui est général au service du roi.

Le 1er novembre, le grand-duc de Berg était à Demmin, filant pour arriver à Rostock, et couper la mer au général Blucher.

Le maréchal prince de Ponte-Corvo avait débordé le général Blucher. Ce maréchal se trouvait le 31, avec son corps d'armée, à Neubrandebourg, et se mettait en marche sur Wharen, ce qui a dû le mettre aux prises, dans la journée du 1er, avec le général Blucher.

La colonne commandée par le duc de Weimar était arrivée le 29 octobre à Neustrelitz; mais instruit que la route de

Stettin était coupée, et ayant rencontré les avant-postes français, il fit une marche rétrograde, le 29, sur Wistock. Le 30, le maréchal Soult en avait connaissance par ses hussards, et se mettait en marche sur Wertenhausen. Il l'a immanquablement rencontré le 31 ou le 1er. Ces deux colonnes ont donc été prises hier, ou aujourd'hui au plus tard.

Voici leurs forces : le général Blucher a trente pièces de canon, sept bataillons d'infanterie et quinze cents hommes de cavalerie. Il est difficile d'évaluer la force de ce corps; ses équipages, ses caissons, ses munitions ont été pris. Il est dans la plus pitoyable situation.

Le duc de Weimar a douze bataillons et trente-cinq escadrons en bon état; mais il n'a pas une pièce d'artillerie.

Tels sont les faibles débris de toute l'armée prussienne : il n'en restera rien. Ces deux colonnes prises, la puissance de la Prusse est anéantie, et elle n'a presque plus de soldats. En évaluant à dix mille hommes ce qui s'est retiré avec le roi sur la Vistule, ce serait exagérer.

M. Schullembourg s'est présenté à Strelitz pour demander un passeport pour Berlin. Il a dit au général Savary : « Il y a huit heures que j'ai vu passer les débris de la monarchie prussienne. Vous les aurez aujourd'hui ou demain. Quelle destinée inconcevable et inattendue! La foudre nous a frappés. »

Il est vrai que depuis que l'empereur est entré en campagne, il n'a pas pris un moment de repos. Toujours en marches forcées, devinant constamment les mouvemens de l'ennemi. Les résultats en sont tels qu'il n'y en a aucun exemple dans l'histoire. De plus de cent cinquante mille hommes qui se sont présentés à la bataille de Jéna, pas un ne s'est échappé pour en porter la nouvelle au-delà de l'Oder. Certes, jamais agression ne fut plus injuste; jamais guerre ne fut plus intempestive. Puisse cet exemple servir de leçon aux princes faibles, que les intrigues, les cris et l'or de l'Angleterre excitent toujours à des entreprises insensées.

La division bavaroise, commandée par le général Wrede, est partie de Dresde le 31 octobre. Celle commandée par le général Deroi est partie le 1ᵉʳ novembre. La colonne wurtembergeoise est partie le 3. Toutes ces colonnes se rendent sur l'Oder; elles forment le corps d'armée du prince Jérôme.

Le général Durosnel a été envoyé à Odesberg avec un parti de cavalerie immédiatement après notre entrée à Berlin, pour intercepter tout ce qui se jetterait du canal dans l'Oder. Il a pris plus de quatre-vingts bateaux chargés de munitions de toute espèce qu'il a envoyés à Spandau.

On a trouvé à Custrin des magasins de vivres suffisans pour nourrir l'armée pendant deux mois.

Le général de brigade Macon, que l'empereur avait nommé commandant de Leipsick, est mort dans cette ville d'une fièvre putride. C'était un brave soldat et un parfait honnête homme. L'empereur en faisait cas, et a été très-affligé de sa mort.

Berlin, le 6 novembre 1806.

Vingt-septième bulletin de la grande armée.

On a trouvé à Stettin une grande quantité de marchandises anglaises, à l'entrepôt sur l'Oder; on y a trouvé cinq cents pièces de canon et des magasins considérables de vivres.

Le 1ᵉʳ novembre, le grand-duc de Berg était à Demmin ; le 2 à Tetetow, ayant sa droite sur Rostock. Le général Savary était le 1ᵉʳ à Kratzebourg, et le 2, de bonne heure, à Wharen et à Jabel. Le prince de Ponte-Corvo attaqua, le soir du 1ᵉʳ à Jabel, l'arrière-garde de l'ennemi. Le combat fut assez soutenu ; le corps ennemi fut plusieurs fois mis en déroute: il eût été entièrement enlevé si les difficultés de passer le pays de Mecklembourg ne l'eussent encore sauvé ce jour-là. Le prince de Ponte-Corvo, en chargeant avec la cavalerie, a fait une chute de cheval, qui n'a eu aucune suite. Le maréchal Soult est arrivé le 2 à Plauer.

Ainsi, l'ennemi a renoncé à se porter sur l'Oder. Il change tous les jours de projets. Voyant que la route de l'Oder lui était fermée, il a voulu se retirer sur la Poméranie suédoise. Voyant celle-ci également interceptée, il a voulu retourner sur l'Elbe; mais le maréchal Soult l'ayant prévenu, il paraît se diriger sur le point le plus prochain des côtes. Il doit avoir été à bout le 4 ou le 5 novembre. Cependant tous les jours un ou deux bataillons, et même des escadrons de cette colonne tombent en notre pouvoir. Elle n'a plus ni caissons, ni bagages.

Le maréchal Lannes est à Stettin; le maréchal Davoust à Francfort; le prince Jérôme en Silésie. Le duc de Weimar a quitté le commandement pour retourner chez lui, et l'a laissé à un général peu connu.

L'empereur a passé aujourd'hui la revue de la division de dragons du général Beaumont, sur la place du palais de Berlin. Il a fait différentes promotions.

Tous les hommes de cavalerie qui se trouvaient à pied, se sont rendus à Potsdam, où l'on a envoyé les chevaux de prise. Le général de division Bourcier a été chargé de la direction de ce grand dépôt. Deux mille dragons à pied qui suivaient l'armée, sont déjà montés.

On travaille avec activité à armer la forteresse de Spandau, et à rétablir les fortifications de Wittemberg, d'Erfurt, de Custrin et de Stettin.

Le maréchal Mortier, commandant le huitième corps de la grande armée, s'est mis en marche le 30 octobre sur Cassel: il y est arrivé le 31.

Berlin, 7 novembre 1806.

Vingt-huitième bulletin de la grande armée.

Sa majesté a passé aujourd'hui, sur la place du palais de Berlin, depuis onze heures du matin jusqu'a trois après-midi, la revue de la division de dragons du général Klein. Elle a fait plusieurs promotions. Cette division a donné avec distinction à la bataille de Jéna et a enfoncé plusieurs carrés d'infanterie prussienne. L'empereur a vu ensuite défiler le grand parc de l'armée, l'équipage de pont et le parc du génie : le grand parc est commandé par le général d'artillerie Saint-Laurent ; l'équipage de pont, par le colonel Boucher, et le parc de génie, par le général du génie Casals.

S. M. a témoigné au général Songis, inspecteur-général, sa satisfaction de l'activité qu'il mettait dans l'organisation des différentes parties du service de l'artillerie de cette grande armée.

Le général Savary a tourné près de Wismar sur la Baltique, à la tête de cinq cents chevaux du premier de hussards et du septième de chasseurs, le général prussien Husdunne, et l'a fait prisonnier avec deux brigades de hussards et deux pièces de canon. Cette colonne appartient au corps que poursuivent le grand-duc de Berg, le prince de Ponte-Corvo et le maréchal Soult, lequel corps, coupé de l'Oder et de la Poméranie, paraît acculé du côté de Lubeck.

Le colonel Excelmans, commandant le premier régiment de chasseurs du maréchal Davoust, est entré à Posen, capitale de la Grande-Pologne. Il a été reçu avec un enthousiasme difficile à peindre ; la ville était remplie de monde, les fenêtres parées comme en un jour de fête : à peine la cavalerie pouvait-elle se faire jour pour traverser les rues.

Le général du génie Bertrand, aide-de-camp de l'empereur, s'est embarqué sur le lac de Stettin, pour faire la reconnaissance de toutes les passes.

On a formé à Dresde et à Wittemberg un équipage de siége pour Magdebourg : l'Elbe en est couvert. Il est à espérer que cette place ne tiendra pas long-temps. Le maréchal Ney est chargé de ce siége.

Berlin, le 9 novembre 1806.

Vingt-neuvième bulletin de la grande armée.

La brigade de dragons du général Becker a paru aujourd'hui à la parade.

S. M. voulant récompenser la bonne conduite des régimens qui la composent, a fait différentes promotions.

Mille dragons, qui étaient venus à pied à l'armée, et qui ont été montés au dépôt de Potsdam, ont passé hier la revue du général Bessières ; ils ont été munis de quelques objets d'équipement qui leur manquaient, et ils partent aujourd'hui pour rejoindre leurs corps respectifs, pourvus de bonnes selles et montés sur de bons chevaux, fruits de la victoire.

S. M. a ordonné qu'il serait frappé une contribution de cent cinquante millions sur les états prussiens et sur ceux des alliés de la Prusse.

Après la capitulation du prince Hohenlohe, le général Blucher, qui le suivait, changea de direction, et parvint à se réunir à la colonne du duc de Weimar, à laquelle s'était jointe celle du prince Frédéric-Guillaume Brunswick-OEls, fils du duc de Brunswick. Ces trois divisions se trouvèrent ainsi sous les ordres du général Blucher. Différentes petites colonnes se joignirent également à ce corps. Pendant plusieurs jours, ces troupes essayèrent de pénétrer par des chemins que les Français pouvaient avoir laissés libres ; mais les marches combinées du grand-duc de Berg, du maréchal Soult et du prince de Ponte-Corvo avaient obstrué tous les passages. L'ennemi tenta d'abord de se porter sur Anklam, et ensuite sur Rostock : prévenu dans l'exécution de ce projet, il essaya de revenir sur l'Elbe; mais s'étant trouvé encore prévenu, il marche devant lui pour gagner Lubeck.

Le 4 novembre, il prit position à Crevismulen; le prince de Ponte-Corvo culbuta l'arrière-garde, mais il ne put entamer ce corps, parce qu'il n'avait que six cents hommes de cavalerie, et que celle de l'ennemi était beaucoup plus forte. Le général Vattier a fait, dans cette affaire, de très-belles charges, soutenues par les généraux Pactod et Maisons, avec le vingt-septième régiment d'infanterie légère et le huitième de ligne.

On remarque, dans les différentes circonstances de ce combat, qu'une compagnie d'éclaireurs du quatre-vingt-quatorzième régiment, commandée par le capitaine Razout, fut entourée par quelques escadrons ennemis : mais les voltigeurs français ne redoutent point le choc des cuirassiers prussiens; ils les reçurent de pied-ferme, et firent un feu si bien nourri, et si adroitement dirigé, que l'ennemi renonça à les enfoncer. On vit alors les voltigeurs à pied poursuivre la cavalerie à toute course : les Prussiens perdirent sept pièces de canon et mille hommes.

Mais le 4 au soir, le grand-duc de Berg, qui s'était porté sur la droite, arriva avec sa cavalerie sur l'ennemi, dont le projet était encore incertain. Le maréchal Soult marcha par Ratzbourg; le prince de Ponte-Corvo marcha par Rehna. Il coucha du 5 au 6 à Schœnberg, d'où il partit à deux heures après minuit. Arrivé à Schlukup sur la Trave, il fit environner un corps de seize cents Suédois, qui avaient enfin jugé convenable d'opérer leur retraite du Lauenbourg, pour s'embarquer sur la Trave. Des coups de canon coulèrent les bâtimens préparés pour l'embarquement. Les Suédois, après avoir riposté, mirent bas les armes. Un convoi de trois cents voitures que le général Savary avait poursuivi de Wismar, fut enveloppé par la colonne du prince de Ponte-Corvo, et pris. — Cependant l'ennemi se fortifiait à Lubeck. Le maréchal Soult n'avait pas perdu de temps dans sa marche de Ratzebourg ; de sorte qu'il arriva à la porte de Mullen lorsque le prince de Ponte-Corvo arrivait à celle de la Trave. Le grand-duc de Berg, avec sa cavalerie, était entre deux. L'ennemi avait arrangé à la hâte l'ancienne enceinte de Lubeck ; il avait disposé des batteries sur les bastions ; il ne doutait pas qu'il ne pût gagner là une journée ; mais le voir, le reconnaître et l'attaquer fut l'affaire d'un instant. Le général Drouet, à la tête du vingt-septième régiment d'infanterie légère, et des quatre-vingt-quatorzième et quatre-vingt-quinzième régimens, aborda les batteries avec ce sang-froid et cette intrépidité qui appartiennent aux troupes françaises. Les portes sont aussitôt enfoncées, les bastions escaladés et l'ennemi mis en fuite ; et le corps du prince de Ponte-Corvo entre par la porte de la Trave. Les chasseurs corses, les tirailleurs du Pô et le vingt-sixième d'infanterie légère, composant la division d'avant-garde du général Legrand, qui n'avaient point encore combattu dans cette campagne, et qui étaient impatiens de se mesurer avec l'ennemi, marchèrent avec la rapidité de l'éclair : redoutes, bastions, fossés, tout est franchi, et le corps du maréchal Soult entre par la porte de Mullen. C'est en vain que l'ennemi voulut se défendre dans les rues, dans les places, il fut poursuivi partout. Toutes les rues, toutes les places furent jonchées de cadavres. Les deux corps d'armée arrivant de deux côtés opposés, se réunirent au milieu de la ville. A peine le grand-duc de Berg put-il passer, qu'il se mit à la poursuite des fuyards : quatre mille prisonniers, soixante pièces de canon, plusieurs généraux, un grand nombre d'officiers tués ou pris, tel est le résultat de cette belle journée.

Le 7, avant le jour, tout le monde était à cheval, et le grand-duc de Berg cernait l'ennemi près de Schwartau avec la brigade Lasalle et la division de cuirassiers d'Hautpoult. Le général Blucher, le prince Frédéric-Guillaume de Brunswick-OEls, et tous les généraux se présentent alors aux vainqueurs, demandent à signer une capitulation, et défilent devant l'armée française.

Ces deux journées ont détruit le dernier corps qui restait de l'armée prussienne, et nous ont valu le reste de l'artillerie de cette armée, beaucoup de drapeaux et seize mille prisonniers, parmi lesquels se trouvent quatre mille hommes de cavalerie.

Ainsi ces généraux prussiens qui, dans le délire de leur vanité, s'étaient permis tant de sarcasmes contre les généraux autrichiens, ont renouvelé quatre fois la catastrophe d'Ulm, la première, par la capitulation d'Erfurt, la seconde, par celle du prince Hohenlohe; la troisième, par la reddition de Stettin, et la quatrième par la capitulation de Schwartau.

La ville de Lubeck a considérablement souffert: prise d'assaut, ses places et les rues ont été le théâtre du carnage. Elle ne doit s'en prendre qu'à ceux qui ont attiré la guerre dans ses murs. Le Mecklembourg a été également ravagé par les armées françaises et prussiennes. Un grand nombre de troupes se croisant en tout sens, et à marches forcées sur ce territoire, n'a pu trouver sa subsistance qu'aux dépens de cette contrée. Ce pays est intimement lié avec la Russie; son sort servira d'exemple aux princes d'Allemagne qui cherchent des relations éloignées avec une puissance à l'abri des malheurs qu'elle attire sur eux, et qui ne fait rien pour secourir ceux qui lui sont attachés par les liens les plus étroits du sang et par les rapports les plus intimes.

L'aide-de-camp du grand-duc de Berg, Dery, a fait capituler le corps qui escortait les bagages qui s'étaient retirés derrière la Peene. Les Suédois ont livré les fuyards et les caissons. Cette capitulation a produit quinze cents prisonniers, une grande quantité de bagages et de chariots. Il y a aujourd'hui des régimens de cavalerie, qui possèdent plusieurs centaines de milliers d'écus.

Le maréchal Ney, chargé du siége de Magdebourg, a fait bombarder cette place. Plusieurs maisons ayant été brûlées, les habitans ont manifesté leur mécontentement, et le commandant a demandé à capituler. Il y a, dans cette forteresse, beaucoup d'artillerie, des magasins considérables, seize mille hommes appartenant à plus de soixante-dix bataillons, et beaucoup de caisses des corps.

Pendant ces événemens importans, plusieurs corps de notre armée arrivent sur la Vistule.

La malle de Varsovie a apporté beaucoup de lettres de Russie qui ont été interceptées. On y voit que dans ce pays les fables des journaux anglais trouvent une grande croyance : ainsi, l'on est persuadé en Russie que le maréchal Masséna a été tué ; que la ville de Naples s'est soulevée ; qu'elle a été occupée par les Calabrois ; que le roi s'est réfugié à Rome, et que les Anglais, avec cinq ou six mille hommes, sont maîtres de l'Italie. Il ne faudrait cependant qu'un peu de réflexion pour rejeter de pareils bruits. La France n'a-t-elle donc plus d'armée en Italie? Le roi de Naples est dans sa capitale ; il a quatre-vingt mille Français ; il est maître des deux Calabres ; et à Pétersbourg on croit les Calabrois à Rome. Si quelques galériens armés et endoctrinés par cet infâme Sidney-Smith, la honte des braves militaires anglais, tuent des hommes isolés, égorgent des propriétaires riches et paisibles, la gendarmerie et l'échafaud en font justice.

La marine anglaise ne désavouera point le titre d'infamie donné à Sidney-Smith. Les généraux Stuart et Fox, tous les officiers de terre s'indignent de voir le nom anglais associé à des brigands. Le brave général Stuart s'est même élevé publiquement contre ces menées aussi impuissantes qu'atroces, et qui tendent à faire du noble métier de la guerre, un échange d'assassinats et de brigandages. Mais quand Sidney-Smith a été choisi pour seconder les fureurs de la reine, on n'a vu en lui qu'un de ces instrumens que les gouvernemens emploient trop souvent, et qu'ils abandonnent au mépris qu'ils sont les premiers à avoir pour eux. Les Napolitains feront connaître un jour avec détail les lettres de Sidney-Smith, les missions qu'il a données, l'argent qu'il a répandu pour l'exécution des atrocités dont il est l'agent en chef.

On voit aussi dans les lettres de Pétersbourg, et même dans les dépêches officielles, qu'on croit qu'il n'y a plus de Français dans l'Italie supérieure : on doit savoir cependant que, indépendamment de l'armée de Naples, il y a encore en Italie cent mille hommes prêts à punir ceux qui voudraient y porter la guerre.

On attend aussi de Pétersbourg des succès de la division de Corfou; mais on ne tardera pas à apprendre que cette division, à peine débarquée aux bouches de Cattaro, a été défaite par le général Marmont; qu'une partie a été prise, et l'autre rejetée dans ses vaisseaux. C'est une chose fort différente d'avoir affaire à des Français, ou à des Turcs que l'on tient dans la crainte et dans l'oppression, en fomentant avec art la discorde dans les provinces. Mais quoi qu'il en puisse être, les Russes ne seront point embarrassés pour détourner d'eux l'opprobre de ces résultats.

Un décret du sénat-dirigeant a déclaré qu'à Austerlitz, ce n'étaient point les Russes, mais leurs alliés, qui avaient été battus. S'il y a sur la Vistule une nouvelle bataille d'Austerlitz, ce sera encore d'autres qu'eux qui auront été vaincus, quoiqu'aujourd'hui, comme alors, leurs alliés n'aient point de troupes à joindre à leurs troupes, et que leur armée ne puisse être composée que de Russes. Les états de mouvemens et ceux des marches de l'armée russe sont tombés dans les mains de l'état-major français. Il n'y aurait rien de plus ridicule que les plans d'opérations des Russes, si leurs vaines espérances n'étaient plus ridicules encore.

Le général Lagrange a été déclaré gouverneur-général de Cassel et des états de Hesse.

Le maréchal Mortier s'est mis en marche pour le Hanovre et pour Hambourg, avec son corps d'armée.

Le roi de Hollande a fait bloquer Hameln. Il faut que cette guerre soit la dernière, et que ses auteurs soient si sévèrement punis, que quiconque voudra désormais prendre les armes contre le peuple Français, sache bien, avant de s'engager dans une telle entreprise, quelles peuvent en être les conséquences.

Berlin, le 10 novembre 1806.

Trentième bulletin de la grande armée.

La place de Magdebourg s'est rendue le 8 : le 9, les portes ont été occupées par les troupes françaises.

Seize mille hommes, près de huit cents pièces de canon, des magasins de toute espèce tombent en notre pouvoir.

Le prince Jérôme a fait bloquer la place de Glogau, capitale de la Haute-Silésie, par le général de brigade Lefebvre, à la tête de deux mille chevaux bavarois. La place a été bombardée le 8 par dix obusiers servis par de l'artillerie légère. Le prince fait l'éloge de la conduite de la cavalerie bavaroise. Le général Deroy, avec sa division, a investi Glogau le 9 : on est entré en pourparler pour sa reddition.

Le maréchal Davoust est entré à Posen avec un corps d'armée le 10. Il est extrêmement content de l'esprit qui anime les Polonais. Les agens prussiens auraient été massacrés, si l'armée française ne les eût pris sous sa protection.

La tête de quatre colonnes russes, fortes chacune de quinze mille hommes, entrait dans les états prussiens par Georgenbourg, Olita, Grodno et Jalowka. Le 25 octobre, ces têtes de colonnes avaient fait deux marches, lorsqu'elles reçurent la nouvelle de la bataille du 14 et des événemens qui l'ont suivie; elles rétrogradèrent sur-le-champ. Tant de succès, des événemens d'une si haute importance, ne doivent pas ralentir en France les préparatifs militaires; on doit, au contraire, les poursuivre avec une nouvelle énergie, non pour satisfaire une ambition insatiable, mais pour mettre un terme à celle de nos ennemis. L'armée française ne quittera pas la Pologne et Berlin que la Porte ne soit rétablie dans toute son indépendance, et que la Valachie et la Moldavie ne soient déclarées appartenant en toute suzeraineté à la Porte.

L'armée française ne quittera point Berlin, que les possessions des colonies espagnoles, hollandaises et françaises ne soient rendues, et la paix générale faite.

On a intercepté une malle de Dantzick, dans laquelle on a trouvé beaucoup de lettres venant de Pétersbourg et de Vienne. On use à Vienne d'une ruse assez simple pour répandre de faux bruits. Avec chaque exemplaire des gazettes, dont le ton est fort réservé, on envoie, sous la même enveloppe, un bulletin à la main, qui contient les nouvelles les plus absurdes. On y lit que la France n'a plus d'armée en Italie; que toute cette contrée est en feu; que l'état de Venise est dans le plus grand mécontentement et a les armes à la main; que les Russes ont attaqué l'armée française en Dalmatie, et l'ont complètement battue.

Quelque fausses et ridicules que soient ces nouvelles, elles arrivent de tant de côtés à la fois, qu'elles obscurcissent la vérité. Nous sommes autorisés à dire que l'empereur a deux cent mille hommes en Italie, dont quatre-vingt mille à Naples, et vingt-cinq mille en Dalmatie; que le royaume de Naples n'a jamais été troublé que par des brigandages et des assassinats; que le roi de Naples est maître de toute la Calabre;

que si les Anglais veulent y débarquer avec des troupes régulières, ils trouveront à qui parler ; que le maréchal Masséna n'a jamais eu que des succès, et que le roi est tranquille dans sa capitale, occupé des soins de son armée et de l'administration de son royaume ; que le général Marmont, commandant l'armée française en Dalmatie, a complètement battu les Russes et les Monténégrins, entre lesquels la division règne ; que les Monténégrins accusent les Russes de s'être mal battus, et que les Russes reprochent aux Monténégrins d'avoir fui ; que de toutes les troupes de l'Europe, les moins propres à faire la guerre en Dalmatie sont certainement les troupes russes. Aussi y font-elles en général une fort mauvaise figure.

Cependant le corps diplomatique, endoctriné par ces fausses directions données à Vienne à l'opinion, égare les cabinets par ses rapsodies. De faux calculs s'établissent là-dessus ; et comme tout ce qui est bâti sur le mensonge et sur l'erreur tombe promptement en ruine, des entreprises aussi mal calculées tournent à la confusion de leurs auteurs. Certainement dans la guerre actuelle, l'empereur n'a pas voulu affaiblir son armée d'Italie ; il n'en a pas retiré un seul homme ; il s'est contenté de faire venir huit escadrons de cuirassiers, parce que les troupes de cette arme sont inutiles en Italie. Ces escadrons ne sont pas encore arrivés à Inspruck. Depuis la dernière campagne, l'empereur a, au contraire, augmenté son armée d'Italie de quinze régimens qui étaient dans l'intérieur, et de neuf régimens du corps du général Marmont. Quarante mille conscrits, presque tous de la conscription de 1806, ont été dirigés sur l'Italie ; et par les états de situation de cette armée au 1er novembre, vingt-cinq mille y étaient déjà arrivés. Quant au peuple des états vénitiens, l'empereur ne saurait être que très-satisfait de l'esprit qui l'anime. Aussi, S. M. s'occupe-t-elle des plus chers intérêts des Vénitiens ; aussi a-t-elle ordonné des travaux pour réparer et améliorer leur port, et pour rendre la passe de Malmocco propre aux vaisseaux de tout rang.

Du reste, tous ces faiseurs de nouvelles en veulent beaucoup à nos maréchaux et à nos généraux ; il ont tué le maréchal Masséna à Naples ; ils ont tué en Allemagne le grand-duc de Berg, le maréchal Soult. Cela n'empêche heureusement personne de se porter très-bien.

Berlin, le 12 novembre 1806.

Trente-unième bulletin de la grande armée.

La garnison de Magdebourg a défilé le 11, à neuf heures du matin, devant le corps d'armée du maréchal Ney. Nous avons vingt généraux, huit cents officiers, vingt-deux mille prisonniers, parmi lesquels deux mille artilleurs, cinquante-quatre drapeaux, cinq étendards, huit cents pièces de canon, un million de poudre, un grand équipage de pont et un matériel immense d'artillerie.

Le colonel Gérard et l'adjudant-commandant Ricard ont présenté, ce matin, à l'empereur, au nom des premier et quatrième corps, soixante drapeaux qui ont été pris à Lubeck au corps du général prussien Blucher : il y avait vingt-deux étendards ; quatre mille chevaux tout harnachés, pris dans cette journée, se rendent au dépôt de Potsdam.

Dans le vingt-neuvième bulletin, on a dit que le corps du général Blucher avait fourni seize mille prisonniers, parmi lesquels quatre mille de cavalerie. On s'est trompé, il y avait vingt-un mille prisonniers, parmi lesquels cinq mille hommes de cavalerie montés ; de sorte que, par le résultat de ces deux capitulations, nous avons cent vingt drapeaux et étendards, et quarante-cinq mille prisonniers. Le nombre des prisonniers qui ont été faits dans la campagne passe cent quarante mille ; le nombre des drapeaux pris passe deux cent cinquante ; le nombre des pièces de campagne prises devant l'ennemi et sur le champ de bataille, passe huit cents; celui des pièces prises à Berlin et dans les places qui se sont rendues, passe quatre mille.

L'empereur a fait manœuvrer hier sa garde à pied et à cheval, dans une plaine aux portes de Berlin. La journée a été superbe.

Le général Savary, avec sa colonne mobile, s'est rendu à Rostock, et y a pris quarante ou cinquante bâtimens suédois sur leur lest : il les a fait vendre sur-le-champ.

Berlin, le 16 novembre 1806.

Trente-deuxième bulletin de la grande armée.

Après la prise de Magdebourg et l'affaire de Lubeck, la campagne contre la Prusse se trouve entièrement finie.

Voici quelle était la situation de l'armée prussienne en entrant en campagne : Le corps du général Ruchel, dit de Westphalie, était composé de trente-trois bataillons d'infanterie, de quatre compagnies de chasseurs, de quarante-cinq escadrons de cavalerie, d'un bataillon d'artillerie et de sept batteries, indépendamment des pièces de régiment. Le corps du prince de Hohenlohe était composé de vingt-quatre bataillons prussiens et de vingt-cinq bataillons saxons, de quarante-cinq escadrons prussiens et de trente-six escadrons saxons, de deux bataillons d'artillerie, de huit batteries prussiennes et de huit batteries saxonnes. L'armée commandée par le roi en personne, était composée d'une avant-garde de dix bataillons et de quinze escadrons, commandée par le duc de Weimar, et de trois divisions; la première, commandée par le prince d'Orange, était composée de onze bataillons et de vingt escadrons; la seconde division, commandée par le général Wartensleben, était composée de onze bataillons et de quinze escadrons; la troisième division, commandée par le général Schmettau, était composée de dix bataillons et de quinze escadrons. Le corps de réserve de cette armée, que commandait le général Kalkreuth, était composé de deux divisions, chacune de dix bataillons des régimens de la garde ou d'élite, et de vingt escadrons. La réserve que commandait le prince Eugène de Wurtemberg, était composée de dix-huit bataillons et de vingt escadrons. Ainsi, le total général de l'armée prussienne était de cent soixante bataillons et de deux cent trente-six escadrons, servie par cinquante batteries, ce qui faisait, présens sous les armes, cent quinze mille hommes d'infanterie, trente mille de cavalerie, et huit cents pièces de canon, y compris les canons de bataillons. Toute cette armée se trouvait à la bataille du 14, hormis le corps du duc de Weimar, qui était encore sur Eisenach, et la réserve du prince de Wurtemberg; ce qui porte les forces prussiennes qui se trouvaient à la bataille à cent vingt-six mille hommes. De ces cent vingt-six mille hommes, pas un n'a échappé. Du corps du duc de Weimar, pas un homme n'a échappé. Du corps de réserve du duc de Wurtemberg, qui a été battu à Halle, pas un homme n'est échappé. Ainsi, ces cent quarante-cinq mille hommes ont tous été pris, blessés ou tués; tous les drapeaux, étendards, tous les canons, tous les bagages, tous les généraux ont été pris, et rien n'a passé l'Oder. Le roi, la reine, le général Kalkreuth, et à peine dix ou douze officiers, voilà tout ce qui s'est sauvé. Il reste aujourd'hui au roi de Prusse un régiment dans la place de Gros-Glogau qui est assiégée, un à Breslau, un à Brieg, deux à Varsovie, et quelques régimens à Kœnigsberg, en tout à peu près quinze mille hommes d'infanterie et trois ou quatre mille hommes de cavalerie. Une partie de ces troupes est enfermée dans des places fortes. Le roi ne peut pas réunir à Kœnigsberg, où il s'est réfugié dans ce moment, plus de huit mille hommes. Le souverain de Saxe a fait présent de son portrait au général Lemarrois, gouverneur de Wittemberg, qui, se trouvant à Torgau, a remis l'ordre dans une maison de correction, parmi six cents brigands qui s'étaient armés et menaçaient de piller la ville. Le lieutenant Lebrun a présenté hier à l'empereur quatre étendards de quatre escadrons prussiens que commandait le général Pelet, et que le général Drouet a fait capituler du côté de Lauembourg. Ils s'étaient échappés du corps du général Blucher. Le major Ameil, à la tête d'un escadron du seizième de chasseurs, envoyé par le maréchal Soult le long de l'Elbe, pour ramasser tout ce qui pourrait s'échapper du corps du général Blucher, a fait un millier de prisonniers, dont cinq cents hussards, et a pris une grande quantité de bagages.

Voici la position de l'armée française. La division des cuirassiers du général d'Hautpoult, les divisions de dragons des généraux Grouchy et Sahuc, la cavalerie légère du général Lasalle, faisant partie de la réserve de cavalerie que le grand-duc de Berg avait à Lubeck, arrivent à Berlin. La tête du corps du maréchal Ney, qui a fait capituler la place de Magdebourg, est entrée aujourd'hui à Berlin. Les corps du prince de Ponte-Corvo et du maréchal Soult sont en route pour venir à Berlin. Le corps du maréchal Soult y arrivera le 20; celui du prince de Ponte-Corvo, quelques jours après. Le maréchal Mortier est arrivé avec le huitième corps à Hambourg, pour fermer l'Elbe et le Weser. Le général Savary a été chargé du blocus de Hamelu avec la division hollandaise. Le corps du maréchal Lannes est à Thorn. Le corps du maréchal Augereau est à Bromberg et vis-à-vis Graudentz. Le corps du maréchal Davoust est en marche de Posen sur Varsovie, où se rend le grand-duc de Berg avec l'autre partie de la réserve de cavalerie, composée des divisions de dragons des généraux Beaumont, Klein et Beker, de la division de cuirassiers du général Nansouty, et de la cavalerie légère du général Milhaud. Le prince Jérôme, avec le corps des alliés, assiège Gros-Glogau; son équipage de siége a été formé à Custrin. Une de ses divisions investit Breslau. Il prend possession de la Silésie. Nos troupes occupent le fort de Lenczyc, à mi-chemin de Posen à Varsovie; on y a trouvé des magasins et de l'artillerie. Les Polonais montrent la meilleure volonté, mais jusqu'à la Vistule ce pays est difficile; il y a beaucoup de sable. Pour la première fois, la Vistule voit l'aigle gauloise. L'empereur a désiré que le roi de Hollande retournât dans son royaume pour veiller lui-même à sa défense. Le roi de Hollande a fait prendre possession du Hanovre par le corps du général Mortier. Les aigles prussiennes et les armes électorales en ont été ôtées ensemble.

Berlin, le 17 novembre 1806.

Trente-troisième bulletin de la grande armée.

Une suspension d'armes a été signée hier à Charlottembaurg. La saison se trouvant avancée, cette suspension d'armes asseoit les quartiers de l'armée. Partie de la Pologne prussienne se trouve ainsi occupée par l'armée française, et partie est neutre.

(*Suit la teneur de cette suspension*).

Berlin, le 21 novembre 1806.

Message au sénat.

« Sénateurs, nous voulons, dans les circonstances où se trouvent les affaires générales de l'Europe, faire connaître, à vous et à la nation, les principes que nous avons adoptés comme règle générale.

» Notre extrême modération, après chacune des trois premières guerres, a été la cause de celle qui leur a succédé. C'est ainsi que nous avons eu à lutter contre une quatrième coalition, neuf mois après que la troisième avait été dissoute, neuf mois après ces victoires éclatantes que nous avait accordées la providence, et qui devaient assurer un long repos au continent.

» Mais un grand nombre de cabinets de l'Europe est plus tôt ou plus tard influencé par l'Angleterre; et sans une solide paix avec cette puissance, notre peuple ne saurait jouir des bienfaits qui sont le premier but de nos travaux, l'unique objet de notre vie. Aussi, malgré notre situation triomphante, nous n'avons été arrêtés, dans nos dernières négociations avec l'Angleterre, ni par l'arrogance de son langage, ni par les sacrifices qu'elle a voulu nous imposer. L'île de Malte, à laquelle s'attachait pour ainsi dire l'honneur de cette guerre, et qui, retenue par l'Angleterre au mépris des traités, en était la première cause, nous l'avions cédée; nous avions consenti à ce qu'à la possession de Ceylan et de l'empire du Myssoure, l'Angleterre joignît celle du cap de Bonne-Espérance.

» Mais tous nos efforts ont dû échouer lorsque les conseils de nos ennemis ont cessé d'être animés de la noble ambition de concilier le bien du monde avec la prospérité présente de leur patrie, et la prospérité présente de leur patrie avec une prospérité durable; et aucune prospérité ne peut être durable pour l'Angleterre, lorsqu'elle sera fondée sur une politique exagérée et injuste qui dépouillerait soixante millions d'habitans, leurs voisins, riches et braves, de tout commerce et de toute navigation. Immédiatement après la mort du principal ministre de l'Angleterre, il nous fut facile de nous apercevoir que la continuation des négociations n'avait plus d'autre objet que de couvrir les trames de cette quatrième coalition, étouffée dès sa naissance.

» Dans cette nouvelle position, nous avons pris pour principes invariables de notre conduite, de ne point évacuer ni Berlin, ni Varsovie, ni les provinces que la force des armes a fait tomber en nos mains, avant que la paix générale ne soit conclue; que les colonies espagnoles, hollandaises et françaises ne soient rendues; que les fondemens de la puissance ottomane ne soient raffermis, et l'indépendance absolue de ce vaste empire, premier intérêt de notre peuple, irrévocablement consacrée. Nous avons mis les îles britanniques en état de blocus, et nous avons ordonné contre elles des dispositions qui répugnaient à notre cœur. Il nous en a coûté de faire dépendre les intérêts des particuliers de la querelle des rois, et de revenir, après tant d'années de civilisation, aux principes qui caractérisent la barbarie des premiers âges des nations. Mais nous avons été contraints, pour le bien de nos alliés, à opposer à l'ennemi commun les mêmes armes dont il se servait contre nous. Ces déterminations, commandées par un juste sentiment de réciprocité, n'ont été inspirées ni par la passion, ni par la haine. Ce que nous avons offert après avoir dissipé les trois coalitions qui avaient tant contribué à la gloire de nos peuples, nous l'offrons encore aujourd'hui que nos armes ont obtenu de nouveaux triomphes. Nous sommes prêts à faire la paix avec l'Angleterre; nous sommes prêts à la faire avec la Russie, avec la Prusse; mais elle ne peut être conclue que sur des bases telles qu'elle ne permette à qui que ce soit, de s'arroger aucun droit de suprématie à notre égard, qu'elle rende les colonies à notre métropole, et qu'elle garantisse à notre commerce et à notre industrie la prospérité à laquelle ils doivent atteindre. Et si l'ensemble de ces dispositions éloigne de quelque temps encore le rétablissement de la paix générale, quelque court que soit ce retard, il paraîtra long à notre cœur. Mais nous sommes certains que nos peuples apprécieront la sagesse de nos motifs politiques, qu'ils jugeront avec nous qu'une paix partielle n'est qu'une trêve qui nous fait perdre tous nos avantages acquis pour donner lieu à une nouvelle guerre, et qu'enfin ce n'est que dans une paix générale que la France peut trouver le bonheur. Nous sommes dans un de ces instans importans pour la destinée des nations; et le peuple français se montrera digne de celle qui l'attend. Le sénatus-consulte que nous avons ordonné de vous proposer, et qui mettra à notre disposition, dans les premiers jours de l'année, la conscription de 1807, qui, dans les circonstances ordinaires, ne devrait être levée qu'au mois de septembre, sera exécuté avec empressement par les pères, comme par les enfans. Et dans quel plus beau moment pourrions-nous appeler aux armes les jeunes Français! ils auront à traverser, pour se rendre à leurs drapeaux, les capitales de nos ennemis et les champs de bataille illustrés par les victoires de leurs aïeués! »

En notre camp impérial de Berlin, le 21 novembre 1806.

Décret constitutif du blocus continental.

Napoléon, empereur des Français et roi d'Italie, considérant : 1°. Que l'Angleterre n'admet point le droit des gens suivi universellement par tous les peuples policés;

2°. Qu'elle répute ennemi tout individu appartenant à l'état ennemi, et fait en conséquence prisonniers de guerre, non-seulement les équipages des vaisseaux armés en guerre, mais encore les équipages des vaisseaux de commerce et des navires marchands, et même les facteurs du commerce et les négocians qui voyagent pour les affaires de leur négoce;

3°. Qu'elle étend aux bâtimens et marchandises du commerce et aux propriétés des particuliers, le droit de conquête, qui ne peut s'appliquer qu'à ce qui appartient à l'état ennemi;

4°. Qu'elle étend aux villes et ports de commerce non fortifiés, aux hâvres et aux embouchures des rivières, le droit de blocus, qui, d'après la raison et l'usage de tous les peuples policés, n'est applicable qu'aux places fortes; qu'elle déclare bloquées des places devant lesquelles elle n'a pas même un seul bâtiment de guerre, quoiqu'une place ne soit bloquée que quand elle est tellement investie, qu'on ne puisse tenter de s'en approcher sans un danger imminent ; qu'elle déclare même en état de blocus des lieux que toutes ses forces réunies seraient incapables de bloquer, des côtes entières et tout un empire ;

5°. Que cet abus monstrueux du droit de blocus n'a d'autre but que d'empêcher les communications entre les peuples, et d'élever le commerce et l'industrie de l'Angleterre sur la ruine de l'industrie et du commerce du continent ;

6°. Que tel étant le but évident de l'Angleterre, quiconque fait sur le continent le commerce des marchandises anglaises, favorise par-là ses desseins et s'en rend le complice ;

7°. Que cette conduite de l'Angleterre, digne en tout des premiers âges de la barbarie, a profité à cette puissance au détriment de toutes les autres ;

8°. Qu'il est de droit naturel d'opposer à l'ennemi les armes dont il se sert, et de le combattre de la même manière qu'il combat, lorsqu'il méconnaît toutes les idées de justice et tous les sentimens libéraux, résultat de la civilisation parmi les hommes ; nous avons résolu d'appliquer à l'Angleterre les usages qu'elle a consacrés dans sa législation maritime. Les dispositions du présent décret seront constamment considérées comme principe fondamental de l'empire, jusqu'à ce que l'Angleterre ait reconnu que le droit de la guerre est un et le même sur terre que sur mer ; qu'il ne peut s'étendre ni aux propriétés privées, quelles qu'elles soient, ni à la personne des individus étrangers à la profession des armes, et que le droit de blocus doit être restreint aux places fortes réellement investies par des forces suffisantes.

Nous avons en conséquence décrété et décrétons ce qui suit :

Art. 1er. Les Iles-Britanniques sont déclarées en état de blocus.

2. Tout commerce et toute correspondance avec les Iles-Britanniques sont interdits.

En conséquence, les lettres ou paquets adressés ou en Angleterre ou à un Anglais, ou écrits en langue anglaise, n'auront pas cours aux postes, et seront saisis.

3. Tout individu sujet de l'Angleterre, de quelque état et condition qu'il soit, qui sera trouvé dans les pays occupés par nos troupes ou par celles de nos alliés, sera fait prisonnier de guerre.

4. Tout magasin, toute marchandise, toute propriété, de quelque nature qu'elle puisse être, appartenant à un sujet de l'Angleterre, sera déclaré de bonne prise.

5. Le commerce des marchandises anglaises est défendu; et toute marchandise appartenant à l'Angleterre, ou provenant de ses fabriques et de ses colonies, est déclarée de bonne prise.

6. La moitié du produit de la confiscation des marchandises et propriétés déclarées de bonne prise par les articles précédens, sera employée à indemniser les négocians des pertes qu'ils ont éprouvées par la prise des bâtimens de commerce qui ont été enlevés par les croisières anglaises.

7. Aucun bâtiment venant directement de l'Angleterre ou des colonies anglaises, ou y ayant été depuis la publication du présent décret, ne sera reçu dans aucun port.

8. Tout bâtiment qui, au moyen d'une fausse déclaration, contreviendra à la disposition ci-dessus, sera saisi, et le navire et la cargaison seront confisqués comme s'ils étaient propriété anglaise.

9. Notre tribunal des prises de Paris est chargé du jugement définitif de toutes les contestations qui pourront survenir dans notre empire ou dans les pays occupés par l'armée fran-

çaise, relativement à l'exécution du présent décret. Notre tribunal des prises à Milan sera chargé du jugement définitif desdites contestations qui pourront survenir dans l'étendue de notre royaume d'Italie.

10. Communication du présent décret sera donnée, par notre ministre des relations extérieures, aux rois d'Espagne, de Naples, de Hollande et d'Etrurie, et à nos autres alliés dont les sujets sont victimes, comme les nôtres, de l'injustice et de la barbarie de la législation maritime anglaise.

11. Nos ministres des relations extérieures, de la guerre, de la marine, des finances, de la police, et nos directeurs-généraux des postes sont chargés, chacun en ce qui le concerne, de l'exécution du présent décret. NAPOLÉON.

Berlin, le 23 novembre 1806.

Trente-quatrième bulletin de la grande armée.

On n'a pas encore de nouvelles que la suspension d'armes, signée le 17, ait été ratifiée par le roi de Prusse, et que l'échange des ratifications ait eu lieu. En attendant, les hostilités continuent toujours, ne devant cesser qu'au moment de l'échange.

Le général Savary, auquel l'empereur avait confié le commandement du siége de Hameln, est arrivé le 19 à Ebersdorff, devant Hameln, a eu une conférence, le 20, avec le général Lecoq et les généraux prussiens enfermés dans cette place, et leur a fait signer une capitulation. Neuf mille prisonniers, parmi lesquels six généraux, des magasins pour nourrir dix mille hommes pendant six mois, des munitions de toute espèce, une compagnie d'artillerie à cheval, et trois cents hommes à cheval sont en notre pouvoir.

Les seules troupes qu'avait le général Savary étaient un régiment français d'infanterie légère, et deux régimens hollandais, que commandait le général hollandais Dumonceau.

Le général Savary est parti sur-le-champ pour Nienbourg, pour faire capituler cette place, dans laquelle on croit qu'il y a deux ou trois mille hommes de garnison.

Un bataillon prussien de huit cents hommes, tenant garnison à Czentoschau, à l'extrémité de la Pologne prussienne, a capitulé, le 18, devant cent cinquante chasseurs du deuxième régiment, réunis à trois cents Polonais confédérés qui se sont présentés devant cette place. La garnison est prisonnière de guerre; il y a des magasins considérables.

L'empereur a employé toute la journée à passer en revue l'infanterie du quatrième corps d'armée, commandé par le maréchal Soult. Il a fait des promotions et distribué des récompenses dans chaque corps.

Posen, le 28 novembre 1806.

Trente-cinquième bulletin de la grande-armée.

L'empereur est parti de Berlin le 25, à deux heures du matin, et est arrivé à Custrin le même jour, à dix heures du matin. Il est arrivé à Meseritz le 26, et à Posen le 27, à dix heures du soir. Le lendemain, S. M. a reçu les différens ordres des Polonais. Le maréchal du palais, Duroc, a été jusqu'à Osterode, où il a vu le roi de Prusse, qui lui a déclaré qu'une partie de ses états était occupée par les Russes, et qu'il était entièrement dans leur dépendance; qu'en conséquence il ne pouvait ratifier la suspension d'armes qu'avaient conclue ses plénipotentiaires, parce qu'il ne pourrait pas en exécuter les stipulations. S. M. se rendait à Kœnigsberg.

Le grand-duc de Berg, avec une partie de sa réserve de cavalerie et les corps des maréchaux Davoust, Lannes et Augereau, est entré à Varsovie. Le général russe Benigsen, qui avait occupé la ville avant l'approche des Français, l'a évacuée, apprenant que l'armée française venait à lui et voulait tenter un engagement.

Le prince Jérôme, avec le corps des Bavarois, se trouve à Kalitsch. Tout le reste de l'armée est arrivé à Posen, ou en marche par différentes directions pour s'y rendre. Le maréchal Mortier marche sur Anklam, Rostok et la Poméranie suédoise, après avoir pris possession des villes Anséatiques. La reddition d'Hameln a été accompagnée d'événemens assez étranges. Outre la garnison destinée à la défense de cette place, quelques bataillons prussiens paraissent s'y être réfugiés après la bataille du 14. L'anarchie régnait dans cette nombreuse garnison. Les officiers étaient insubordonnés contre les généraux, et les soldats contre les officiers. A peine la capitulation était-elle signée, que le général Savary reçut une lettre du général Von Schoeler, à laquelle il répondit. Pendant ce temps la garnison était insurgée, et le premier acte de la sédition fut de courir aux magasins d'eaux-de-vie, de les enfoncer et d'en boire outre mesure. Bientôt, animés par ces boissons spiritueuses, on se fusilla dans les rues, soldats contre soldats, soldats contre officiers, soldats contre bourgeois ; le désordre était extrême. Le général Von Schoeler envoya courrier sur courrier au général Savary, pour le prier de venir prendre possession de la place avant le moment fixé pour sa remise. Le général Savary accourut aussitôt, entra dans la ville à travers une grêle de balles, fit filer tous les soldats de la garnison par une porte, et les parqua dans une prairie. Il assembla ensuite les officiers, leur fit connaître que ce qui arrivait était un effet de la mauvaise discipline, leur fit signer leur cartel, et rétablit l'ordre dans la ville. On croit que dans le tumulte, il y a eu plusieurs bourgeois de tués.

Posen, le 1er décembre 1806.

Trente-sixième bulletin de la grande armée.

Le quartier-général du grand-duc de Berg était le 27 à Lowiez. Le général Benigsen, commandant l'armée russe, espérant empêcher les Français d'entrer à Varsovie, avait envoyé une avant-garde border la rivière de Bsura. Les avant-postes se rencontrèrent dans la journée du 26; les Russes furent culbutés. Le général Beaumont passa la Bsura à Lowiez, rétablit le pont, tua ou blessa plusieurs hussards russes, fit prisonniers plusieurs cosaques, et les poursuivit jusqu'à Blonic. Le 27, quelques coups de sabre furent donnés entre les grand'-gardes de cavalerie; les Russes furent poursuivis; on leur fit quelques prisonniers. Le 28, à la nuit tombante, le grand-duc de Berg, avec sa cavalerie, entra à Varsovie. Le corps du maréchal Davoust y est entré le 29. Les Russes avaient repassé la Vistule en brûlant le pont. Il est difficile de peindre l'enthousiasme des Polonais. Notre entrée dans cette grande ville était un triomphe, et les sentimens que les Polonais de toutes les classes montrent depuis notre arrivée ne sauraient s'exprimer. L'amour de la patrie et le sentiment national sont non-seulement conservés en entier dans le cœur du peuple, mais il a été retrempé par le malheur; sa première passion, son premier désir est de redevenir nation. Les plus riches sortent de leurs châteaux pour venir demander à grands cris le rétablissement de la nation, et offrir leurs enfans, leur fortune, leur influence. Ce spectacle est vraiment touchant. Déjà ils ont partout repris leur ancien costume, leurs anciennes habitudes. Le trône de Pologne se rétablira-t-il, et cette grande nation reprendra-t-elle son existence et son indépendance? Du fond du tombeau renaîtra-t-elle à la vie? Dieu seul, qui tient dans ses mains les combinaisons de tous les événemens, est l'arbitre de ce grand problème politique; mais certes il n'y eut jamais d'événement plus mémorable, plus digne d'intérêt, et, par une correspondance de sentimens qui fait l'éloge des Français, des traînards qui avaient commis quelque excès dans d'autres pays, ont été touchés du bon accueil du peuple, et n'ont eu besoin d'aucun effort pour se bien comporter. Nos soldats trouvent que les solitudes de la Pologne contrastent avec les campagnes riantes de leur patrie; mais ils ajoutent aussitôt : *Ce sont de bonnes gens que les Polonais*. Ce peuple se montre vraiment sous des couleurs intéressantes.

Au quartier impérial de Posen, le 2 décembre 1806.

Proclamation à la grande armée.

Soldats!

« Il y a aujourd'hui un an, à cette heure même, que vous étiez sur le champ mémorable d'Austerlitz. Les bataillons russes, épouvantés, fuyaient en déroute, ou, enveloppés, rendaient les armes à leurs vainqueurs. Le lendemain ils firent entendre des paroles de paix; mais elles étaient trompeuses. A peine échappés par l'effet d'une générosité peut-être condamnable, aux désastres de la troisième coalition, ils en ont ourdi une quatrième. Mais l'allié, sur la tactique duquel ils fondaient leur principale espérance, n'est déjà plus. Ses places fortes, ses capitales, ses magasins, ses arsenaux, deux cent quatre-vingts drapeaux, sept cents pièces de bataille, cinq grandes places de guerre, sont en notre pouvoir. L'Oder, la Wartha, les déserts de la Pologne, les mauvais temps de la saison n'ont pu vous arrêter un moment. Vous avez tout bravé, tout surmonté; tout a fui à votre approche. C'est en vain que les Russes ont voulu défendre la capitale de cette ancienne et illustre Pologne; l'aigle française plane sur la Vistule. Le brave et infortuné Polonais, en vous voyant, croit revoir les légions de Sobieski, de retour de leur mémorable expédition.

« Soldats, nous ne déposerons point les armes que la paix générale n'ait affermi et assuré la puissance de nos alliés, n'ait restitué à notre commerce sa liberté et ses colonies. Nous avons conquis sur l'Elbe et l'Oder, Pondichery, nos établissemens des Indes, le cap de Bonne-Espérance et les colonies espagnoles. Qui donnerait le droit de faire espérer aux Russes de balancer les destins? Qui leur donnerait le droit de renverser de si justes desseins? Eux et nous ne sommes-nous pas les soldats d'Austerlitz? » NAPOLÉON.

De notre camp impérial de Posen, le 2 décembre 1806.

Ordre du jour.

Napoléon, empereur des Français et roi d'Italie,
Avons décrété et décrétons ce qui suit :

Art. 1er. Il sera établi sur l'emplacement de la Madelaine de notre bonne ville de Paris, aux frais du trésor et de notre couronne, un monument dédié à la grande armée, portant sur le frontispice : *L'empereur Napoléon aux soldats de la grande armée.*

2. Dans l'intérieur du monument seront inscrits, sur des tables de marbre, les noms de tous les hommes, par corps d'armée et par régiment, qui ont assisté aux batailles d'Ulm, d'Austerlitz et de Jena; et sur des tables d'or massif, les noms de tous ceux qui sont morts sur les champs de bataille. Sur des tables d'argent sera gravée la récapitulation, par département, des soldats que chaque département a fournis à la grande armée.

3. Autour de la salle seront sculptés des bas-reliefs où seront représentés les colonels de chacun des régimens de la grande armée avec leurs noms ; ces bas-reliefs seront faits de manière que les colonels soient groupés autour de leurs gé-

néraux de division et de brigade par corps d'armée. Les statues en marbre des maréchaux qui ont commandé des corps ou qui ont fait partie de la grande armée, seront placées dans l'intérieur de la salle.

3. Les armures, statues, monumens de toutes espèces, enlevés par la grande armée dans ces deux campagnes ; les drapeaux, étendards et tymbales conquis par la grande armée, avec les noms des régimens ennemis auxquels ils appartenaient, seront déposés dans l'intérieur du monument.

5. Tous les ans, aux anniversaires des batailles d'Austerlitz et de Jena, le monument sera illuminé, et il sera donné un concert, précédé d'un discours sur les vertus nécessaires au soldat, et d'un éloge de ceux qui périrent sur le champ de bataille dans ces journées mémorables. Un mois avant, un concours sera ouvert pour recevoir la meilleure pièce de musique analogue aux circonstances. Une médaille d'or de cent cinquante doubles Napoléons, sera donnée aux auteurs de chacune de ces pièces qui auront remporté le prix. Dans les discours et odes, il est expressément défendu de faire aucune mention de l'empereur.

6. Notre ministre de l'intérieur ouvrira sans délai un concours d'architecture pour choisir le meilleur projet pour l'exécution de ce monument. Une des conditions du prospectus sera de conserver la partie du bâtiment de la Madelaine qui existe aujourd'hui, et que la dépense ne dépasse pas trois millions. Une commission de la classe des beaux-arts de notre institut sera chargée de faire un rapport à notre ministre de l'intérieur, avant le mois de mars 1807, sur les projets soumis au concours. Les travaux commenceront le 1er. mai, et devront être achevés avant l'an 1809. Notre ministre de l'intérieur sera chargé de tous les détails relatifs à la construction du monument, et le directeur-général de nos musées, de tous les détails des bas-reliefs, statues et tableaux.

7. Il sera acheté cent mille francs de rente en inscriptions sur le grand-livre, pour servir à la dotation du monument et à son entretien annuel.

8. Une fois le monument construit, le grand-conseil de la légion d'honneur sera spécialement chargé de sa garde, de sa conservation, et de tout ce qui est relatif au concours annuel.

9. Notre ministre de l'intérieur et l'intendant des biens de notre couronne, sont chargés de l'exécution du présent décret. NAPOLÉON.

Posen, le 2 décembre 1806.

Trente-septième bulletin de la grande armée.

Le fort de Czentoschau a capitulé. Six cents hommes qui en formaient la garnison, trente bouches à feu, des magasins sont tombés en notre pouvoir. Il y a un trésor formé de beaucoup d'objets précieux, que la dévotion des Polonais avait offerts à une image de la vierge, qui est regardée comme la patronne de la Pologne. Ce trésor avait été mis sous le séquestre, mais l'empereur a ordonné qu'il fût rendu. La partie de l'armée qui est à Varsovie continue à être satisfaite de l'esprit qui anime cette grande capitale. La ville de Posen a donné aujourd'hui un bal à l'empereur. S. M. y a passé une heure. Il y a eu aujourd'hui un *Te Deum* pour l'anniversaire du couronnement de l'empereur.

Posen, le 5 décembre 1806.

Trente-huitième bulletin de la grande armée.

Le prince Jérôme, commandant l'armée des alliés, après avoir resserré le blocus de Glogau et fait construire des batteries autour de cette place, se porta avec les divisions bavaroises, Wrede et Deroi, du côté de Kalistch à la rencontre des Russes, et laissa le général Vandamme et le corps wurtembergeois continuer le siége de Glogau. Des mortiers et plusieurs pièces de canon arrivèrent le 29 novembre. Ils furent sur-le-champ mis en batterie, et après quelques heures de bombardement, la place s'est rendue, et la capitulation a été signée.

Les troupes alliées du roi de Wurtemberg se sont bien montrées. Deux mille cinq cents hommes, des magasins assez considérables de biscuits, de blé, de poudre, près de deux cents pièces de canon sont les résultats de cette conquête importante, surtout par la bonté de ses fortifications et par sa situation. C'est la capitale de la basse Silésie. Les Russes ayant refusé la bataille devant Varsovie, ont repassé la Vistule. Le grand-duc de Berg l'a passée après eux; il s'est emparé du faubourg de Praga. Il les poursuit sur le Bug. L'empereur a donné en conséquence l'ordre au prince Jérôme, de marcher par sa droite sur Breslaw, et de cerner cette place, qui ne tardera pas de tomber en notre pouvoir. Les sept places de la Silésie seront successivement attaquées et bloquées. Vu le moral des troupes qui s'y trouvent, aucune ne fait présumer une longue résistance. Le petit fort de Culmbach, nommé *Plassembourg*, avait été bloqué par un bataillon bavarois : muni de vivres pour plusieurs mois, il n'y avait pas de raison pour qu'il se rendît. L'empereur a fait préparer à Cronach et à Forcheim des pièces d'artillerie pour battre ce fort et l'obliger à se rendre. Le 24 novembre, vingt-deux pièces étaient en batterie, ce qui a décidé le commandant à livrer la place. M. de Becker, colonel du sixième régiment d'infanterie de ligne bavarois, et commandant le blocus, a montré de l'activité et du savoir-faire dans cette circonstance. L'anniversaire de la bataille d'Austerlitz et du couronnement de l'empereur, a été célébré à Varsovie avec le plus grand enthousiasme.

Posen, le 7 décembre 1806.

Trente-neuvième bulletin de la grande armée.

Le général Savary, après avoir pris possession d'Hameln, s'est porté sur Nienbourg. Le gouverneur faisait des difficultés pour capituler. Le général Savary entra dans la place, et après quelques pourparlers, il conclut la capitulation. Un courrier vient d'arriver, apportant la nouvelle à l'empereur que les Russes ont déclaré la guerre à la Porte; que Choczim et Bender sont cernés par leurs troupes, qu'ils ont passé à l'improviste le Dniester, et poussé jusqu'à Jassy. C'est le général Michelson qui commande l'armée russe en Valachie. L'armée russe, commandée par le général Benigsen, a évacué la Vistule, et paraît décidée à s'enfoncer dans les terres. Le maréchal Davoust a passé la Vistule, et a établi son quartier-général en avant de Praga; ses avant-postes sont sur le Bug. Le grand-duc de Berg est toujours à Varsovie. L'empereur a toujours son quartier-général à Posen.

Posen, le 9 décembre 1806.

Quarantième bulletin de la grande armée.

Le maréchal Ney a passé la Vistule, et est entré le 6 à Thorn. Il se loue particulièrement du colonel Savary, qui, à la tête du quatorzième régiment d'infanterie, et des grenadiers et voltigeurs du quatre-vingt-seizième et du sixsième d'infanterie légère, passa le premier la Vistule. Il eut à Thorn un engagement avec les Prussiens, qu'il força, après un léger combat, d'évacuer la ville. Il leur tua quelques hommes et leur fit vingt prisonniers.

Cette affaire offre un trait remarquable. La rivière large de quatre cents toises, chariait des glaçons. Le bateau qui portait notre avant-garde, retenu par les glaces, ne pouvait avancer; de l'autre rive, des bateliers polonais s'élancèrent au milieu d'une grêle de balles pour le dégager. Les bateliers prussiens voulurent s'y opposer : une lutte à coups de poing s'engagea entre eux. Les bateliers polonais jetèrent les prussiens à l'eau, et guidèrent nos bateaux jusqu'à la rive droite. L'empereur a demandé le nom de ces braves gens pour les récompenser.

L'empereur a reçu aujourd'hui la députation de Varsovie, composée de MM. Gutakouski, grand-chambellan de Lithuanie, chevalier des ordres de Pologne; Gorzenski, lieutenant-général, chevalier des ordres de Pologne; Lubienski, chevalier des ordres de Pologne; Alexandre Potocki; Rzetkowki, chevalier de l'ordre de Saint-Stanislas; Luszewki.

Posen, le 14 décembre 1806.

Quarante-unième bulletin de la grande armée.

Le général de brigade Belair, du corps du maréchal Ney, partit de Thorn le 9 de ce mois, et se porta sur Galup. Le sixième bataillon d'infanterie légère et le chef d'escadron Schoeni, avec soixante hommes du troisième de hussards, rencontrèrent un parti de quatre cents chevaux ennemis. Ces deux avant-postes en vinrent aux mains. Les Prussiens perdirent un officier et cinq dragons faits prisonniers, et eurent trente hommes tués, dont les chevaux restèrent en notre pouvoir. Le maréchal Ney se loue beaucoup du chef d'escadron Schoeni. Nos avant-postes de ce côté arrivent jusqu'à Strasburg.

Le 11, à six heures du matin, la canonnade se fit entendre du côté du Bug. Le maréchal Davoust avait fait passer cette rivière au général de brigade Gauthier, à l'embouchure de la Wrka, vis-à-vis le village d'Okunin.

Le vingt-cinquième de ligne et le quatre-vingt-neuvième étant passés, s'étaient déjà couverts par une tête de pont, et s'étaient portés une demi-lieue en avant, au village de Pomikuwo, lorsqu'une division russe se présenta pour enlever ce village; elle ne fit que des efforts inutiles, fut repoussée, et perdit beaucoup de monde. Nous avons eu vingt hommes tués ou blessés.

Le pont de Thorn, qui est sur pilotis, est rétabli; on relève les fortifications de cette place. Le pont de Varsovie, au faubourg de Praga, est terminé; c'est un pont de bateaux. On fait au faubourg de Praga un camp retranché; le général du génie Chasseloup dirige en chef ces travaux.

Le 10, le maréchal Augereau a passé la Vistule entre Zakroczym et Utrata. Ses détachemens travaillent sur la rive droite à se couvrir par des retranchemens. Les Russes paraissent avoir des forces à Pultusk.

Le maréchal Bessières débouche de Thorn avec le second corps de la réserve de cavalerie, composé de la division de cavalerie légère du général Tilly, des dragons des généraux Grouchy et Sahuc, et des cuirassiers du général d'Hautpoult.

MM. de Lucchesini et de Zastrow, plénipotentiaires du roi de Prusse, ont passé le 10 à Thorn pour se rendre à Kœnigsberg auprès de leur maître.

Un bataillon prussien de Klock a déserté tout entier du village de Brok. Il s'est dirigé par différens chemins sur nos postes. Il est composé en partie de Prussiens et de Polonais. Tous sont indignés du traitement qu'ils reçoivent des Russes. « Notre prince nous a vendus aux Russes, disent-ils; nous ne voulons point aller avec eux. »

L'ennemi a brûlé les beaux faubourgs de Breslaw, beaucoup de femmes et d'enfans ont péri dans cet incendie. Le prince Jérôme a donné des secours à ces malheureux habitans. L'humanité l'a emporté sur les lois de la guerre qui ordonnent de repousser dans une place assiégée les bouches inutiles que l'ennemi veut en éloigner. Le bombardement était commencé.

Le général Gouvion est nommé gouverneur de Varsovie.

Posen, le 15 décembre 1806.

Quarante-deuxième bulletin de la grande armée.

Le pont sur la Narew, à son embouchure dans le Bug, est terminé. La tête de pont est finie et armée de canons.

Le pont sur la Vistule, entre Zakroczym et Utrata, auprès de l'embouchure du Bug, est également terminé. La tête de pont, armée d'un grand nombre de batteries, est un ouvrage très-redoutable.

Les armées russes viennent sur la direction de Grodno et sur celle de Bielk, en longeant la Narew et le Bug. Le quartier-général d'une de leurs divisions, était le 10 à Pultusk sur la Narew.

Le général Dulauloi est nommé gouverneur de Thorn.

Le huitième corps de la grande armée, que commande le maréchal Mortier, s'avance; il a sa droite à Stettin, sa gauche à Rostock, et son quartier-général à Anklam. Les grenadiers de la réserve du général Oudinot arrivent à Custrin.

La division des cuirassiers, nouvellement formée sous le commandement du général Espagne, arrive à Berlin. La division italienne du général Lecchi se réunit à Magdebourg.

Le corps du grand-duc de Bade est à Stettin ; sous quinze jours il pourra entrer en ligne. Le prince héréditaire a constamment suivi le quartier-général, et s'est trouvé à toutes les affaires.

Le division polonaise de Zayonschek, qui a été organisée à Haguenau, et qui est forte de six mille hommes, est à Léipsick, pour y former son habillement.

S. M. a ordonné de lever dans les états prussiens au-delà

de l'Elbe, un régiment qui se réunira à Munster. Le prince de Hohenzollern-Sigmaringen est nommé colonel de ce corps.

Une division de l'armée de réserve du général Kellermann est partie de Mayence. La tête de cette division est déjà arrivée à Magdebourg.

La paix avec l'électeur de Saxe et le duc de Saxe-Weimar a été signée à Posen.

Tous les princes de Saxe ont été admis dans la confédération du Rhin.

S. M. a désapprouvé la levée des contributions frappées sur les Etats de Saxe-Gotha et Saxe-Meinungen, et a ordonné de restituer ce qui a été perçu. Ces princes n'ayant point été en guerre avec la France, et n'ayant point fourni de contingent à la Prusse, ne devaient point être sujets à des contributions de guerre.

L'armée a pris possession du pays de Mecklenbourg. C'est une suite du traité signé à Schwerin le 25 octobre 1805. Par ce traité, le prince de Mecklenbourg avait accordé passage sur son territoire aux troupes russes commandées par le général Tolstoy.

La saison étonne les habitans de la Pologne. Il ne gèle point. Le soleil paraît tous les jours, et il fait encore un temps d'automne.

L'empereur part cette nuit pour Varsovie.

Kutno, le 17 décembre 1806.

Quarante-troisième bulletin de la grande armée.

L'empereur est arrivé à Kutno à une heure après midi, ayant voyagé toute la nuit dans des calèches du pays, le dégel ne permettant pas de se servir de voitures ordinaires. La calèche dans laquelle se trouvait le grand-maréchal du palais,

Duroc, a versé. Cet officier a été grièvement blessé à l'épaule, sans cependant aucune espèce de danger. Cela l'obligera à garder le lit huit à dix jours.

Les têtes de pont de Prag, de Zakroczym, de la Narew et de Thorn, acquièrent tous les jours un nouveau degré de force.

L'empereur sera demain à Varsovie.

La Vistule étant extrêmement large, les ponts ont partout trois à quatre cents toises; ce qui est un travail très-considérable.

Varsovie, le 21 décembre 1806.

Quarante-quatrième bulletin de la grande armée.

L'empereur a visité hier les travaux de Prag. Huit belles redoutes palissadées et fraisées, ferment une enceinte de quinze mille toises, et trois fronts bastionnés de six cents toises de développement, forment le réduit d'un camp retranché.

La Vistule est une des plus grandes rivières qui existent. Le Bug, qui est comparativement beaucoup plus petit, est cependant beaucoup plus fort que la Seine. Le pont sur ce dernier fleuve est entièrement terminé. Le général Gauthier, avec les vingt-cinquième et quatre-vingt-cinquième régimens d'infanterie, occupe la tête du pont, que le général Chasseloup a fait fortifier avec intelligence; de manière que cette tête de pont, qui n'a cependant que quatre cents toises de développement, se trouvant appuyée à des marais et à la rivière, entoure un camp retranché qui peut renfermer, sur la rive droite, toute une armée à l'abri de toute attaque de l'ennemi. Une brigade de cavalerie légère de la réserve a tous les jours de petites escarmouches avec la cavalerie russe.

Le 18, le maréchal Davoust sentit la nécessité; pour rendre son camp sur la rive droite meilleur, de s'emparer d'une petite île située à l'embouchure de la Wrka. L'ennemi reconnut l'importance de ce poste. Une vive fusillade d'avant-garde s'engagea, mais la victoire et l'île restèrent aux Français. Notre perte a été de peu d'hommes blessés. L'officier de génie Clouet, jeune homme de la plus grande espérance, a eu une balle dans la poitrine. Le 19, un régiment de cosaques, soutenu par des hussards russes, essaya d'enlever la grand'-garde de la brigade de cavalerie légère placée en avant de la tête du pont du Bug; mais la grand'garde s'était placée de manière à être à l'abri d'une surprise. Le 1er d'hussards sonna à cheval. Le colonel se précipita à la tête d'un escadron, et le treizième s'avança pour le soutenir. L'ennemi fut culbuté. Nous avons eu dans cette petite affaire trois ou quatre hommes blessés, mais le colonel des cosaques a été tué. Une trentaine d'hommes et vingt-cinq chevaux sont restés en notre pouvoir. Il n'y a rien de si lâche et de si misérable que les cosaques; c'est la honte de la nature humaine. Ils passent le Bug et violent chaque jour la neutralité de l'Autriche, pour piller une maison en Gallicie, ou pour se faire donner un verre d'eau-de-vie, dont ils sont très-friands; mais notre cavalerie légère est familiarisée, depuis la dernière campagne, avec la manière de combattre ces misérables, qui peuvent arrêter par leur nombre et le tintamarre qu'ils font en chargeant, des troupes qui n'ont pas l'habitude de les voir, mais, quand on les connaît, deux mille de ces malheureux ne sont pas capables de charger un escadron qui les attend de pied ferme.

Le maréchal Augereau a passé la Vistule à Utrata. Le général Lapisse est entré à Plousk, et en a chassé l'ennemi.

Le maréchal Soult a passé la Vistule à Vizogrod.

Le maréchal Bessières est arrivé le 18 à Kikol avec le second corps de réserve de cavalerie. La tête est arrivée à Siepez. Différentes rencontres de cavalerie avaient eu lieu avec des hussards prussiens, dont bon nombre a été pris. La rive droite de la Vistule se trouve entièrement nettoyée.

Le maréchal Ney, avec son corps d'armée, appuie le maréchal Bessières. Il était arrivé le 18 à Rypin. Il avait lui-même sa droite appuyée par le maréchal prince de Ponte-Corvo.

Tout se trouve donc en mouvement. Si l'ennemi persiste à rester dans sa position, il y aura une bataille dans peu de jours. Avec l'aide de Dieu, l'issue n'en peut être incertaine. L'armée russe est commandée par le maréchal Kamenskoy, vieillard de soixante-quinze ans. Il a sous lui les généraux Benigsen et Buxhowden.

Le général Michelson est décidément entré en Moldavie. Des rapports assurent qu'il est entré le 29 novembre à Yassi. On assure même qu'un de ses généraux a pris d'assaut Bender, et a tout passé au fil de l'épée. Voilà donc une guerre déclarée à la Porte sans prétexte ni raison; mais on avait jugé à Saint-Pétersbourg que le moment où la France et la Prusse, les deux puissances les plus intéressées à maintenir l'indépendance de la Turquie, étaient aux mains, devenait le moment favorable pour assujettir cette puissance. Les événemens d'un mois ont déconcerté ces calculs, et la Porte leur devra sa conservation.

Le grand-duc de Berg est malade de la fièvre. Il va mieux.

Le temps est doux comme à Paris au mois d'octobre, et humide, ce qui rend les chemins difficiles. On est parvenu à se procurer une assez grande quantité de vin pour soutenir la force du soldat.

Le palais des rois de Pologne est beau et bien meublé. Il y a à Varsovie un grand nombre de beaux palais et de belles maisons. Nos hôpitaux y sont bien établis, ce qui n'est pas un petit avantage dans ce pays. L'ennemi paraît avoir beaucoup de malades; il a aussi beaucoup de déserteurs. On ne parle pas des Prussiens, car même des colonnes entières ont déserté pour ne pas être, sous les Russes, obligés de dévorer de continuels affronts.

Haluski, le 27 décembre 1806.

Quarante-cinquieme bulletin de la grande armée.

Le général russe Benigsen commandait une armée que l'on évaluait à soixante mille hommes. Il avait d'abord le projet de couvrir Varsovie, mais la renommée des événemens qui s'étaient passés en Prusse lui porta conseil, et il prit le parti de se retirer sur la frontière russe. Sans presque aucun engagement, les armées françaises entrèrent dans Varsovie, passèrent la Vistule et occupèrent Prag. Sur ces entrefaites, le feld-maréchal Kaminski arriva à l'armée russe au moment même où la jonction du corps de Benigsen avec celui de Buxhowden s'opérait. Il s'indignait de la marche rétrograde des Russes. Il crut qu'elle compromettait l'honneur des armes de sa nation, et il marcha en avant. La Prusse faisait instances sur instances, se plaignant qu'on l'abandonnait après lui avoir promis de la soutenir, et disant que le chemin de Berlin n'était ni par Grodno, ni par Olita, ni par Brezsc; que ses sujets se désaffectionnaient; que l'habitude de voir le trône de Berlin occupé par des Français était dangereuse pour elle et favorable à l'ennemi. Non-seulement le mouvement rétrograde des Russes cessa, mais ils se reportèrent en avant. Le 5 décembre, le général Benigsen rétablit son quartier-général à Pultusk. Les ordres étaient d'empêcher les Français de passer la Narew, de reprendre Prag., et d'occuper la Vistule jusqu'au moment où l'on pourrait effectuer des opérations offensives d'une plus grande importance.

La réunion des généraux Kaminski, Buxhowden et Benigsen, fut célébrée au château de Sierock par des réjouissances et des illuminations, qui furent aperçues du haut des tours de Varsovie.

Cependant, au moment même où l'ennemi s'encourageait par des fêtes, la Narew se passait : huit cents Français jetés de l'autre côté de cette rivière, à l'embouchure de la Wrka, s'y retranchèrent cette même nuit; et lorsque l'ennemi se présenta le matin pour les rejeter dans la rivière, il n'était plus temps; ils se trouvaient à l'abri de tout événement.

Instruit de ce changement survenu dans les opérations de l'ennemi, l'empereur partit de Posen le 16. Au même moment, il avait mis en mouvement son armée. Tout ce qui revenait des discours des Russes faisait comprendre qu'ils voulaient reprendre l'offensive.

Le maréchal Ney était depuis plusieurs jours maître de Thorn. Il réunit son corps d'armée à Gallup. Le maréchal Bessières, avec le deuxième corps de la cavalerie de la réserve, composé des divisions de dragons des généraux Sahuc et Grouchy, et de la division des cuirassiers d'Hautpoult, partit de Thorn pour se porter sur Biezun. Le maréchal prince de Ponte-Corvo partit avec son corps d'armée pour le soutenir. Le maréchal Soult passait la Vistule vis à vis de Plock, le maréchal Augereau la passait vis à vis de Zakroczym, où l'on travaillait à force à établir un pont. Celui de la Narew se poussait aussi vivement.

Le 22, le pont de la Narew fut terminé. Toute la réserve de cavalerie passa sur-le-champ la Vistule à Prag, pour se rendre sur la Narew. Le maréchal Davoust y réunit tout son corps. Le 23, à une heure du matin, l'empereur partit de Varsovie, et passa la Narew à neuf heures. Après avoir reconnu l'Wrka et les retranchemens considérables qu'avait élevés l'ennemi, il fit jeter un pont au confluent de la Narew et de l'Wrka. Ce pont fut jeté en deux heures par les soins du général d'artillerie.

Combat de nuit de Czarnowo.

La division Morand passa sur-le-champ pour aller s'emparer des retranchemens de l'ennemi près du village de Czarnowo. Le général de brigade Marulaz la soutenait avec sa cavalerie légère. La division de dragons du général Beaumont passa immédiatement après. La canonnade s'engagea à Czarnowo. Le maréchal Davoust fit passer le général Petit avec le douzième de ligne pour enlever les redoutes du pont. La nuit vint, on dut achever toutes les opérations au clair de la lune; et à deux heures du matin, l'objet que se proposait l'empereur fut rempli. Toutes les batteries du village de Czarnowo furent enlevées; celles du pont furent prises; quinze mille hommes qui les défendaient furent mis en déroute, malgré leur vive résistance.

Quelques prisonniers et six pièces de canon restèrent en notre pouvoir. Plusieurs généraux ennemis furent blessés. De notre côté, le général de brigade Boussard a été légèrement blessé. Nous avons eu peu de morts, mais près de deux cents blessés. Dans le même temps, à l'autre extrémité de la ligne d'opérations, le maréchal Ney culbutait les restes de l'armée prussienne, et les jetait dans les bois de Lauterburg, en leur faisant éprouver une perte notable. Le maréchal Bessières avait une brillante affaire de cavalerie, cernait trois escadrons de hussards qu'il faisait prisonniers, et enlevait plusieurs pièces de canon.

Combat de Nasielsk.

Le 24, la réserve de cavalerie et le corps du maréchal Davoust se dirigèrent sur Nasielsk. L'empereur donna le commandement de l'avant-garde au général Rapp. Arrivé à une lieue de Nasielsk, on rencontra l'avant-garde ennemie.

Le général Lemarrois partit avec deux régimens de dragons, pour tourner un grand bois et cerner cette avant-garde. Ce mouvement fut exécuté avec promptitude. Mais l'avantgarde ennemie, voyant l'armée française ne faire aucun mouvement pour avancer, soupçonna quelque projet et ne tint pas. Cependant il se fit quelques charges, dans l'une desquelles fut pris le major Ourvarow, aide-de-camp de l'empereur de Russie. Immédiatement après, un détachement arriva sur la petite ville de Nasielsk. La canonnade devint vive. La position de l'ennemi était bonne ; il était retranché par des marais et des bois. Le maréchal Kaminski commandait lui-même. Il croyait pouvoir passer la nuit dans cette position, en attendant que d'autres colonnes vinssent le joindre. Vain calcul ; il en fut chassé, et mené tambour battant pendant plusieurs lieues. Quelques généraux russes furent blessés, plusieurs colonels faits prisonniers, et plusieurs pièces de canon prises. Le colonel Beker, du huitième régiment de dragons, brave officier, a été blessé mortellement.

Passage de l'Wrka.

Au même moment, le général Nansouty, avec la division Klein et une brigade de cavalerie légère, culbutait, en avant de Kursomb, les cosaques et la cavalerie ennemie, qui avait passé l'Wrka sur ce point, et traversait là cette rivière. Le septième corps d'armée, que commande le maréchal Augereau, effectuait son passage de l'Wrka à Kursomb, et culbutait les quinze mille hommes qui la défendaient. Le passage du pont fut brillant. Le quatorzième de ligne l'exécuta en colonnes serrées, pendant que le seizième d'infanterie légère établissait une vive fusillade sur la rive droite. A peine le quatorzième eut-il débouché du pont, qu'il essuya une charge de cavalerie, qu'il soutint avec l'intrépidité ordinaire à l'infanterie française ; mais un malheureux lancier pénétra jusqu'à la tête du régiment, et vint percer d'un coup de lance le colonel qui tomba roide mort. C'était un brave soldat; il était digne de commander un si brave corps. Le feu à bout portant qu'exécuta son régiment, et qui mit la cavalerie ennemie dans le plus grand désordre, fut le premier des honneurs rendus à sa mémoire.

Le 25, le troisième corps, que commande le maréchal Davoust, se porta à Tykoczyn, où s'était retiré l'ennemi. Le cinquième corps, commandé par le maréchal Lannes, se dirigeait sur Pultusk, avec la division de dragons Beker.

L'empereur se porta, avec la plus grande partie de la cavalerie de réserve, à Ciechanow.

Passage de la Sonna.

Le général Gardanne, que l'empereur avait envoyé avec trente hommes de sa garde pour reconnaître les mouvemens de l'ennemi, rapporta qu'il passait la rivière de Sonna à Lopackzin, et se dirigeait sur Tycokzyn.

Le grand-duc de Berg, qui était resté malade à Varsovie, n'avait pu résister à l'impatience de prendre part aux événemens qui se préparaient. Il partit de Varsovie et vint rejoindre l'empereur. Il prit deux escadrons des chasseurs de la garde pour observer les mouvemens de la colonne ennemie. Les brigades de cavalerie légère de la réserve, et les divisions Klein et Nansouty, pressèrent le pas pour le joindre. Arrivé au pont de Lopackein, il trouva un régiment de hussards russes, qui le gardait. Ce régiment fut aussitôt chargé par les chasseurs de la garde, et culbuté dans la rivière, sans autre perte de la part des chasseurs, qu'un maréchal-des-logis blessé.

Cependant la moitié de cette colonne n'avait pas encore passé; elle passait plus haut. Le grand-duc de Berg la fit charger par le colonel Dalhmann, à la tête des chasseurs de la garde, qui lui prit trois pièces de canon, après avoir mis plusieurs escadrons en déroute.

Tandis que la colonne que l'ennemi avait si imprudemment jetée sur la droite, cherchait à gagner la Narew, pour arriver à Tykoczyn, point de rendez-vous, Tykoczyn était occupé par le maréchal Davoust, qui y prit deux cents voitures de bagages et une grande quantité de traînards qu'on ramassa de tous côtés.

Toutes les colonnes russes sont coupées, errantes à l'aventure, dans un désordre difficile à imaginer. Le général russe a fait la faute de cantonner son armée, ayant sur ses flancs l'armée française, séparée, il est vrai, par la Narew, mais ayant un pont sur cette rivière. Si la saison était belle, on pourrait prédire que l'armée russe ne se retirerait pas et serait perdue sans bataille; mais dans une saison où il fait nuit à quatre heures, et où il ne fait jour qu'à huit, l'ennemi qu'on poursuit a toutes les chances pour se sauver; surtout dans un pays difficile et coupé de bois. D'ailleurs, les chemins sont couverts de quatre pieds de boue, et le dégel continue. L'artillerie ne peut faire plus de deux lieues dans un jour. Il est donc à prévoir que l'ennemi se retirera de la position fâcheuse où il se trouve, mais il perdra toute son artillerie, toutes ses voitures, tous ses bagages.

Voici quelle était, le 25 au soir, la position de l'armée française.

La gauche, composée des corps du maréchal prince de Ponte-Corvo et des maréchaux Ney et Bessières, marchant de Biézun sur la route de Grodno;

Le maréchal Soult arrivant à Ciechanow;

Le maréchal Augereau marchant sur Golymin;

Le maréchal Davoust entre Golymin et Pultusk;

Le maréchal Lannes à Pultusk.

Dans ces deux jours nous avons fait quinze à seize cents

prisonniers, pris vingt-cinq à trente pièces de canon, trois drapeaux et un étendard.

Le temps est extraordinaire ici; il fait plus chaud qu'au mois d'octobre à Paris, mais il pleut, et dans un pays où il n'y a pas de chaussées, on est constamment dans la boue.

Golymin, le 28 décembre 1806.

Quarante-sixième bulletin de la grande armée.

Le maréchal Ney, chargé de manœuvrer pour détacher le lieutenant-général prussien Lestocq de l'Wrka, déborder et menacer ses communications, et pour le couper des Russes, a dirigé ses mouvemens avec son habileté et son intrépidité ordinaires. Le 23, la division Marchand se rendit à Gurzno. Le 24, l'ennemi a été poursuivi jusqu'à Kunsbroch. Le 25, l'arrière-garde de l'ennemi a été entamée. Le 26, l'ennemi s'étant concentré à Soldan et Mlawa, le maréchal Ney résolut de marcher à lui et de l'attaquer. Les Prussiens occupaient Soldan avec six mille hommes d'infanterie et un millier d'hommes de cavalerie; ils comptaient, protégés par les marais et les obstacles qui environnent cette ville, être à l'abri de toute attaque. Tous ces obstacles ont été surmontés par les soixante-neuvième et soixante-seizième. L'ennemi s'est défendu dans toutes les rues, et a été repoussé partout à coups de baïonnette. Le général Lestocq, voyant le petit nombre de troupes qui l'avaient attaqué, voulut reprendre la ville. Il fit quatre attaques successives pendant la nuit, dont aucune ne réussit. Il se retira à Niedenbourg : six pièces de canon, quelques drapeaux, un assez bon nombre de prisonniers, ont été le résultat du combat de Soldan. Le maréchal Ney se loue du général Wonderveid, qui a été blessé. Il fait une mention particulière du colonel Brun, du soixante-neuvième, qui s'est fait remarquer par sa bonne conduite.

Le même jour, le cinquante-neuvième a passé sur Lauterburg.

Pendant le combat de Soldan, le général Marchand, avec sa division, repoussait l'ennemi de Mlawa, où il eut un très-brillant combat.

Le maréchal Bessières, avec le second corps de la réserve de cavalerie, avait occupé Biézun dès le 19. L'ennemi reconnaissant l'importance de cette position, et sentant que la gauche de l'armée française voulait séparer les Prussiens des Russes, tenta de reprendre ce poste; ce qui donna lieu au combat de Biézun. Le 23, à huit heures, il déboucha par plusieurs routes. Le maréchal Bessières avait placé les deux seules compagnies d'infanterie qu'il avait, près du pont. Voyant l'ennemi venir en très-grande force, il donna ordre au général Grouchy de déboucher avec sa division. L'ennemi était déjà maître du village de Karmidjeu, et y avait jeté un bataillon d'infanterie.

Chargée par la division Grouchy, la ligne ennemie fut rompue. Cavalerie et infanterie prussienne, fortes de six mille hommes, ont été enfoncées et jetées dans les marais; cinq cents prisonniers, cinq pièces de canon, deux étendards, sont le résultat de cette charge. Le maréchal Bessières se loue beaucoup du général Grouchy, du général Rouget, et de son chef d'état-major le général Roussel. Le chef d'escadron Renié, du sixième régiment de dragons, s'est distingué. M. Launay, capitaine de la compagnie d'élite du même régiment, a été tué.

M. Bourreau, aide-de-camp du maréchal Bessières, a été blessé. Notre perte est, du reste, peu considérable. Nous avons eu huit hommes tués et une vingtaine de blessés. Les deux étendards ont été pris par le dragon Plet, du sixième régiment de dragons, et par le fourrier Jeuffroy, du troisième régiment.

S. M., désirant que le prince Jérôme eût occasion de s'instruire, l'a fait appeler de Silésie. Ce prince a pris part à tous les combats qui ont eu lieu, et s'est trouvé souvent aux avant-postes.

S. M. a été satisfaite de la conduite de l'artillerie, pour l'intelligence et l'intrépidité qu'elle a montrées devant l'ennemi, soit dans la construction des ponts, soit pour faire marcher l'artillerie au milieu des mauvais chemins.

Le général Marulaz, commandant la cavalerie légère du troisième corps, le colonel Excelmans, du premier de chasseurs, et le général Petit, ont fait preuve d'intelligence et de bravoure.

S. M. a recommandé que dans les relations officielles des différentes affaires, on fît connaître un grand nombre de traits qui méritent de passer à la postérité; car c'est pour elle, et pour vivre éternellement dans sa mémoire, que le soldat français affronte tous les dangers et toutes les fatigues.

Pultusk, le 30 décembre 1806.

Quarante-septième bulletin de la grande armée.

Le combat de Czarnowo, celui de Nasielsk, celui de Kursomb, le combat de cavalerie de Lopackzyn, ont été suivis par les combats de Golymin et de Pultusk; et la retraite entière et précipitée des armées russes a terminé l'année et la campagne.

Combat de Pultusk.

Le maréchal Lannes ne put arriver vis à vis Pultusk que le 26 au matin. Tout le corps de Benigsen s'y était réuni dans la nuit. Les divisions russes qui avaient été battues à Nasielsk, poursuivies par la troisième division du corps du maréchal Davoust, entrèrent dans le camp de Putulsk à deux heures après minuit. A dix heures le maréchal Lannes attaqua, ayant la division Suchet en première ligne, la division Gazan en seconde ligne, la division Gudin, du troisième corps d'armée, commandée par le général Daultanne, sur sa gauche. Le combat devint vif. Après différens engagemens, l'ennemi fut culbuté. Le dix-septième régiment d'infanterie légère et le trente-quatrième se couvrirent de gloire. Les généraux Vedel et Claparède ont été blessés. Le général Treillard, commandant la cavalerie légère du corps d'armée, le général Bonssard, commandant une brigade de la division de dragons Beker, le colonel Barthelemy, du quinzième régiment de dragons, ont été blessés par la mitraille. L'aide-de-camp Voisin, du maréchal Lannes, et l'aide-de-camp Curial, du général Suchet, ont été tués l'un et l'autre avec gloire. Le maréchal Lannes a été touché d'une balle. Le cinquième corps d'armée a montré, dans cette circonstance, ce que peuvent des braves, et l'immense supériorité de l'infanterie française sur celle des autres nations. Le maréchal Lannes, quoique malade depuis huit jours, avait voulu suivre son corps d'armée. Le quatre-vingt-cinquième régiment a soutenu plusieurs charges de cavalerie ennemie avec sang-froid et succès. L'ennemi, dans la nuit, a battu en retraite et a gagné Ostrolenka.

Combat de Golymin.

Pendant que le corps de Benigsen était à Pultusk, et y était battu, celui de Buxhowden se réunissait à Golymin, à midi. La division Panin, de ce corps, qui avait été attaquée la veille par le grand-duc de Berg, une autre division qui avait été battue à Nasielsk, arrivaient par différens chemins au camp de Golymin.

Le maréchal Davoust, qui poursuivait l'ennemi depuis Nasielsk, l'atteignit, le chargea, et lui enleva un bois près du camp de Golymin.

Dans le même temps, le maréchal Augereau arrivant de Golaczima, prenait l'ennemi en flanc. Le général de brigade Lapisse, avec le seizième d'infanterie légère, enlevait à la baïonnette un village qui servait de point d'appui à l'ennemi. La division Heudelet se déployait et marchait à lui. A trois heures après midi, le feu était des plus chauds. Le grand-duc de Berg fit exécuter avec le plus grand succès plusieurs charges, dans lesquelles la division de dragons Klein se distingua. Cependant la nuit arrivant trop tôt, le combat continua jusqu'à onze heures du soir. L'ennemi fit sa retraite en désordre, laissant son artillerie, ses bagages, presque tous ses sacs, et beaucoup de morts. Toutes les colonnes ennemies se retirèrent sur Ostrolenka.

Le général Fenerolle, commandant une brigade de dragons, fut tué d'un boulet. L'intrépide général Rapp, aide-de-camp de l'empereur, a été blessé d'un coup de fusil, à la tête de sa division de dragons. Le colonel Sémélé, du brave vingt-quatrième de ligne, a été blessé. Le maréchal Augereau a eu un cheval tué sous lui.

Cependant le maréchal Soult, avec son corps d'armée, était déjà arrivé à Molati, à deux lieues de Makow; mais les horribles boues, suite des pluies et du dégel, arrêtèrent sa marche et sauvèrent l'armée russe, dont pas un seul homme n'eût échappé sans cet accident. Les destins de l'armée de Benigsen et de celle de Buxhowden devaient se terminer en deçà de la petite rivière d'Orcye; mais tous les mouvemens ont été contrariés par l'effet du dégel, au point que l'artillerie a mis jusqu'à deux jours pour faire trois lieues. Toutefois, l'armée russe a perdu quatre-vingt pièces de canon, tous ses caissons, plus de douze cents voitures de bagages, et douze mille hommes tués, blessés ou faits prisonniers. Les mouvemens des colonnes françaises et russes seront un objet de vive curiosité pour les militaires, lorsqu'ils seront tracés sur la carte. On y verra à combien peu il a tenu que toute cette armée ne fût prise et anéantie en peu de jours, et cela, par l'effet d'une seule faute du général russe.

Nous avons perdu huit cents hommes tués, et nous avons eu deux mille blessés. Maître d'une grande partie de l'artillerie ennemie, de toutes les positions ennemies, ayant repoussé l'ennemi à plus de quarante lieues, l'empereur a mis son armée en quartiers d'hiver.

Avant cette expédition, les officiers russes disaient qu'ils avaient cent cinquante mille hommes : aujourd'hui ils prétendent n'en avoir eu que la moitié. Qui croire, des officiers russes avant la bataille, ou des officiers russes après la bataille ?

La Perse et la Porte ont déclaré la guerre à la Russie. Michelson attaque la Porte. Ces deux grands empires, voisins de la Russie, sont tourmentés par la politique fallacieuse du cabinet de Saint-Pétersbourg, qui agit depuis dix ans chez eux comme elle a fait pendant cinquante ans en Pologne.

M. Philippe Ségur, maréchal-des-logis de la maison de l'empereur, se rendant à Nasielsk, est tombé dans une embuscade de cosaques, qui s'étaient placés dans une maison de bois qui se trouve derrière Nasielsk. Il en a tué deux de sa main, mais il a été fait prisonnier.

L'empereur l'a fait réclamer ; mais le général russe l'avait sur-le-champ dirigé sur Saint-Pétersbourg.

De notre camp impérial de Pultusk, le 31 décembre 1806.

« M. l'archevêque (ou évêque), les nouveaux succès que nos armées ont remportés sur les bords du Bug et de la Narew, où, en cinq jours de temps, elles ont mis en déroute l'armée russe, avec perte de son artillerie, de ses bagages et d'un grand nombre de prisonniers, en les obligeant à évacuer toutes les positions importantes où elle s'était retranchée, nous portent à désirer que notre peuple adresse des remercîmens au ciel, pour qu'il continue à nous être favorable, et pour que le Dieu des armées seconde nos justes entreprises, qui ont pour but de donner enfin, à nos peuples, une paix stable et solide, que ne puisse troubler le génie du mal. Cette lettre n'étant pas à autre fin, nous prions Dieu, M. l'archevêque (ou évêque), qu'il vous ait en sa sainte garde. NAPOLÉON.

Varsovie, le 3 janvier 1807.

Quarante-huitième bulletin de la grande armée.

Le général Corbineau, aide-de-camp de l'empereur, est parti de Pultusk avec trois régimens de cavalerie légère, pour se mettre à la poursuite de l'ennemi. Il est arrivé le 1er janvier à Ostrowiec, après avoir occupé Brock. Il a ramassé quatre cents prisonniers, plusieurs officiers et plusieurs voitures de bagages.

Le maréchal Soult, ayant sous ses ordres les trois brigades de cavalerie légère de la division Lasalle, borde la petite rivière d'Orcye, pour mettre à couvert les cantonnemens de l'armée. Le maréchal Ney, le maréchal prince de Ponte-Corvo et le maréchal Bessières ont leurs troupes cantonnées sur la gauche. Les corps d'armée des maréchaux Soult, Davoust et Lannes, occupent Pultusk et les bords du Bug.

L'armée ennemie continue son mouvement de retraite.

L'empereur est arrivé le 2 janvier à Varsovie, à deux heures après midi.

Il a gelé et neigé pendant deux jours, mais déjà le dégel recommence, et les chemins, qui paraissaient s'améliorer sont devenus aussi mauvais qu'auparavant.

Le prince Borghèse a été constamment à la tête du premier

régiment des carabiniers, qu'il commande. Les braves carabiniers et cuirassiers brûlaient d'en venir aux mains avec l'ennemi; mais les divisions de dragons qui marchaient en avant ayant tout enfoncé, ne les ont pas mis dans le cas de fournir une charge.

S. M. a nommé le général Laribossière général de division, et lui a donné le commandement de l'artillerie de sa garde. C'est un officier du plus rare mérite.

Les troupes du grand-duc de Wurtzbourg forment la garnison de Berlin. Elles sont composées de deux régimens qui se font distinguer par leur belle tenue.

Le corps du prince Jérôme assiége toujours Breslaw. Cette belle ville est réduite en cendres. L'attente des événemens, et l'espérance qu'elle avait d'être secourue par les Russes, l'ont empêchée de se rendre; mais le siége avance. Les troupes bavaroises et wurtembergeoises ont mérité les éloges du prince Jérôme et l'estime de l'armée française.

Le commandant de la Silésie avait réuni les garnisons des places qui ne sont pas bloquées, et en avait formé un corps de huit mille hommes, avec lequel il s'était mis en marche pour inquiéter le siége de Breslaw. Le général Hédouville, chef de l'état-major du prince Jérôme, a fait marcher contre ce corps le général Montbrun, commandant les Wurtembergeois, et le général Minucci, commandant les Bavarois. Ils ont atteint les Prussiens à Strehlen, les ont mis dans une grande déroute, et leur ont pris quatre cents hommes, six cents chevaux, et des convois considérables de subsistances que l'ennemi avait le projet de jeter dans la place. Le major Erschet, à la tête de cent cinquante hommes des chevau-légers de Linange, a chargé deux escadrons prussiens, les a rompus, et leur a fait trente-six prisonniers.

S. M. a ordonné qu'une partie des drapeaux pris au siége de Glogau fût envoyée au roi de Wurtemberg, dont les troupes se sont emparées de cette place. S. M., voulant aussi reconnaître la bonne conduite de ces troupes, a accordé au corps de Wurtemberg dix décorations de la Légion d'Honneur.

Une députation du royaume d'Italie, composée de MM. Prima, ministre des finances, et homme d'un grand mérite; Renier, podestat de Venise, et Guasta Villani, conseiller-d'état, a été présentée aujourd'hui à l'empereur.

S. M. a reçu le même jour toutes les autorités du pays, et les différens ministres étrangers qui se trouvent à Varsovie.

Varsovie, le 8 janvier 1807.

Quarante-neuvième bulletin de la grande armée.

Breslaw s'est rendu. On n'a pas encore la capitulation au quartier-général. On n'a pas non plus l'état des magasins de subsistances, d'habillement et d'artillerie. On sait cependant qu'ils sont très-considérables. Le prince Jérôme a dû faire son entrée dans la place. Il va assiéger Brieg, Schweidnitz et Kosel.

Le général Victor, commandant le dixième corps d'armée, s'est mis en marche pour aller faire le siége de Colberg et de Dantzick, et prendre ces places pendant le reste de l'hiver.

M. de Zastrow, aide-de-camp du roi de Prusse, homme sage et modéré, qui avait signé l'armistice que son maître n'a pas ratifié, a cependant été chargé, à son arrivée a Kœnigsberg, du porte-feuille des affaires étrangères.

Notre cavalerie légère n'est pas loin de Kœnigsberg.

L'armée russe continue son mouvement sur Grodno. On apprend que dans les dernières affaires elle a eu un grand nombre de généraux tués et blessés. Elle montre assez de mécontentement contre l'empereur de Russie et la cour. Les soldats disent que si l'on avait jugé leur armée assez forte pour se mesurer avec avantage contre les Français, l'empereur, sa garde, la garnison de Saint-Pétersbourg et les généraux de la cour, auraient été conduits à l'armée par cette même sécurité qui les y amena l'année dernière ; que si, au contraire, les événemens d'Austerlitz et ceux d'Jéna ont fait penser que les Russes ne pouvaient pas obtenir des succès contre l'armée française, il ne fallait pas s'engager dans une lutte inégale. Ils disent aussi : L'empereur Alexandre a compromis notre gloire. Nous avions toujours été vainqueurs ; nous avions établi et partagé l'opinion que nous étions invincibles. Les choses sont bien changées. Depuis deux ans on nous fait promener des frontières de la Pologne en Autriche, du Dniester à la Vistule, et tomber partout dans les piéges de l'ennemi. Il est difficile de ne pas s'apercevoir que tout cela est mal dirigé.

Le général Michelson est toujours en Moldavie. On n'a pas de nouvelles qu'il se soit porté contre l'armée turque qui occupe Bucharest et la Valachie. Les faits d'armes de cette guerre se bornent jusqu'à présent à l'investissement de Choczym et de Bender. De grands mouvemens ont lieu dans toute la Turquie pour repousser une aussi injuste agression.

Le général baron de Vincent est arrivé de Vienne à Varsovie, porteur de lettres de l'empereur d'Autriche pour l'empereur Napoléon.

Il était tombé beaucoup de neige, et il avait gelé pendant trois jours. L'usage des traineaux avait donné une grande rapidité aux communications, mais le dégel vient de recommencer. Les Polonais prétendent qu'un pareil hiver est sans exemple dans ce pays-ci. La température est effectivement plus douce qu'elle ne l'est ordinairement à Paris dans cette saison.

Varsovie, le 13 janvier 1807.

Cinquantième bulletin de la grande armée.

Les troupes françaises ont trouvé à Ostrolenka quelques malades russes que l'ennemi n'avait pu transporter. Indépendamment des pertes de l'armée russe en tués et en blessés, elle en éprouve encore de très-considérables par les maladies, qui se multiplient chaque jour.

La plus grande désunion s'est établie entre les généraux Kaminski, Benigsen et Buxhowden.

Tout le territoire de la Pologne prussienne se trouve actuellement évacué par l'ennemi.

Le roi de Prusse a quitté Kœnigsberg, et s'est réfugié à Memel.

La Vistule, la Narew et le Bug, avaient, pendant quelques jours, charrié des glaçons; mais le temps s'est ensuite radouci, et tout annonce que l'hiver sera moins rude à Varsovie qu'il ne l'est ordinairement à Paris.

Le 8 janvier, la garnison de Breslaw, forte de cinq mille cinq cents hommes, a défilé devant le prince Jérôme. La ville a beaucoup souffert. Dès les premiers momens où elle a été investie, le gouverneur prussien avait fait brûler ses trois faubourgs. La place ayant été assiégée en règle, on était déjà à la brèche lorsqu'elle s'est rendue. Les Bavarois et les Wurtembergeois se sont distingués par leur intelligence et leur bravoure. Le prince Jérôme investit dans ce moment et assiège à la fois toutes les autres places de la Silésie. Il est probable qu'elles ne feront pas une longue résistance.

Le corps de dix mille hommes que le prince de Pless avait composé de tout ce qui était dans les garnisons des places, a été mis en pièces dans les combats du 29 et du 30 décembre.

Le général Montbrun, avec la cavalerie wurtembergeoise,

fut à la rencontre du prince de Pless vers Ohlau, qu'il occupa le 28 au soir. Le lendemain, à cinq heures du matin, le prince de Pless le fit attaquer. Le général Montbrun, profitant d'une position défavorable où se trouvait l'infanterie ennemie, fit un mouvement sur sa gauche, la tourna, lui tua beaucoup de monde, lui prit sept cents hommes, quatre pièces de canon et beaucoup de chevaux.

Cependant, les principales forces du prince de Pless étaient derrière la Neisse, où il les avait rassemblées après le combat de Strehlen. Parti de Schurgaft, et marchant jour et nuit, il s'avança jusqu'au bivouac de la brigade wurtembergeoise, placé en arrière de d'Hubé sous Breslaw. A huit heures du matin, il attaqua avec neuf mille hommes le village de Grietern, occupé par deux bataillons d'infanterie et par les chevau-légers de Linange, sous les ordres de l'adjudant-commandant Duveyrier; mais il fut reçu vigoureusement et forcé à une retraite précipitée. Les généraux Montbrun et Minucci, qui revenaient d'Hobleau, eurent aussitôt l'ordre de marcher sur Schweidnitz, pour couper la retraite à l'ennemi; mais le prince de Pless s'empressa de disperser toutes ses troupes, et les fit rentrer par détachemens dans les places, en abandonnant dans sa fuite une partie de son artillerie, beaucoup de bagages et des chevaux. Il a, de plus, perdu dans cette affaire beaucoup d'hommes tués et huit cents prisonniers.

S. M. a ordonné de témoigner sa satisfaction aux troupes bavaroises et wurtembergeoises.

Le maréchal Mortier entre dans la Poméranie suédoise.

Des lettres arrivées de Bucharest donnent des détails sur les préparatifs de guerre de Barayctar et du pacha de Widdin. Au 20 décembre, l'avant-garde de l'armée turque, forte de quinze mille hommes, était sur les frontières de la Valachie et de la Moldavie. Le prince Dolgoroucki s'y trouvait aussi avec ses troupes. Ainsi l'on était en présence. En passant à

Bucharest, les officiers turcs paraissaient fort animés; ils disaient à un officier français qui se trouvait dans cette ville : « Les Français verront de quoi nous sommes capables. Nous formerons la droite de l'armée de Pologne; nous nous montrerons digne d'être loués par l'empereur Napoléon. »

Tout est en mouvement dans ce vaste empire : les scheicks et les ulhemas donnent l'impulsion, et tout le monde court aux armes pour repousser la plus injuste des agressions.

M. Italinski n'a évité jusqu'à présent d'être mis aux Sept-Tours, qu'en promettant qu'au retour de son courrier les Russes auraient l'ordre d'abandonner la Moldavie, et de rendre Choczim et Bender.

Les Serviens, que les Russes ne désavouent plus pour alliés, se sont emparés d'une île du Danube qui appartient à l'Autriche, et d'où ils canonnent Belgrade. Le gouvernement autrichien a ordonné de la reprendre.

L'Autriche et la France sont également intéressées à ne pas voir la Moldavie, la Valachie, la Servie, la Grèce, la Romélie, la Natolie, devenir le jouet de l'ambition des Moscovites.

L'intérêt de l'Angleterre dans cette contestation est au moins aussi évident que celui de la France et de l'Autriche, mais le reconnaîtra-t-elle? Imposera-t-elle silence à la haine qui dirige son cabinet? Ecoutera-t-elle les leçons de la politique et de l'expérience? Si elle ferme les yeux sur l'avenir, si elle ne vit qu'au jour le jour, si elle n'écoute que sa jalousie contre la France, elle déclarera peut-être la guerre à la Porte; elle se fera l'auxiliaire de l'insatiable ambition des Russes; elle creusera elle-même un abîme dont elle ne reconnaîtra la profondeur qu'en y tombant.

Varsovie, le 14 janvier 1807.

Cinquante-unième bulletin de la grande armée.

Le 29 décembre, une dépêche du général Benigsen parvint à Kœnigsberg, au roi de Prusse. Elle fut sur-le-champ publiée et placardée dans toute la ville, où elle excita les transports de la plus vive joie. Le roi reçut publiquement des complimens, mais le 31 au soir, on apprit, par des officiers prussiens et par d'autres relations du pays, le véritable état des choses. La tristesse et la consternation furent alors d'autant plus grandes, qu'on s'était plus entièrement livré à l'allégresse. On songea dès-lors à évacuer Kœnigsberg, et l'on en fit sur-le-champ tous les préparatifs. Le trésor et les effets les plus précieux furent aussitôt dirigés sur Memel. La reine, qui était assez malade, s'embarqua le 3 janvier pour cette ville. Le roi partit le 6 pour s'y rendre. Les débris de la division du général Lestocq se replièrent aussi sur cette place, en laissant à Kœnigsberg deux bataillons et une compagnie d'invalides.

Le ministère du roi de Prusse est composé de la manière suivante :

M. le général de Zastrow est nommé ministre des affaires étrangères ;

M. le général Ruchel, encore malade de la blessure qu'il a reçue à la bataille de Jéna, est nommé ministre de la guerre ;

M. le président de Sagebarthe est nommé ministre de l'intérieur.

Voici en quoi consistent maintenant les forces de la monarchie prussienne :

Le roi est accompagné par quinze cents hommes de troupes, tant à pied qu'à cheval.

Le général Lestocq a à-peu-près cinq mille hommes, y compris les deux bataillons laissés à Kœnigsberg avec la compagnie d'invalides;

Le lieutenant-général Hamberg commande à Dantzick, où il a six mille hommes de garnison. Les habitans ont été désarmés. On leur a intimé qu'en cas d'alerte, les troupes feront feu sur tous ceux qui sortiront de leurs maisons.

Le général Gutadon commande à Colberg avec dix-huit cents hommes.

Le lieutenant-général Courbière est à Graudentz avec trois mille hommes.

Les troupes françaises sont en mouvement pour cerner et assiéger ces places.

Un certain nombre de recrues que le roi de Prusse avait fait réunir, et qui n'étaient ni habillées ni armées, ont été licenciées, parce qu'il n'y avait plus de moyen de les contenir.

Deux ou trois officiers anglais étaient à Kœnigsberg, et faisaient espérer l'arrivée d'une armée anglaise.

Le prince de Pless a en Silésie douze ou quinze cents hommes enfermés dans les places de Brieg, Neisse, Schweidnitz et Kosel, que le prince Jérôme a fait investir.

Nous ne dirons rien de la ridicule dépêche du général Benigsen; nous remarquerons seulement qu'elle paraît contenir quelque chose d'inconcevable. Ce général semble accuser son collègue le général Buxhowden; il dit qu'il était à Makow. Comment pouvait-il ignorer que le général Buxhowden était allé jusqu'à Golymin, où il avait été battu? Il prétend avoir remporté une victoire, et cependant il était en pleine retraite à dix heures du soir, et cette retraite fut si précipitée, qu'il abandonna ses blessés. Qu'il nous montre une seule pièce de canon, un seul drapeau français, un seul prisonnier, hormis douze ou quinze hommes isolés qui peuvent avoir été pris par les cosaques sur les derrières de l'armée, tandis que nous pouvons lui montrer six mille prisonniers, deux drapeaux qu'il a perdus près de Pultusk, et trois mille blessés qu'il a abandonnés dans sa fuite. Il dit encore qu'il a eu contre lui le grand-duc de Berg et le maréchal Davoust, tandis qu'il n'a eu affaire qu'à la division Suchet, du corps du maréchal Lannes. Le dix-septième d'infanterie légère, le trente-quatrième de ligne, le soixante-quatrième et le quatre-vingt-huitième, sont les seuls régimens qui se soient battus contre lui. Il faut qu'il ait bien peu réfléchi sur la position de Pultusk, pour supposer que les Français voulaient s'emparer de cette ville. Elle est dominée à portée de pistolet.

Si le général Buxhowden a fait de son côté une relation aussi véridique du combat de Golymin, il deviendra évident que l'armée française a été battue, et que, par suite de sa défaite, elle s'est emparée de cent pièces de canon et de seize cents voitures de bagages, de tous les hôpitaux de l'armée russe, de tous ses blessés, et des importantes positions de Sieroch, de Pultusk, d'Ostrolenka, et qu'elle a obligé l'ennemi à reculer de quatre-vingt lieues.

Quant à l'induction que le général Benigsen veut tirer de ce qu'il n'a pas été poursuivi, il suffira d'observer qu'on se serait bien gardé de le poursuivre, puisqu'il était débordé de deux journées, et que, sans les mauvais chemins, qui ont empêché le maréchal Soult de suivre ce mouvement, le général russe aurait trouvé les Français à Ostrolenka.

Il ne reste plus qu'à chercher quel peut être le but d'une pareille relation. Il est le même, sans doute, que celui que se proposaient les Russes dans les relations qu'ils ont faites de la bataille d'Austerlitz. Il est le même, sans doute, que celui des ukases par lesquels l'empereur Alexandre refusait la grande décoration de l'ordre de Saint-Georges, parce que, disait-il, il n'avait pas commandé à cette bataille, et acceptait la petite décoration pour les succès qu'il y avait obtenus, quoique sous le commandement de l'empereur d'Autriche.

Il y a cependant un point de vue sous lequel la relation du général Benigsen peut être justifiée. On a craint sans doute l'effet de la vérité dans les pays de la Pologne prussienne et de la Pologne russe, que l'ennemi avait à traverser, si elle y était parvenue avant qu'il eût pu mettre ses hôpitaux et ses détachemens isolés à l'abri de toute insulte.

Ces relations, aussi évidemment ridicules, peuvent avoir encore pour les Russes l'avantage de retarder de quelques jours l'élan que des récits fidèles donneraient aux Turcs, et il est des circonstances où quelques jours sont un délai d'une certaine importance. Cependant l'expérience a prouvé que toutes ces ruses vont contre leur but, et qu'en toutes choses la simplicité et la vérité sont les meilleurs moyens de politique.

Varsovie, le 19 janvier 1807.

Cinquante-deuxième bulletin de la grande armée.

Le huitième corps de la grande armée, que commande le maréchal Mortier, a détaché un bataillon du deuxième régiment d'infanterie légère sur Wollin. Trois compagnies de ce bataillon y étaient à peine arrivées, qu'elles furent attaquées avant le jour par un détachement de mille hommes d'infanterie, avec cent cinquante chevaux et quatre pièces de canon. Ce détachement venait de Colberg, dont la garnison étend ses courses jusque-là. Les trois compagnies d'infanterie légère française ne s'étonnèrent point du nombre de leurs ennemis et lui enlevèrent un pont et ses quatre pièces de canon, et lui firent cent prisonniers ; le reste prit la fuite, en laissant beaucoup de morts dans la ville de Wollin, dont les rues sont jonchées de cadavres prussiens.

La ville de Brieg, en Silésie, s'est rendue après un siége

le cinq jours. La garnison est composée de trois généraux et de quatorze cents hommes.

Le prince héréditaire de Bade a été dangereusement malade, mais il est rétabli. Les fatigues de la campagne, et les privations qu'il a supportées comme simple officier, ont beaucoup contribué à sa maladie.

La Pologne, riche en blé, en avoine, en fourrages, en bestiaux, en pommes de terre, fournit abondamment à nos magasins. La seule manutention de Varsovie fait cent mille rations par jour, et nos dépôts se remplissent de biscuit. Tout était tellement désorganisé à notre arrivée, que pendant quelque temps les subsistances ont été difficiles.

Il ne règne dans l'armée aucune maladie; cependant, pour la conservation de la santé du soldat, on désirerait un peu plus de froid. Jusqu'à présent, il s'est à peine fait sentir, et l'hiver est déjà fort avancé. Sous ce point de vue, l'année est fort extraordinaire.

L'empereur fait tous les jours défiler la parade devant le palais de Varsovie, et passe successivement en revue les différens corps de l'armée, ainsi que les détachemens et les conscrits venant de France, auxquels les magasins de Varsovie distribuent des souliers et des capottes.

Varsovie, le 22 janvier 1807.

Cinquante-troisième bulletin de la grande armée.

On a trouvé à Brieg (qui vient de capituler) des magasins assez considérables de subsistances.

Le prince Jérôme continue avec activité sa campagne de Silésie. Le lieutenant-général Deroi avait déjà cerné Kosel et ouvert la tranchée. Le siège de Schweidnitz et celui de Neisse se poursuivent en même temps.

Le général Victor se rendant à Stettin, et étant en voiture

avec son aide-de-camp et un domestique, a été enlevé par un parti de vingt-cinq hussards qui battaient le pays.

Le temps est devenu froid. Il est probable que sous peu de jours les rivières seront gelées ; cependant la saison n'est pas plus rigoureuse qu'elle ne l'est ordinairement à Paris. L'empereur fait défiler tous les jours la parade et passe en revue plusieurs régimens.

Tous les magasins de l'armée s'organisent et s'approvisionnent. On fait du biscuit dans toutes les manutentions. L'empereur vient d'ordonner qu'on établît de grands magasins et qu'on confectionnât une quantité considérable d'habillemens dans la Silésie.

Les Anglais, qui ne peuvent plus faire accroire que les Russes, les Tartares, les Calmoucks vont dévorer l'armée française, parce que, même dans les cafés de Londres, on sait que ces dignes alliés ne soutiennent point l'aspect de nos baïonnettes, appellent aujourd'hui à leur secours la dysenterie, la peste et toutes les maladies épidémiques.

Si ces fléaux étaient à la disposition du cabinet de Londres, point de doute que non-seulement notre armée, mais même nos provinces et toute la classe manufacturière du continent, ne devinssent leur proie. En attendant, les Anglais se contentent de publier et de faire publier, sous toute espèce de forme, par leurs nombreux émissaires, que l'armée française est détruite par les maladies. A les entendre, des bataillons entiers tombent comme ceux des Grecs au commencement du siége de Troie. Ils auraient là une manière toute commode de se défaire de leurs ennemis, mais il faut bien qu'ils y renoncent. Jamais l'armée ne s'est mieux portée ; les blessés guérissent, et le nombre des morts est peu considérable. Il n'y a pas autant de malades que dans la campagne précédente ; il y en a même moins qu'il n'y en aurait en France en temps de paix, suivant les calculs ordinaires.

Varsovie, le 27 janvier 1807.

Cinquante-quatrième bulletin de la grande armée.

Quatre-vingt-neuf pièces de canon prises sur les Russes sont rangées sur la place du palais de la République à Varsovie : ce sont celles qui ont été enlevées aux généraux Kaminski, Benigsen et Buxhowden, dans les combats de Czarnowo, Nazielsk, Pultusk et Golymin. Ce sont les mêmes que les Russes traînaient avec ostentation dans les rues de cette ville, lorsque naguère ils la traversaient pour aller au-devant des Français. Il est facile de comprendre l'effet que produit l'aspect d'un si magnifique trophée sur un peuple charmé de voir humiliés les ennemis qui l'ont si long-temps et si cruellement outragé.

Il y a dans les pays occupés par l'armée plusieurs hôpitaux renfermant un grand nombre de Russes blessés et malades.

Cinq mille prisonniers ont été évacués sur la France, deux mille se sont échappés dans les premiers momens du désordre; et quinze cents sont entrés dans les troupes polonaises.

Ainsi, les combats livrés contre les Russes leur ont coûté une grande partie de leur artillerie, tous leurs bagages, et vingt-cinq ou trente mille hommes tant tués que blessés ou prisonniers.

Le général Kaminski, qu'on avait dépeint comme un autre Suwarow, vient d'être disgracié; on dit qu'il en est de même du général Buxhowden, et il paraît que c'est le général Benigsen qui commande actuellement l'armée.

Quelques bataillons d'infanterie légère du maréchal Ney s'étaient portés à vingt lieues en avant de leurs cantonnemens; l'armée russe en avait conçu des alarmes, et avait fait un mouvement sur sa droite : ces bataillons sont rentrés dans la ligne de leurs cantonnemens sans éprouver aucune perte.

Pendant ce temps le prince de Ponte-Corvo prenait possession d'Elbing et des pays situés sur le bord de la Baltique.

Le général de division Drouet entrait à Chrisbourg, où il faisait trois cents prisonniers du régiment de Courbières, y compris un major et plusieurs officiers.

Le colonel Saint-Genez, du dix-neuvième de dragons, chargeait un autre régiment ennemi et lui faisait cinquante prisonniers, parmi lesquels était le colonel commandant.

Une colonne russe s'était portée sur Liebstadt, au-delà de la petite rivière du Passarge, et avait enlevé une demi-compagnie de voltigeurs du huitième régiment de ligne, qui était aux avant-postes du cantonnement.

Le prince de Ponte-Corvo, informé de ce mouvement, quitta Elbing, réunit ses troupes, se porta avec la division Rivaud au-devant de l'ennemi, et le rencontra auprès de Mohring.

Le 25 de ce mois, à midi, la division ennemie paraissait forte de douze cents hommes ; on en vint bientôt aux mains ; le huitième régiment de ligne se précipita sur les Russes avec une valeur inexprimable, pour réparer la perte d'un de ses postes. Les ennemis furent battus, mis dans une déroute complète, poursuivis pendant quatre lieues, et forcés de repasser la rivière de Passarge. La division Dupont arriva au moment où le combat finissait, et ne put y prendre part.

Un vieillard de cent-dix-sept ans a été présenté à l'empereur, qui lui a accordé une pension de cent napoléons, et a ordonné qu'une année lui fût payée d'avance. La notice jointe à ce bulletin, donne quelques détails sur cet homme extraordinaire.

Le temps est fort beau, il ne fait froid qu'autant qu'il le

faut pour la santé du soldat et pour l'amélioration des chemins, qui deviennent praticables.

Sur la droite et sur le centre de l'armée, l'ennemi est éloigné de plus de trente lieues de nos postes.

L'empereur est monté à cheval pour aller faire le tour de ses cantonnemens; il sera absent de Varsovie pendant huit ou dix jours.

François-Ignace Narocki, né à Witki, près de Wilna, est fils de Joseph et Anne Narocki; il est d'une famille noble, et embrassa dans sa jeunesse le parti des armes. Il faisait partie de la confédération de Bar, fut fait prisonnier par les Russes et conduit à Kasan. Ayant perdu le peu de fortune qu'il avait, il se livra à l'agriculture, et fut employé comme fermier des biens d'un curé. Il se maria en premières noces à l'âge de soixante-dix ans, et eut quatre enfans de ce mariage. A quatre-vingt-six ans il épousa une seconde femme, et en eut six enfans, qui sont tous morts : il ne lui reste que le dernier fils de sa première femme. Le roi de Prusse, en considération de son grand âge, lui avait accordé une pension de vingt-quatre florins de Pologne par mois, faisant quatorze livres huit sous de France. Il n'est sujet à aucune infirmité, jouit encore d'une bonne mémoire, et parle la langue latine avec une extrême facilité; il cite les auteurs classiques avec esprit et à propos. La pétition dont la traduction est ci-jointe, est entièrement écrite de sa main. Le caractère en est très-ferme et très-lisible.

Pétition.

Sire,

Mon extrait baptistaire date de l'an 1690; donc j'ai à présent 117 ans.

Je me rappelle encore la bataille de Vienne, et les temps de Jean Sobieski.

Je croyais qu'ils ne se reproduiraient jamais, mais assurément je m'attendais encore moins à revoir le siècle d'Alexandre.

Ma vieillesse m'a attiré les bienfaits de tous les souverains qui ont été ici, et je réclame ceux du grand Napoléon, étant à mon âge plus que séculaire, hors d'état de travailler.

Vivez, sire, aussi long-temps que moi; votre gloire n'en a pas besoin, mais le bonheur du genre humain le demande.

Signé Narocki.

Varsovie, le 29 janvier 1807.

Cinquante-cinquième bulletin de la grande armée.

Voici les détails du combat de Mohringen :

Le maréchal prince de Ponte-Corvo arriva à Mohringen avec la division Drouet, le 25 de ce mois, à onze heures du matin, au moment où le général de brigade Pactod étoit attaqué par l'ennemi.

Le maréchal prince de Ponte-Corvo fit attaquer sur-le-champ le village de Pfarresfeldehen par un bataillon du neuvième d'infanterie légère. Ce village était défendu par trois bataillons russes, que l'ennemi fit soutenir par trois autres bataillons. Le prince de Ponte-Corvo fit aussi marcher deux autres bataillons pour appuyer celui du neuvième. La mêlée fut très-vive. L'aigle du neuvième régiment d'infanterie légère fut enlevée par l'ennemi; mais à l'aspect de cet affront, dont ce brave régiment allait être couvert pour toujours, et que ni la victoire, ni la gloire acquise dans cent combats n'auraient lavé, les soldats, animés d'une ardeur inconcevable, se précipitent sur l'ennemi, le mettent en déroute et ressaisissent leur aigle.

Cependant la ligne française, composée du huitième de ligne, du vingt-septième d'infanterie légère, et du quatre-vingt-quatorzième, était formée. Elle aborde la ligne russe, qui avait pris position sur un rideau. La fusillade devient vive et à bout portant.

A l'instant même le général Dupont débouchait de la route d'Holland avec les trente-deuxième et quatre-vingt-seizième régimens, il tourna la droite de l'ennemi. Un bataillon du trente-deuxième régiment se précipita sur les Russes avec l'impétuosité ordinaire à ce corps; il les mit en désordre et leur tua beaucoup de monde. Il ne fit de prisonniers que les hommes qui étaient dans les maisons. L'ennemi a été poursuivi pendant deux lieues. La nuit a empêché de continuer la poursuite. Les comtes Pahlen et Gallitzin commandaient les Russes. Ils ont perdu trois cents hommes faits prisonniers, mille deux cents hommes laissés sur le champ de bataille, et plusieurs obusiers. Nous avons eu cent hommes tués et quatre cents blessés.

Le général de brigade Laplanche s'est fait distinguer. Le dix-neuvième de dragons a fait une belle charge sur l'infanterie russe. Ce qui est à remarquer, ce n'est pas seulement la bonne conduite des soldats et l'habileté des généraux, mais la rapidité avec laquelle les corps ont levé leurs cantonnemens, et fait une marche tres-forte pour toutes autres troupes, sans qu'il manquât un seul homme sur le champ de bataille; voilà ce qui distingue éminemment des soldats qui ne sont mus que par l'honneur.

Un Tartare vient d'arriver de Constantinople, d'où il est parti le 1er janvier. Il est expédié à Londres par la Porte.

Le 30 décembre la guerre contre la Russie avait été solennellement proclamée. La pelisse et l'épée avaient été envoyées au grand-visir. Vingt-huit régimens de janissaires étaient partis de Constantinople. Plusieurs autres passaient d'Asie en Europe.

L'ambassadeur de Russie, toutes les personnes de sa légation, tous les Russes qui se trouvaient dans cette résidence, et tous les Grecs attachés à leur parti, au nombre de sept à huit cents, avaient quitté Constantinople le 29.

Le ministre d'Angleterre et les deux vaisseaux anglais restaient spectateurs des événemens, et paraissaient attendre les ordres du gouvernement.

Le Tartare était passé à Widdin le 15 janvier. Il avait trouvé les routes couvertes de troupes qui marchaient avec gaîté contre leur éternel ennemi. Soixante mille hommes étaient déjà à Rodschuk, et vingt-cinq mille hommes d'avant-garde se trouvaient entre cette ville et Bucharest. Les Russes s'étaient arrêtés à Bucharest, qu'ils avaient fait occuper par une avant-garde de quinze mille hommes.

Le prince Suzzo a été déclaré hospodar de Valachie. Le prince Ipsilanti a été proclamé traître, et l'on a mis sa tête à prix.

Le Tartare a rencontré l'ambassadeur persan à moitié chemin de Constantinople à Widdin, et l'ambassadeur extraordinaire de la Porte, au-delà de cette dernière ville.

Les victoires de Pultusk et Golymin étaient déjà connues dans l'empire ottoman. Le courrier tartare en a entendu le récit de la bouche des Turcs avant d'arriver à Widdin.

Le froid se soutient entre deux et trois degrés au-dessous de zéro. C'est le temps le plus favorable pour l'armée.

De notre camp impérial de Varsovie, le 29 janvier 1807.

Message au sénat conservateur.

« Sénateurs,

Nous avons ordonné à notre ministre des relations extérieures de vous communiquer les traités que nous avons faits avec le roi de Saxe et avec les différens princes souverains de cette maison.

« La nation saxonne avait perdu son indépendance le 14 octobre 1755; elle l'a recouvrée le 14 octobre 1806. Après cinquante années, la Saxe, garantie par le traité de Posen, a cessé d'être province prussienne.

« Le duc de Saxe-Weimar, sans déclaration préalable, a embrassé la cause de nos ennemis. Son sort devait servir de règle aux petits princes qui, sans être liés par des lois fondamentales, se mêlent des querelles des grandes nations; mais nous avons cédé au désir de voir notre réconciliation avec la maison de Saxe entière et sans mélange.

« Le prince de Saxe-Cobourg est mort. Son fils se trouvant dans le camp de nos ennemis, nous avons fait mettre le séquestre sur sa principauté.

« Nous avons aussi ordonné que le rapport de notre ministre des relations extérieures, sur les dangers de la Porte-Ottomane, fût mis sous vos yeux. Témoin, dès les premiers temps de notre jeunesse, de tous les maux que produit la guerre, notre bonheur, notre gloire, notre ambition, nous les avons placés dans les conquêtes et les travaux de la paix. Mais la force des circonstances dans lesquelles nous nous trouvons mérite notre principale sollicitude. Il a fallu quinze ans de victoires pour donner à la France des équivalens de ce partage de la Pologne, qu'une seule campagne, faite en 1778 aurait empêché.

« Eh! qui pourrait calculer la durée des guerres, le nombre de campagnes qu'il faudrait faire un jour pour réparer des malheurs qui résulteraient de la perte de l'empire de Constantinople, si l'amour d'un lâche repos et des délices de la grande ville l'emportait sur les conseils d'une sage prévoyance? Nous laisserions à nos neveux un long héritage de guerres et de malheurs. La tiare grecque relevée et triomphante, depuis la Baltique jusqu'à la Méditerranée, on verrait de nos jours nos provinces attaquées par une nuée de fanatiques et de barbares ; et si dans cette lutte trop tardive, l'Europe civilisée venait à périr, notre coupable indifférence exciterait justement les plaintes de la postérité, et serait un titre d'opprobre dans l'histoire.

« L'empereur de Perse, tourmenté dans l'intérieur de ses états comme le fut pendant soixante ans la Pologne, comme l'est depuis vingt ans la Turquie par la politique du cabinet de Pétersbourg, et animé des mêmes sentimens que la Porte, a pris les mêmes résolutions, et marche en personne sur le Caucase pour défendre ses frontières.

« Mais déjà l'ambition de nos ennemis a été confondue, leur armée a été défaite à Pultusk et à Golymin, et leurs bataillons épouvantés fuient au loin à l'aspect de nos aigles.

« Dans de pareilles positions, la paix, pour être sûre pour nous, doit garantir l'indépendance entière de ces deux empires. Et si, par l'injustice et l'ambition démesurée de nos ennemis, la guerre doit se continuer encore, nos peuples se montreront constamment dignes, par leur énergie, par leur amour pour notre personne, des hautes destinées qui couronneront tous nos travaux; et alors seulement une paix stable et longue fera succéder pour nos peuples, à ces jours de gloire, des jours heureux et paisibles.   NAPOLÉON.

Arensdorf, le 5 février 1807.

Cinquante-sixième bulletin de la grande armée.

Après le combat de Mohringen, où elle avait été battue et mise en déroute, l'avant-garde de l'armée russe se retira sur Liebstadt. Mais le surlendemain, 27 janvier, plusieurs divisions russes la joignirent, et toutes étaient en marche pour porter le théâtre de la guerre sur le bas de la Vistule.

Le corps du général Essen, accouru du fond de la Moldavie, où il était d'abord destiné à servir contre les Turcs, et plusieurs régimens qui étaient en Russie, mis en marche depuis quelque temps des extrémités de ce vaste empire, avaient rejoint les corps d'armée.

L'empereur donna ordre au prince de Ponte-Corvo de battre en retraite, et de favoriser les opérations offensives de l'ennemi, en l'attirant sur le bas de la Vistule. Il ordonna en même temps la levée de ses quartiers d'hiver.

Le cinquième corps commandé par le général Savary, le maréchal Lannes étant malade, se trouva réuni le 31 janvier à Brok, devant tenir en échec le corps du général Essen cantonné sur le Haut-Bug.

Le troisième corps se trouva réuni à Mysiniez;

Le quatrième corps à Willenberg;

Le sixième corps à Gilgenburg;

Le septième corps à Neidenburg.

L'empereur partit de Varsovie, et arriva le 31 au soir à Willenberg. Le grand-duc s'y était rendu depuis deux jours, et y avait réuni toute sa cavalerie.

Le prince de Ponte-Corvo avait successivement évacué Osterode, Tobau, et s'était jeté sur Strasburg.

Le maréchal Lefebvre avait réuni le dixième corps à Thorn pour la défense de la gauche de la Vistule et de cette ville.

Le 1er février, on se mit en marche. On rencontra à Passenheim l'avant-garde ennemie qui prenait l'offensive et se dirigeait déjà sur Willenberg. Le grand-duc, avec plusieurs colonnes de cavalerie, la fit charger et entra de vive force dans la ville.

Le corps du maréchal Davoust se porta à Ortelsburg.

Le 2, le grand-duc de Berg se porta à Allenstein avec le corps du maréchal Soult.

Le corps du maréchal Davoust marcha sur Whastruburg.

Les corps des maréchaux Augereau et Ney arrivèrent dans la journée du 3 à Allenstein.

Le 3 au matin, l'armée ennemie, qui avait rétrogradé en toute hâte, se voyant tournée par son flanc gauche et jetée sur cette Vistule qu'elle s'était tant vanté de vouloir passer, parut rangée en bataille, la gauche appuyée au village de Moudtken, le centre à Joukowe, couvrant la grande route de Liebstadt.

Combat de Bergfrield.

L'empereur se porta au village de Getkendorf, et plaça en bataille le corps du maréchal Ney sur la gauche, le corps du maréchal Augereau au centre, et le corps du maréchal Soult à la droite, la garde impériale en réserve. Il ordonna au maréchal Soult de se porter sur le chemin de Custad, et de s'emparer du pont de Bergfried, pour déboucher sur les derrières de l'ennemi avec tout son corps d'armée, manœuvre qui donnait à cette bataille un caractère décisif. Vaincu, l'ennemi était perdu sans ressource.

Le maréchal Soult envoya le général Guyot, avec sa cavalerie légère, s'emparer de Gustadt, où il prit une grande partie du bagage de l'ennemi, et fit successivement seize cents prisonniers russes. Gustadt était son centre des dépôts. Mais au même moment le maréchal Soult se portait sur le pont de Bergfried avec les divisions Leval et Legrand. L'ennemi, qui sentait que cette position importante protégeait la retraite de son flanc gauche, défendait ce pont avec douze de ses meilleurs bataillons. À trois heures après midi, la canonnade s'engagea. Le quatrième régiment de ligne et le vingt-quatrième d'infanterie légère, eurent la gloire d'aborder les premiers l'ennemi. Ils soutinrent leur vieille réputation. Ces deux régimens seuls et un bataillon du vingt-huitième en réserve, suffirent pour débusquer l'ennemi, passèrent au pas de charge le pont, enfoncèrent les douze bataillons russes, prirent quatre pièces de canon, et couvrirent le champ de bataille de morts et de blessés. Le quarante-sixième et le cinquante-cinquième, qui formaient la seconde brigade, étaient derrière, impatiens de se déployer; mais déjà l'ennemi en déroute abandonnait, épouvanté, toutes ses belles positions, heureux présage pour la journée du lendemain.

Dans le même temps, le maréchal Ney s'emparait d'un bois où l'ennemi avait appuyé sa droite; la division St.-Hilaire s'emparait du village du centre, et le grand-duc de Berg, avec une division de dragons placée par escadrons au centre, passait le bois et balayait la plaine, afin d'éclaircir le devant de notre position. Dans ces petites attaques partielles, l'ennemi fut repoussé et perdit une centaine de prisonniers. La nuit surprit ainsi les deux armées en présence.

Le temps est superbe pour la saison ; il y a trois pieds de neige, le thermomètre est à deux et trois degrés de froid.

A la pointe du jour du 4, le général de cavalerie légère Lasalle battit la plaine avec ses hussards. Une ligne de cosaques et de cavalerie ennemie vint sur-le-champ se placer devant lui. La canonnade s'engagea, mais bientôt on acquit la certitude que l'ennemi avait profité de la nuit pour battre en retraite, et n'avait laissé qu'une arrière garde de la droite, de la gauche et du centre. On marcha à elle, et elle fut menée battant pendant six lieues. La cavalerie ennemie fut culbutée plusieurs fois ; mais les difficultés d'un terrain montueux et inégal s'opposèrent aux efforts de la cavalerie. Avant la fin du jour du 4, l'avant-garde française vint coucher à Deppen. L'empereur coucha à Schlett.

Le 5, à la pointe du jour, toute l'armée française vint coucher à Deppen. L'empereur coucha à Schlett.

Le 5, à la pointe du jour, toute l'armée française fut en mouvement à Deppen, l'empereur reçut le rapport qu'une colonne ennemie n'avait pas encore passé l'Alle, et se trouvait ainsi débordée par notre gauche, tandis que l'armée russe rétrogradait toujours sur les routes d'Arensdorf et de Landsberg. Sa majesté donna l'ordre au grand-duc de Berg et aux maréchaux Soult et Davoust de poursuivre l'ennemi dans cette direction. Elle fit passer l'Alle au corps du maréchal Ney, avec la division de cavalerie légère du général Lasalle et une division de dragons, et lui donna l'ordre d'attaquer le corps ennemi qui se trouvait coupé.

Combat de Waterdorf.

Le grand-duc de Berg, arrivé sur la hauteur de Waterdorf, se trouva en présence de huit à neuf mille hommes de cavalerie. Plusieurs charges successives eurent lieu, et l'ennemi fit sa retraite.

Combat de Deppen.

Pendant ce temps, le maréchal Ney se canonnait et était aux prises avec le corps ennemi qui était coupé. L'ennemi voulut un moment essayer de forcer le passage, mais il vint trouver la mort au milieu de nos baïonnettes. Culbuté au pas de charge et mis dans une déroute complète, il abandonna canons, drapeaux et bagages. Les autres divisions de ce corps voyant le sort de leur avant-garde, battirent en retraite. A la nuit, nous avions déjà fait plusieurs milliers de prisonniers, et pris seize pièces de canon.

Cependant, par ces mouvemens, la plus grande partie des communications de l'armée russe a été coupée. Ses dépôts de Gunstadt et de Liebstadt et une partie de ses magasins de l'Alle avaient été enlevés par notre cavalerie légère.

Notre perte a été peu considérable dans tous ces petits combats; elle se monte à quatre-vingts ou cent morts, et à trois ou quatre cents blessés. Le général Gardanne, aide-de-camp de l'empereur et gouverneur des pages, a eu une forte contusion à la poitrine. Le colonel du quatrième régiment de dragons a été grièvement blessé. Le général de brigade Latour-Maubourg a été blessé d'une balle dans le bras. L'adjudant-commandant, Lauberdière, chargé du détail des hussards, a été blessé dans une charge. Le colonel du quatrième régiment de ligne a été blessé.

A Preussich-Eylau, le 7 février 1807.

Cinquante-septième bulletin de la grande armée.

Le 6 au matin, l'armée se mit en marche pour suivre l'ennemi : le grand-duc de Berg avec le corps du maréchal Soult sur Landsberg, le corps du maréchal Davoust sur Heilsberg, et celui du maréchal Ney sur Worendiit, pour empêcher le corps coupé à Deppen de s'élever.

Combat de Hoff.

Arrivé à Glodau, le grand-duc de Berg rencontra l'arrière-garde ennemie, et la fit charger entre Glodau et Hoff. L'ennemi déploya plusieurs lignes de cavalerie qui paraissaient soutenir cette arrière-garde, composée de douze bataillons, ayant le front sur les hauteurs de Landsberg. Le grand-duc de Berg fit ses dispositions. Après différentes attaques sur la droite et sur la gauche de l'ennemi, appuyées à un mamelon et à un bois, les dragons et les cuirassiers de la division du général d'Hautpoult firent une brillante charge, culbutèrent et mirent en pièces deux régimens d'infanterie russe. Les colonels, les drapeaux, les canons et la plupart des officiers et soldats furent pris. L'armée ennemie se mit en mouvement pour soutenir son arrière-garde. Le maréchal Augereau prit position sur la gauche, et le village de Hoff fut occupé. L'ennemi sentit l'importance de cette position, et fit marcher dix bataillons pour la reprendre. Le grand-duc de Berg fit exécuter une seconde charge par les cuirassiers, qui les prirent en flanc et les écharpèrent. Ces manœuvres sont de beaux faits d'armes et font le plus grand honneur à ces intrépides cuirassiers. Cette journée mérite une relation particulière ; une partie des deux armées passa la nuit du 6 au 7 en présence. L'ennemi fila pendant la nuit.

A la pointe du jour, l'avant-garde française se mit en marche, rencontra l'arrière-garde ennemie entre le bois et la petite ville d'Eylau. Plusieurs régimens de chasseurs à pied ennemis qui la défendaient furent chargés et en partie pris. On ne tarda pas à arriver à Eylau, et à reconnaître que l'ennemi était en position derrière cette ville.

Preussich-Eylau, le 9 février 1807.

Cinquante-huitième bulletin de la grande armée.

Combat d'Eylau.

A un quart de lieue de la petite ville de Preussich-Eylau, est un plateau qui défend le débouché de la plaine. Le maréchal Soult ordonna au quarante-sixième et au dix-huitième régimens de ligne de l'enlever. Trois régimens qui le défendaient furent culbutés, mais au même moment une colonne de cavalerie russe chargea l'extrémité de la gauche du dix-huitième, et mit en désordre un de ses bataillons. Les dragons de la division Klein s'en aperçurent à temps ; les troupes s'engagèrent dans la ville d'Eylau. L'ennemi avait placé dans une église et un cimetière plusieurs régimens. Il fit là une opiniâtre résistance, et après un combat meurtrier de part et d'autre, la position fut enlevée à dix heures du soir. La division Legrand prit ses bivouacs au-devant de la ville, et la division Saint-Hilaire à la droite. Le corps du maréchal Augereau se plaça sur la gauche, le corps du maréchal Davoust avait, dès la veille, marché pour déborder Eylau, et tomber sur le flanc gauche de l'ennemi, s'il ne changeait pas de position. Le maréchal Ney était en marche pour le déborder sur son flanc droit. C'est dans cette position que la nuit se passa.

Bataille d'Eylau.

A la pointe du jour, l'ennemi commença l'attaque par une vive canonnade sur la ville d'Eylau et sur la division Saint-Hilaire.

L'empereur se porta à la position de l'église que l'ennemi avait tant défendue la veille. Il fit avancer le corps du maréchal Augereau, et fit canonner le monticule par quarante pièces d'artillerie de sa garde. Une épouvantable canonnade s'engagea de part et d'autre.

L'armée russe, rangée en colonnes, était à demi-portée de canon; tout coup frappait. Il parut un moment, aux mouvemens de l'ennemi, qu'impatienté de tant souffrir, il voulait déborder notre gauche. Au même moment, les tirailleurs du maréchal Davoust se firent entendre, et arrivèrent sur les derrières de l'armée ennemie; le corps du maréchal Augereau déboucha en même temps en colonnes, pour se porter sur le centre de l'ennemi, et, partageant ainsi son attention, l'empêcher de se porter tout entier contre le corps du maréchal Davoust. La division Saint-Hilaire déboucha sur la droite, l'une et l'autre devant manœuvrer pour se réunir au maréchal Davoust : à peine le corps du maréchal Augereau et la division Saint-Hilaire eurent-ils débouché, qu'une neige epaisse, et telle qu'on ne distinguait pas à deux pas, couvrit les deux armées.

Dans cette obscurité, le point de direction fut perdu, et les colonnes, appuyant trop à gauche, flottèrent incertaines. Cette désolante obscurité dura une demi-heure. Le temps s'étant éclairci, le grand-duc de Berg, à la tête de sa cavalerie, et soutenu par le maréchal Bessières à la tête de la garde, tourna la division Saint-Hilaire, et tomba sur l'armée ennemie : manœuvre audacieuse, s'il en fut jamais, qui couvrit de gloire la cavalerie, et qui était devenue nécessaire dans la circonstance où se trouvaient nos colonnes. La cavalerie ennemie, qui voulut s'opposer à cette manœuvre, fut culbutée ; le massacre fut horrible. Deux lignes d'infanterie russe furent rompues ; la troisième ne résista qu'en s'adossant à un bois. Des escadrons de la garde traversèrent deux fois toute l'armée ennemie.

Cette charge brillante et inouïe qui avait culbuté plus de vingt mille hommes d'infanterie, et les avait obligés à abandonner leurs pièces, aurait décidé sur-le-champ la victoire sans le bois et quelques difficultés de terrain. Le général de division d'Hautpoult fut blessé d'un biscaïen. Le général Dalhmann, commandant les chasseurs de la garde, et un bon nombre de ses intrépides soldats moururent avec gloire. Mais les cent dragons, cuirassiers ou soldats de la garde que l'on trouva sur le champ de bataille, on les y trouva environnés de plus de mille cadavres ennemis. Cette partie du champ de bataille fait horreur à voir. Pendant ce temps, le corps du maréchal Davoust débouchait derrière l'ennemi. La neige, qui, plusieurs fois dans la journée, obscurcit le temps, retarda aussi sa marche et l'ensemble de ses colonnes.

Le mal de l'ennemi est immense, celui que nous avons éprouvé est considérable. Trois cents bouches à feu ont vomi la mort de part et d'autre pendant douze heures. La victoire, long-temps incertaine, fut décidée et gagnée lorsque le maréchal Davoust déboucha sur le plateau et déborda l'ennemi, qui, après avoir fait de vains efforts pour le reprendre, battit en retraite. Au même moment, le corps du maréchal Ney débouchait par Altorff sur la gauche, et poussait devant lui le reste de la colonne prussienne échappée au combat de Deppen. Il vint se placer le soir au village de Schnaditten, et par-là l'ennemi se trouva tellement serré entre les corps des maréchaux Ney et Davoust, que, craignant de voir son arrière-garde compromise, il résolut, à huit heures du soir, de reprendre le village de Schnaditten. Plusieurs bataillons de grenadiers russes, les seuls qui n'eussent pas donné, se présentèrent à ce village; mais le sixième régiment d'infanterie légère les laissa approcher à bout portant, et les mit dans une entière déroute. Le lendemain l'ennemi a été poursuivi jusqu'à la rivière de Frischling. Il se retire au-delà de la Pregel. Il a abandonné sur le champ de bataille seize pièces de canon et ses blessés. Toutes les maisons des villages qu'il a parcourus la nuit en sont remplies.

Le maréchal Augereau a été blessé d'une balle. Les généraux Desjardins, Heudelet, Lochet, ont été blessés. Le général Corbineau a été enlevé par un boulet. Le colonel Lacuée, du soixante-troisième, et le colonel Lemarois, du quarante-troisième, ont été tués par des boulets. Le colonel Bouvières, du onzième régiment de dragons, n'a pas survécu à ses blessures. Tous sont morts avec gloire. Notre perte se monte exactement à dix-neuf cents morts et à cinq mille sept cents blessés, parmi lesquels un millier qui le sont grièvement, seront hors de service. Tous les morts ont été enterrés dans la journée du 10. On a compté sur le champ de bataille sept mille Russes.

Ainsi l'expédition offensive de l'ennemi, qui avait pour but de se porter sur Thorn en débordant la gauche de la grande armée, lui a été funeste. Douze à quinze mille prisonniers, autant d'hommes hors de combat, dix-huit drapeaux, quarante-cinq pièces de canon, sont les trophées trop chèrement payés sans doute par le sang de tant de braves.

De petites contrariétés de temps, qui auraient paru légères dans toute autre circonstance, ont beaucoup contrarié les combinaisons du général français. Notre cavalerie et notre artillerie ont fait des merveilles. La garde à cheval s'est surpassée; c'est beaucoup dire. La garde à pied a été toute la journée l'arme au bras, sous le feu d'une épouvantable mitraille, sans tirer un coup de fusil, ni faire aucun mouvement. Les circonstances n'ont point été telles qu'elle ait dû donner. La blessure du maréchal Augereau a été aussi un accident défavorable, en laissant, pendant le plus fort de la mêlée, son corps d'armée sans chef capable de le diriger.

Ce récit est l'idée générale de la bataille. Il s'est passé des faits qui honorent le soldat français : l'état-major s'occupe de les recueillir.

La consommation en munitions à canon a été considérable; elle a été beaucoup moindre en munitions d'infanterie.

L'aigle d'un des bataillons du dix-huitième régiment ne s'est pas retrouvée; elle est probablement tombée entre les mains de l'ennemi. On ne peut en faire un reproche à ce régiment; c'est, dans la position où il se trouvait, un accident de guerre; toutefois l'empereur lui en rendra une autre lorsqu'il aura pris un drapeau à l'ennemi.

Cette expédition est terminée, l'ennemi, battu, est rejeté à cent lieues de la Vistule. L'armée va reprendre ses cantonnemens, et rentrer dans ses quartiers-d'hiver.

A Preussich-Eylau, le 14 février 1807.

Cinquante-neuvième bulletin de la grande armée.

L'ennemi prend position derrière la Prégel. Nos coureurs sont sur Kœnigsberg, mais l'empereur a jugé convenable de mettre son armée en quartiers, en se tenant à portée de couvrir la ligne de la Vistule.

Le nombre des canons qu'on a pris depuis le combat de Bergfried se monte à près de soixante. Les vingt quatre que 'ennemi a laissés à la bataille d'Eylau viennent d'être dirigés sur Thorn.

L'ennemi a fait courir la notice ci-jointe : tout y est faux. L'ennemi a attaqué la ville, et a été constamment repoussé ; il avoue avoir perdu vingt mille hommes tués ou blessés. Sa perte est beaucoup plus forte. La prise de neuf aigles est aussi fausse que la prise de la ville.

Le grand-duc de Berg a toujours son quartier-général à Wittemberg, tout près de la Prégel.

Le général d'Hautpoult est mort de ses blessures. Il a été généralement regretté. Peu de soldats ont eu une fin plus glorieuse. Sa division de cuirassiers s'est couverte de gloire à toutes les affaires. L'empereur a ordonné que son corps serait transporté à Paris.

Le général de cavalerie Bouardi-Saint-Sulpice, blessé au poignet, ne voulut pas aller à l'ambulance, et fournit une seconde charge. Sa majesté a été si contente de ses services, qu'elle l'a nommé général de division.

Le maréchal Lefebvre s'est porté le 12 sur Marienwerder. Il y a trouvé sept escadrons prussiens, les a culbutés, leur a pris trois cents hommes, parmi lesquels un colonel, un major et plusieurs officiers, et deux cent cinquante chevaux. Ce qui a échappé à ce combat s'est réfugié dans Dantzick.

A Preussich-Eylau, le 17 févier 1807.

Soixantième bulletin de la grande armée.

La reddition de la Silésie avance. La place de Schweidnitz a capitulé. Ci-joint la capitulation. Le gouvernement prussien de la Silésie a été cerné dans Glatz, après avoir été forcé dans la position de Frankenstein et de Neubrode par le général Lefebvre. Les troupes de Wurtemberg se sont fort bien comportées dans cette affaire. Le régiment bavarois de la

Tour-et-Taxis, commandé par le colonel Teydis, et le sixième régiment de ligne bavarois, commandé par le colonel Baker, se sont fait remarquer. L'ennemi a perdu dans ces combats une centaine d'hommes tués, trois cents faits prisonniers.

Le siége de Kosel se poursuit avec activité.

Depuis la bataille d'Eylau, l'ennemi s'est rallié derrière la Prégel. On concevait l'espoir de le forcer dans cette position, si la rivière fût restée gelée ; mais le dégel continue, et cette rivière est une barrière au-delà de laquelle l'armée française n'a pas intérêt de le jeter.

Du côté de Willemberg, trois mille prisonniers russes ont été délivrés par un parti de mille Cosaques.

Le froid a entièrement cessé ; la neige est partout fondue, et la saison actuelle nous offre le phénomène, au mois de février, du temps de la fin d'avril.

L'armée entre dans ses cantonnemens.

Preussich-Eylau, le 16 février 1807.

Proclamation.

Soldats !

Nous commencions à prendre un peu de repos dans nos quartiers d'hiver, lorsque l'ennemi a attaqué le premier corps et s'est présenté sur la Basse-Vistule. Nous avons marché à lui ; nous l'avons poursuivi l'épée dans les reins pendant l'espace de quatre-vingts lieues. Il s'est réfugié sous les remparts de ses places, et a repassé la Prégel. Nous lui avons enlevé, aux combats de Bergfried, de Deppen, de Hoff, à la bataille d'Eylau, soixante-cinq pièces de canon, seize drapeaux, et tué, blessé ou pris plus de quarante mille hommes. Les braves qui, de notre côté, sont restés sur le champ d'honneur, sont morts d'une mort glorieuse : c'est la mort des vrais soldats. Leurs familles auront des droits constans à notre sollicitude et à nos bienfaits.

Ayant ainsi déjoué tous les projets de l'ennemi, nous allons nous approcher de la Vistule, et rentrer dans nos cantonnemens. Qui osera en troubler le repos, s'en repentira ; car au-delà de la Vistule comme au-delà du Danube, au milieu des frimas de l'hiver, comme au commencement de l'automne, nous serons toujours les soldats français, et les soldats français de la grande armée.

Landsberg, le 18 février 1807.

Soixante-unième bulletin de la grande armée.

La bataille d'Eylau avait d'abord été présentée par plusieurs officiers ennemis comme une victoire. On fut dans cette croyance à Kœnigsberg toute la matinée du 9. Bientôt le quartier-général et toute l'armée russe arrivèrent. L'alarme alors devint grande. Peu de temps après, on entendit des coups de canon, et on vit les Français maîtres d'une petite hauteur qui dominait tout le camp russe.

Le général russe a déclaré qu'il voulait défendre la ville ; ce qui a augmenté la consternation des habitans, qui disaient : Nous allons éprouver le sort de Lubeck. Il est heureux pour cette ville qu'il ne soit pas entré dans les calculs du général français de forcer l'armée russe dans cette position.

Le nombre des morts dans l'armée russe, en généraux et en officiers, est extrêmement considérable.

Par la bataille d'Eylau, plus de cinq mille blessés russes restés sur le champ de bataille ou dans les ambulances environnantes, sont tombés au pouvoir du vainqueur. Partie sont morts, partie légèrement blessés, ont augmenté le nombre des prisonniers. Quinze cents prisonniers viennent d'être rendus à l'armée russe. Indépendamment des cinq mille blessés qui sont restés au pouvoir de l'armée française, on calcule que les Russes en ont eu quinze mille.

L'armée vient de prendre ses cantonnemens. Les pays d'Elbing, de Liebstadt, d'Osterode sont les plus belles parties de ces contrées. Ce sont eux que l'empereur a choisis pour établir sa gauche.

Le maréchal Mortier est entré dans la Poméranie suédoise. Stralsund a été bloqué. Il est à regretter que l'ennemi ait mis le feu sans raison au beau faubourg de Kniper. Cet incendie offrait un spectacle horrible. Plus de deux mille individus se trouvent sans maisons et sans asyle.

Liebstadt, le 21 février 1807.

Soixante-deuxième bulletin de la grande armée

La droite de la grande armée a été victorieuse, comme le centre et la gauche. Le général Essen, à la tête de vingt-cinq mille hommes, s'est porté sur Ostrolenka, le 13, par les deux rives de la Narew. Arrivé au village de Flacies-Lawowa, il rencontra l'avant-garde du général Savary, commandant le cinquième corps.

Le 16, à la pointe du jour, le général Gazan se porta avec une partie de sa division à l'avant-garde. A neuf heures du matin, il rencontra l'ennemi sur la route de Nowogrod, l'attaqua, le culbuta et le mit en déroute. Mais au même moment, l'ennemi attaquait Ostrolenka par la rive gauche. Le général Campana, avec une brigade de la division Gazan, et le général Ruffin, avec une brigade de la division du général Oudinot, défendaient cette petite ville.

Le général Savary y envoya le général de division Reille, chef de l'état-major du corps d'armée. L'infanterie russe, sur plusieurs colonnes, voulut emporter la ville. On la laissa avancer jusqu'à la moitié des rues ; on marcha à elle au pas de charge ; elle fut culbutée trois fois, et laissa les rues couvertes de morts. La perte de l'ennemi fut si grande, qu'il abandonna la ville et prit position derrière les monticules de sable qui la recouvrent.

Les divisions des généraux Suchet et Oudinot avancèrent : à midi, leurs têtes de colonne arrivèrent à Ostrolenka. Le général Savary rangea sa petite armée de la manière suivante :

Le général Oudinot, sur deux lignes, commandait la gauche ; le général Suchet le centre ; et le général Reille, commandant une brigade de la division Gazan, formait la droite. Il se couvrit de toute son artillerie, et marcha à l'ennemi. L'intrépide général Oudinot se mit à la tête de la cavalerie, fit une charge qui eut du succès, et tailla en pièces les cosaques de l'arrière-garde ennemie. Le feu fut très-vif, l'ennemi ploya de tous côtés, et fut mené battant pendant trois lieues.

Le lendemain, l'ennemi a été poursuivi plusieurs lieues, mais sans qu'on pût reconnaître que sa cavalerie avait battu en retraite toute la nuit. Le général Suwarow et plusieurs autres officiers ennemis ont été tués. L'ennemi a abandonné un grand nombre de blessés. On en avait ramassé douze cents ; on en ramassait à chaque instant. Sept pièces de canon et deux drapeaux sont les trophées de la victoire. L'ennemi a laissé treize cents cadavres sur le champ de bataille. De notre côté, nous avons perdu soixante hommes tués et quatre à cinq cents blessés ; mais une perte vivement sentie est celle du général de brigade Campana, qui était un officier d'un grand mérite et d'une grande espérance. Il était né dans le département de Marengo. L'empereur a été très-peiné de sa perte. Le cent-troisième régiment s'est particulièrement distingué dans cette affaire. Parmi les blessés sont le colonel

Duhamel, du vingt-unième régiment d'infanterie légère, et le colonel d'artillerie Nourrit.

L'empereur a ordonné au cinquième corps de s'arrêter et de prendre ses quartiers d'hiver. Le dégel est affreux. La saison ne permet pas de rien faire de grand : c'est celle du repos. L'ennemi a le premier levé ses quartiers; il s'en repent.

Osterode, le 28 février 1807.

Soixante-troisième bulletin de la grande armée.

Le capitaine des grenadiers à cheval de la garde impériale, Auzoui, blessé à mort à la bataille d'Eylau, était couché sur le champ de bataille. Ses camarades viennent pour l'enlever et le porter à l'ambulance. Il ne recouvre ses esprits que pour leur dire : « Laissez-moi, mes amis; je meurs content, puisque nous avons la victoire, et que je puis mourir sur le lit d'honneur, environné de canons pris à l'ennemi et des débris de leur défaite. Dites à l'empereur que je n'ai qu'un regret ; c'est que, dans quelques momens, je ne pourrai plus rien pour son service et pour la gloire de notre belle France. A elle mon dernier soupir. » L'effort qu'il fit pour prononcer ces paroles épuisa le peu de forces qui lui restaient.

Tous les rapports que l'on reçoit s'accordent à dire que l'ennemi a perdu à la bataille d'Eylau vingt généraux et neuf cents officiers tués et blessés, et plus de trente mille hommes hors de combat.

Au combat d'Ostrolenka, du 16, deux généraux russes ont été tués et trois blessés.

Sa Majesté a envoyé à Paris les seize drapeaux pris à la bataille d'Eylau. Tous les canons sont déjà dirigés sur Thorn. Sa Majesté a ordonné que ces canons seraient fondus, et qu'il en serait fait une statue en bronze du général d'Hautpoult, commandant la deuxième division de cuirassiers, dans son costume de cuirassier.

L'armée est concentrée dans ses cantonnemens, derrière la Passarge, appuyant sa gauche à Marienwerder, à l'île du Nogat et à Elbing, pays qui fournissent des ressources.

Instruit qu'une division russe s'était portée sur Braunsberg, à la tête de nos cantonnemens, l'empereur a ordonné qu'elle fût attaquée. Le prince de Ponte-Corvo chargea de cette expédition le général Dupont, officier d'un grand mérite.

Le 26, à deux heures après-midi, le général Dupont se présenta devant Braunsberg, attaqua la division ennemie, forte de dix mille hommes, la culbuta à la baïonnette, la chassa de la ville et lui fit repasser la Passarge, lui prit seize pièces de canon, deux drapeaux, et lui fit deux mille prisonniers. Nous avons eu très-peu d'hommes tués.

Du côté de Gustadt, le général Léger-Belair se porta au village de Peterswalde à la pointe du jour du 25, sur l'avis qu'une colonne russe était arrivée dans la nuit à ce village, la culbuta, prit le général baron de Korff qui la commandait, son état-major, plusieurs lieutenans-colonels et officiers, et quatre cents hommes. Cette brigade était composée de dix bataillons, qui avaient tellement souffert qu'ils ne formaient que seize cents hommes présens sous les armes.

L'empereur a témoigné sa satisfaction au général Savary pour le combat d'Ostrolenka, lui a accordé la grande décoration de la légion-d'honneur, et l'a rappelé près de sa personne. Sa Majesté a donné le commandement du cinquième corps au maréchal Masséna, le maréchal Lannes continuant à être malade.

A la bataille d'Eylau, le maréchal Augereau couvert de rhumatismes, était malade et avait à peine connaissance; mais le canon réveille les braves : il revole au galop à la tête de son corps, après s'être fait attacher sur son cheval. Il a été constamment exposé au plus grand feu; et a même été légèrement blessé. L'empereur vient de l'autoriser à rentrer en France pour y soigner sa santé.

Les garnisons de Colberg et de Dantzick profitant du peu d'attention qu'on avait fait à elles, s'étaient encouragées par différentes excursions. Un avant-poste de la division italienne a été attaqué, le 16, à Stutgard, par un parti de huit cents hommes de la garnison de Colberg. Le général Bonfanti n'avait avec lui que quelques compagnies du premier régiment de ligne italien, qui ont pris les armes à temps, ont marché avec résolution sur l'ennemi, et l'ont mis en déroute.

Le général Teulié, de son côté, avec le gros de la division italienne, le régiment de fusiliers de la garde et la première compagnie de gendarmes d'ordonnance, s'est porté pour investir Colberg. Arrivé à Naugarten, il a trouvé l'ennemi retranché, occupant un fort hérissé de pièces de canon. Le colonel Boyer, des fusiliers de la garde, est monté à l'assaut. Le capitaine de la compagnie des gendarmes, M. de Montmorency, a fait une charge qui a eu du succès. Le fort a été pris, trois cents hommes faits prisonniers et six pièces de canon enlevées. L'ennemi a laissé cent hommes sur le champ de bataille.

Le général Dabrowsky a marché contre la garnison de Dantzick; il l'a rencontrée à Dirschau, l'a culbutée, lui a fait six cents prisonniers, pris sept pièces de canon, et l'a poursuivie plusieurs lieues l'épée dans les reins. Il a été blessé d'une balle. Le maréchal Lefebvre était arrivé, sur ces entrefaites, au commandement du dixième corps: il y avait été joint par les Saxons, et il marchait pour investir Dantzick.

Le temps est toujours variable. Il gelait hier; il dégèle aujourd'hui. L'hiver s'est ainsi passé. Le thermomètre n'a jamais été à plus de cinq degrés.

Osterode, le 2 mars 1807.

Soixante-quatrième bulletin de la grande armée.

La ville d'Elbing fournit de grandes ressources à l'armée : on y a trouvé une grande quantité de vins et d'eaux-de-vie. Ce pays de la Basse-Vistule est très-fertile.

Les ambassadeurs de Constantinople et de Perse sont entrés en Pologne, et arrivent à Varsovie.

Après la bataille d'Eylau, l'empereur a passé tous les jours plusieurs heures sur le champ de bataille, spectacle horrible, mais que le devoir rendait nécessaire. Il a fallu beaucoup de travail pour enterrer tous les morts. On a trouvé un grand nombre de cadavres d'officiers russes avec leurs décorations. Il paraît que parmi eux il y avait un prince Repnin. Quarante-huit heures encore après la bataille, il y avait plus de cinq cents Russes blessés qu'on n'avait pas encore pu emporter. On leur faisait porter de l'eau-de-vie et du pain, et successivement on les a transportés à l'ambulance.

Qu'on se figure sur un espace d'une lieue carrée, neuf ou dix mille cadavres, quatre ou cinq mille chevaux tués, des lignes de sacs russes, des débris de fusils et de sabres, la terre couverte de boulets, d'obus, de munitions, vingt-quatre pièces de canon auprès desquelles on voyait les cadavres des conducteurs tués au moment où ils faisaient des efforts pour les enlever : tout cela avait plus de relief sur un fond de neige. Ce spectacle est fait pour inspirer aux princes l'amour de la paix et l'horreur de la guerre.

Les cinq mille blessés que nous avons eus ont été tous évacués sur Thorn et sur nos hôpitaux de la rive gauche de la Vistule, sur des traîneaux. Les chirurgiens ont observé avec étonnement que la fatigue de cette évacuation n'a point nui aux blessés.

Voici quelques détails sur le combat de Braunsberg.

Le général Dupont marcha à l'ennemi sur deux colonnes. Le général Bruyer, qui commandait la colonne de droite, rencontra l'ennemi à Ragern, le poussa sur la rivière qui se trouve en avant de ce village. La colonne de gauche poussa l'ennemi sur Villenberg, et toute la division ne tarda pas à déboucher hors du bois. L'ennemi, chassé de sa première position, fut obligé de se replier sur la rivière qui couvre la ville de Braunsberg : il a d'abord tenu ferme ; mais le général Dupont a marché à lui, l'a culbuté au pas de charge, et est entré avec lui dans la ville, qui a été jonchée de cadavres russes.

Le neuvième d'infanterie légère, le trente-deuxième, le quatre-vingt-seizième de ligne qui composent cette division, se sont distingués. Les généraux Barrois, Laboussaye, le colonel Semellé du vingt-quatrième de ligne, le colonel Meunier du neuvième d'infanterie légère, le chef de bataillon Bouge du trente-deuxième de ligne, et le chef d'escadron Hubinet du neuvième de hussards, ont mérité des éloges particuliers.

Depuis l'arrivée de l'armée française sur la Vistule, nous avons pris aux Russes, aux affaires de Pultusk et de Golymin, quatre-vingt-neuf pièces de canon ; au combat de Bergfried, quatre pièces, dans la retraite d'Allenstein, cinq pièces ; au combat de Deppen, seize pièces ; au combat de Hoff, douze pièces ; à la bataille d'Eylau, vingt-quatre pièces ; au combat de Braunsberg, seize pièces ; au combat d'Ostrolenka, neuf pièces : total, cent soixante-quinze pièces de canon.

On a fait à ce sujet la remarque que l'empereur n'a jamais perdu de canons dans les armées qu'il a commandées, soit dans les premières campagnes d'Italie et d'Egypte, soit dans celle de l'armée de réserve, soit dans celle d'Autriche et de Moravie, soit dans celle de Prusse et de Pologne.

Osterode, le 10 mars 1807.

Soixante-cinquième bulletin de la grande armée.

L'armée est cantonnée derrière la Passarge :

Le prince de Ponte-Corvo, à Holland et à Braunsberg ;

Le maréchal Soult, à Liebstadt et Mohringen ;

Le maréchal Ney, à Guttstadt ;

Le maréchal Davoust, à Allenstein, Hohenstein et Deppen ;

Le quartier-général, à Osterode ;

Le corps d'observation polonais, que commande le général Zayonchek, à Neidenbourg ;

Le corps du maréchal Lefebvre devant Dantzick ;

Le cinquième corps, sur l'Omulew ;

Une division de Bavarois, que commande le prince royal de Bavière, à Varsovie ;

Le corps du prince Jérôme, en Silésie ;

Le huitième corps, en observation dans la Poméranie suédoise.

Les places de Breslau, de Schweidnitz et de Brieg sont en démolition.

Le général Rapp, aide-de-camp de l'empereur, est gouverneur de Thorn.

On jette des ponts sur la Vistule, à Marienbourg et à Dirschau.

Ayant été instruit, le 1er mars, que l'ennemi, encouragé par les positions qu'avait prise l'armée, faisait voir des postes tout le long de la rive droite de la Passarge, l'empereur ordonna aux maréchaux Soult et Ney de faire des reconnaissances en avant pour repousser l'ennemi. Le maréchal Ney marcha sur Guttstadt ; le maréchal Soult passa la Passarge à Worditt. L'ennemi fit aussitôt un mouvement général, et se mit en retraite sur Kœnigsberg ; ses postes, qui s'étaient retirés en toute hâte, furent poursuivis à huit lieues.

Voyant ensuite que les Francais ne faisaient plus de mouvemens, et s'apercevant que ce n'étaient que des avant-gardes qui avaient quitté leurs régimens, deux régimens de grenadiers russes se rapprochèrent et se portèrent de nuit sur le cantonnement de Zechern. Le cinquantième régiment les reçut à bout portant ; le vingt-septième et le trente-neuvième se comportèrent de même. Dans ces petits combats, les Russes ont eu un millier d'hommes blessés, tués ou prisonniers.

Après s'être ainsi assurée des mouvemens de l'ennemi, l'armée est entrée dans ses cantonnemens.

Le grand-duc de Berg, instruit qu'un corps de cavalerie s'était porté sur Villenberg, l'a fait attaquer dans cette ville par le prince Borghèse, qui, à la tête de son régiment, a chargé huit escadrons russes, les a culbutés et mis en déroute, et leur a fait une centaine de prisonniers, parmi lesquels se trouvent trois capitaines et huit officiers.

Le maréchal Lefebvre a cerné entièrement Dantzick, et a commencé les ouvrages de circonvallation de la place.

Osterode, le 14 mars 1807.

Soixante-sixième bulletin de la grande armée.

La grande armée est toujours dans ses cantonnemens, où elle prend du repos.

De petits combats ont lieu souvent entre les avant-postes des deux armées.

Deux régimens de cavalerie russe sont venus, le 12, inquiéter le soixante-neuvième régiment d'infanterie de ligne dans son cantonnement de Liguau, en avant de Guttstadt.

Un bataillon de ce régiment prit les armes, s'embusqua, et tira à bout portant sur l'ennemi, qui laissa quatre-vingts hommes sur la place.

Le général Guyot, qui commande les avant-postes du maréchal Soult, a eu de son côté quelques engagemens qui ont été à son avantage.

Après le petit combat de Villenberg, le grand-duc de Berg a chassé les cosaques de toute la rive droite de l'Alle, afin de s'assurer que l'ennemi ne masquait pas quelque mouvement. Il s'est porté à Wartembourg, Seeburg, Meusguth et Bischoffburg. Il a eu quelques engagemens avec la cavalerie ennemie, et a fait une centaine de cosaques prisonniers.

L'armée russe paraît concentrée du côté de Bartenstein sur l'Alle; la division prussienne du côté de Creutzbourg.

L'armée ennemie a fait un mouvement de retraite, et s'est rapprochée d'une marche de Kœnigsberg.

Toute l'armée française est cantonnée; elle est approvisionnée par les villes d'Elbing, de Braunsberg, et par les ressources que l'on tire de l'île du Nogat, qui est d'une très-grande fertilité.

Deux ponts ont été jetés sur la Vistule: un à Marienbourg, et l'autre à Marienwerder. Le maréchal Lefebvre a achevé l'investissement de Dantzick; le général Teulié a investi Colberg. L'une et l'autre de ces garnisons ont été rejetées dans ces places après de légères attaques.

Une division de douze mille Bavarois, commandée par le prince royal de Bavière, a passé la Vistule à Varsovie, et vient joindre l'armée.

De notre camp impérial d'Osterode, le 20 mars 1807.

Message de S. M. au Sénat.

SÉNATEURS,

« Nous avons ordonné qu'un projet de sénatus-consulte, ayant pour objet d'appeler dès ce moment la conscription de 1808, vous soit présenté.

« Le rapport que nous a fait notre ministre de la guerre

vous donnera à connaître les avantages de toute espèce qui résulteront de cette mesure.

« Tout s'arme autour de nous. L'Angleterre vient d'ordonner une levée extraordinaire de deux cent mille hommes; d'autres puissances ont recours également à des recrutemens considérables. Quelque formidables, quelque nombreuses que soient nos armées, les dispositions contenues dans ce projet de sénatus-consulte nous paraissent, sinon nécessaires, du moins utiles et convenables. Il faut qu'à la vue de cette triple barrière de camps qui environnera notre territoire, comme à l'aspect du triple rang de places fortes qui garantissent nos plus importantes frontières, nos ennemis ne conçoivent l'espérance d'aucun succès, se découragent, et soient ramenés enfin, par l'impuissance de nous nuire, à la justice, à la raison.

« L'empressement avec lequel nos peuples ont exécuté les sénatus-consultes du 24 septembre 1805 et du 4 décembre 1806, a vivement excité en nous le sentiment de la reconnaissance. Tout Français se montrera également digne d'un si beau nom.

« Nous avons appelé à commander et à diriger cette intéressante jeunesse, des sénateurs qui se sont distingués dans la carrière des armes, et nous désirons que vous reconnaissiez dans cette détermination la confiance sans bornes que nous mettons en vous. Ces sénateurs enseigneront aux jeunes conscrits, que la discipline et la patience à supporter les fatigues et les travaux de la guerre, sont les premiers garans de la victoire. Ils leur apprendront à tout sacrifier pour la gloire du trône et le bonheur de la patrie, eux, membres d'un corps qui en est le plus ferme appui.

« Nous avons été victorieux de tous nos ennemis. En six mois, nous avons passé le Mein, la Saale, l'Elbe, l'Oder, la Vistule; nous avons conquis les places les plus formidables de l'Europe, Magdebourg, Hameln, Spandau, Stettin, Custrin, Glogau, Breslau, Schweidnitz, Brieg; nos soldats ont triomphé dans un grand nombre de combats et dans plusieurs grandes batailles rangées; ils ont pris plus de huit cents pièces de canon sur le champ de bataille; ils ont dirigé vers la France quatre mille pièces de siége, quatre cents drapeaux prussiens ou russes, et plus de deux cent mille prisonniers de guerre ; les sables de la Prusse, les solitudes de la Pologne, les pluies de l'automne, les *frimas* de l'hiver, rien n'a ralenti leur ardent désir de parvenir à la paix par la victoire, et de se voir ramener sur le territoire de la patrie par des triomphes. Cependant nos armées d'Italie, de Dalmatie, de Naples, nos camps de Boulogne, de Bretagne, de Normandie, du Rhin sont restés intacts.

« Si nous demandons aujourd'hui à nos peuples de nouveaux sacrifices pour ranger autour de nous de nouveaux moyens de puissance, nous n'hésitons pas à le dire, ce n'est point pour en abuser en prolongeant la guerre. Notre politique est fixe : nous avons offert la paix à l'Angleterre, avant qu'elle eût fait éclater la quatrième coalition; cette même paix, nous la lui offrons encore. Le principal ministre qu'elle a employé dans ses négociations a déclaré authentiquement dans ces assemblées publiques que cette paix pouvait être pour elle honorable et avantageuse ; il a ainsi mis en évidence la justice de notre cause. Nous sommes prêts à conclure avec la Russie aux mêmes conditions que son négociateur avait signées, et que les intrigues et l'influence de l'Angleterre l'ont contrainte à repousser. Nous sommes prêts à rendre à ces huit millions d'habitans conquis par nos armes, la tranquillité, et au roi de Prusse sa capitale. Mais si tant de preuves de modération si souvent renouvelées ne peuvent rien contre les illusions que la passion suggère à l'Angleterre ; si cette puissance ne peut trouver la paix que dans notre abaissement, il ne nous reste plus qu'à gémir sur les malheurs de la guerre, et à rejeter l'opprobre et le blâme sur cette nation qui alimente son monopole avec le sang du continent. Nous trouverons dans notre énergie, dans le courage, le dévouement et la puissance de nos peuples, des moyens assurés pour rendre vaines les coalitions qu'ont cimentées l'injustice et la haine, et pour les faire tourner à la confusion de leurs auteurs. Français ! nous bravons tous les périls pour la gloire et pour le repos de nos enfans. NAPOLÉON.

Osterode, le 25 mars 1807.

Soixante-septième bulletin de la grande armée.

Le 14 mars à trois heures après-midi, la garnison de Stralsund, à la faveur d'un temps brumeux, déboucha avec deux mille hommes d'infanterie, deux escadrons de cavalerie et six pièces de canon, pour attaquer une redoute construite par la division Dupas. Cette redoute, qui n'était ni fermée ni palissadée, ni armée de canons, était occupée par une seule compagnie de voltigeurs du cinquante-huitième de ligne. L'immense supériorité de l'ennemi n'étonna point ces braves. Cette compagnie ayant été renforcée par une compagnie de voltigeurs du quatrième d'infanterie légère, commandée par le capitaine Barral, brava les efforts de cette brigade suédoise. Quinze soldats suédois arrivèrent sur les parapets, mais ils y trouvèrent la mort. Toutes les tentatives que fit l'ennemi furent également inutiles. Soixante-deux cadavres suédois ont été enterrés au pied de la redoute. On peut supposer que plus de cent vingt hommes ont été blessés; cinquante ont été faits prisonniers. Il n'y avait cependant dans cette redoute que cent cinquante hommes. Plusieurs officiers suédois décorés ont été trouvés parmi les morts. Cet acte d'intrépidité a fixé les regards de l'empereur, qui a accordé trois décorations de la légion d'honneur aux compagnies de voltigeurs du cinquante-huitième et du quatrième léger. Le capitaine Drivet, qui commandait dans cette mauvaise redoute, s'est particulièrement distingué. Le maréchal Lefebvre a ordonné le 20, au général de brigade Schramm, de passer de l'île du Nogat dans le Frich-Hoff, pour couper la communication de Dantzick avec la mer. Le passage s'est effectué à trois heures du matin; les Prussiens ont été culbutés et ont laissé entre nos mains trois cents prisonniers.

A six heures du soir, la garnison a fait un détachement de quatre mille hommes pour reprendre ce poste; il a été repoussé avec perte de quelques centaines de prisonniers et d'une pièce de canon.

Le général Schramm avait sous ses ordres le deuxième bataillon du deuxième régiment d'infanterie légère et plusieurs bataillons saxons qui se sont distingués. L'empereur a accordé trois décorations de la légion d'honneur aux officiers saxons, et trois aux sous-officiers et soldats et au major qui les commandait.

En Silésie, la garnison de Neiss a fait une sortie. Elle a donné dans une embuscade. Un régiment de cavalerie wurtembergeois a pris les troupes sorties en flanc, leur a tué une cinquantaine d'hommes et fait soixante prisonniers.

Cet hiver a été en Pologne comme il paraît qu'il a été à Paris, c'est à dire variable. Il gèle et dégèle tour-à-tour. Cependant nous sommes assez heureux pour n'avoir pas de malades. Tous les rapports disent que l'armée russe en a au contraire beaucoup. L'armée continue a être tranquille dans ses cantonnemens.

Les places formant tête de pont de Sierock, Modlin, Praga, Marienbourg, et Marienwerder, prennent tous les jours un nouvel accroissement de forces. Les manutentions et les magasins sont organisés, et s'approvisionnent sur tous les points de l'armée. On a trouvé à Elbing trois cent mille bouteilles de vin de Bordeaux ; et quoiqu'il coûtât quatre francs la bouteille, l'empereur l'a fait distribuer à l'armée, en en faisant payer le prix aux marchands.

L'empereur a envoyé le prince de Borghèse à Varsovie avec une mission.

Osterode, le 29 mars 1807.

Soixante-huitième bulletin de la grande armée.

Le 17 mars à trois heures du matin, le général de brigade Lefevre, aide-de-camp du prince Jérôme, se trouvant avec trois escadrons de chevau-légers et le régiment d'infanterie légère le Taxis, passa auprès de Glatz pour se rendre à Wunchelsbourg. Quinze cents hommes sortirent de la place avec deux pièces de canon. Le lieutenant-colonel Gerard les chargea aussitôt et les rejeta dans Glatz, après leur avoir pris cent soldats, plusieurs officiers et leurs deux pièces de canon.

Le maréchal Masséna s'est porté de Willemberg sur Ortelsbourg ; il y a fait entrer la division de dragons Becker, et l'a renforcée d'un détachement de Polonais à cheval. Il y avait à Ortelsbourg quelques cosaques ; plusieurs charges ont eu lieu, et l'ennemi a perdu vingt hommes.

Le général Becker, en venant reprendre sa position à Willemberg, a été chargé par deux mille cosaques ; on leur avait tendu une ambuscade d'infanterie, dans laquelle ils ont donné. Ils ont perdu deux cents hommes.

Le 26, à cinq heures du matin, la garnison de Dantzick a fait une sortie générale qui lui a été funeste. Elle a été repoussée partout. Un colonel, nommé Gracow, qui a fait le métier de partisan, a été pris avec quatre cents hommes et deux pièces de canon, dans une charge du dix-neuvième de chasseurs. La légion polonaise du Nord s'est fort bien comportée ; deux bataillons saxons se sont distingués.

Du reste, il n'y a rien de nouveau ; les lacs sont encore gelés ; on commence cependant à s'apercevoir de l'approche du printemps.

Finckenstein, le 4 avril 1807.

Soixante-neuvième bulletin de la grande armée.

Les gendarmes d'ordonnance sont arrivés à Marienwerder. Le maréchal Bessières est parti pour aller en passer la revue. Ils se sont très-bien comportés et ont montré beaucoup de bravoure dans les différentes affaires qu'ils ont eues.

Le général Teulié, qui jusqu'à présent avait conduit le blocus de Colberg, a fait preuve de beaucoup d'activité et de talent. Le général de division Loison vient de prendre le commandement du siége de cette place.

Le 19 mars, les redoutes de Selnow ont été attaquées et emportées par le premier régiment d'infanterie légère italienne. La garnison a fait une sortie. La compagnie de carabiniers du premier régiment léger et une compagnie de dragons l'ont repoussée.

Les voltigeurs du dix-neuvième régiment de ligne se sont distingués à l'attaque du village d'Allstadt. L'ennemi a perdu dans ces affaires trois pièces de canon et deux cents hommes faits prisonniers.

Le maréchal Lefebvre commande le siége de Dantzick. Le général Lariboissière a le commandement de l'artillerie. Le corps de l'artillerie justifie, dans toutes les circonstances, la réputation de supériorité qu'il a si bien acquise. Les canonniers français méritent, à juste raison, le titre d'hommes d'élite. On est satisfait de la manière de servir des bataillons du train.

L'empereur a reçu à Finckenstein une députation de la chambre de Marienwerder, composée de MM. le comte de

Groeben, le conseiller baron de Schleinitz et le comte de Dohna, directeur de la chambre. Cette députation a fait à S. M. le tableau des maux que la guerre a attirés sur les habitans. L'empereur lui a fait connaître qu'il en était touché, et qu'il les exemptait, ainsi que la ville d'Elbing, des contributions extraordinaires. Il a dit qu'il y avait des malheurs inévitables pour le théâtre de la guerre, qu'il y prenait part, et qu'il ferait tout ce qui dépendrait de lui pour les alléger.

On croit que S. M. partira aujourd'hui pour faire une tournée à Marienwerder et à Elbing.

La seconde division bavaroise est arrivée à Varsovie.

Le prince royal de Bavière est allé prendre à Pultusk le commandement de la première division.

Le prince héréditaire de Bade est allé se mettre à la tête de son corps de troupes à Dantzick. Le contingent de Saxe-Weymar est arrivé sur la Warta.

Il n'a pas été tiré aux avant-postes de l'armée un coup de fusil depuis quinze jours.

La chaleur du soleil commence à se faire sentir; mais elle ne parvient point à amollir la terre. Tout est encore gelé: le printemps est tardif dans ces climats.

Des courriers de Constantinople et de Perse arrivent fréquemment au quartier-général.

La santé de l'empereur ne cesse pas d'être excellente. On remarque même qu'elle est meilleure qu'elle n'a jamais été. Il y a des jours où S. M. fait quarante lieues à cheval.

On avait cru, la semaine dernière, à Varsovie, que l'empereur y était arrivé à dix heures du soir. La ville entière fut aussitôt et spontanément illuminée.

Les places de Praga, Sierock, Modlin, Thorn et Marienbourg commencent à être en état de défense; celle de Marienwerder est tracée. Toutes ces places forment des têtes de pont sur la Vistule.

L'empereur se loue de l'activité du maréchal Kellermann à former des régimens provisoires, dont plusieurs sont arrivés à l'armée dans une très-bonne tenue, et ont été incorporés.

S. M. se loue également du général Clarke, gouverneur de Berlin, qui montre autant d'activité et de zèle que de talent, dans le poste important qui lui est confié.

Le prince Jérôme, commandant des troupes en Silésie, fait preuve d'une grande activité, et montre les talens et la prudence qui ne sont, d'ordinaire, que les fruits d'une longue expérience.

Finckenstein, le 9 avril 1807.

Soixante-dixième bulletin de la grande armée.

Un parti de quatre cents Prussiens, qui s'était embarqué à Kœnigsberg, a débarqué dans la presqu'île, vis-à-vis de Pilau, et s'est avancé vers le village de Carlsberg. M. Mainguernaud, aide-de-camp du maréchal Lefebvre, s'est porté sur ce point avec quelques hommes. Il a si habilement manœuvré, qu'il a enlevé les quatre cents Prussiens, parmi lesquels il y avait cent vingt hommes de cavalerie.

Plusieurs régimens russes sont entrés par mer dans la ville de Dantzick. La garnison a fait différentes sorties. La légion polonaise du Nord et le prince Michel Radzivil qui la commande, se sont distingués ; ils ont fait une quarantaine de prisonniers russes. Le siége se continue avec activité. L'artillerie de siége commence à arriver.

Il n'y a rien de nouveau sur les différens points de l'armée.

L'empereur est de retour d'une course qu'il a faite à Marienwerder et à la tête de pont sur la Vistule. Il a passé en revue le douzième régiment d'infanterie légère et les gendarmes d'ordonnance.

La terre, les lacs, dont le pays est rempli, et les petites

rivières commencent à dégeler. Cependant, il n'y a encore aucune apparence de végétation.

Finckenstein, le 19 avril 1807.

Soixante-onzième bulletin de la grande armée.

La victoire d'Eylau ayant fait échouer tous les projets que l'ennemi avait formés contre la Basse-Vistule, nous a mis en mesure d'investir Dantzick et de commencer le siége de cette place. Mais il a fallu tirer les équipages de siége des forteresses de la Silésie et de l'Oder, en traversant une étendue de plus de cent lieues dans un pays où il n'y a pas de chemins. Ces obstacles ont été surmontés, et les équipages de siége commencent à arriver. Cent pièces de canon de gros calibre, venues de Stettin, de Custrin, de Glogau et de Breslau, auront sous peu de jours leur approvisionnement complet.

Le général prussien Kalkreuth commande la ville de Dantzick. Sa garnison est composée de quatorze mille Prussiens et six mille Russes. Des inondations et des marais, plusieurs rangs de fortifications et le fort de Weischelmunde, ont rendu difficile l'investissement de la place.

Le journal du siége de Dantzick fera connaître ses progrès à la date du 17 de ce mois. Nos ouvrages sont parvenus à quatre-vingt toises de la place ; nous avons même plusieurs fois insulté et dépalissadé les chemins couverts.

Le maréchal Lefebvre montre l'activité d'un jeune homme. Il était parfaitement secondé par le général Savary ; mais ce général est tombé malade d'une fièvre bilieuse à l'abbaye d'Oliva, qui est à peu de distance de la place. Sa maladie a été assez grave pour donner pendant quelque temps des craintes sur ses jours. Le général de brigade Schramm, le général d'artillerie Lariboissière et le général du génie Kirgener ont aussi très-bien secondé le maréchal Lefebvre. Le général de division du génie Chasseloup vient de se rendre devant Dantzick.

Les Saxons, les Polonais, ainsi que les Badois, depuis que le prince héréditaire de Bade est à leur tête, rivalisent entre eux d'ardeur et de courage.

L'ennemi n'a tenté d'autre moyen de secourir Dantzick que d'y faire passer par mer quelques bataillons et quelques provisions.

En Silésie, le prince Jérôme fait suivre très-vivement le siége de Neiss.

Depuis que le prince de Pletz a abandonné la partie, l'aide-de camp du roi de Prusse, baron de Kleist, est arrivé à Glatz, par Vienne, avec le titre de gouverneur-général de la Silésie. Un commissaire anglais l'a accompagné, pour surveiller l'emploi de 80,000 mille livres sterlings, donnés au roi de Prusse par l'Angleterre.

Le 13 de ce mois, cet officier est sorti de Glatz avec un corps de quatre mille hommes, et est venu attaquer, dans la position de Franckenstein, le général de brigade Lefebvre, commandant le corps d'observation qui protége le siége de Neiss. Cette entreprise n'a eu aucun succès : M. de Kleist a été vivement repoussé.

Le prince Jérôme a porté, le 14, son quartier-général à Munsterberg.

Le général Loison a pris le commandement du siége de Colberg. Les moyens nécessaires pour ses opérations commencent à se réunir. Ils ont éprouvé quelques retards, parce qu'ils ne devaient pas contrarier la formation des équipages de siége de Dantzick.

Le maréchal Mortier, sous la direction duquel se trouve le siége de Colberg, s'est porté sur cette place, en laissant en Poméranie le général Grandjean avec un corps d'observation, et l'ordre de prendre position sur la Peene.

La garnison de Stralsund ayant sur ces entrefaites reçu par mer un renfort de quelques régimens, et ayant été informée du mouvement fait par le maréchal Mortier, avec une partie de son corps d'armée, a débouché en force. Le général Grandjean, conformément à ses instructions, a passé la Peene et a pris position à Anclam. La nombreuse flottille des Suédois leur a donné la facilité de faire des débarquemens sur différens points et de surprendre un poste hollandais de trente hommes, et un poste italien de trente-sept hommes. Le maréchal Mortier, instruit de ces mouvemens, s'est porté, le 13, sur Sttetin, et ayant réuni ses forces, a manœuvré pour attirer les Suédois, dont le corps ne s'élève pas à douze mille hommes.

La grande-armée est depuis deux mois stationnaire dans ses positions. Ce temps a été employé à renouveler et remonter la cavalerie, à réparer l'armement, à former de grands magasins de biscuit et d'eau-de-vie, à approvisionner le soldat de souliers : chaque homme, indépendamment de la paire qu'il porte, en a deux dans le sac.

La Silésie et l'île de Nogat ont fourni aux cuirassiers, aux dragons, à la cavalerie légère, de bonnes et nombreuses remontes.

Dans les premiers jours de mai, un corps d'observation de cinquante mille hommes, français et espagnols, sera réuni sur l'Elbe. Tandis que la Russie a presque toutes ses troupes concentrées en Pologne, l'empire français n'y a qu'une partie de ses forces; mais telle est la différence de puissance réelle des deux états. Les cinq cent mille Russes que les gazetiers font marcher tantôt à droite, tantôt à gauche, n'existent que dans leurs feuilles et dans l'imagination de quelques lecteurs qu'on abuse d'autant plus facilement, qu'on leur montre l'immensité du territoire russe, sans parler de l'étendue de ses pays incultes et de ses vastes déserts.

La garde de l'empereur de Russie est, à ce qu'on dit, arrivée à l'armée ; elle reconnaîtra, lors des premiers événemens, s'il est vrai, comme l'ont assuré les généraux ennemis, que la garde impériale ait été détruite. Cette garde est aujourd'hui plus nombreuse qu'elle ne l'a jamais été, et presque double de ce qu'elle était à Austerlitz.

Indépendamment du pont qui a été établi sur la Narew, on en construit un sur pilotis entre Varsovie et Praga ; il est déjà fort avancé. L'empereur se propose d'en faire faire trois autres sur différens points. Ces ponts sur pilotis sont plus solides et d'un meilleur service que les ponts de bateaux. Quelque grands travaux qu'exigent ces entreprises sur une rivière de quatre cents toises de large, l'intelligence et l'activité des officiers qui les dirigent, et l'abondance de bois, en facilitent le succès.

M. le prince de Bénévent est toujours à Varsovie, occupé à traiter avec les ambassadeurs de la Porte et de l'empereur de Perse. Indépendamment des services qu'il rend à S. M. dans son ministère, il est fréquemment chargé de commissions importantes relativement aux différens besoins de l'armée.

Finckenstein, où S. M. s'est établie pour rapprocher son quartier-général de ses positions, est un très-beau château qui a été construit par M. de Finckenstein, gouverneur de Frédéric II, et qui appartient maintenant à M. de Dohna, grand-maréchal de la cour de Prusse.

Le froid a repris depuis deux jours. Le printemps n'est encore annoncé que par le dégel. Les arbustes les plus précoces ne donnent aucun signe de végétation.

Finckenstein, le 23 avril 1807.

Soixante-douzième bulletin de la grande armée.

Les opérations du maréchal Mortier ont réussi comme on pouvait le désirer. Les Suédois ont eu l'imprudence de passer la Peene, de déboucher sur Anklam et Demmin, et de se porter sur Passewalk. Le 16, avant le jour, le maréchal Mortier réunit ses troupes, déboucha de Passewalk sur la route d'Anklam, culbuta les positions de Belling et de Ferdinandshoff, fit quatre cents prisonniers, prit deux pièces de canon, entra pêle-mêle avec l'ennemi dans Anklam, et s'empara de son pont sur la Peene.

La colonne du général suédois Cardell a été coupée. Elle était à Uckermünde, lorsque nous étions déjà à Anklam. Le général en chef d'Armfeld a été blessé d'un coup de mitraille; tous les magasins de l'ennemi ont été pris.

La colonne coupée du général Cardell a été attaquée le 17 à Uckermünde, par le général de brigade Veau. Elle a perdu trois pièces de canon et cinq cents prisonniers; le reste s'est embarqué sur des chaloupes canonnières sur le Haff. Deux autres pièces de canon et cent hommes ont été pris du côté de Demmin.

Le baron d'Essen qui se trouve commander l'armée suédoise en l'absence du général d'Armfeld, a proposé une trêve au général Mortier, en lui faisant connaître qu'il avait l'autorisation spéciale du roi pour sa conclusion. La paix et même une trêve accordée à la Suède remplirait les plus chers désirs de l'empereur, qui a toujours éprouvé une véritable douleur de faire la guerre à une nation généreuse, brave, géographiquement et historiquement amie de la France. Et dans le fait, le sang suédois doit-il être versé pour la défense de l'empire ottoman ou pour sa ruine! Doit-il être versé pour maintenir l'équilibre des mers ou pour leur asservissement? Qu'a à craindre la Suède de la France? Rien. Qu'a-t-elle à craindre de la Russie? Tout. Ces raisons sont trop solides pour que, dans un cabinet aussi éclairé, et chez une nation qui a des lumières et de l'opinion, la guerre actuelle n'ait promptement un terme. Immédiatement après la bataille d'Iéna, l'empereur fit connaître le désir qu'il avait de rétablir les anciennes relations de la Suède avec la France. Ces premières ouvertures furent faites au ministre de Suède à Hambourg; mais elles furent repoussées. L'instruction de l'empereur à ses généraux a toujours été de traiter les Suédois comme des amis avec lesquels la nature des choses ne tardera pas à nous remettre en paix. Ce sont-là les plus chers intérêts des deux peuples. « S'ils nous faisaient du mal, ils le pleureraient un jour ; et nous, nous voudrions réparer le mal que nous leur aurions fait. L'intérêt de l'état l'emporte tôt ou tard sur les brouilleries et sur les petites passions. » Ce sont les propres termes des ordres de l'empereur. C'est dans ce sentiment que l'empereur a contremandé les opérations du siége de Stralsund, en a fait revenir les mortiers et les pièces qu'on y avait envoyés de Stettin. Il écrivait dans ces termes au général Mortier : « Je regrette déjà ce qui s'est fait. Je suis fâché que le beau faubourg de Stralsund ait été brûlé. Est-ce à nous à faire du mal à la Suède? Ceci n'est qu'un rêve : c'est à nous à la défendre, et non à lui faire du mal. Faites-lui en le moins que vous pourrez; proposez au gouverneur de Stralsund un armistice, une suspension d'armes, afin d'alléger et de rendre moins funeste une guerre que je regarde comme criminelle, parce qu'elle est impolitique. »

Une suspension d'armes a été signée le 18, entre le maréchal Mortier et le baron d'Essen.

Le siége de Dantzick se continue.

Le 16 avril, à huit heures du soir, un détachement de deux

mille hommes, et six pièces de canon de la garnison de Glatz, marcha sur la droite de la position de Franckenstein; le lendemain, 17, à la pointe du jour, une nouvelle colonne de huit cents hommes sortit de Silberberg. Ces troupes réunies marchèrent sur Franckenstein et commencèrent l'attaque à cinq heures du matin pour en déloger le général Lefebvre, qui était là avec son corps d'observation.

Le prince Jérôme partit de Munsterberg au premier coup de canon, et arriva à dix heures du matin à Frankenstein. L'ennemi a été complètement battu et poursuivi jusque sur les chemins couverts de Glatz. On lui a fait six cents prisonniers et pris trois pièces de canon. Parmi les prisonniers, se trouvent un major et huit officiers; trois cents morts sont restés sur le champ de bataille: quatre cents hommes s'étant perdus dans les bois, furent attaqués à onze heures du matin et pris. Le colonel Beckers, commandant le sixième régiment de ligne bavarois, et le colonel Scharfenstein, des troupes de Wurtemberg, ont fait des prodiges de valeur. Le premier, quoique blessé à l'épaule, ne voulut point quitter le champ de bataille; il se portait partout avec son bataillon, et partout faisait des prodiges.

L'empereur a accordé à chacun de ces officiers l'aigle de la légion-d'honneur. Le capitaine Brockfeld, commandant provisoirement les chasseurs à cheval de Wurtemberg, s'est fait remarquer. C'est lui qui a pris les pièces de canon.

Le siége de Neiss avance. La ville est déjà à demi-brûlée, et les tranchées approchent de la place.

De notre camp impérial de Finckenstein, le 5 mai 1807.

Lettre de S. M. à son ministre des cultes, sur la mort de M. Meyneau-Pancemont, évêque de Vannes.

Monsieur Portalis, nous avons appris avec une profonde douleur la mort de notre bien-aimé évêque de Vannes, Meyneau-Pancemont. A la lecture de votre lettre, les vertus qui distinguent ce digne prélat, les services qu'il a rendus à notre sainte religion, à notre couronne, à nos peuples, la situation des églises et des consciences dans le Morbihan, au moment où il arriva à l'épiscopat; tout ce que nous devons à son zèle, à ses lumières, à cette charité évangélique qui dirigeait toutes ses actions; tous ces souvenirs se sont présentés à la fois à notre esprit. Nous voulons que vous fassiez placer sa statue en marbre dans la cathédrale de Vannes : elle excitera ses successeurs à suivre l'exemple qu'il leur a tracé ; elle fera connaître tout le cas que nous faisons des vertus évangéliques d'un véritable évêque, et couvrira de confusion ces faux pasteurs qui ont vendu leur foi aux ennemis éternels de la France et de la religion catholique, apostolique et romaine, dont toutes les paroles appellent l'anarchie, la guerre, le désordre et la rebellion. Enfin, elle sera pour nos peuples du Morbihan une nouvelle preuve de l'intérêt que nous prenons à leur bonheur. De toutes les parties de notre empire, c'est une de celles qui sont le plus souvent présentes à notre pensée, parce que c'est une de celles qui ont le plus souffert des malheurs des temps passés. Nous regrettons de n'avoir pu encore la visiter ; mais un de nos premiers voyages que nous ferons à notre retour dans nos états, ce sera de voir par nos propres yeux cette partie si intéressante de nos peuples. Cette lettre n'étant pas à autre fin, nous prions Dieu qu'il vous ait en sa sainte garde. NAPOLÉON.

Elbing, le 8 mai 1807.

Soixante-treizième bulletin de la grande armée.

L'ambassadeur persan a reçu son audience de congé. Il a apporté de très-beaux présens à l'empereur de la part de son maître, et a reçu en échange le portrait de l'empereur, en-

richi de très-belles pierreries. Il retourne en Perse directement :
c'est un personnage très-considérable dans son pays, et un
homme d'esprit et de beaucoup de sagacité : son retour dans
sa patrie était nécessaire. Il a été réglé qu'il y aurait désormais une légation nombreuse de Persans à Paris, et de Français à Téhéran.

L'empereur s'est rendu à Elbing, et a passé la revue de
dix-huit à vingt mille hommes de cavalerie, cantonnés dans
les environs de cette ville et dans l'île de Nogat, pays qui
ressemble beaucoup à la Hollande. Le grand-duc de Berg a
commandé la manœuvre. A aucune époque, l'empereur n'avait vu sa cavalerie en meilleur état et mieux disposée.

Le journal du siége de Dauzick fera connaître qu'on s'est
logé dans le chemin couvert, que les feux de la place sont
éteints, et donnera les détails de la belle opération qu'a dirigée le général Drouet, et qui a été exécutée par le colonel
Aimé, le chef de bataillon Arnault, du deuxième léger, et
le capitaine Avy. Cette opération a mis en notre pouvoir une
île que défendaient mille Russes, et cinq redoutes garnies
d'artillerie, et qui est très-importante pour le siége, puisqu'elle prend de revers la position que l'on attaque. Les
Russes ont été surpris dans leurs corps-de-garde : quatre cents
ont été égorgés à la baïonnette, sans avoir le temps de se défendre, et six cents ont été faits prisonniers. Cette expédition
qui a eu lieu dans la nuit du 6 au 7, a été faite en grande
partie par les troupes de Paris, qui se sont couvertes de
gloire.

Le temps devient plus doux, les chemins sont excellens,
les bourgeons paraissent sur les arbres, l'herbe commence à
couvrir les campagnes; mais il faut encore un mois pour que
la cavalerie puisse trouver à vivre.

L'empereur a établi à Magdebourg, sous les ordres du
maréchal Brune, un corps d'observation qui sera composé

de près de quatre-vingt mille hommes, moitié Français, et l'autre moitié Hollandais et confédérés du Rhin ; les troupes hollandaises sont au nombre de vingt mille hommes.

Les divisions françaises Molitor et Boudet, qui font aussi partie de ce corps d'observation, arrivent le 15 mai à Magdebourg. Ainsi on est en mesure de recevoir l'expédition anglaise sur quelque point qu'elle se présente. S'il est certain qu'elle débarquera, il ne l'est pas qu'elle puisse se rembarquer.

Finckenstein, le 16 mai 1807.

Soixante-quatorzième bulletin de la grande armée.

Le prince Jérôme ayant reconnu que trois ouvrages avancés de Neiss, qui étaient le long de la Biélau, gênaient les opérations du siége, a ordonné au général Vandamme de les enlever. Ce général à la tête des troupes wurtembergeoises, a emporté ces ouvrages dans la nuit du 30 avril au premier mai, a passé au fil de l'épée les troupes ennemies qui les défendaient, a fait cent vingt prisonniers et pris neuf pièces de canon. Les capitaines du génie Depouthon et Prost, le premier, officier d'ordonnance de l'empereur, ont marché à la tête des colonnes, et ont fait preuve de grande bravoure. Les lieutenans Hohendorff, Bawer et Mulher, se sont particulièrement distingués.

Le 2 mai, le lieutenant-général Camrer a pris le commandement de la division wurtembergeoise.

Depuis l'arrivée de l'empereur Alexandre à l'armée, il paraît qu'un grand conseil de guerre a été tenu à Barteinstein, auquel ont assisté le roi de Prusse et le grand-duc Constantin ; que les dangers que courait Dantzick ont été l'objet des délibérations de ce conseil ; que l'on a reconnu que Dantzick ne pouvait être sauvé que de deux manières : la première en attaquant l'armée française, en passant la Passarge, en courant la chance d'une bataille générale, dont l'issue, si l'on avait du succès, serait d'obliger l'armée française à découvrir Dantzick ; l'autre en secourant la place par mer. La première opération paraît n'avoir pas été jugée praticable, sans s'exposer à une ruine et à une défaite totale ; et on s'est arrêté au plan de secourir Dantzick par mer.

En conséquence, le lieutenant-général Kaminski, fils du feld-maréchal de ce nom, avec deux divisions russes, formant douze régimens, et plusieurs régimens prussiens, ont été embarqués à Pilau. Le 12, soixante-six bâtimens de transport, escortés par trois frégates, ont débarqué les troupes à l'embouchure de la Vistule, au port de Dantzick, sous la protection du fort de Weischelmunde.

L'empereur donna sur le champ l'ordre au maréchal Lannes, commandant le corps de réserve de la grande-armée, de se porter à Mariembourg, où était son quartier-général, avec la division du général Oudinot, pour renforcer l'armée du maréchal Lefebvre. Il arriva en une marche, dans le même temps que l'armée ennemie débarquait. Le 13 et le 14, l'ennemi fit des préparatifs d'attaque ; il était séparé de la ville par une espace de moins d'une lieue, mais occupé par les troupes françaises. Le 15, il déboucha du fort sur trois colonnes ; il projetait de déboucher par la droite de la Vistule. Le général de brigade Schramm, qui était aux avant-postes avec le deuxième régiment d'infanterie légère, et un bataillon de Saxons et de Polonais, reçut les premiers feux de l'ennemi, et le contint à portée de canon de Weischelmunde.

Le maréchal Lefebvre s'était porté au pont situé au bas de la Vistule, avait fait passer le douzième d'infanterie légère et des Saxons, pour soutenir le général Schramm. Le général Gardanne, chargé de la défense de la droite de la Vistule, y avait également appuyé le reste de ses forces. L'ennemi se trouvait supérieur et le combat se soutenait avec une égale opiniâtreté. Le maréchal Lannes, avec la réserve d'Oudinot, était placé sur la gauche de la Vistule, par où il paraissait la veille que l'ennemi devait déboucher ; mais voyant les mouvemens de l'ennemi démasqués, le maréchal Lannes passa la Vistule, avec quatre bataillons de la réserve d'Oudinot. Toute la ligne et la réserve de l'ennemi furent mises en déroute et poursuivies jusqu'aux palissades, et à neuf heures du matin l'ennemi était bloqué dans le fort de Weischelmunde. Le champ de bataille était couvert de morts. Notre perte se monte à vingt-cinq hommes tués et deux cents blessés. Celle de l'ennemi est de neuf cents hommes tués, quinze cents blessés et deux cents prisonniers. Le soir on distinguait un grand nombre de blessés qu'on embarquait sur les bâtimens qui, successivement, ont pris le large pour retourner à Kœnigsberg. Pendant cette action, la place n'a fait aucune sortie, et s'est contentée de soutenir les Russes par une vive canonnade. Du haut de ses remparts délabrés et à demi démolis, l'ennemi a été témoin de toute l'affaire. Il a été consterné de voir s'évanouir l'espérance qu'il avait d'être secouru. Le général Oudinot a tué de sa propre main trois Russes. Plusieurs de ses officiers d'état-major ont été blessés. Le douzième et le deuxième régimens d'infanterie légère se sont distingués. Les détails de ce combat n'étaient pas encore arrivés à l'etat-major.

Le journal du siége de Dantzick fera connaître que les travaux se poursuivent avec une égale activité, que le chemin couvert est couronné, et que l'on s'occupe des préparatifs du passage du fossé.

Dès que l'ennemi sut que son expédition maritime était arrivée devant Dantzick, ses troupes légères observèrent et inquiétèrent toute la ligne, depuis la position qu'occupe le maréchal Soult le long de la Passarge, devant la division du général Morand, sur l'Alle. Elles furent reçues à bout portant par les voltigeurs, perdirent un bon nombre d'hommes, et se retirèrent plus vîte qu'elles n'étaient venues.

Les Russes se présentèrent aussi à Malga, devant le général Zayonchek, commandant le corps d'observation polonais, et enlevèrent un poste de Polonais. Le général de brigade Fischer marcha à eux, les culbuta, leur tua une soixantaine d'hommes, un colonel et deux capitaines. Ils se présentèrent également devant le cinquième corps, insultèrent les avant-postes du général Gazan à Willenberg; ce général les poursuivit pendant plusieurs lieues. Ils attaquèrent plus sérieusement la tête du pont de l'Omulew de Drenzewo. Le général de brigade Girard marcha à eux avec le quatre-vingt-huitième et les culbuta dans la Narew. Le général de division Suchet arriva, poussa les Russes l'épée dans les reins, les culbuta dans Ostrolenka, leur tua une soixantaine d'hommes, et leur prit cinquante chevaux. Le capitaine du soixante-quatrième Laurin, qui commandait une grand'garde, cerné de tous côtés par les Cosaques, fit la meilleure contenance, et mérita d'être distingué. Le maréchal Masséna, qui était monté à cheval avec une brigade de troupes bavaroises, eut lieu d'être satisfait du zèle et de la bonne contenance de ces troupes.

Le même jour 13, l'ennemi attaqua le général Lemarrois, à l'embouchure du Bug. Ce général avait passé cette rivière le 10 avec une brigade bavaroise et un régiment polonais, avait fait construire en trois jours des ouvrages de tête de pont, et s'était porté sur Wiskowo, dans l'intention de brûler les radeaux auxquels l'ennemi faisait travailler depuis six semaines. Son expédition a parfaitement réussi, tout a été détruit; et dans un moment, ce ridicule ouvrage de six semaines fut anéanti.

Le 13, à neuf heures du matin, six mille Russes, arrivés de Nur, attaquèrent le général Lemarrois dans son camp retranché. Ils furent reçus par la fusillade et la mitraille ; trois cents Russes restèrent sur le champ de bataille : et quand le général Lemarrois vit l'ennemi, qui était arrivé sur les bords du fossé, repoussé, il fit une sortie et le poursuivit l'épée dans les reins. Le colonel du quatrième de ligne bavarois, brave militaire, a été tué. Il est généralement regretté. Les Bavarois ont perdu vingt hommes, et ont eu une soixantaine de blessés.

Toute l'armée est campée par divisions en bataillons carrés, dans des positions saines.

Ces événemens d'avant-postes n'ont occasionné aucun mouvement dans l'armée. Tout est tranquille au quartier-général.

Cette attaque générale de nos avant-postes, dans la journée du 13, paraît avoir eu pour but d'occuper l'armée française, pour l'empêcher de renforcer l'armée qui assiége Dantzick.

Cette espérance de secourir Dantzick par une expédition maritime paraîtra fort extraordinaire à tout militaire sensé, et qui connaîtra le terrain et la position qu'occupe l'armée française.

Les feuilles commencent à pousser. La saison est comme au mois d'avril en France.

Finckenstein, le 18 mai 1807.

Soixante-quinzième bulletin de la grande-armée.

Voici de nouveaux détails sur la journée du 15. Le maréchal Lefebvre fait une mention particulière du général Schramm, auquel il attribue en grande partie le succès du combat de Weischelmunde.

Le 15, depuis deux heures du matin, le général Schramm était en bataille, couvert par deux redoutes construites vis-à-vis le fort de Weischelmunde. Il avait les Polonais à sa gauche, les Saxons au centre, le deuxième régiment d'infanterie légère à sa droite, et le régiment de Paris en réserve. Le lieutenant-général russe Kaminski déboucha du fort à la pointe du jour, et après deux heures de combat, l'arrivée du douzième d'infanterie légère, que le maréchal Lefebvre expédia de la rive gauche, et un bataillon saxon, décidèrent l'affaire. De la brigade Oudinot, un seul bataillon put donner. Notre perte a été peu considérable. Un colonel polonais, M. Paris, a été tué. La perte de l'ennemi est plus forte qu'on ne pensait. On a enterré plus de neuf cents cadavres russes. On ne peut pas évaluer la perte de l'ennemi à moins de deux mille cinq cents hommes. Aussi ne bouge-t-il plus, et parait-t-il très-circonspect derrière l'enceinte de ses fortifications. Le nombre de bateaux chargés de blessés qui ont mis à la voile, est de quatorze.

Dans la journée du 14, une division de cinq mille hommes prussiens et russes, mais en majorité prussiens, partie de Kœnisgberg, débarqua à Pilau, longea la langue de terre dite le Nehrung, et arriva à Hahlberg devant nos premiers postes de grand'garde de cavalerie légère, qui se replièrent jusqu'à Furtenswerder.

L'ennemi s'avança jusqu'à l'extrémité du Frich-Haff. On s'attendait à le voir pénétrer par là sur Dantzick. Un pont jeté sur la Vistule à Furtenswerder facilitait le passage à l'infanterie cantonnée dans l'île de Nogat pour filer sur les derrières de l'ennemi. Mais les Prussiens furent plus avisés, et n'osèrent pas s'aventurer. L'empereur donna ordre au général Beaumont, aide-de-camp du grand-duc de Berg, de les attaquer. Le 16, à deux heures du matin, ce général déboucha, avec le général de brigade Albert, à la tête de deux bataillons de grenadiers de la réserve, le troisième et le onzième régimens de chasseurs et une brigade de dragons. Il rencontra l'ennemi entre Passenwerder et Stege, à la petite pointe du jour, l'attaqua, le culbuta et le poursuivit l'épée dans les reins pendant onze lieues, lui prit onze cents hommes, lui en tua un grand nombre, et lui enleva quatre pièces de canon. Le général Albert s'est parfaitement comporté ; les majors Chemineau et Salmon se sont distingués. Le troisième et le onzième régimens de chasseurs ont donné avec la plus grande intrépidité. Nous avons eu un capitaine du troisième régiment de chasseurs et cinq ou six hommes tués, et huit ou dix blessés. Deux bricks ennemis qui naviguaient sur le Haff, sont venus nous harceler. Un obus, qui a éclaté sur le pont de l'un d'eux, les a fait virer de bord.

Ainsi, depuis le 12, sur les différens points, l'ennemi a fait des pertes notables.

L'empereur a fait manœuvrer, dans la journée du 17, les fusiliers de la garde, qui sont campés près du château de Finckenstein dans d'aussi belles barraques qu'à Boulogne.

Dans les journées des 18 et 19, toute la garde va également camper au même endroit.

En Silésie, le prince Jérôme est campé avec son corps d'observation à Franckenstein, protégeant le siége de Neiss.

Le 12, ce prince apprit qu'une colonne de trois mille hommes était sortie de Glatz pour surprendre Breslau. Il fit partir le général Lefebvre avec le premier régiment de ligne bavarois, excellent régiment, cent chevaux et trois cents Saxons. Le général Lefebvre atteignit la queue de l'ennemi le 14, à quatre heures du matin, au village de Cauth; il l'attaqua aussitôt, enleva le village à la baïonnette, et fit cent cinquante prisonniers; cent chevau-légers du roi de Bavière taillèrent en pièces la cavalerie ennemie, forte de cinq cents hommes, et la dispersèrent. Cependant l'ennemi se plaça en bataille et fit résistance. Les trois cents Saxons lâchèrent pied, conduite extraordinaire qui doit être le résultat de quelque malveillance; car les troupes saxonnes, depuis qu'elles sont réunies aux troupes françaises; se sont toujours bravement comportées. Cette défection inattendue mit le premier régiment de ligne bavarois dans une situation critique. Il perdit cent cinquante hommes qui furent faits prisonniers, et dut battre en retraite, ce qu'il fit cependant en ordre. L'ennemi reprit le village de Cauth. A onze heures du matin, le général Dumuy, qui était sorti de Breslau à la tête d'un millier de Français, dragons, chasseurs et hussards à pied, qui avaient été envoyés en Silésie pour être montés, et dont une partie l'était déjà, attaqua l'ennemi en queue : cent cinquante hussards à pied enlevèrent le village de Cauht à la baïonnette, firent cent prisonniers, et reprirent tous les Bavarois qui avaient été faits prisonniers.

L'ennemi, pour rentrer avec plus de facilité dans Glatz, s'était séparé en deux colonnes. Le général Lefebvre, qui était parti de Schweidnitz le 15, tomba sur une de ces colonnes, lui tua cent hommes et lui fit quatre cents prisonniers, parmi lesquels trente officiers.

Un régiment de lanciers polonais, arrivé la veille à Franckenstein, et dont le prince Jérôme avait envoyé un détachement au général Lefebvre, s'est distingué.

La seconde colonne de l'ennemi avait cherché à gagner Glatz par Siberberg; le lieutenant-colonel Ducoudras, aide-de-camp du prince, la rencontra et la mit en déroute. Ainsi cette colonne de trois à quatre mille hommes, qui était sortie de Glatz, ne put y rentrer. Elle a été toute entière prise, tuée ou éparpillée.

Finckenstein, le 20 mai 1807.

Soixante-seizième bulletin de la grande armée.

Une belle corvette anglaise doublée en cuivre, de vingt-quatre canons, montée par cent vingt Anglais, et chargée de poudre et de boulets, s'est présentée pour entrer dans la ville de Dantzick. Arrivée à la hauteur de nos ouvrages, elle a été assaillie par une vive fusillade des deux rives, et obligée d'amener. Un piquet du régiment de Paris a sauté le premier à bord. Un aide-de-camp du général Kalkreuth, qui revenait du quartier-général russe, plusieurs officiers anglais ont été pris à bord.

Cette corvette s'apelle *le Sans-Peur*.

Indépendamment de cent vingt Anglais, il y avait soixante Russes sur ce bâtiment.

La perte de l'ennemi au combat de Weischelmunde du 15, a été plus forte qu'on ne l'avait d'abord pensé, une colonne russe qui avait longé la mer, ayant été passée au fil de la baïonnette. Compte fait, on a enterré treize cents cadavres russes.

Le 16, une division de sept mille Russes, commandée par le général Turkow, s'est portée de Broc sur le Bug, sur Pultusk, pour s'opposer à de nouveaux travaux qui avaient été ordonnés pour rendre plus respectable la tête de pont.

Ces ouvrages étaient défendus par six bataillons bavarois, commandés par le prince royal de Bavière.

L'ennemi a tenté quatre attaques. Dans toutes, il a été culbuté par les Bavarois, et mitraillé par les batteries des différens ouvrages.

Le maréchal Masséna évalue la perte de l'ennemi à trois cents morts et au double de blessés.

Ce qui rend l'affaire plus belle, c'est que les Bavarois étaient moins de quatre mille hommes.

Le prince royal se loue particulièrement du baron de Wreden, officier-général au service de Bavière, d'un mérite distingué. La perte des Bavarois a été de quinze hommes tués et de cent cinquante blessés.

Il y a autant de déraison dans l'attaque faite contre les ouvrages du général Lemarrois, dans la journée du 13, et dans l'attaque du 16 sur Pultusk, qu'il y en avait il y a six semaines, dans la construction de ce grand nombre de radeaux auxquels l'ennemi faisait travailler sur le Bug.

Le résultat a été que ces radeaux, qui avaient coûté six semaines de travail, ont été brûlés en deux heures, quand on l'a voulu, et que ces attaques successives contre des ouvrages bien retranchés et soutenus de bonnes batteries, leur ont valu des pertes considérables sans espoir de profit.

Il paraîtrait que ces opérations ont pour but d'attirer l'attention de l'armée française sur sa droite, mais les positions de l'armée française sont raisonnées sur toutes les bases et dans toutes les hypothèses, défensives comme offensives.

Pendant ce temps, l'intéressant siége de Dantzick continue à marcher. L'ennemi éprouvera un notable dommage en perdant cette place importante et les vingt mille hommes qui y sont renfermés.

Une mine a joué sur le Blockhausen et l'a fait sauter. On a débouché, sur le chemin couvert, par quatre amorces, et on exécute la descente du fossé.

L'empereur a passé aujourd'hui l'inspection du cinquième régiment provisoire. Les huit premiers ont subi leur incorporation.

On se loue beaucoup dans ces régimens des nouveaux conscrits génois, qui montrent de la bonne volonté et de l'ardeur.

Finckenstein, le 28 mai 1807.

Soixante-dix-septième bulletin de la grande armée.

Dantzick a capitulé. Cette belle place est en notre pouvoir. Huit cents pièces d'artillerie, des magasins de toute espèce, plus de cinq cents mille quintaux de grains, des caves considérables, de grands approvisionnemens de draps et d'épiceries, des ressources de toute espèce pour l'armée, et enfin une place forte du premier ordre appuyant notre gauche, comme Thorn appuie notre centre et Prag notre droite ; tels sont les avantages obtenus pendant l'hiver et qui ont signalé les loisirs de la grande armée : c'est le premier, le plus beau fruit de la victoire d'Eylau. La rigueur de la saison, la neige qui a couvert nos tranchées, la gelée qui y a ajouté de nouvelles difficultés, n'ont pas été des obstacles pour nos travaux. Le maréchal Lefebvre a tout bravé ; il a animé d'un même esprit les Saxons, les Polonais, les Badois, et les a fait marcher à son but. Les difficultés que l'artillerie a eues à vaincre étaient considérables. Cent bouches à feu, cinq à six cent milliers de poudre, une immense quantité de boulets ont été tirés de Stettin et des places de la Silésie. Il a fallu vaincre bien des difficultés de transport, mais la Vistule a offert un moyen facile et prompt. Les marins de la garde ont fait passer les bateaux sous le fort de Graudentz avec leur habileté et leur résolution ordinaires. Le général Chasseloup, le général Kirgener, le colonel Lacoste, et en général tous les officiers du génie ont servi de la manière la plus distinguée. Les sapeurs ont montré une rare intrépidité. Tout le corps d'artillerie commandé par le général Lariboissière a soutenu sa réputation. Le deuxième régiment d'infanterie légère, le douzième et les troupes de Paris, le général Schramm et le général Puthod se sont fait remarquer.

Un journal détaillé de ce siége sera rédigé avec soin. Il consacrera un grand nombre de faits de bravoure dignes d'être offerts comme exemples, et faits pour exciter l'enthousiasme et l'admiration.

Le 17, la mine fit sauter un blockausen de la place d'armes du chemin couvert.

Le 19, la descente et le passage du fossé furent exécutés à sept heures du soir.

Le 21, le maréchal Lefebvre ayant tout préparé pour l'assaut, on y montait lorsque le colonel Lacoste, qui avait été envoyé le matin dans la place pour affaires de service, fit connaître que le général Kalkreuth demandait à capituler aux mêmes conditions qu'il avait autrefois accordées à la garnison de Mayence. On y consentit.

Le Hakelsberg aurait été enlevé d'assaut sans une grande perte, mais le corps de place était encore entier; un large fossé rempli d'eau courante offrait assez de difficultés pour que les assiégés prolongeassent leur défense pendant une quinzaine de jours. Dans cette situation, il a paru convenable de leur accorder une capitulation honorable.

Le 27, la garnison a défilé, le général Kalkreuth à sa tête.

Cette forte garnison, qui d'abord était de seize mille hommes, est réduite à neuf mille, et sur ce nombre, quatre mille ont déserté. Il y a même des officiers parmi les déserteurs. « Nous ne voulons pas, disent-ils, aller en Sibérie. » Plusieurs milliers de chevaux nous ont été remis; mais ils sont en fort mauvais état.

On dresse en ce moment les inventaires des magasins. Le général Rapp est nommé gouverneur de Dantzick.

Le lieutenant-général russe Kamenski, après avoir été battu le 15, s'était acculé sous les fortifications de Weischelmunde; il y est demeuré sans rien oser entreprendre, et il a été spectateur de la reddition de la place. Lorsqu'il a vu que l'on établissait des batteries à boulets rouges pour brûler ses vaisseaux, il est monté à bord et s'est retiré. Il est retourné à Pilau.

Le fort de Weischelmunde tenait encore. Le maréchal Lefebvre l'a fait sommer le 29, et pendant que l'on réglait la capitulation, la garnison est sortie du fort et s'est rendue. Le commandant, abandonné, s'est sauvé par mer, ainsi nous sommes maîtres de la ville et du port de Dantzick. Ces événemens sont d'un heureux présage pour la campagne. L'empereur de Russie et le roi de Prusse étaient à Heiligenbeel. Ils ont pu conjecturer de la reddition de la place, par la cessation du feu. Le canon s'entendait jusque-là.

L'empereur, pour témoigner sa satisfaction à l'armée assiégeante, a accordé une gratification à chaque soldat.

Le siége de Graudentz commence sous le commandement du général Victor. Le général Lazowski commande le génie, et le général Danthouard l'artillerie. Graudentz est fort par sa grande quantité de mines.

La cavalerie de l'armée est belle. Les divisions de cavalerie légère, deux divisions de cuirassiers et une de dragons ont été passées en revue à Elbing, le 26, par le grand-duc de Berg. Le même jour, S. M. s'est rendue à Bischoffverder et à Strasburg, où elle a passé en revue la division de cuirassiers d'Haupoult et la division de dragons du général Grouchy. Elle a été satisfaite de leur tenue et du bon état des chevaux.

L'ambassadeur de la Porte, Seid-Mohammed-Emen-Vahid, a été présenté le 28 à deux heures après-midi, par M. le prince de Bénévent, à l'empereur, auquel il a remis ses lettres de créance. Il est resté une heure dans le cabinet de S. M.; il est logé au château, et occupe l'appartement du grand-duc de Berg, absent pour la revue. On assure que l'empereur lui a dit que lui et l'empereur Sélim étaient désormais inséparables, comme la main droite et la main gauche. Toutes les bonnes nouvelles des succès d'Ismaïl et de Valachie venaient d'arriver. Les Russes ont été obligés de lever le siége d'Ismaïl et d'évacuer la Valachie.

De notre camp impérial de Finckenstein, le 28 mai 1807.

Lettre de S. M. aux archevêques et évêques de France.

« Monsieur l'évêque de............ après la mémorable victoire d'Eylau, qui a terminé la dernière campagne, l'ennemi, chassé à plus de quarante lieues de la Vistule, n'a pu porter aucun secours à la ville de Dantzick. Malgré la rigueur de la saison, nous en avons fait sur-le-champ commencer le siége. Après quarante jours de tranchée, cette importante place est tombée au pouvoir de nos armes. Tout ce que nos ennemis ont pu entreprendre pour la secourir, a été déjoué. La victoire a constamment suivi nos drapeaux. Des magasins immenses de subsistances et d'artillerie, une des villes les plus riches et les plus commerçantes du monde se trouvent par-là en notre pouvoir dès le début de la campagne. Nous ne pouvons attribuer des succès si prompts et si éclatans qu'à cette protection spéciale, dont la divine Providence nous a donné tant de preuves. Notre volonté est donc qu'au reçu de la présente, vous ayez à vous concerter avec qui de droit, et à réunir nos peuples pour adresser de solennelles actions de grâces au Dieu des armées, afin qu'il daigne continuer à favoriser nos armes et à veiller sur le bonheur de notre patrie. Que nos peuples prient aussi pour que ce cabinet persécuteur de notre sainte religion, tout autant qu'ennemi éternel de notre nation, cesse d'avoir de l'influence dans les cabinets du continent, afin qu'une paix solide et glorieuse, digne de nous et de notre grand peuple, console l'humanité, et nous mette à même de donner un plein essor à tous les projets que nous méditons pour le bien de la religion et de nos peuples. Cette lettre n'étant pas à autre fin, nous prions Dieu qu'il vous ait, monsieur l'évêque, en sa sainte garde. » NAPOLÉON.

De notre camp impérial de Finckenstein, le 28 mai 1807.

Message de S. M. l'empereur et roi au sénat.

« Sénateurs, par nos décrets du 30 mars de l'année 1806, nous avons institué des duchés pour récompenser les grands services civils et militaires qui nous ont été ou qui nous seont rendus, et pour donner de nouveaux appuis à notre trône, et environner notre couronne d'un nouvel éclat.

« C'est à nous à songer à assurer l'état et la fortune des familles qui se dévouent entièrement à notre service, et qui sacrifient constamment leurs intérêts aux nôtres. Les honneurs permanens, la fortune légitime, honorable et glorieuse que nous voulons donner à ceux qui nous rendent des services éminens, soit dans la carrière civile, soit dans la carrière militaire, contrasteront avec la fortune illégitime, cachée, honteuse de ceux qui, dans l'exercice de leurs fonctions, ne chercheraient que leur intérêt, au lieu d'avoir en vue celui de nos peuples et le bien de notre service. Sans doute, la conscience d'avoir fait son devoir, et les biens attachés à notre estime, suffisent pour retenir un bon Français dans la ligne de l'honneur ; mais l'ordre de notre société est ainsi constitué, qu'à des distinctions apparentes, à une grande fortune sont attachés une considération et un éclat dont nous voulons que soient environnés ceux de nos sujets grands par leurs talens, par leurs services, et par leur caractère, ce premier don de l'homme.

Celui qui nous a le plus secondé dans cette première journée de notre règne, et qui, après avoir rendu des services dans toutes les circonstances de sa carrière militaire, vient d'attacher son nom à un siége mémorable où il a déployé des talens et un brillant courage, nous a paru mériter une éclatante distinction. Nous avons voulu aussi consacrer une époque si honorable pour nos armes, et par les lettres-patentes dont nous chargeons notre cousin l'archi-chancelier de vous donner communication, nous avons créé notre cousin le maréchal et sénateur Lefebvre, duc de Dantzick. Que ce titre porté par ses descendans, leur retrace les vertus de leur père, et qu'eux-mêmes ils s'en reconnaissent indignes, s'ils préféraient jamais un lâche repos et l'oisiveté de la grande ville aux périls et à la noble poussière des camps, si jamais leurs premiers sentimens cessaient d'être pour la patrie et pour nous ! Qu'aucun d'eux ne termine sa carrière sans avoir versé son sang pour la gloire et l'honneur de notre belle France ; que dans le nom qu'ils portent, ils ne voient jamais un privilège, mais des devoirs envers nos peuples et envers nous. A ces conditions, notre protection et celle de nos successeurs les distinguera dans tous les temps.

« Sénateurs, nous éprouvons un sentiment de satisfaction en pensant que les premières lettres-patentes qui, en conséquence de notre sénatus-consulte du 14 août 1806, doivent être inscrites sur vos registres, consacrent les services de votre préteur. »   Napoléon.

De notre camp impérial de Finckenstein ; le 28 mai 1807.

Lettres-patentes de S. M. l'empereur et roi.

Napoléon, par la grâce de Dieu et par les constitutions de la république, empereur des Français, à tous présens et à venir, salut :

Voulant donner à notre cousin le maréchal et sénateur Lefebvre, un témoignage de notre bienveillance pour l'attachement et fidélité qu'il a toujours montrés, et reconnaître les services éminens qu'il nous a rendus le premier jour de notre règne, qu'il n'a cessé de nous rendre depuis, et auquel il vient d'ajouter encore un nouvel éclat par la prise de la ville de Dantzick ; désirant de plus, consacrer par un titre spécial le souvenir de cette circonstance mémorable et glorieuse, nous avons résolu de lui conférer et nous lui conférons, par les présentes, le titre de *duc de Dantzick*, avec une dotation en domaines situés dans l'intérieur de nos états.

Nous entendons que ledit duché de Dantzick soit possédé par notre cousin le maréchal et sénateur Lefebvre, et transmis héréditairement à ses enfans mâles, légitimes et naturels, par ordre de primogéniture, pour en jouir en toute propriété aux charges et conditions, et avec les droits, titres, honneurs et prérogatives attachés aux duchés par les constitutions de l'empire, nous réservant, si sa descendance masculine légitime et naturelle venait à s'éteindre, ce que Dieu ne veuille, de transmettre ledit duché à notre choix et ainsi qu'il sera jugé convenable par nous ou nos successeurs, pour le bien de nos peuples et l'intérêt de notre couronne.

Nous ordonnons que les présentes lettres-patentes soient communiquées au sénat, pour être transcrites sur ses registres.

Ordonnons pareillement qu'aussitôt que la dotation définitive du duché de Dantzick aura été revêtue de notre approbation, l'état détaillé des biens dont elle se trouvera composée, soit, en exécution des ordres donnés à cet effet par notre ministre de la justice, inscrit au greffe de la cour d'appel dans le ressort de laquelle l'habitation principale du duché sera située, et que la même inscription ait lieu au bureau des hypothèques des arrondissemens respectifs, afin que la condition desdits biens, résultant des dispositions du sénatus-consulte du 14 août 1806, soit généralement reconnue, et que personne ne puisse en prétendre cause d'ignorance.

NAPOLÉON.

Heilsberg, le 12 juin 1807.

Soixante-dix-huitième bulletin de la grande armée.

Des négociations de paix avaient eu lieu pendant tout l'hiver. On avait proposé à la France un congrès général, auquel toutes les puissances belligérantes auraient été admises, la Turquie seule exceptée. L'empereur avait été justement révolté d'une telle proposition. Après quelques mois de pourparlers, il fut convenu que toutes les puissances belligérantes, sans exception, enverraient des plénipotentiaires au congrès, qui se tiendrait à Copenhague. L'empereur avait fait connaître que la Turquie étant admise à faire cause commune dans les négociations avec la France, il n'y avait pas d'inconvénient à ce que l'Angleterre fît cause commune avec la Russie. Les ennemis demandèrent alors sur quelles bases le congrès aurait à négocier. Ils n'en proposaient aucune, et voulaient cependant que l'empereur en proposât. L'empereur ne fit point de difficulté de déclarer que, selon lui, la base des négociations devait être égalité et réciprocité entre les deux masses belligérantes, et que les deux masses belligérantes entreraient en commun dans un système de compensations.

La modération, la clarté, la promptitude de cette réponse, ne laissèrent aucun doute aux ennemis de la paix sur les dispositions pacifiques de l'empereur ; ils en craignirent les effets, et au moment même où l'on répondait qu'il n'y avait plus d'obstacles à l'ouverture du congrès, l'armée russe sortit de ses cantonnemens et vint attaquer l'armée française. Le sang a de nouveau été répandu, mais du moins la France en est innocente. Il n'est aucune ouverture pacifique que l'empereur n'ait écoutée, il n'est aucune proposition à laquelle il ait différé de répondre; il n'est aucun piége tendu par les fauteurs de la guerre que sa volonté n'ait écarté. Ils ont inconsidérément fait courir l'armée russe aux armes, quand ils ont vu leurs démarches déjouées, et ces coupables entreprises, que désavouait la justice, ont été confondues. De nouveaux échecs ont été attirés sur les armées de la Russie, de nouveaux trophées ont couronné celles de la France. Rien ne prouve davantage que la passion et des intérêts étrangers à ceux de la Russie et de la Prusse dirigent le cabinet de ces deux puissances, et conduisent leurs braves armées à de nouveaux malheurs, en les forçant à de nouveaux combats, que la circonstance où l'armée russe reprend les hostilités : c'est quinze jours après que Dantzick s'est rendu, c'est lorsque ses opérations sont sans objets, c'est lorsqu'il ne s'agit plus de faire lever le siége de ce boulevard, dont l'importance aurait justifié toutes les tentatives, et pour la conservation duquel aucun militaire n'aurait été blâmé d'avoir tenté le sort de trois batailles. Ces considérations sont étrangères aux passions qui ont préparé les événemens qui viennent de se passer ; empêcher les négociations de s'ouvrir, éloigner deux princes prêts à se rapprocher et à s'entendre, tel est le but qu'on s'est proposé. Quel sera le résultat d'une telle démarche? où est la probabilité du succès ? Toutes ces questions sont indifférentes à ceux qui soufflent la guerre. Que leur importent les malheurs des armées russes et prussiennes ? S'ils peuvent prolonger encore les calamités qui pèsent sur l'Europe, leur but est rempli.

Si l'empereur n'avait eu en vue d'autre intérêt que celui de sa gloire, s'il n'avait fait d'autres calculs que ceux qui étaient relatifs à l'avantage de ses opérations militaires, il aurait ouvert la campagne immédiatement après la prise de Dantzick ; et cependant quoiqu'il n'existât ni trêve, ni armistice, il ne s'est occupé que de l'espérance de voir arriver à bien les négociations commencées.

Combat de Spanden.

Le 5 juin, l'armée russe se mit en mouvement; ses divisions de droite attaquèrent la tête de pont de Spanden, que le général Frère défendait avec le vingt-septième régiment d'infanterie légère. Douze régimens russes et prussiens firent de nouveaux efforts; sept fois ils les renouvelèrent, et sept fois ils furent repoussés. Cependant le prince de Ponte-Corvo avait réuni son corps d'armée ; mais avant qu'il pût déboucher, une seule charge du dix-septième de dragons, faite immédiatement après le septième assaut donné à la tête de pont, avait forcé l'ennemi à abandonner le champ de bataille et à battre en retraite. Ainsi, pendant tout un jour, deux divisions ont attaqué sans succès un régiment qui, à la vérité, était retranché.

Le prince de Ponte-Corvo visitant en personne les retranchemens, dans l'intervalle des attaques, pour s'assurer de l'état des batteries, a reçu une blessure légère, qui le tiendra pendant une quinzaine de jours éloigné de son commandement. Notre perte dans cette affaire a été peu considérable; l'ennemi a perdu douze cents hommes, et a eu beaucoup de blessés.

Combat de Lomitten.

Deux divisions russes du centre attaquaient au même moment la tête de pont de Lomitten. La brigade du général Ferrey, du corps du maréchal Soult, défendait cette position. Le quarante-sixième, le cinquante-septième et le vingt-quatrième d'infanterie légère repoussèrent l'ennemi pendant toute la journée. Les abattis et les ouvrages restèrent couverts de Russes; leur général fut tué. La perte de l'ennemi fut de onze cents hommes tués, cent prisonniers et un grand nombre de blessés. Nous avons eu deux cents hommes tués ou blessés.

Pendant ce temps, le général en chef russe, avec le grand-duc Constantin, la garde impériale russe et trois divisions, attaqua à la fois les positions du maréchal Ney sur Altkirken, Aint, Guttstadt et Volfsdorff; il fut partout repoussé, mais lorsque le maréchal Ney s'aperçut que les forces qui lui étaient opposées étaient de plus de quarante mille hommes, il suivit ses instructions, et porta son corps à Ackendorff.

Combat de Deppen.

Le lendemain 6, l'ennemi attaqua le sixième corps dans sa position de Deppen sur la Passarge; il y fut culbuté. Les manœuvres du maréchal Ney, l'intrépidité qu'il a montrée et qu'il a communiquée à toutes ses troupes, les talens déployés dans cette circonstance par le général de division Marchand et par les autres officiers-généraux, sont dignes des plus grands éloges. L'ennemi, de son propre aveu, a eu, dans cette journée, deux mille hommes tués et plus de trois mille blessés; notre perte a été de cent soixante hommes tués, deux cents blessés et deux cent cinquante faits prisonniers. Ceux-ci ont été, pour la plupart, enlevés par les cosaques qui, le matin de l'attaque, s'étaient portés sur les derrrières de l'armée. Le général Roger ayant été blessé, est tombé de cheval, et a été fait prisonnier dans une charge. Le général de brigade Dutaillis a eu le bras emporté par un boulet.

L'empereur arriva le 8 à Deppen au camp du maréchal Ney; il donna sur-le-champ les ordres nécessaires. Le quatrième corps se porta sur Volfsdorff, où, ayant rencontré une division russe de Kamenski, qui rejoignait le corps d'armée, il l'attaqua, lui mit hors de combat quatre ou cinq cents hommes, lui fit cent-cinquante prisonniers et vint prendre position le soir à Altirken. Le 9, l'empereur se porta sur Guttstadt avec les corps des maréchaux Ney, Davoust et Lannes, avec sa garde et la cavalerie de réserve. Une partie de l'arrière-garde ennemie, formant dix mille hommes de cavalerie et quinze mille hommes d'infanterie, prit position à Glottau, et voulut disputer le passage. Le grand-duc de Berg, après des manœuvres fort habiles, la débusqua successivement de toutes ses positions. Les brigades de cavalerie légère des généraux Pajol, Bruyer et Durosnel et la division de grosse cavalerie du général Nansouty triomphèrent de tous les efforts de l'ennemi.

Le soir, à huit heures, nous entrâmes de vive force à Guttstadt; un millier de prisonniers, la prise de toutes les positions en avant de Guttstadt, et la déroute de l'infanterie ennemie furent les suites de cette journée. Les régimens de cavalerie de la garde russe ont surtout été très-maltraités.

Le 10, l'armée se dirigea sur Heilsberg; elle enleva les divers camps de l'ennemi. Un quart de lieue au-delà de ces camps, l'arrière-garde se montra en position, elle avait quinze à dix-huit mille hommes de cavalerie et plusieurs lignes d'infanterie. Les cuirassiers de la division Espagne, la division de dragons Latour-Maubourg et les brigades de cavalerie légère, entreprirent différentes charges et gagnèrent du terrain. A deux heures le corps du maréchal Soult se trouva formé; deux divisions marchèrent sur la droite, tandis que la division Legrand marchait sur la gauche pour s'emparer de la pointe d'un bois dont l'occupation était nécessaire, afin d'appuyer la gauche de la cavalerie. Toute l'armée russe se trouvait alors à Heilsberg; elle alimenta ses colonnes d'infanterie et de cavalerie, et fit de nombreux efforts pour se maintenir dans ses positions en avant de cette ville. Plusieurs divisions russes furent mises en déroute, et à neuf heures du soir, on se trouva sous les retranchemens ennemis.

Les fusiliers de la garde, commandés par le général Savary, furent mis en mouvement pour soutenir la division St.-Hilaire, et firent des prodiges. La division Verdier, du corps d'infanterie de réserve du maréchal Lannes, s'engagea, la nuit étant déjà tombée, et déborda l'ennemi, afin de lui couper le chemin de Lansberg; elle y réussit parfaitement. L'ardeur des troupes était telle, que plusieurs compagnies d'infanterie furent insulter les ouvrages retranchés des Russes. Quelques braves trouvèrent la mort dans les fossés des redoutes et au pied des palissades.

L'empereur passa la journée du 11 sur le champ de bataille; il y plaça les corps d'armée et les divisions pour donner une bataille qui fût décisive, et telle qu'elle pût mettre fin à la guerre. Toute l'armée russe était réunie; elle avait à Heilsberg tous ses magasins; elle occupait une superbe position que la nature avait rendue très-forte, et que l'ennemi avait encore fortifiée par un travail de quatre mois.

A quatre heures après-midi, l'empereur ordonna au maréchal Davoust de faire un changement de front par son extrémité de droite, la gauche en avant; ce mouvement le porta sur la basse Alle, et intercepta complétement le chemin d'Eylau. Chaque corps d'armée avait ses postes assignés; ils étaient tous réunis, hormis le premier corps, qui continuait à manœuvrer sur la basse Passarge. Ainsi les Russes, qui avaient les premiers recommencé les hostilités, se trouvaient comme bloqués dans leur camp retranché; on venait leur présenter la bataille dans la position qu'ils avaient eux-mêmes choisie.

On crut long-temps qu'ils attaqueraient dans la journée du 11.

Au moment où l'armée française faisait ses dispositions, ils se laissaient voir rangés en colonnes au milieu de leurs retranchemens, farcis de canons.

Mais soit que ces retranchemens ne leur parussent pas assez formidables, à l'aspect des préparatifs qu'ils voyaient faire devant eux, soit que cette impétuosité qu'avait montrée l'armée française dans la journée du 10 leur en imposât, ils commencèrent, à dix heures du soir, à passer sur la rive droite de l'Alle, en abandonnant tous les pays de la gauche, et laissant à la disposition du vainqueur leurs blessés, leurs magasins et ces retranchemens, fruit d'un travail si long et si pénible.

Le 12, à la pointe du jour, tous les corps d'armée s'ébranlèrent, et prirent différentes directions.

Les maisons d'Heilsberg et celles des villages voisins sont remplies de blessés russes.

Le résultat de ces différentes journées, depuis le 5 jusqu'au 12, a été de priver l'armée russe d'environ trente mille combattans; elle a laissé dans nos mains trois ou quatre mille hommes, sept ou huit drapeaux et neuf pièces de canon. Au dire des paysans et des prisonniers, plusieurs des généraux russes les plus marquans ont été tués ou blessés.

Notre perte monte à six ou sept cents hommes tués, deux mille ou deux mille deux cents blessés, deux ou trois cents prisonniers. Le général de division Espagne a été blessé; le général Roussel, chef de l'état-major de la garde, qui se trouvait au milieu des fusiliers, a eu la tête emportée par un boulet de canon; c'était un officier très-distingué.

Le grand-duc de Berg a eu deux chevaux tués sous lui. M. de Ségur, un de ses aides-de-camp, a eu un bras emporté. M. Lameth, aide-de-camp du maréchal Soult, a été blessé. M. Lagrange, colonel du septième régiment de chasseurs à cheval, a été atteint par une balle.

Dans les rapports détaillés que rédigera l'état-major, on fera connaître les traits de bravoure par lesquels se sont signalés un grand nombre d'officiers et de soldats, et les noms de ceux qui ont été blessés dans la mémorable journée du 10 juin.

On a trouvé dans les magasins d'Heilsberg plusieurs milliers de quintaux de farine et beaucoup de denrées de diverses sortes. L'impuissance de l'armée russe, démontrée par la prise de Dantzick, vient de l'être encore par l'évacuation du camp de Heilsberg; elle l'est par sa retraite; elle le sera d'une manière plus éclatante encore si les Russes attendent l'armée française; mais dans de si grandes armées, qui exigent vingt-quatre heures pour mettre tous les corps en position, on ne peut avoir que des affaires partielles, lorsque l'une d'elles n'est pas disposée à finir bravement la querelle dans une affaire générale.

Il paraît que l'empereur Alexandre avait quitté son armée quelques jours avant la reprise des hostilités. Plusieurs personnes prétendent que le parti anglais l'a éloigné, pour qu'il ne fût pas témoin des malheurs qu'entraîne la guerre et des désastres de son armée, prévus par ceux mêmes qui l'ont excité à rentrer en campagne. On a craint qu'un si déplorable spectacle ne lui rappelât les véritables intérêts de son pays, ne le fît revenir aux conseils des hommes sages et désintéressés, et ne le ramenât enfin, par les sentimens les plus propres à toucher un souverain, à repousser la funeste influence que la corruption anglaise exerce autour de lui.

De notre camp impérial de Friedland, le 15 juin 1807.

Lettre de S. M. l'empereur et roi à MM. les archevêques et évêques.

Monsieur l'évêque de....... La victoire éclatante qui vient d'être remportée par nos armes sur le champ de bataille de Friedland, qui a confondu les ennemis de notre peuple, et qui a mis en notre pouvoir la ville importante de Kœnigsberg et les magasins considérables qu'elle contenait, doit être pour nos sujets un nouveau motif d'actions de grâce envers le dieu des armées. Cette victoire mémorable a signalé l'anniversaire de la bataille de Marengo, de ce jour, où tout couvert de poussière du champ de bataille, notre première pensée, notre premier soin fut pour le rétablissement de l'ordre et de la paix dans l'église de France. Notre intention est qu'au reçu de la présente vous vous concertiez avec qui de droit, et vous réunissiez nos sujets de votre diocèse dans vos églises cathédrales et paroissiales, pour y chanter un *Te Deum*, et adresser au ciel les autres prières que vous jugerez convenable d'ordonner dans de pareilles circonstances. Cette lettre n'étant à d'autre fin, monsieur l'évêque de........, je prie Dieu qu'il vous ait en sa sainte garde. NAPOLÉON.

Wehlau, le 17 juin 1807.

Soixante-dix-neuvième bulletin de la grande armée.

Les combats de Spanden, de Lomitten, les journées de Guttstadt et de Heilsberg n'étaient que le prélude de plus grands événemens.

Le 12, à quatre heures du matin, l'armée française entra à Heilsberg. Le général Latour-Maubourg avec sa division de dragons et les brigades de cavalerie légère des généraux Durosnel et Wattier, poursuivirent l'ennemi sur la rive droite de l'Alle dans la direction de Bartenstein, pendant que les corps d'armée se mettaient en marche dans différentes directions pour déborder l'ennemi et lui couper sa retraite sur Kœnigsberg, en arrivant avant lui sur ses magasins. La fortune a souri à ce projet.

Le 12, à cinq heures après-midi, l'empereur porta son quartier-général à Eylau. Ce n'étaient plus ces champs couverts de glaces et de neige, c'était le plus beau pays de la nature, coupé de beaux bois, de beaux lacs, et peuplé de jolis villages.

Le grand-duc de Berg se porta le 13 sur Kœnigsberg avec sa cavalerie; le maréchal Davoust marcha derrière pour le soutenir; le maréchal Soult se porta sur Creutzbourg; le maréchal Lannes sur Domnau; les maréchaux Ney et Mortier sur Lampasch.

Cependant le général Latour-Maubourg écrivait qu'il avait poursuivi l'arrière-garde ennemie; que les Russes abandonnaient beaucoup de blessés; qu'ils avaient évacué Barstenstein, et continuaient leur retraite sur Schippenbeil, par la rive droite de l'Alle. L'empereur se mit sur-le-champ en marche sur Friedland; il donna ordre au duc de Berg, aux maréchaux Soult et Davoust de manœuvrer sur Kœnigsberg, et avec les corps des maréchaux Ney, Lannes, Mortier, avec la garde impériale et le premier corps commandé par le général Victor, il marcha en personne sur Friedland.

Le 13, le neuvième de hussards entra à Friedland; mais il en fut chassé par trois mille hommes de cavalerie.

Le 14, l'ennemi déboucha sur le pont de Friedland. A trois heures du matin, des coups de canon se firent entendre. « C'est un jour de bonheur, dit l'empereur, c'est l'anniversaire de Marengo. »

Les maréchaux Lannes et Mortier furent les premiers engagés; ils étaient soutenus par la division de dragons du général Grouchy et par les cuirassiers du général Nansouty. Différens mouvemens, différentes actions eurent lieu. L'ennemi fut contenu, et ne put pas dépasser le village de Posthenem. Croyant qu'il n'avait devant lui qu'un corps de quinze mille hommes, l'ennemi continua son mouvement pour filer sur Kœnigsberg. Dans cette occasion, les dragons et les cuirassiers français et saxons firent les plus belles charges, et prirent quatre pièces de canon à l'ennemi.

A cinq heures du soir, les différens corps d'armée étaient à leur place. A la droite, le maréchal Ney; au centre, le maréchal Lannes; à la gauche, le maréchal Mortier; à la réserve, le corps du général Victor et la garde.

La cavalerie, sous les ordres du général Grouchy, soutenait la gauche. La division de dragons du général Latour-Maubourg était en réserve derrière la droite, la division de dragons du général Lahoussaye et les cuirassiers saxons étaient en réserve derrière le centre.

Cependant l'ennemi avait déployé toute son armée; il appuyait sa gauche à la ville de Friedland, et sa droite se prolongeait à une lieue et demie.

L'empereur, après avoir reconnu la position, décida d'enlever sur-le-champ la ville de Friedland, en faisant brusquement un changement de front, la droite en avant, et fit commencer l'attaque par l'extrémité de sa droite.

A cinq heures et demie, le maréchal Ney se mit en mouvement, quelques salves d'une batterie de vingt pièces de canon furent le signal. Au même moment, la division du général Marchand avança, l'arme au bras, sur l'ennemi, prenant sa direction sur le clocher de la ville. La division du général Bisson la soutenait sur la gauche. Du moment où l'ennemi s'aperçut que le maréchal Ney avait quitté le bois où sa droite était en position, il le fit déborder par des régimens de cavalerie, précédés d'une nuée de cosaques. La division de dragons du général Latour-Maubourg se forma sur-le-champ au galop sur la droite, et repoussa la charge ennemie. Cependant le général Victor fit placer une batterie de trente pièces de canon en avant de son centre; le général Sennarmont, qui la commandait, se porta à plus de quatre cents pas en avant et fit éprouver une horrible perte à l'ennemi. Les différentes démonstrations que les Russes voulurent faire pour opérer une diversion furent inutiles. Le maréchal Ney, avec un sang-froid, et avec cette intrépidité qui lui est particulière, était en avant de ses échelons, dirigeant lui-même les plus petits détails, et donnait l'exemple à un corps d'armée, qui toujours s'est fait distinguer, même parmi les corps de la grande armée. Plusieurs colonnes d'infanterie ennemie, qui attaquaient la droite du maréchal Ney, furent chargées à la baïonnette et précipitées dans l'Alle. Plusieurs milliers d'hommes y trouvèrent la mort; quelques-uns échappèrent à la nage. La gauche du maréchal Ney arriva sur ces entrefaites au ravin qui entoure la ville de Friedland. L'ennemi, qui y avait embusqué la garde impériale russe à pied et à cheval, déboucha avec intrépidité, et fit une charge sur la gauche du maréchal Ney, qui fut un moment ébranlée; mais la division Dupont, qui formait la droite de la réserve, marcha sur la garde impériale, la culbuta et en fit un horrible carnage.

L'ennemi tira de ses réserves et de son centre d'autres corps pour défendre Friedland. Vains efforts! Friedland fut forcé et ses rues furent jonchées de morts.

Le centre, que commandait le maréchal Lannes, se trouva dans ce moment engagé. L'effort que l'ennemi avait fait sur l'extrémité de la droite de l'armée française ayant échoué, il voulut essayer un semblable effort sur le centre. Il y fut reçu comme on devait l'attendre des braves divisions Oudinot et Verdier, et du maréchal qui les commandait.

Des charges d'infanterie et de cavalerie ne purent pas retarder la marche de nos colonnes. Tous les efforts de la bravoure des Russes furent inutiles; ils ne purent rien entamer, et vinrent trouver la mort sur nos baïonnettes.

Le maréchal Mortier, qui pendant toute la journée fit grandes preuves de sang-froid et d'intrépidité, en maintenant la gauche, marcha alors en avant, et fut soutenu par les fusiliers de la garde, que commandait le général Savary. Cavalerie, infanterie, artillerie, tout le monde s'est distingué.

La garde impériale à pied et à cheval, et deux divisions de la réserve du premier corps n'ont pas été engagées. La victoire n'a pas hésité un seul instant. Le champ de bataille est un des plus horribles qu'on puisse voir. Ce n'est pas exagérer que de porter le nombre des morts, du côté des Russes, de quinze à dix-huit mille hommes. Du côté des Français la perte ne se monte pas à cinq cents morts, ni à plus de trois mille blessés. Nous avons pris quatre-vingt pièces de canon et une grande quantité de caissons. Plusieurs drapeaux sont restés en notre pouvoir. Les Russes ont eu vingt-cinq généraux tués, pris ou blessés. Leur cavalerie a fait des pertes immenses.

Les carabiniers et les cuirassiers, commandés par le général Nansouty, et les différentes divisions de dragons se sont fait remarquer. Le général Grouchy, qui commandait la cavalerie de l'aile gauche, a rendu des services importans.

Le général Drouet, chef de l'état-major du corps d'armée du maréchal Lannes; le général Cohorn; le colonel Regaud, du quinzième de ligne; le colonel Lajonquière, du soixantième de ligne; le colonel Lamotte, du quatrième de dragons, et le général de brigade Brun, ont été blessés. Le général de division Latour-Maubourg l'a été à la main. Le colonel d'artillerie de Forno, et le chef d'escadron Hutin, premier aide-de-camp du général Oudinot, ont été tués. Les aides-de-camp de l'empereur, Mouton et Lacoste, ont été légèrement blessés.

La nuit n'a point empêché de poursuivre l'ennemi; on l'a suivi jusqu'à onze heures du soir. Le reste de la nuit, les colonnes qui avaient été coupées ont essayé de passer l'Alle, à plusieurs gués. Partout, le lendemain et à plusieurs lieues, nous avons trouvé des caissons, des canons et des voitures perdus dans la rivière.

La bataille de Friedland est digne d'être mise à côté de celles de Marengo, d'Austerlitz et d'Iéna. L'ennemi était nombreux, avait une belle et forte cavalerie, et s'est battu avec courage.

Le lendemain 15, pendant que l'ennemi essayait de se rallier, et faisait sa retraite sur la rive droite de l'Alle, l'armée française continuait, sur la rive gauche, ses manœuvres pour le couper de Kœnigsberg.

Les têtes des colonnes sont arrivées ensemble à Wehlau, ville située au confluent de l'Alle et de la Prégel.

L'empereur avait son quartier-général au village de Peterswalde.

Le 16, à la pointe du jour, l'ennemi ayant coupé tous les ponts, mit à profit cet obstacle pour continuer son mouvement rétrograde sur la Russie.

A huit heures du matin, l'empereur fit jeter un pont sur la Prégel, et l'armée s'y mit en position.

Presque tous les magasins que l'ennemi avait sur l'Alle ont été par lui jetés à l'eau ou brûlés. Par ce qui nous reste, on peut connaître les pertes immenses qu'il a faites. Partout dans les villages, les Russes avaient des magasins, et partout, en passant, ils les ont incendiés. Nous avons cependant trouvé à Wehlau plus de six mille quintaux de blé.

A la nouvelle de la victoire de Friedland, Kœnigsberg a été abandonné. Le maréchal Soult est entré dans cette place, où nous avons trouvé des richesses immenses, plusieurs centaines de milliers de quintaux de blé, plus de vingt mille blessés russes et prussiens, tout ce que l'Angleterre a envoyé de munitions de guerre à la Russie, entr'autres cent soixante-mille fusils encore embarqués. Ainsi la Providence a puni ceux qui, au lieu de négocier de bonne foi pour arriver à l'œuvre salutaire de la paix, s'en sont fait un jeu, prenant pour faiblesse et pour impuissance la tranquillité du vainqueur.

L'armée occupe ici le plus beau pays possible. Les bords de la Prégel sont riches. Dans peu les magasins et les caves de Dantzick et Kœnigsberg vont nous apporter de nouveaux moyens d'abondance et de santé.

Les noms des braves qui se sont distingués, les détails de ce que chaque corps a fait, passent les bornes d'un simple bulletin, et l'état-major s'occupe de réunir tous les faits.

Le prince de Neufchâtel a, dans la bataille de Friedland, donné des preuves particulières de son zèle et de ses talens.

Plusieurs fois il s'est trouvé au fort de la mêlée, et y a fait des dispositions utiles.

L'ennemi avait recommencé les hostilités le 5 : on peut évaluer la perte qu'il a éprouvée en dix jours, et par suite des opérations, à soixante mille hommes pris, blessés, tués ou hors de combat. Il a perdu une partie de son artillerie, presque toutes ses munitions, et tous ses magasins sur une ligne de plus de quarante lieues.

Tilsitt, le 19 juin 1807.

Quatre-vingtième bulletin de la grande armée.

Les armées françaises ont rarement obtenu de si grands succès avec moins de perte.

Pendant le temps que les armées françaises se signalaient sur le champ de bataille de Friedland, le grand-duc de Berg, arrivé devant Kœnigsberg, prenait en flanc le corps d'armée du général Lestocq.

Le 13, le maréchal Soult trouva à Creutzbourg l'arrière-garde prussienne; la division de dragons Milhaud exécuta une belle charge, culbuta la cavalerie prussienne, et enleva plusieurs pièces de canon.

Le 14, l'ennemi fut obligé de s'enfermer dans la place de Kœnigsberg. Vers le milieu de la journée, deux colonnes ennemies coupées se présentèrent pour entrer dans la place. Six pièces de canon et trois à quatre mille hommes qui composaient cette troupe furent pris; tous les faubourgs de Kœnigsberg furent enlevés ; on y fit un bon nombre de prisonniers : le général de brigade Buget a eu la main emportée par un boulet.

En résumé, les résultats de toutes ces affaires sont quatre à cinq mille prisonniers et quinze pièces de canon.

Le 15 et le 16, le corps d'armée du maréchal Soult fut

contenu devant les retranchemens de Kœnigsberg, mais la marche du gros de l'armée sur Wehlau obligea l'ennemi à évacuer Kœnigsberg, et cette place tomba en notre pouvoir.

Ce qu'on a trouvé à Kœnigsberg en subsistances, est immense. Deux cents gros bâtimens, venant de Russie, sont encore tous chargés dans le port. Il y a beaucoup plus de vins et d'eaux-de-vie qu'on était dans le cas de l'espérer.

Une brigade de la division Saint-Hilaire s'est portée devant Pilau pour en former le siége, et le général Rapp a fait partir de Dantzick une colonne chargée d'aller, par le Niérung, établir devant Pilau une batterie qui ferme le Haff. Des bâtimens montés par des marins de la garde nous rendent maîtres de cette petite mer.

Le 17, l'empereur porta son quartier-général à la métairie de Crucken, près Klein-Schirau; le 18, il le porta à Sgaisgirren; le 19, à deux heures après-midi, il entra dans Tilsitt.

Le grand-duc de Berg, à la tête de la plus grande partie de la cavalerie légère, des divisions de dragons et de cuirassiers, a mené battant l'ennemi ces trois jours derniers, et lui a fait beaucoup de mal. Le cinquième régiment de hussards s'est distingué; les cosaques ont été culbutés plusieurs fois et ont beaucoup souffert dans ces différentes charges. Nous avons eu peu de tués et de blessés. Au nombre de ces derniers se trouve le chef d'escadron Piéton, aide-de-camp du grand-duc de Berg.

Après le passage de la Prégel, vis-à-vis Wehlau, un tambour fut chargé par un cosaque, et se jeta ventre à terre; le cosaque prend sa lance pour en percer le tambour; mais celui-ci conserve toute sa présence d'esprit, tire à lui la lance, désarme le cosaque et le poursuit.

Un fait particulier, qui a excité le rire des soldats, a eu lieu pour la première fois vers Tilsitt ; on a vu une nuée de Kalmoucks se battant à coup de flèches.

Nous en sommes fâchés pour ceux qui donnent l'avantage aux armes anciennes sur les modernes ; mais rien n'est plus risible que le jeu de ces armes contre nos fusils.

Le maréchal Davoust, à la tête du troisième corps, a débouché par Labiau, est tombé sur l'arrière-garde ennemie, et lui a fait deux mille cinq cents prisonniers.

De son côté, le maréchal Ney est arrivé le 17 à Insterbourg, y a pris un millier de blessés et a enlevé à l'ennemi des magasins assez considérables.

Les bois, les villages sont pleins de Russes isolés, ou blessés ou malades.

Les pertes de l'armée russe sont énormes ; elle n'a ramené avec elle qu'une soixantaine de pièces de canon.

La rapidité des marches empêche de connaître encore toutes les pièces qu'on a prises à la bataille de Friedland ; on croit que le nombre passera cent vingt.

A la hauteur de Tilsitt, deux billets ont été remis au grand-duc de Berg, et par suite le prince russe, lieutenant-général Labanoff a passé le Niémen, et a conféré une heure avec le prince de Neufchâtel.

L'ennemi a brûlé en grande hâte le pont de Tilsitt sur le Niémen, et paraît continuer sa retraite sur la Russie.

Nous sommes sur les confins de cet empire.

Le Niémen, vis-à-vis Tilsitt, est un peu plus large que la Seine.

L'on voit, de la rive gauche, une nuée de cosaques qui forment l'arrière-garde ennemie sur la rive droite.

Déjà l'on ne commet aucune hostilité.

Ce qui restait au roi de Prusse est conquis. Cet infortuné prince n'a plus en son pouvoir que le pays situé entre le Niémen et Mémel.

La plus grande partie de son armée ou plutôt de la division de ses troupes, déserte ne voulant pas aller en Russie.

L'empereur de Russie est resté trois semaines à Tilsitt avec le roi de Prusse.

A la nouvelle de la bataille de Friedland, l'un et l'autre sont partis en toute hâte.

Tilsitt, le 21 juin 1807.

Quatre-vingt-unième bulletin de la grande armée.

A la journée d'Heilsberg, le grand-duc de Berg passa sur la ligne de la troisième division de cuirassiers, au moment où le sixième régiment de cuirassiers venait de faire une charge. Le colonel d'Avenay, commandant ce régiment, son sabre dégouttant de sang, lui dit : « Prince, faites la revue de mon régiment, vous verrez qu'il n'est aucun soldat dont le sabre ne soit comme le mien. »

Les colonels Colbert, du septième de hussards, Lery, du cinquième, se sont fait également remarquer par la plus brillante intrépidité. Le colonel Borde-Soult, du vingt-deuxième de chasseurs, a été blessé. M. Gueheneuc, aide-de-camp du maréchal Lannes, a été blessé d'une balle au bras.

Les généraux aides-de-camp de l'empereur, Reille et Bertrand, ont rendu des services importans. Les officiers d'ordonnance de l'empereur Bongars, Montesquiou, Labiffe, ont mérité des éloges pour leur conduite.

Les aides-de-camp du prince de Neufchâtel Louis de Périgord, capitaine, et Piré, chef d'escadron, se sont fait remarquer.

Le colonel Curial, commandant les fusiliers de la garde, a été nommé général de brigade.

Le général de division Dupas, commandant une division sous les ordres du maréchal Mortier, a rendu d'importans services à la bataille de Friedland.

Les fils des sénateurs Pérignon, Clément de Ris et Garran de Coulon, sont morts avec honneur sur le champ de bataille.

Le maréchal Ney s'étant porté sur Gumbinnen, a arrêté quelques parcs d'artillerie ennemie, beaucoup de convois de blessés, et fait un grand nombre de prisonniers.

Tilsitt, le 22 juin 1807.

Quatre-vingt-deuxième bulletin de la grande armée.

En conséquence de la proposition qui a été faite par le commandant de l'armée russe, un armistice a été conclu.

L'armée française occupe tout le thalweg du Niémen, de sorte qu'il ne reste plus au roi de Prusse que la petite ville et le territoire de Mémel.

Au camp de Tilsitt, le 22 juin 1807.

Proclamation de S. M. à la grande armée.

Soldats !

Le 5 juin nous avons été attaqués dans nos cantonnemens par l'armée russe. L'ennemi s'est mépris sur les causes de notre inactivité. Il s'est aperçu trop tard que notre repos était celui du lion : il se repent de l'avoir oublié.

Dans les journées de Guttstadt, de Heilsberg, dans celle, à jamais mémorable, de Friedland, dans dix jours de campagne enfin, nous avons pris cent vingt pièces de canon, sept drapeaux; tué, blessé, ou fait prisonniers soixante mille Russes; enlevé à l'armée ennemie tous ses magasins, ses hôpitaux, ses ambulances, la place de Kœnigsberg, les trois cents bâtimens qui étaient dans ce port, chargés de toute espèce de munitions, cent soixante mille fusils que l'Angleterre envoyait pour armer nos ennemis.

Des bords de la Vistule, nous sommes arrivés sur ceux du

Niémen avec la rapidité de l'aigle. Vous célébrâtes à Austerlitz l'anniversaire du couronnement ; vous avez cette année célébré celui de la bataille de Marengo, qui mit fin à la guerre de la seconde coalition.

Français ! vous avez été dignes de vous et de moi. Vous rentrerez en France couverts de tous vos lauriers, après avoir obtenu une paix glorieuse qui porte avec elle la garantie de sa durée. Il est temps que notre patrie vive en repos, à l'abri de la maligne influence de l'Angleterre. Mes bienfaits vous prouveront ma reconnaissance et toute l'étendue de l'amour que je vous porte.

Tilsitt, le 23 juin 1807.

Quatre-vingt-troisième bulletin de la grande armée.

La place de Neiss a capitulé.

La garnison, forte de six mille hommes d'infanterie et de trois cents hommes de cavalerie, a défilé le 16 juin devant le prince Jérôme. On a trouvé dans la place trois cent milliers de poudre et trois cents bouches à feu.

Tilsitt, le 24 juin 1807.

Quatre-vingt-quatrième bulletin de la grande armée.

Le grand-maréchal du palais Duroc s'est rendu le 23 au quartier-général des Russes, au-delà du Niémen, pour échanger les ratifications de l'armistice qui a été ratifié par l'empereur Alexandre.

Le 24, le prince Labanoff ayant fait demander une audience à l'empereur, y a été admis le même jour à deux heures après midi. Il est resté long-temps dans le cabinet de S. M.

Le général Kalkreuth est attendu au quartier-général pour signer l'armistice du roi de Prusse.

Le 11 juin, à quatre heures du matin, les Russes attaquèrent en force Druczewo. Le général Claparède soutint le feu de l'ennemi. Le maréchal Massena se porta sur la ligne, repoussa l'ennemi et déconcerta ses projets. Le dix-septième régiment d'infanterie légère a soutenu sa réputation. Le général Montbrun s'est fait remarquer. Un détachement du vingt-huitième d'infanterie légère et un piquet du vingt-cinquième de dragons ont mis en fuite les cosaques. Tout ce que l'ennemi a entrepris contre nos postes dans les journées du 11 et du 12, a tourné à sa confusion.

On a vu par l'armistice que la gauche de l'armée française est appuyée sur Currisch-Haff, à l'embouchure du Niémen; de là notre ligne se prolonge sur Grodno. La droite, commandée par le maréchal Massena, s'étend sur les confins de la Russie, entre les sources de la Narew et du Bug.

Le quartier-général va se concentrer à Kœnigsberg, où l'on fait toujours de nouvelles découvertes en vivres, munitions et autres effets appartenant à l'ennemi.

Une position aussi formidable est le résultat des succès les plus brillans; et tandis que toute l'armée ennemie est en fuite et presque anéantie, plus de la moitié de l'armée française n'a pas tiré un coup de fusil.

Tilsitt, le 24 juin 1807.

Quatre-vingt-cinquième bulletin de la grande armée.

Demain les deux empereurs de France et de Russie doivent avoir une entrevue. On a à cet effet, élevé au milieu du Niémen, un pavillon où les deux monarques se rendront de chaque rive.

Peu de spectacles seront aussi intéressans. Les deux côtés du fleuve seront bordés par les deux armées, pendant que les deux chefs conféreront sur les moyens de rétablir l'ordre et de donner le repos à la génération présente.

Le grand-maréchal du palais Duroc est allé, hier à trois heures après midi, complimenter l'empereur Alexandre.

Le maréchal comte de Kalkreuth a été présenté aujourd'hui à l'empereur ; il est resté une heure dans le cabinet de S. M.

L'empereur a passé ce matin la revue du corps du maréchal Lannes. Il a fait différentes promotions, a récompensé les braves, et a témoigné sa satisfaction aux cuirassiers saxons.

Tilsitt, le 25 juin 1807.

Quatre-vingt-sixième bulletin de la grande armée.

Le 25 juin, à une heure après midi, l'empereur accompagné du grand-duc de Berg, du prince de Neufchâtel, du maréchal du palais Duroc et du grand-écuyer Caulaincourt, s'est embarqué sur les bords du Niémen dans un bateau préparé à cet effet ; il s'est rendu au milieu de la rivière, où le général Lariboissière, commandant l'artillerie de la garde, avait fait placer un large radeau, et élever un pavillon. A côté, était un autre radeau et pavillon pour la suite de LL. MM. Au même moment, l'empereur Alexandre est parti de la rive droite, sur un bateau, avec le grand-duc Constantin, le général Benigsen, le général Ouwaroff, le prince Labanoff et son premier aide-de-camp, le comte de Liéven.

Les deux bateaux sont arrivés en même temps ; les deux empereurs se sont embrassés en mettant le pied sur le radeau ; ils sont entrés ensemble dans la salle qui avait été préparée, et y sont restés deux heures. La conférence finie, les personnes de la suite des deux empereurs ont été introduites. L'empereur Alexandre a dit des choses agréables aux militaires qui accompagnaient l'empereur, qui, de son côté, s'est entretenu long-temps avec le grand-duc Constantin et le général Benigsen.

La conférence finie, les deux empereurs sont montés chacun dans leur barque. On conjecture que la conférence a eu le résultat le plus satisfaisant. Immédiatement après, le prince Labanoff s'est rendu au quartier-général français. On est convenu que la moitié de la ville de Tilsitt serait neutralisée. On y a marqué le logement de l'empereur de Russie et de sa cour. La garde impériale russe passera le fleuve et sera cantonnée dans la partie de la ville qui lui est destinée.

Le grand nombre des personnes de l'une et l'autre armée, accourues sur l'une et l'autre rive pour être témoins de cette scène, rendaient ce spectacle d'autant plus intéressant, que les spectateurs étaient des braves des extrémités du monde.

Tilsitt, le 26 juin 1807.

Aujourd'hui à midi et demi, S. M. s'est rendue au pavillon de Niémen. L'empereur Alexandre et le roi de Prusse y sont arrivés au même moment. Ces trois souverains sont restés ensemble dans le salon du pavillon pendant une demi-heure.

A cinq heures et demie, l'empereur Alexandre est passé sur la rive gauche. L'empereur Napoléon l'a reçu à la descente du bateau. Ils sont montés à cheval l'un et l'autre; ils ont parcouru la grande rue de la ville, où se trouvait rangée la garde impériale française à pied et à cheval, et sont descendus au palais de l'empereur Napoléon. L'empereur Alexandre y a dîné avec l'empereur, le grand-duc Constantin et le grand-duc de Berg.

Tilsitt, le 27 juin 1807.

Le général de division Teulié, commandant la division italienne au siége de Colbert, qui avait été blessé à la cuisse d'un boulet, le 12 à l'attaque du fort Wolsberg, vient de mourir de ses blessures. C'était un officier également distingué par sa bravoure et ses talens militaires.

La ville de Kosel a capitulé.

Le 24 juin, à deux heures du matin, S. A. I. le prince Jérôme a fait attaquer et enlever le camp retranché que les Prussiens occupaient sous Glatz, à portée de mitraille de cette place.

Le général Vandamme, à la tête de la division wurtembergeoise, ayant avec lui un régiment provisoire de chasseurs français à cheval, a commencé l'attaque sur la rive gauche de la Neisse, tandis que le général Lefebvre avec les Bavarois attaquait sur la rive droite. En une demi-heure, toutes les redoutes ont été enlevées à la baïonnette, l'ennemi a fait sa retraite en désordre, abandonnant dans le camp douze cents hommes tués et blessés, cinq cents prisonniers et douze pièces de canon.

Les Bavarois et les Wurtembergeois se sont très-bien conduits. Les généraux Vandamme et Lefebvre ont dirigé les attaques avec une grande habileté.

Tilsitt, le 28 juin 1807.

Hier, à trois heures après midi, l'empereur s'est rendu chez l'empereur Alexandre. Ces deux princes sont restés ensemble jusqu'à six heures. Ils sont alors montés à cheval et sont allés voir manœuvrer la garde impériale. L'empereur Alexandre a montré qu'il connaît très-bien toutes nos manœuvres, et qu'il entend parfaitement tous les détails de la tactique militaire.

A huit heures, les deux souverains sont revenus au palais de l'empereur Napoléon, où ils ont dîné, comme la veille, avec le grand-duc Constantin et le grand-duc de Berg.

Après le dîner, l'empereur Napoléon a présenté LL. Exc. le ministre des relations extérieures et le ministre secrétaire d'état à l'empereur Alexandre, qui lui a aussi présenté S. Exc. M. de Budberg, ministre des affaires étrangères, et le prince Kourakin.

Les deux souverains sont ensuite rentrés dans le cabinet de l'empereur Napoléon, où ils sont restés seuls jusqu'à onze heures du soir.

Aujourd'hui 28, à midi, le roi de Prusse a passé le Niémen, et est venu occuper à Tilsitt le palais qui lui avait été préparé. Il a été reçu à la descente de son bateau, par le maréchal Bessières. Immédiatement après, le grand-duc de Berg est allé lui rendre visite.

A une heure, l'empereur Alexandre est venu faire une visite à l'empereur Napoléon, qui est allé au-devant de lui jusqu'à la porte de son palais.

A deux heures, S. M. le roi de Prusse est venu chez l'empereur Napoléon, qui est allé le recevoir jusqu'au pied de l'escalier de son appartement.

A quatre heures, l'empereur Napoléon est allé voir l'empereur Alexandre. Ils sont montés à cheval à cinq heures, et se sont rendus sur le terrain où devait manœuvrer le corps du maréchal Davoust.

Tilsitt, le 1er juillet 1807.

Le 29 et le 30 juin, les choses se sont passées entre les trois souverains comme les jours précédens. Le 29, à six heures du soir, ils sont allés voir manœuvrer l'artillerie de la garde. Le lendemain, à la même heure, ils ont vu manœuvrer les grenadiers à cheval. La plus grande amitié paraît régner entre ces princes.

A l'un de ces dîners qui ont toujours lieu chez l'empereur Napoléon, S. M. a porté la santé de l'impératrice de Russie et de l'impératrice-mère. Le lendemain, l'empereur Alexandre a porté la santé de l'impératrice des Français.

La première fois que le roi de Prusse a dîné chez l'empereur Napoléon, S. M. a porté la santé de la reine de Prusse.

Le 29, le prince Alexandre Kourakin, ambassadeur et ministre plénipotentiaire de l'empereur Alexandre, a été présenté à l'empereur Napoléon.

Le 30, la garde impériale a donné un dîner de corps à la garde impériale russe. Les choses se sont passées avec beaucoup d'ordre. Cette réunion a produit beaucoup de gaîté dans la ville.

La place de Glatz a capitulé. Le fort de Silberberg est la seule place de la Silésie qui tienne encore.

Tilsitt, le 7 juillet 1807.

La reine de Prusse est arrivée ici hier à midi. A midi et demi l'empereur Napoléon est allé lui rendre visite.

Les trois souverains ont fait chaque jour, à six heures du soir, leurs promenades accoutumées. Ils ont ensuite dîné chez l'empereur Napoléon avec la reine de Prusse, le grand-duc Constantin, le prince Henri de Prusse, le grand-duc de Berg et le prince royal de Bavière.

On a distribué à l'ordre de la grande armée la notice suivante :

Au quartier-général impérial à Tilsitt, le 9 juillet 1807.

Notice pour l'armée.

La paix a été conclue entre l'empereur des Français et l'empereur de Russie, hier 8 juillet, à Tilsitt, et signée par le prince de Bénévent, ministre des relations extérieures de France, et par les princes Kourakin et Labanoff de Rostow, pour l'empereur de Russie, chacun de ces plénipotentiaires étant muni de pleins-pouvoirs de leurs souverains respectifs.

Les ratifications ont été échangées aujourd'hui 9 juillet, ces deux souverains se trouvant encore à Tilsitt.

Tilsitt, le 9 juillet 1807.

L'échange des ratifications du traité de paix entre la France et la Russie a eu lieu aujourd'hui à neuf heures du matin. A onze heures, l'empereur Napoléon, portant le grand cordon de l'ordre de Saint-André, s'est rendu chez l'empereur Alexandre, qui l'a reçu à la tête de sa garde, et ayant la grande décoration de la légion-d'honneur.

L'empereur a demandé à voir le soldat de la garde russe qui s'était le plus distingué; il lui a été présenté. S. M., en témoignage de son estime pour la garde impériale russe, a donné à ce brave l'aigle d'or de la légion-d'honneur.

Les empereurs sont restés ensemble pendant trois heures, et sont ensuite montés à cheval; ils se sont rendus au bord du Niémen, où l'empereur Alexandre s'est embarqué. L'empereur Napoléon est demeuré sur le rivage jusqu'à ce que l'empereur Alexandre fût arrivé à l'autre bord. Les marques d'affection que ces princes se sont données en se séparant, ont excité la plus vive émotion parmi les nombreux spectateurs qui s'étaient rassemblés pour voir les plus grands souverains du monde, offrir dans les témoignages de leur union et de leur amitié un solide garant du repos de la terre.

L'empereur Napoléon a fait remettre le grand cordon de la légion-d'honneur au grand-duc Constantin, au prince Kourakin, au prince Labanoff et à M. de Budberg.

L'empereur Alexandre a donné le grand ordre de Saint-André au prince Jérôme Napoléon, roi de Westphalie, au grand-duc de Berg et de Clèves, au prince de Neufchâtel et au prince de Bénévent.

A trois heures de l'après midi, le roi de Prusse est venu voir l'empereur Napoléon. Ces deux souverains se sont entretenus pendant une demi-heure. Immédiatement après, l'empereur Napoléon a rendu au roi de Prusse sa visite; il est ensuite parti pour Kœnigsberg.

Ainsi, les trois souverains ont séjourné pendant vingt jours à Tilsitt. Cette petite ville était le point de réunion des deux armées. Ces soldats qui naguères étaient ennemis, se donnaient des témoignages réciproques d'amitié qui n'ont pas été troublés par le plus léger désordre.

Hier, l'empereur Alexandre avait fait passer le Niémen à une dixaine de Baschirs qui ont donné à l'empereur Napoléon un concert à la manière de leur pays.

L'empereur, en témoignage de son estime pour le général Platow, hetman des cosaques, lui a fait présent de son portrait.

Les Russes ont remarqué que le 27 juin (style russe, 9 juillet du calendrier grégorien), jour de la ratification du traité de paix, est l'anniversaire de la bataille de Pultawa, qui fut si glorieuse et qui assura tant d'avantages à l'empire de Russie; ils en tirent un augure favorable pour la durée de la paix et de l'amitié qui viennent de s'établir entre ces deux grands empires.

Kœnigsberg, le 12 juillet 1807.

Quatre-vingt-septième bulletin de la grande armée.

Les empereurs de France et de Russie, après avoir séjourné pendant vingt jours à Tilsitt, où les deux maisons impériales, situées dans la même rue, étaient à peu de distance l'une de l'autre, se sont séparés le 9, à trois heures après midi, en se donnant les plus grandes marques d'amitié. Le journal de ce qui s'est passé pendant leur séjour, sera d'un véritable intérêt pour les deux peuples.

Après avoir reçu, à trois heures et demie, la visite d'adieu du roi de Prusse, qui est retourné à Memel, l'empereur Napoléon est parti pour Kœnigsberg, où il est arrivé le 10 à quatre heures du matin.

Il a fait hier la visite du port dans un canot qui était servi par les marins de la garde. S. M. passe aujourd'hui la revue du corps du maréchal Soult, et part demain, à deux heures du matin, pour Dresde.

Le nombre des Russes tués à la bataille de Friedland s'élève à dix-sept mille cinq cents, celui des prisonniers est de quarante mille, dix-huit mille sont passés à Kœnigsberg, sept mille sont restés malades dans les hôpitaux, le reste a été dirigé sur Thorn et Varsovie.

Les ordres ont été donnés pour qu'ils fussent renvoyés en Russie sans délai, sept mille sont déjà revenus à Kœnigsberg, et vont être rendus.

Ceux qui sont en France seront formés en régimens provisoires. L'empereur a ordonné de les habiller et de les armer.

Les ratifications du traité de paix entre la France et la Russie avaient été échangées à Tilsitt le 9; celles du traité de paix entre la France et la Prusse l'ont été ici aujourd'hui

Les plénipotentiaires chargés de ces négociations étaient ; pour la France, M. le prince de Bénévent ; pour la Russie, le prince Kourakin et le prince Labanoff; pour la Prusse, le feld-maréchal Kalkreuth et le comte de Glotz.

Après de tels événemens on ne peut s'empêcher de sourire quand on entend parler de la grande expédition anglaise et de la nouvelle frénésie qui s'est emparée du roi de Suède.

On doit remarquer d'ailleurs que l'armée d'observation de l'Elbe et de l'Oder était de soixante-dix mille hommes, indépendamment de la grande armée, et non compris les divisions espagnoles qui sont en ce moment sur l'Oder.

Ainsi, il aurait fallu que l'Angleterre mît en expédition

toute son armée, ses milices, ses volontaires, ses fencibles, pour opérer une diversion sérieuse.

Quand on considère que, dans de telles circonstances, elle a envoyé six mille hommes se faire massacrer par les Arabes, et sept mille hommes dans les Indes espagnoles, on ne peut qu'avoir pitié de l'excessive avidité qui tourmente ce cabinet.

La paix de Tilsitt met fin aux opérations de la grande armée, mais toutes les côtes, tous les ports de la Prusse n'en resteront pas moins fermés aux Anglais. Il est probable que le blocus continental ne sera pas un vain mot.

La Porte a été comprise dans le traité. La révolution qui vient de s'opérer à Constantinople est une révolution anti-chrétienne qui n'a rien de commun avec la politique de l'Europe. L'adjudant-commandant Guilleminot est parti pour la Bessarabie, où il va informer le grand-visir de la paix, de la liberté qu'a la Porte d'y prendre part, et des conditions qui la concernent.

Kœnigsberg, le 13 juillet 1807.

L'empereur a passé hier la revue du quatrième corps d'armée. Arrivé au vingt-sixième régiment d'infanterie légère, on lui présenta le capitaine de grenadiers Roussel. Ce brave soldat, fait prisonnier à l'affaire de Aoff, avait été remis aux Prussiens. Il se trouva dans un appartement où un insolent officier se livrait à toute espèce d'invectives contre l'empereur. Roussel supporta d'abord patiemment ces injures, mais enfin il se lève fièrement en disant : « Il n'y a que des lâches qui puissent tenir de pareils propos contre l'empereur Napoléon devant un de ses soldats. Si je suis contraint d'entendre de pareilles infamies, je suis à votre discrétion, donnez-moi la mort. » Plusieurs autres officiers prussiens qui étaient présens, ayant autant de jactance que peu de mérite et d'honneur, voulurent se porter contre ce brave militaire à des voies de fait. Roussel, seul contre sept ou huit personnes, aurait passé un mauvais quart-d'heure, si un officier russe, survenant à l'instant, ne se fût jeté devant lui le sabre à la main : c'est notre prisonnier, dit-il, et non le vôtre ; il a raison, et vous outragez lâchement le premier capitaine de l'Europe. Avant de frapper ce brave homme, il vous faudra passer sur mon corps.

En général, autant les prisonniers français se louent des Russes, autant ils se plaignent des Prussiens, surtout du général Ruchel, officier aussi méchant et fanfaron qu'il est inepte et ignorant sur le champ de bataille. Des corps prussiens qui se trouvaient à la journée d'Iéna, le sien est celui qui s'est le moins bravement comporté.

En entrant à Kœnigsberg, on a trouvé aux galères un caporal français qui y avait été jeté, parce qu'entendant les sectateurs de Ruchel parler mal de l'empereur, il s'était emporté et avait déclaré ne pas vouloir le souffrir en sa présence.

Le général Victor, qui fut fait prisonnier dans une chaise de poste par un guet-à-pens, a eu aussi à se plaindre du traitement qu'il a reçu du général Ruchel, qui était gouverneur de Kœnigsberg. C'est cependant le même Ruchel qui, blessé grièvement à la bataille d'Iéna, fut accablé de bons traitemens par les Français ; c'est lui qu'on laissa libre, et à qui, au lieu d'envoyer des gardes comme on devait le faire, on envoya des chirurgiens. Heureusement que le nombre des hommes auxquels il faut se repentir d'avoir fait du bien, n'est pas grand. Quoi qu'en disent les misantropes, les ingrats et les pervers forment une exception dans l'espèce humaine.

Dresde, le 18 juillet 1817.

S. M. l'empereur est parti de Kœnigsberg le 13 à six heures du soir ; il est arrivé le 14 à midi à Marienwerder, où il s'est arrêté pendant une heure.

Il a passé à Posen le 14, à dix heures du soir ; il s'y est reposé deux heures ; il y a reçu les autorités du gouvernement polonais.

Il est arrivé à Glogau le 16 à midi, et le 17, à sept heures du matin, à Bautzen, première ville du royaume de Saxe, où il a été reçu par le roi.

Ces deux souverains se sont entretenus un moment dans la maison de l'évêché. Le roi est monté dans la voiture de l'empereur ; ils sont arrivés ensemble à Dresde et sont descendus au palais.

Aujourd'hui à six heures du matin, l'empereur est monté à cheval pour parcourir les environs de Dresde.

Les sentimens que S. M. a trouvés en Saxe sont semblables à ceux qui lui ont été exprimés sur toute sa route en Pologne ; un immense concours de peuple était partout sur son passage.

Paris, le 12 août 1807.

Réponse de l'empereur à une députation du royaume d'Italie.

« J'agrée les sentimens que vous m'exprimez au nom de mes peuples d'Italie. J'ai éprouvé une joie particulière dans le cours de la campagne dernière, de la conduite distinguée qu'ont tenue mes troupes italiennes. Pour la première fois, depuis bien des siècles, les Italiens se sont montrés avec honneur sur le grand théâtre du monde : j'espère qu'un si heureux commencement excitera l'émulation de la nation ; que les femmes elles-mêmes renverront d'auprès d'elle cette jeunesse oisive qui languit dans leurs boudoirs, ou du moins ne les recevront que lorsqu'ils seront couverts d'honorables cicatrices. Du reste, j'espère avant l'hiver aller faire un tour dans mes Etats d'Italie, et je me fais un plaisir tout particulier de me trouver au milieu des habitans de ma bonne ville de Venise. Le vice-roi ne m'a pas laissé ignorer les bons sentimens qui les animent, et les preuves d'amour qu'ils m'ont données. » BONAPARTE.

En notre palais impérial de Saint-Cloud, le 14 août 1807.

Message de Sa Majesté impériale et royale au sénat.

Sénateurs,

Conformément à l'article LVI de l'acte des constitutions de l'empire en date du 28 floréal an 12, nous avons nommé membres du sénat.

MM. Klein, général de division; Beaumont, général de division, et Béguinot, général de division.

Nous désirons que l'armée voie dans ce choix l'intention où nous sommes de distinguer constamment ses services.

MM. Fabre (de l'Aude), président du tribunat; et Curée, membre du tribunat.

Nous désirons que les membres du tribunat trouvent dans ces nominations un témoignage de notre satisfaction pour la manière dont ils ont concouru avec notre conseil d'Etat, à établir les grandes bases de la législation civile.

M. l'archevêque de Turin.

Nous saisissons avec plaisir cette occasion de témoigner notre satisfaction au clergé de notre empire, et particulièrement à celui de nos départemens au-delà des Alpes.

M. Dupont, maire de Paris.

Notre bonne ville de Paris verra dans le choix d'un de ses maires, le désir que nous avons de lui donner constamment des preuves de notre affection. » BONAPARTE.

Autre message de S. M. impériale et royale au sénat.

Sénateurs,

Nous avons jugé convenable de nommer à la place de vice-grand-électeur le prince de Bénévent; c'est une marque éclatante de notre satisfaction, que nous avons voulu lui donner pour la manière distinguée dont il nous a constamment secondé dans la direction des affaires extérieures de l'empire.

Nous avons nommé vice-connétable notre cousin le prince de Neufchâtel : en l'élevant à cette haute dignité, nous avons voulu reconnaître son attachement à notre personne, et les services réels qu'il nous a rendus dans toutes les circonstances par son zèle et ses talens. NAPOLÉON.

Paris, le 16 août 1807.

Discours de Sa Majesté l'empereur et roi à l'ouverture du corps législatif.

« Messieurs les députés des départemens au corps législatif, messieurs les tribuns et les membres de mon conseil d'état,

» Depuis votre dernière session, de nouvelles guerres, de nouveaux triomphes, de nouveaux traités de paix ont changé la face de l'Europe politique.

» Si la maison de Brandebourg, qui, la première, se conjura contre notre indépendance, règne encore, elle le doit à la sincère amitié que m'a inspirée le puissant empereur du Nord.

» Un prince français régnera sur l'Elbe : il saura concilier les intérêts de ses nouveaux sujets avec ses premiers et ses plus sacrés devoir.

» La maison de Saxe a recouvré, après cinquante ans, l'indépendance qu'elle avait perdue.

» Les peuples du duché de Varsovie, de la ville de Dantzick, ont recouvré leur patrie et leurs droits.

» Toutes les nations se réjouissent d'un commun accord, de voir l'influence malfaisante que l'Angleterre exerçait sur le continent, détruite sans retour.

» La France est unie aux peuples de l'Allemagne par les lois de la confédération du Rhin, à ceux des Espagnes, de la Hollande, de la Suisse et des Italies, par les lois de notre système fédératif. Nos nouveaux rapports avec la Russie sont cimentés par l'estime réciproque de ces deux grandes nations.

» Dans tout ce que j'ai fait, j'ai eu uniquement en vue le bonheur de mes peuples, plus cher à mes yeux que ma propre gloire.

» Je désire la paix maritime. Aucun ressentiment n'influera jamais sur mes déterminations : je n'en saurais avoir contre une nation, jouet et victime des partis qui la déchirent, et trompée sur la situation de ses affaires, comme sur celle de ses voisins.

» Mais quelle que soit l'issue que les décrets de la Providence aient assignée à la guerre maritime, mes peuples me trouveront toujours le même, et je trouverai toujours mes peuples dignes de moi.

» Français, votre conduite dans ces derniers temps, où votre empereur était éloigné de plus de cinq cents lieues, a augmenté mon estime et l'opinion que j'avais conçue de votre caractère. Je me suis senti fier d'être le premier parmi vous. — Si, pendant ces dix mois d'absence et de périls, j'ai été présent à votre pensée, les marques d'amour que vous m'avez données ont excité constamment mes plus vives émotions. Toutes mes sollicitudes, tout ce qui pouvait avoir rapport même à la conservation de ma personne, ne me touchaient que par l'intérêt que vous y portiez et par l'importance dont elles pouvaient être pour vos futures destinée. *Vous êtes un bon et grand peuple.*

» J'ai médité différentes dispositions pour simplifier et perfectionner nos institutions.

» La nation a éprouvé les plus heureux effets de l'établissement de la légion d'honneur. J'ai créé différens titres impériaux pour donner un nouvel éclat aux principaux de mes sujets, pour honorer d'éclatans services par d'éclatantes récompenses, et aussi pour empêcher le retour de tout titre féodal, incompatible avec nos constitutions.

» Les comptes de mes ministres des finances et du trésor public vous feront connaître l'état prospère de nos finances. Mes peuples éprouveront une considérable décharge sur la contribution foncière.

» Mon ministre de l'intérieur vous fera connaître les travaux qui ont été commencés ou finis; mais ce qui reste à faire est bien plus important encore, car je veux que dans toutes les parties de mon empire, même dans le plus petit hameau, l'aisance des citoyens et la valeur des terres se trouvent augmentées par l'effet du système général d'amélioration que j'ai conçu.

» Messieurs les députés des départemens au corps législatif, votre assistance me sera nécessaire pour arriver à ce grand résultat, et j'ai le droit d'y compter constamment. »

Paris, le 19 août 1807.

Décret qui supprima le tribunat.

ART. 1ᵉʳ. A l'avenir, et à compter de la fin de la session qui va s'ouvrir, la discussion préalable des lois qui est faite par les sections du tribunat, le sera, pendant la durée de chaque session, par trois commissions du corps législatif, sous le titre, la première, de *commission de législation civile et criminelle*; la seconde, de *commission d'administration intérieure*; la troisième, de *commission des finances*.

2. Chacune de ces commissions délibérera séparément et sans assistans; elle sera composée de sept membres nommés par le corps législatif, au scrutin secret et à la majorité absolue des voix. Le président sera nommé par l'empereur,

soit parmi les membres de la commission, soit parmi les autres membres du corps législatif.

3. La forme du scrutin sera dirigée de manière qu'il y ait, autant qu'il sera possible, quatre jurisconsultes dans la commission de législation.

4. En cas de discordance d'opinion entre la section du conseil d'état, qui aura rédigé le projet de loi, et la commission compétente du corps législatif, l'une et l'autre se réuniront en conférence, sous la présidence de l'archi-chancelier de l'empire, ou de l'archi-trésorier, suivant la nature des objets à examiner.

5. Si les conseillers d'état et les membres de la commission du corps-législatif sont du même avis, le président de la commission sera entendu, après que l'orateur du conseil d'état aura exposé devant le corps législatif les motifs de la loi.

6. Lorsque la commission se décidera contre le projet de loi, tous les membres de la commission auront la faculté d'exposer devant le corps législatif les motifs de leur opinion.

7. Les membres de la commission qui auront discuté un projet de loi seront admis, comme les autres membres du corps législatif, à voter sur le projet.

8. Lorsque les circonstances donneront lieu à l'examen de quelque projet d'une importance particulière, il sera loisible à l'empereur d'appeler, dans l'intervalle de deux sessions, les membres du corps législatif nécessaires pour former les commissions, lesquelles procéderont, de suite, à la discussion préalable du projet : ces commissions se trouveront nommées pour la session prochaine.

9. Les membres du tribunat qui, aux termes de l'acte du sénat conservateur, en date du 17 fructidor an 10, devaient rester jusqu'en l'an 19, et dont les pouvoirs avaient été, par l'article 89 de l'acte des constitutions de l'empire, du 28 flo-

réal an 12, prorogés jusqu'en l'an 21, correspondant à l'année 1812 du calendrier grégorien, entreront au corps législatif, et feront partie de ce corps jusqu'à l'époque où leurs fonctions auraient dû cesser au tribunat.

10. A l'avenir, nul ne pourra être nommé membre du corps législatif, à moins qu'il n'ait quarante ans accomplis.

En notre palais royal de Milan, le 17 décembre 1807.

Décret qui déclare en état de blocus les îles britanniques.

Napoléon, empereur des Français, roi d'Italie, et protecteur de la confédération du Rhin,

Vu les dispositions arrêtées par le gouvernement britannique, en date du 11 novembre dernier, qui assujétissent les bâtimens des puissances neutres, amies et même alliées de l'Angleterre, non-seulement à une visite par les croiseurs anglais, mais encore à une station obligée en Angleterre et à une imposition arbitraire de tant pour cent sur leur chargement, qui doit être réglée par la législation anglaise;

Considérant que, par ces actes, le gouvernement anglais a dénationalisé les bâtimens de toutes les nations de l'Europe; qu'il n'est au pouvoir d'aucun gouvernement de transiger sur son indépendance et sur ses droits, tous les souverains de l'Europe étant solidaires de la souveraineté et de l'indépendance de leur pavillon; que si, par une faiblesse inexcusable, et qui serait une tache ineffaçable aux yeux de la postérité, on laissait passer en principe et consacrer par l'usage une pareille tyrannie, les Anglais en prendraient acte pour l'établir en droit, comme ils ont profité de la tolérance des gouvernemens pour établir l'infâme principe que le pavillon ne couvre pas la marchandise, et pour donner à leur droit de blocus une extension arbitraire et attentatoire à la souveraineté de tous les états;

17.

Nous avons décrété et décrétons ce qui suit :

Art. 1er. Tout bâtiment, de quelque nation qu'il soit, qui aura souffert la visite d'un vaisseau anglais, ou se sera soumis à un voyage en Angleterre, ou aura payé une imposition quelconque au gouvernement anglais, est par cela seul déclaré dénationalisé, a perdu la garantie de son pavillon et est devenu propriété anglaise.

2. Soit que lesdits bâtimens ainsi dénationalisés par les mesures arbitraires du gouvernement anglais, entrent dans nos ports ou dans ceux de nos alliés, soit qu'ils tombent au pouvoir de nos vaisseaux de guerre ou de nos corsaires, ils sont déclarés de bonne et valable prise.

3. Les îles britanniques sont déclarées en état de blocus sur mer comme sur terre. Tout bâtiment, de quelque nation qu'il soit, quel que soit son chargement, expédié des ports d'Angleterre ou des colonies anglaises, ou des pays occupés par les troupes anglaises, ou allant en Angleterre, ou dans les colonies anglaises, ou dans des pays occupés par les troupes anglaises, est de bonne prise, comme contrevenant au présent décret ; il sera capturé par nos vaisseaux de guerre ou par nos corsaires, et adjugé au capteur.

4. Ces mesures, qui ne sont qu'une juste réciprocité pour le système barbare adopté par le gouvernement anglais, qui assimile sa législation à celle d'Alger, cesseront d'avoir leur effet pour toutes les nations qui sauraient obliger le gouvernement anglais à respecter leur pavillon. Elles continueront d'être en vigueur pendant tout le temps que ce gouvernement ne reviendra pas aux principes du droit des gens, qui règle les relations des états civilisés dans l'état de guerre. Les dispositions du présent décret seront abrogées et nulles par le fait, dès que le gouvernement anglais sera revenu aux principes du droit des gens, qui sont aussi ceux de la justice et de l'honneur.

5. Tous nos ministres sont chargés de l'exécution du présent décret, qui sera inséré au bulletin des lois.

NAPOLÉON.

En notre palais royal de Milan, le 20 décembre 1807.

Lettres-patentes.

Napoléon, par la grâce de Dieu et par les constitutions, empereur des Français, roi d'Italie, protecteur de la confédération du Rhin, à tous ceux qui les présentes verront; salut :

Voulant donner une preuve particulière de notre satisfaction à notre bonne ville de Venise, nous avons conféré et conférons, par ces présentes lettres-patentes, à notre bien-aimé fils le prince Eugène Napoléon, notre héritier présomptif à la couronne d'Italie, le titre de *prince de Venise*.

Nous mandons et ordonnons que les présentes lettres-patentes soient enregistrées à la consulte d'état, transcrites sur le grand livre qu'ouvrira à cet effet, notre chancelier garde-des-sceaux, et insérées au bulletin des lois, afin que personne ne puisse en prétexter cause d'ignorance. NAPOLÉON.

En notre palais royal de Milan, le 20 décembre 1807.

Lettres-patentes.

Napoléon, par la grâce de Dieu et les constitutions, empereur des Français, roi d'Italie, protecteur de la confédération du Rhin, à tous ceux qui les présentes verront; salut :

Voulant donner une preuve particulière de notre satisfaction à notre bonne ville de Bologne, nous avons conféré et conférons par les présentes, le titre de *princesse de Bologne* à notre bien-aimée petite-fille la princesse Joséphine.

Nous mandons et ordonnons que les présentes lettres-patentes soient enregistrées à la consulte-d'état, transcrites sur les registres du sénat à la première session, inscrites sur le grand livre qu'ouvrira à cet effet notre chancelier garde-des-sceaux, et insérées au bulletin des lois, afin que personne ne puisse en prétexter cause d'ignorance. NAPOLÉON.

En notre palais royal de Milan, le 20 décembre 1807.

Lettres-patentes.

Napoléon, par la grâce de Dieu et les constitutions, empereur des Français, roi d'Italie, protecteur de la confédération du Rhin, à tous ceux qui les présentes verront; salut :

Voulant reconnaître les services que le sieur Melzi, chancelier garde-des-sceaux de notre royaume d'Italie, nous a rendus dans toutes les circonstances, dans l'administration publique, où il a déployé, pour le bien de nos peuples et de notre couronne, les plus hauts talens et la plus sévère intégrité ;

Nous souvenant qu'il fut le premier Italien qui nous porta, sur le champ de bataille de Lodi, les clefs et les vœux de notre bonne ville de Milan, nous avons résolu de lui conférer le titre de *duc de Lodi*, pour être possédé par lui ou par ses héritiers masculins, soit naturels, soit adoptifs, par ordre de primogéniture; entendant que le cas d'adoption ayant lieu par le titulaire et ses descendans, elle sera soumise à notre approbation ou à celle de nos successeurs.

Nous mandons et ordonnons que l'état des biens que nous avons annexés au duché de Lodi, soit envoyé par notre grand-juge aux cours d'appel du lieu où ils sont situés, pour être inscrit au greffe, afin que personne n'en puisse prétexter cause d'ignorance; notre intention étant que ces biens soient exceptés des dispositions du Code Napoléon, et possédés toujours et en entier par les titulaires du duché, comme en faisant partie intégrante.

Les présentes lettres-patentes seront enregistrées à la consulte-d'état, imprimées au *bulletin des lois*, et transcrites sur les registres du sénat, à sa première session, et sur le grand livre qu'ouvrira à cet effet notre chancelier garde-des-sceaux.

NAPOLÉON.

Milan, le 21 décembre 1807.

Discours de l'empereur et roi au corps législatif italien, après la lecture des lettres-patentes qui précèdent.

« Messieurs les *possidenti, dotti et commercianti*,
« Je vous vois avec plaisir environner mon trône.

« De retour, après trois ans d'absence, je me plais à remarquer les progrès qu'ont faits mes peuples; mais que de choses il reste encore à faire pour effacer les fautes de nos pères, et vous rendre dignes des destins que je vous prépare!

« Les divisions intestines de nos ancêtres, leur misérable égoïsme de ville, préparèrent la perte de tous nos droits. La patrie fut déshéritée de son rang et de sa dignité, elle qui, dans des siècles plus éloignés, avait porté si loin l'honneur de ses armes et l'éclat de ses vertus. Cet éclat, ces vertus, je fais consister ma gloire à les reconquérir.

« Citoyens d'Italie, j'ai beaucoup fait pour vous; je ferai plus encore. Mais de votre côté, unis de cœur comme vous l'êtes d'intérêt avec mes peuples de France, considérez-les comme des frères aînés. Voyez constamment la source de notre prospérité, la garantie de nos institutions, celle de notre indépendance, dans l'union de cette couronne de fer avec ma couronne impériale. »

LIVRE SIXIÈME.

EMPIRE.

1808.

Paris, le 6 janvier 1808.

Notes extraites du Moniteur.

[1] Nous sommes autorisés à déclarer qu'il n'a été pris, pendant les conférences de Tilsitt, aucun engagement secret dont l'Angleterre puisse se plaindre, et qui la concerne en aucune manière. Pourquoi le cabinet de Londres, s'il est instruit d'engagemens secrets, contraires aux intérêts de l'Angleterre, ne les fait-il pas connaître? Son manifeste deviendrait inutile, et la seule communication de ces articles secrets justifierait sa conduite aux yeux de l'Europe, et redoublerait la bonne volonté et l'énergie de tout citoyen anglais. Mais c'est l'usage de ce gouvernement de partir d'une assertion fausse pour autoriser ses injustices, et pour chercher à justifier les vexations qu'il fait éprouver sans distinction à tous les peuples du monde. Lorsqu'il jugea convenable de ne point exécuter l'article du traité d'Amiens qui exigeait l'évacua-

---

[1] Cette note est une réponse aux plaintes que faisait le gouvernement anglais sur des engagemens secrets auxquels aurait souscrit la Russie lors du traité de Tilsitt.

tion de Malte, il fit dire au roi dans un message au parlement : que tous les ports français étaient remplis de vaisseaux prêts à effectuer une descente en Angleterre, et l'Europe entière sait s'il y avait alors le moindre armement dans les ports de France. Lorsqu'il voulut ravir quelques millions de piastres, que quatre frégates espagnoles rapportaient du continent de l'Amérique, il fit un mensonge non moins grossier, pour justifier l'agression la plus honteuse. Lorsqu'enfin, il veut excuser l'inexcusable expédition de Copenhague, il a recours à des suppositions d'une fausseté évidente pour toute l'Europe.

Mais si les dénégations formelles de la Russie et de la France, si l'expérience si souvent renouvelée de l'infidélité des assertions de l'Angleterre, si le défi qu'on lui fait de donner connaissance de quelque article secret du traité de Tilsitt qui serait contraire à ses intérêts, ne suffisent point pour convaincre tout homme impartial, un très-petit nombre de réflexions prouvera que l'Angleterre ne croit pas à ces engagemens secrets pris par la Russie contre elle.

En effet, si le cabinet de Londres croyait qu'il existait de tels engagemens entre la France et la Russie, pourquoi, dans le moment même où il avait fait cette découverte, qui le portait à attaquer Copenhague, ne faisait-il pas attaquer l'escadre russe dans la Méditerranée, et lui permettait-il de franchir librement le détroit de Gibraltar ? Pourquoi trois vaisseaux russes, qui venaient de la mer du Nord, traversaient ils l'escadre anglaise qui bloquait Copenhague ? Pourquoi, s'il était vrai que des conditions secrètes eussent été stipulées à Tilsitt, au désavantage de l'Angleterre, le cabinet de Londres recourait-il à la médiation de la Russie pour concilier ses différens avec le Danemarck ? Que ses ministres soient au moins d'accord avec eux-mêmes, et qu'ils ne disent pas quelques pages plus bas ces propres mots : « Et cependant jusqu'à la publication de la déclaration russe (c'est-à-dire jusqu'en novembre), S. M.

n'avait aucune raison de soupçonner que, quelle que pût être l'opinion de l'empereur de Russie sur les événemens de Copenhague, elle pût empêcher S. M. I. de se charger, à la demande de la Grande-Bretagne, de ce même rôle de médiateur. » Ainsi les Anglais ont eu recours à la médiation de la Russie pour s'arranger avec le Danemarck plus de trois mois après le traité de Tilsitt ; et ils prétendent, comme on le verra encore plus bas, n'avoir fait l'expédition de Danemarck, que pour s'opposer à l'exécution des arrangemens de Tilsitt, et pour déjouer un des objets de ces arrangemens. Ils se sont emparés des vaisseaux danois, à cause des arrangemens que l'empereur de Russie avait faits à Tilsitt ; ils ont laissé passer librement les vaisseaux de l'empereur de Russie ; ils étaient en paix avec la Russie, puisqu'ils avaient recours à sa médiation ; il n'est donc pas vrai qu'ils crussent alors que la Russie avait pris des arrangemens contre eux ; il n'est donc pas vrai qu'ils croient aujourd'hui que ces arrangemens ont existé. Que cette malheureuse nation est déchue ! par quels misérables conseils ses affaires sont-elles dirigées ! Ses ministres, en arrêtant un manifeste de quelques pages, n'ont pas même assez de bon sens et de réflexion pour éviter des contradictions aussi grossières.

» La bonne foi du cabinet de Londres paraît ici dans tout son jour ; il espérait que l'empereur de Russie, après avoir pris des engagemens contraires à l'Angleterre, y manquerait presque aussitôt. Le gouvernement anglais en juge sans doute d'après ses propres sentimens. Il révèle son secret à toute la terre. Les traités qu'il signe ne sont que des actes éventuels ; les obligations qu'il contracte ne sont que des engagemens simulés, qu'il tient ou qu'il viole au gré de ses caprices ou de ses intérêts. Nous le répétons, l'empereur

[a] L'Angleterre paraissait croire que l'empereur de Russie ne tarderait pas à revenir à son système.

de Russie n'a rien signé à Tilsitt qui fût contraire aux intérêts de l'Angleterre ; mais s'il l'eût fait, son caractère, sa loyauté, n'autorisaient pas l'Angleterre à penser qu'il aurait aussitôt violé ses engagemens. Nous ne relèverons pas le ton de tout ce paragraphe où on représente la Russie cédant à un moment d'alarme et d'abattement ; les Russes y répondront mieux que nous. Nous remarquerons seulement la différence qui existe entre la déclaration de la Russie et la réponse de l'Angleterre. On trouve dans la première le noble langage d'un prince qui respecte le rang suprême et la dignité des nations ; qui, s'il dit des faits honteux pour un état, ne les dit que parce qu'il y est forcé pour exposer ses motifs de plainte. Nous voyons au contraire, dans la réponse de l'Angleterre, la grossière insolence d'un club olygarque qui ne respecte rien, qui cherche à humilier par ses expressions, et qui, au défaut de bonnes raisons, a recours à des imputations calomnieuses et à des sarcasmes outrageans.

[3] Deux grandes nations égales en force, en courage, versaient des flots du plus pur de leur sang pour le seul intérêt des oppresseurs des mers : ces calamités ont touché les deux souverains ; ils ont voulu les faire cesser, et l'empereur de Russie, lors même qu'il était animé par un si puissant motif, a désiré faire sentir à l'Angleterre les effets de son ancienne affection : il a demandé que la France acceptât sa médiation, condition que la générosité de l'empereur de Russie a rendu moins pénible à l'empereur des Français. Elle pouvait l'être cependant, puisque la médiation qu'il s'agissait d'accepter était celle d'un prince si nouvellement réconcilié avec la France ; et cette médiation ainsi proposée, ainsi accueillie, l'Angleterre, au lieu de l'accepter avec empressement, a répondu à tant de générosité avec une défiance insultante ; elle a demandé qu'avant

[3] Dans le paragraphe qui a motivé cette note, l'Angleterre exigeait de la Russie communication des prétendus articles secrets qui la concernaient.

tout, on lui communiquât les articles secrets du traité de Tilsitt qui la concernaient ; on lui a répondu qu'il n'existait pas d'articles secrets qui la concernassent, et il aurait fallu sans doute, que l'empereur de Russie en forgeât exprès pour dissiper un odieux soupçon : lui qui, dans les négociations, a eu toujours à cœur de laisser la porte ouverte aux arrangemens entre la France et l'Angleterre. Il n'avait pas lieu de s'attendre à être si mal récompensé de soins si généreux. En vérité, il est difficile de porter plus loin l'oubli de toutes les convenances, de tout sentiment et de toute raison.

[4] Les ministres de Londres manquent de mémoire d'une manière bien étrange. S'ils voulaient persuader à l'Europe qu'ils n'avaient aucune liaison avec la Russie lorsque la guerre a éclaté entre la France et la Prusse, il fallait effacer de tous les souvenirs, retirer de tous les documens publics, les pièces qu'ils firent imprimer sur les événemens de 1805. Ces pièces publiées par l'Angleterre, ont appris que le cabinet de Londres, pour éloigner l'orage qui se préparait à Boulogne, fit alors un traité avec la Russie et l'Autriche. Ce fut contre l'opinion du prince Charles et de tous les hommes éclairés, qu'une armée autrichienne se précipita sur l'Iller. La faction que le gouvernement anglais avait alors à Vienne, n'examina pas s'il convenait aux puissances de la coalition d'attendre que les troupes russes fussent réunies aux troupes autrichiennes : ce retard de trois mois effrayait l'Angleterre ; les longues nuits de l'automne la menaçaient d'un trop grand péril, et Cobentzel envoya la note qui décidait la guerre, au moment même où l'armée de Boulogne était embarquée ; et Mack finissait ses destins à Ulm, tandis que les Russes étaient encore en Pologne. Lorsqu'on peut répondre à l'Angleterre par des faits aussi publics, comment nierait-elle que c'est pour elle,

---

[4] L'Angleterre se défend d'avoir eu, plus que la Russie, un intérêt immédiat à la guerre de Prusse.

et pour elle seule, que l'Autriche et la Russie ont fait la guerre ? L'Autriche ne tarda point à conclure sa paix ; la Russie resta en guerre avec la France. Depuis, un plénipotentiaire russe signa un traité de paix à Paris ; la Russie ne le ratifia point, par la seule raison qu'ayant fait la guerre avec vous, c'était avec vous qu'elle voulait faire la paix. Ainsi, après avoir fait la guerre pour l'Angleterre, c'est encore pour elle que la Russie n'a pas fait la paix ; c'est encore pour elle que la Russie a continué la guerre. Ce n'est point pour la Prusse, parce que la Russie ne devait rien à cette puissance ; elle ne devait rien à cette puissance, parce que la Prusse, après avoir signé à Berlin un traité de coopération, l'avait presque aussitôt fait désavouer à Vienne, s'était séparée de ses alliés, et avait conclu avec la France ses arrangemens particuliers. La possession du Hanovre, désirée par la Prusse, l'avait été non-seulement sans l'intention de la Russie, mais contre ses intérêts et sa volonté. C'est encore une vérité historique, que la Prusse a armé sur le bruit du traité de paix signé à Paris par M. Doubril, et d'après l'assurance qui lui fut donnée par le marquis de Lucchesini, que, par un article secret de ce traité, la Pologne avait été cédée au grand-duc Constantin. Cet inconcevable cabinet de Berlin, après avoir trompé tout le monde, avait enfin été pris dans ses propres filets. Il est donc vrai que lorsque la Prusse arma en 1806, ce fut tout à la fois contre la France et contre la Russie ; il n'est pas moins vrai que la bataille d'Iéna avait déjà détruit l'armée prussienne, que les Français étaient déjà à Berlin et sur l'Oder, lorsqu'il n'y avait point encore de traité entre la Prusse et la Russie. La Russie dut marcher sur la Vistule, à cause de l'état de guerre où elle se trouvait avec la France depuis 1805, et pour se défendre elle-même. Cette confusion des événemens les plus récens, cette ignorance des affaires de nos jours, sont dignes de l'administration actuelle de l'Angleterre. Toute cette conduite enfin décèle l'égoïsme et le machiavélisme de ce cabinet.

⁵ Ainsi l'empereur de Russie n'est pas fondé à se plaindre de ce que, pendant qu'il était aux prises avec l'armée française, le cabinet de Londres employait les forces britanniques pour le seul profit de l'Angleterre. Si l'escadre anglaise qui a forcé les Dardanelles, avait voulu se combiner avec l'escadre russe, si elle avait pris à bord les dix mille hommes qui ont été envoyés en Egypte, si elle les avait réunis aux douze mille Russes de Corfou, l'attaque de Constantinople eût été une diversion efficace pour la Russie. La conduite de l'Angleterre fut dans un sens tout opposé : après avoir subi à Constantinople une honte ineffaçable, elle fit son expédition d'Egypte, qui n'affaiblissait pas le grand-visir d'un seul homme, et qui n'avait rien de commun avec la querelle dans laquelle elle avait engagé la Russie.

Ainsi l'empereur de Russie ne doit s'en prendre qu'à lui, puisqu'il n'a pas voulu attendre les secours que l'Angleterre était disposée à lui accorder. Mais ces secours, il fallait les faire marcher lorsque Dantzick était encore dans la possession de Kalkreuth. Si aux douze mille hommes qui ont mis bas les armes et capitulé dans les rues de Buénos-Ayres, l'Angleterre avait joint les quinze mille hommes qui depuis ont incendié Copenhague, ces forces n'auraient pas sans doute fait triompher les armes britanniques; la France était en mesure; elle estimait assez l'Angleterre pour avoir compté sur de plus grands efforts; mais la Russie n'avait pas à se plaindre. Il importait bien peu au cabinet de Londres que deux nations du continent s'entr'égorgeassent sur la Vistule; les trésors de Monte-Vidéo et de Buénos-Ayres excitaient sa cupidité, et Dantzick n'a point été secouru.

S. M., disent les ministres, faisait les plus grands efforts

⁵ La déclaration anglaise cherche à repousser le reproche qu'on lui adressait de n'avoir rien tenté en faveur de ses alliés.

pour rémplir l'attente de son allié. Et qu'ont produit ces grands efforts? L'arrivée de six mille Hanovriens à l'île de Rugen, au mois de juillet, c'est-à-dire, un mois après que la querelle était terminée. N'était-il pas évident qu'une si misérable expédition avait été conçue dans le seul but d'occuper le Hanovre, si l'armée russe avait été victorieuse? n'est-il pas évident qu'elle n'arrivait à Rugen que pour le compte de l'Angleterre? n'est-il pas évident que si l'armée française avait été victorieuse, un secours de six mille hommes n'aurait été d'aucun effet? n'est-il pas évident qu'au mois de juillet, l'armée française devait être victorieuse ou battue? n'est-il pas évident que les vingt mille Espagnols, que les quarante mille Français venus de l'armée d'Italie, et dont une partie s'était trouvée disponible par la sûreté que donnait à la France les expéditions d'Egypte et de Buénos-Ayres, réunis aux vingt-quatre mille Hollandais qui étaient à Hambourg, formaient au mois de juillet une armée plus que suffisante pour anéantir tous les efforts de l'Angleterre?

Ce n'est donc pas au mois de juillet qu'il fallait envoyer des secours. C'était en avril. Mais alors la légion hanovrienne n'était point formée, et avant qu'on pût faire marcher ce ramas de déserteurs étrangers, les ministres n'avaient à leur disposition que des troupes nationales, et nous dirons pourquoi ils n'aiment pas à en disposer. Les quinze mille hommes de Buénos-Ayres, réunis à quinze mille hommes des milices de la Grande-Bretagne, pouvaient fournir au mois d'avril une armée de trente mille Anglais; mais ce n'était point là ce qui convenait au cabinet de Londres : le sang des peuples du continent doit seul couler pour la défense de l'Angleterre. Qu'on lise attentivement les débats du parlement, on y trouvera le développement de cette politique ; et c'est de cette politique que la Russie se plaint justement. Elle avait le droit de voir débarquer quarante mille Anglais au mois d'avril, ou à Dantzick ou même à Stralsund. L'Angleterre l'a-t-elle fait? Non; l'a-t elle pu faire? Si elle répond négativement, elle est donc une nation bien faible et bien misérable; elle a donc bien peu de titres pour être si exigeante envers ses alliés. Mais ce qui manquait aux ministres, c'était la volonté; il ne leur faut que des opérations de pirates; ils calculent les résultats de la guerre à tant pour cent; ils ne songent qu'à gagner de l'argent, et les champs de la Pologne n'offraient que des dangers et de la gloire; et si l'Angleterre avait enfin pris part à quelques combats, du sang anglais aurait été versé; le peuple de la Grande-Bretagne, en apprenant quels sacrifices exige la guerre, aurait désiré la paix; le deuil des pères, des mères pleurant leurs enfans morts au champ d'honneur, aurait peut-être fait naître enfin, dans le cœur des ministres, ces mêmes sentimens qu'une longue guerre a inspirés aux Français, aux Russes, aux Autrichiens. Le cabinet britannique n'aurait pu se défendre à son tour d'avoir horreur de la guerre perpétuelle, ou bien les hommes de sang qui le composent seraient devenus l'exécration du peuple. Il n'en est pas de la guerre de terre comme de la guerre de mer : la plus forte escadre n'exige pas quinze mille hommes parfaitement approvisionnés et n'ayant à souffrir aucune privation; le plus grand combat naval n'équivaut pas une escarmouche de terre, il coûte peu de sang et de larmes. La France, l'Autriche, la Russie emploient à la guerre des armées de quatre cent mille hommes, qui sont exposés à tous les genres de dangers et qui se battent tous les jours. Le désir de la paix naît au sein même de la victoire; et pour des souverains pères de leurs sujets, il se place bientôt parmi leurs sentimens les plus chers. De tous les gouvernemens, l'olygarchie est le plus dur; lui même cependant est aussi ramené vers la paix, quand la guerre coûte tant de victimes. Le système qui a conduit l'Angleterre à ne point secourir ses alliés, est la suite de son égoïsme, et l'effet de sa maxime barbare d'une guerre perpétuelle. Le peuple anglais ne se révolte point à cette idée, parce qu'on a soin d'éloigner de lui les sacrifices de la guerre. C'est ainsi que, pendant quatre coalitions, nous avons vu l'Angleterre rire à l'aspect des malheurs du continent, alimenter son commerce de sang humain, et se faire un jeu des scènes de carnage auxquelles elle ne prenait point de part. Elle rentrera dans l'estime de l'Europe, elle sera digne d'avoir des alliés quand elle se présentera en front de bandière avec quatre-vingt mille hommes; alors, quel que soit l'événement, elle ne voudra pas une guerre perpétuelle; son peuple ne se soumettra point aux caprices d'une ambition désordonnée, ses alliés ne seront pas ses victimes. C'est en se battant que les Russes, les Autrichiens, les Français ont appris à s'estimer; c'est en se battant qu'ils ont appris à faire céder les passions haineuses ou cruelles au désir de la paix. L'Angleterre a acquis sa supériorité sur les mers par la trahison à Toulon et dans la Vendée : elle n'a exposé aux convulsions qu'elle a suscitées, que quelques vaisseaux et quelques milliers d'hommes; elle n'a éprouvé ni le besoin de la paix, ni les pertes sanglantes de la guerre. Mais il est naturel que le continent veuille la paix, et que les puissances continentales aient en horreur la république d'Angleterre.

⁶ Il est vrai que la cour de l'amirauté n'a condamné qu'un seul bâtiment russe; mais ce raisonnement n'en est pas moins faux : plus de cent bâtimens russes ont été détournés de leur navigation, assujettis à d'odieuses visites et retenus en Angleterre. Depuis le manifeste du cabinet de Londres, plus de douze de ces vaisseaux arrêtés pendant que les Russes se battaient pour la cause de l'Angleterre, ont déjà été condamnés. Ce n'est donc point à la cour de l'amirauté qu'il fal-

---

6 Réfutation des griefs de la Russie, qui se plaignait des vexations que son commerce avait éprouvées de la part des Anglais.

lait s'adresser pour vérifier les sujets de plaintes de la Russie : ce sont les registres des croiseurs, ce sont ceux des capitaines de ports qu'il faut consulter. C'est une étrange manière de chercher à persuader qu'on n'a point de torts, que de chercher les preuves de ces torts où elles ne sont pas.

7 Le sophisme et l'hypocrisie ajoutent encore au sentiment de dégoût qu'on éprouve en lisant de telles absurdités. Quelque horrible que soit le principe de la guerre perpétuelle, il serait moins honteux de l'avouer : il y a une sorte de grandeur à proclamer hautement la scélératesse ; l'Angleterre dit qu'elle n'a pas refusé la médiation offerte par l'empereur de Russie, et le même jour où parut sa note en réponse à cette offre, ses troupes entrèrent à Copenhague, déclarant ainsi la guerre, non-seulement à la Russie, mais à l'Autriche, mais à tout le continent. Sa réponse au cabinet de Saint-Pétersbourg a été lue à la lueur de l'incendie de Copenhague. Que disait cette réponse ? Que l'Angleterre voulait connaître les bases de la négociation ; ressource misérable lorsqu'il s'agit de si grands intérêts. Lord Yarmouth, lord Lauderdale connaissent ces bases : qu'on leur demande s'ils pensent que la France voulait la paix ? La base la plus désirable se trouvait énoncée dans les notes de la Russie, puisqu'elle offrait sa médiation pour une paix juste et honorable. L'Angleterre demandait une garantie, et l'empereur de Russie offrait la sienne. Était-il sur la terre une garantie plus puissante et plus auguste ? Quant à la communication des articles secrets vous concernant, qu'aviez-vous donc à demander, puisqu'ils n'existaient pas ? et que vouliez-vous réellement ? refuser la médiation ? Vous l'avez refusée, et la main qui a signé ce refus dégouttait du sang des Danois, le plus cher et le plus ancien des alliés de la Russie.

7 L'Angleterre cherche à colorer son refus d'accepter la médiation de la Russie pour traiter avec la France.

⁸ La Prusse avait perdu tous ses états ; Memel était au moment d'échapper au pouvoir du roi. Le cabinet de Londres était une des causes de cette situation malheureuse, en insinuant à la Prusse que la France voulait remettre le Hanovre au roi d'Angleterre. Est-ce avec le secours des Anglais que le roi de Prusse est sorti d'une position désespérée ? C'est l'empereur de Russie qui a combattu pour lui et qui lui a fait restituer sa couronne. Voilà une étrange manière d'abandonner ses alliés. Les anciens alliés de l'Angleterre seraient bien heureux s'ils n'avaient à se plaindre que d'un abandon de cette espèce. Sans doute la France a proposé deux fois à la Prusse une paix séparée, mais il était bien entendu, lorsqu'elle n'avait pas pour elle la généreuse intervention de la Russie, que le territoire prussien n'aurait été évacué que quand les Anglais auraient eux-mêmes fait la paix.

⁹ Ce paragraphe ne contient que des assertions fausses. Aucune nouvelle contribution n'a été mise sur les états prussiens, mais celles qui avaient été imposées pendant la guerre doivent être acquittées. Tous les pays entre le Niémen et la Vistule, formant une population de plus d'un million, ont été évacués. Le reste ne l'est pas : il n'a pas dû l'être, parce que le traité n'a pas fixé le temps ; parce que les arrangemens préalables avec le roi de Prusse ne sont pas terminés ; parce que l'expédition de Copenhague est venue jeter de nouvelles incertitudes dans les affaires du Nord de l'Europe ; parce que le ministre de Prusse, qui, selon l'ancienne politique de son cabinet, a si bien instruit le cabinet britannique par de fausses confidences, est encore à Londres ; parce que les vaisseaux anglais ont été reçus à Memel ; parce qu'enfin dans la circonstance extraordinaire où les injustices de la Grande-Bretagne ont placé l'Europe, la Russie et la France ont à s'entendre.

⁸ Elle prétexte l'abandon des intérêts de la Prusse.
⁹ Elle allègue la conduite de la France à l'égard de la Prusse.

Quant à la mort d'individus sujets de S. M. prussienne, et à la remise de forteresses prussiennes qui n'avaient pu être réduites pendant la guerre, ces assertions sont tout à-fait inintelligibles. La France a, au contraire, rendu deux forteresses de plus à la Prusse, Cassel et Gratz. Les Français font la guerre loyalement, et assurément ils ne tuent point les sujets paisibles des pays conquis ; ils ne prennent pas les propriétés des particuliers, ils les protégent. Peuples du continent, lisez le code maritime de l'Angleterre, et vous verrez quel serait son code terrestre si elle était puissante sur terre comme sur mer. Elle ne s'empare pas seulement des vaisseaux des princes avec lesquels elle est en guerre, mais aussi des vaisseaux marchands qui transportent des propriétés privées. Il n'y a aucune différence, aux yeux de l'équité, entre les magasins de marchandises appartenant à des particuliers dans les provinces conquises, et les marchandises qui appartiennent à des négocians et qui naviguent sur bâtimens marchands ; il n'y a point de différence, sous le rapport de l'équité, entre les vaisseaux marchands et les convois de marchandises transportées par terre de Hambourg à Berlin, ou de Trieste en Allemagne. Et a-t-on jamais vu les armées françaises arrêter des convois ? n'a-t-on pas vu lord Keith vouloir s'emparer à Gênes des vaisseaux qui étaient dans le port, et des denrées qui se trouvaient chez les marchands de cette ville ? il ne faisait là qu'une application à la terre des principes du code maritime de l'Angleterre. Les Autrichiens et le prince Hohenzollern qui les commandait, furent indignés de ces vexations ; ils s'y opposèrent, et la journée de Marengo amenant, quelques jours après, les Français dans Gênes, y ramena aussi la sécurité sur les propriétés privées. D'où viennent donc des procédés si différens ? Les uns sont le résultat de la politique atrabilaire, injuste de l'Angleterre, les autres sont le fruit de la politique libérale et de la civilisation de la France. Si, à son tour, elle dominait sur les mers, on ne la verrait attaquer que les vaisseaux armés ; on la verrait protéger même les propriétés appartenant aux sujets des états avec lesquels elle serait en guerre. Si l'on veut comparer l'esprit de libéralité et la civilisation des deux nations, il faut prendre pour termes de cette comparaison le code des Français pendant la guerre de terre, et son application aux individus et aux propriétés, et le code maritime des Anglais, et son application aux individus et aux propriétés qui se trouvent sur les mers.

Mais quel est le motif qui a porté les ministres de Londres à faire mention de la Prusse dans ce manifeste ? est-ce l'intérêt de la Prusse ? Mais si l'intérêt de la Prusse les avait touchés, ils auraient accepté la médiation de l'empereur de Russie. Pourquoi publier aujourd'hui ce paragraphe indiscret qui laisse voir clairement que l'esprit qui a fait faire tant de faux pas au cabinet de Berlin s'agite encore ? est-ce pour être utile à la Prusse, et lui concilier l'intérêt de la France dont elle a tant besoin dans ces circonstances ?

La France a évacué beaucoup de pays, et l'Angleterre n'en a pas évacué un seul, et la base préalable de toutes ses négociations est *l'uti possidetis*. Lorsque les Français traitent avec leurs ennemis, ou ils changent les gouvernemens coupables de s'être unis à l'Angleterre contre les intérêts du continent, ou, s'ils évacuent les pays conquis, ce n'est qu'en conséquence d'une paix solide dont toutes les stipulations sont observées : et de même qu'on ne les voit pas attaquer leurs alliés sans déclaration de guerre, surprendre leurs capitales par trahison, de même on ne les voit pas abandonner une place avant que les négociations aient décidé de son sort. Les Anglais attaquent pour dépouiller, et se retirent après le pillage et l'incendie. Cette guerre leur convient, car c'est celle des pirates. Puisqu'ils etaient entrés à Copenhague, il fallait qu'ils y demeurassent jusqu'à la paix. Ils ont joint à la honte d'une entreprise atroce, le déshonneur d'une fuite honteuse.

Mais s'il était vrai que les Français fussent exigeans envers leurs ennemis, il faut le dire, comment ne le seraient-ils point? Ils ont huit cent mille hommes sur pied, et ils sont prêts à tous les sacrifices pour doubler encore leurs forces si cela était nécessaire : non que les armes soient leur métier naturel, et que tant de bras arrachés à la culture d'un sol si fertile, ne soient pas pour eux un sensible sacrifice. Possesseurs d'un beau pays, ils voudraient se livrer aux conquêtes du commerce et de l'industrie ; mais votre tyrannie les en empêche. C'est un géant que vous avez excité et que vous irritez sans cesse. Depuis quinze ans vos injustices n'ont fait qu'ajouter à son énergie et à sa puissance que votre persévérance dans la tyrannie doit accroître encore. Non-seulement il ne posera pas les armes, mais il augmentera ses forces jusqu'à ce qu'il ait conquis la liberté des mers qui est son premier droit et le patrimoine de toutes les nations. Si les suites affligeantes de la guerre se prolongent, si le séjour des troupes françaises est à charge aux pays qu'elles occupent, c'est à vous qu'il faut s'en prendre : tous les maux qui ont tourmenté l'Europe sont venus de vous seuls. Les lieux communs diplomatiques ne résolvent pas de si grandes questions. Quand vous voudrez la paix, la France sera prête à la faire ; vous ne pouvez l'ignorer, vous ne l'ignorez point. On peut citer à ce sujet une anecdote qui est généralement connue. Lorsque la garde impériale partit pour Jéna, et que l'on sut que peu de jours après l'empereur devait partir pour l'armée, lord Lauderdale demanda à M. de Champagny si, dans le cas où l'Angleterre ferait la paix, l'empereur Napoléon consentirait à s'arrêter et à contremander la marche de ses troupes contre la Prusse : l'empereur fit répondre affirmativement. D'un seul mot vous auriez sauvé la Prusse. En prévenant la chute de cette puissance, vous mainteniez sur l'Elbe cette barrière si nécessaire à vos intérêts les plus chers, et dont le rétablissement est désormais impossible.

10 L'empereur de Russie a du être offensé de la communication que fit M. Canning à M. Ryder, et dans laquelle le ministre anglais se disait certain que la Russie garantirait le Danemarck du juste ressentiment de la France, si, après avoir laissé violer son indépendance et ravir sa flotte, le Danemarck se constituait province anglaise. Ce mensonge ne fit qu'irriter le prince royal : il ne pouvait en imposer à personne. L'Angleterre voulait que la Russie garantît le Danemarck du ressentiment de la France, tandis qu'elle déclarait qu'elle ne faisait violence au Danemarck que pour se garantir des engagemens secrets contractés à Tilsitt par l'empereur de Russie. On ne sait, en vérité, ce qui est ici le plus frappant, ou la déraison ou l'immoralité du cabinet de Londres.

11 Si l'empereur de Russie a montré à l'Angleterre les premiers symptômes d'une paix renaissante depuis la paix de Tilsitt, il n'est donc pas vrai qu'il ait conclu à Tilsitt des arrangemens secrets qui l'avaient mis en inimitié avec l'Angleterre. Si ces démonstrations ont eu lieu au moment où l'on venait d'apprendre à Pétersbourg la nouvelle de l'investissement de Copenhague, ce n'est pas que l'empereur de Russie n'en éprouvât aucun ressentiment ; c'est qu'il concevait quelqu'espoir d'adoucir la férocité de l'Angleterre par de bons procédés ; c'est qu'il a désiré intervenir pour sauver son malheureux allié ; c'est qu'ignorant les causes de l'expédition de

---

10 Elle oppose à son refus d'accepter la médiation de la Russie, celui fait par cette puissance de lui servir de médiatrice envers le Danemarck.

11 Elle insinue que les premiers symptômes de bienveillance envers elle n'ont eu lieu à Saint-Pétersbourg qu'au moment où la nouvelle du siége de Copenhague venait d'y arriver.

Copenhague, sachant qu'il n'y avait donné lieu, ni directement, ni indirectement, il a pu croire pendant quelque temps que l'Angleterre avait eu des motifs pour se porter à une démarche si importante. Mais il fut éclairé par les communications du prince royal, par les propres communications de l'Angleterre, par le manifeste du général anglais qui expliquait les odieuses prétentions de son gouvernement; et alors il demanda que l'attaque de Copenhague cessât. L'Angleterre lui répondit en brûlant Copenhague et en enlevant la flotte.

Après cette opération la plus funeste pour l'Angleterre de toutes les entreprises qu'elle ait jamais formées, elle n'avait que deux partis à prendre: ou continuer à occuper Copenhague, et elle ne l'osait pas; ou évacuer Copenhague, et elle sentit que le Sund lui serait à jamais fermé. Elle eut alors la lâcheté de recourir à la médiation de la Russie; elle mit à nu son caractère; elle crut qu'elle imposerait à l'empereur Alexandre; mais elle ne put rien obtenir d'une démarche que cette opinion rendait offensante : la Russie lui répondit par le silence du mépris et en armant Cronstadt et ses côtes. Cette démarche de l'Angleterre prouve donc une seule chose; c'est qu'elle ne pensait pas que la Russie eût arrêté à Tilsitt des articles secrets contraires à ses intérêts. Cette vérité démontrée dans ces notes de tant de manières, fait crouler tout l'échafaudage du manifeste anglais.

12 Comment l'Angleterre peut-elle ne pas convenir de l'inviolabilité de la Baltique ? Si cette mer n'est point une mer fermée, pourquoi les vaisseaux anglais paient-ils à Elseneur?

13 L'Europe va juger si ces conditions sont en effet telles que la guerre la plus heureuse de la part du Danemarck pourrait à peine les lui faire obtenir. L'Angleterre demandait:

---

12 Elle nie avoir jamais acquiescé à la reconnaissance de l'inviolabilité de la mer Baltique.

13 Elle se targue des conditions avantageuses qu'elle offrait au Danemarck.

1.° Que la marine danoise restât en dépôt jusqu'à la paix;

2.° Que le juste ressentiment de l'outrage fait à Copenhague, fît place à des sentimens d'amitié pour l'Angleterre;

3.° Que les armées danoises prissent parti contre la France et fissent la guerre pour l'Angleterre.

Il faut ajouter à tous les avantages que présentaient de si belles conditions accordées par l'Angleterre, la perte des possessions danoises en Allemagne, dont la France se serait emparée, et sur le territoire desquelles elle aurait battu les Anglais, si elle leur avait permis d'y descendre.

On chercherait vainement la trace de quelques calculs, de quelque apparence de raison dans de tels raisonnemens. Le fait est que la précipitation et l'ignorance président aux conseils britanniques, et qu'on ne peut trouver dans ce que ce gouvernement dit, fait ou veut, ni but, ni vue, ni motif.

¹⁴ Ainsi la Russie n'a point d'intérêt à faire la guerre à l'Angleterre, car les intérêts du commerce et de la navigation ne regardent pas les Russes: ils n'ont point d'intérêt à l'indépendance de la Baltique, car un arrêt du conseil britannique a déchu la mer Baltique de son indépendance; car une autre décision du même conseil peut décider qu'ils n'ont point d'intérêt à la navigation de la Newa. Le but que se proposent toutes les puissances en rétablissant la liberté des mers, et en rendant la paix à l'Europe, est un but étranger à la Russie. La Russie a retiré depuis cent ans un si grand avantage de ses liaisons avec l'Angleterre, qu'elle n'a plus rien à désirer. Ce grand avantage consiste dans un traité de commerce qui a entravé, ruiné l'industrie et le commerce en Russie; mais puisque ce traité a contribué éminemment à la prospérité de l'Angleterre, qu'importe qu'il équivaille pour la Russie au fléau d'une gelée perpétuelle?

¹⁴ La Russie, suivant elle, se trouve engagée dans une guerre contraire à ses intérêts.

¹⁵ S. M. britannique éprouve ici un étrange embarras, et son conseil n'est pas fertile en expédiens. La France, l'Autriche, la Russie demandent que la flotte danoise soit rendue ; que des réparations soient faites au prince royal ; que le peuple anglais, imitant ce que fit le peuple romain en pareille circonstance, mette à la disposition du prince royal, celui qui a conseillé au roi d'Angleterre l'expédition de Copenhague ; que les maisons incendiées à Copenhague soient reconstruites aux frais de l'Angleterre ; et qu'enfin S. M. britannique montre qu'elle désavoue l'outrage fait à tous les souverains. Il y a loin de là aux propositions que fait l'Angleterre.

¹⁶ Quand on veut soutenir une cause étrangère à toute justice, à toute vérité, il faut du moins le faire avec talent, et ce talent ne se manifeste point par l'aveu fort remarquable que contient ce paragraphe. « La dernière négociation entre la France et l'Angleterre, a été rompue pour des points qui touchaient immédiatement, non les intérêts de S. M. britannique, mais ceux de son allié impérial. » Peuples de l'Europe, vous l'entendez ! Ce n'est pas la France qui s'est opposée à la paix, ce ne sont pas des intérêts importans pour l'Angleterre qui ont empêché la paix, c'est la Russie seule qui alors y mettait obstacle. Eh bien ! lorsque cet obstacle n'existe plus, pourquoi l'Angleterre se refuse-t-elle à la paix ? pourquoi, au lieu de négocier, demande-t-elle sur quelles bases veut traiter la France? pourquoi continue-t-elle à violer tous les pavillons? pourquoi maintient-elle le monde entier dans cet état d'irritation et de violence qui opprime tous les peuples, qui est à charge à tous les souverains ? Tout Anglais doit rougir d'être gouverné par de tels hommes.

---

¹⁵ Elle allègue les efforts qu'elle a faits pour terminer la guerre avec le Danemarck.
¹⁶ Elle repousse l'idée de la conclusion d'un traité avec la France, et s'excuse sur la forme offensante que la Russie aurait donnée à cette proposition.

Nous ne relevons point la phrase qui termine ce paragraphe. Le langage insultant de souverain à souverain n'avilit que celui qui se le permet. L'empereur de Russie méprisera l'insulte de l'Angleterre ; mais la nation russe ne manquera pas de s'en ressouvenir. On ne voit pas ce que le manifeste aurait perdu à la suppression de cette phrase et de beaucoup d'autres. La plus haute estime réunit la France et la Russie ; leur union fait le désespoir de l'Angleterre, et lui sera funeste. Si l'Angleterre avait voulu qu'elle n'eût pas lieu, il ne fallait pas faire l'expédition de Copenhague ; il fallait ouvrir des négociations pour arriver à cette paix, d'autant plus facile à conclure, que, selon les ministres anglais, elle n'a été rompue que pour des points qui touchaient immédiatement aux intérêts de S. M. impériale.

[17] Ce qui a maintenu la puissance maritime de l'Angleterre, ce ne sont ni des principes, ni des maximes tyranniques ; c'est la politique, l'énergie, le bon sens, la bonne conduite de vos pères ; c'est la division qu'ils ont souvent eu l'adresse de semer sur le continent. Ce qui contribuera essentiellement à sa ruine, c'est l'inconsidération, la précipitation, la violence et la folle arrogance de leurs successeurs. L'empereur de Russie désire la paix maritime ; l'Autriche, la France, l'Espagne partagent les mêmes sentimens.

Vous avez dit que la négociation avec la France n'avait été rompue que pour des points qui touchaient les intérêts de la Russie ; pourquoi donc aujourd'hui, nous le répétons encore, continuez-vous la guerre ? Pourquoi ? c'est que vous ne voulez pas la paix.

C'est parce que vous ne voulez pas la paix que vous élevez des questions inutiles. La France, l'Autriche, l'Espagne, la Hollande, Naples, disent comme l'empereur de Russie, qu'ils

---

[17] Elle s'étaie des principes de droit maritime auxquels elle attribue sa prospérité.

proclament de nouveau les principes de la neutralité armée. Ces puissances ont sans doute le droit de déclarer les principes qui doivent être la règle de leur politique; elles ont le droit de dire à quelles conditions il leur convient d'être neutres ou ennemies. Vous proclamez de nouveau les principes de vos lois maritimes; eh bien! cette opposition de principes ne sera point un obstacle au rétablissement de la paix; ils ne sont de part et d'autre d'aucun effet en temps de paix; ils ne trouvent leur application que quand vous êtes en guerre avec une puissance maritime; mais alors chaque gouvernement a le droit et le pouvoir de considérer comme une hostilité la première violation de son pavillon. Les circonstances où vous vous trouvez, décideront la conduite que vous tiendrez alors; si c'est avec la France que vous êtes en guerre, vous ne la jugerez pas une puissance assez faible pour qu'il vous soit indifférent de vous attirer d'autres ennemis, et vous userez de ménagemens avec le reste de l'Europe. Vous n'en êtes venus à insulter tous les pavillons, qu'après avoir eu l'adresse d'armer tout le continent contre la France. Vos principes maritimes ont alors changé, et ils ont été plus violens, plus injustes à mesure que vos liaisons continentales se resserraient, ou que vos alliés soutenaient plus péniblement la lutte dans laquelle vous les aviez engagés. C'est ainsi que quand la Russie était obligée de réunir tous ses moyens contre les Français en Pologne, vous avez violé son pavillon; vous lui avez refusé pour son traité de commerce, des concessions que vous vous êtes montrés disposés à lui accorder, lorsqu'elle n'a plus eu d'ennemis à combattre. Les puissances du continent, en proclamant de nouveau les principes de la neutralité armée, ne font autre chose que d'énoncer les maximes qu'elles se proposent d'adopter dans la prochaine guerre maritime. Vous ne pouvez les empêcher de diriger leur politique comme elles l'entendent; elles usent en cela d'un droit qui appartient à tous les gouvernemens, et à l'usurpation duquel elles n'auraient à opposer que l'*ultima ratio regum*. De votre côté, vous proclamez les principes de vos lois maritimes, c'est-à-dire, les principes dont vous voulez vous servir à la prochaine guerre. Le continent n'a aucun intérêt à exiger de vous à cet égard ni des déclarations, ni des renonciations ; les déclarations seraient inutiles dès le moment où vous croiriez pouvoir les oublier impunément; des renonciations sont sans objet, car on ne renonce point à des droits qu'on n'a pas. Si l'on juge de ce que vous ferez par ce que vous avez fait jusqu'à ce jour, on en conclura que vous n'exigerez des puissances du continent, ni déclaration, ni renonciation ; et comme elles n'en exigeront pas de vous, il n'y a donc aucune question à discuter, aucune difficulté à résoudre ; il n'y a donc rien ici qui puisse retarder d'un jour les bienfaits de la paix. Si cependant vous éleviez l'étrange et nouvelle prétention d'imposer à la France et autres puissances du continent, par un acte de votre seule volonté, l'obligation de souscrire à vos lois maritimes, ce serait la même chose que si vous exigiez que la législature et la souveraineté de la Russie, de la France, de l'Espagne, fussent transportées à Londres : belle prérogative pour votre parlement. Ce serait la même chose que si vous proclamiez la guerre perpétuelle, ou du moins que si vous mettiez pour terme à la guerre, le moment où vos armes se seraient emparées de Pétersbourg, de Paris, de Vienne et de Madrid. Mais si tel n'est point le fond de votre pensée, il n'y a donc plus aucun obstacle à la paix. Car, selon vos propres expressions, les négociations n'ont été rompues que pour des points qui touchaient immédiatement, non les intérêts de S. M. britannique, mais ceux de son allié impérial ; car l'allié impérial de S. M. britannique vous a fait connaître que la paix est désormais le principal but de ses vœux, le principal objet de son intérêt.

Paris, le 4 février 1808.

Lettre de S. M. l'empereur et roi, à madame mère.

Madame.

J'ai lu avec attention les procès-verbaux du chapitre-général des sœurs de la Charité. J'ai fort à cœur de voir s'augmenter et s'accroître le nombre des maisons et des individus de ces différentes institutions, ayant pour but le soulagement et le soin des malades de mon empire.

J'ai fait connaître à mon ministre des cultes ma volonté, que les réglemens de ces différentes institutions fussent revisés et arrêtés définitivement par mon conseil, dans l'année. Je désire que les chefs des différentes maisons sentent la nécessité de réunir des institutions séparées autant que cela sera possible ; elles acquerront plus de considération, trouveront plus de facilités pour leur administration, et auront droit à ma protection spéciale. Toutes les maisons que les députés ont demandées, tous les secours de premier établissement et secours annuels que vous avez jugé convenable de demander pour elles, seront accordés. Je suis même disposé à leur faire de nouvelles et de plus grandes faveurs, toutes les fois que les différens chefs des maisons seconderont de tous leurs efforts et de tout leur zèle le vœu de mon cœur pour le soulagement des pauvres, et en se dévouant avec cette charité que notre sainte religion peut seule inspirer au service des hôpitaux et des malheureux. Je ne puis, madame, que vous témoigner ma satisfaction du zèle que vous montrez et des nouveaux soins que vous vous donnez. Ils ne peuvent rien ajouter aux sentimens de vénération et à l'amour filial que je vous porte. Votre affectionné fils, NAPOLÉON.

Paris, le 15 février 1808.

Message de S. M. au Sénat-conservateur.

Sénateurs,

Nous avons jugé convenable de nommer notre beau-frère le prince Borghèse à la dignité de gouverneur-général, érigée par le sénatus-consulte organique du 2 du présent mois. Nos peuples des départemens au-delà des Alpes reconnaîtront dans la création de cette dignité, et dans le choix que nous avons fait pour la remplir, notre désir d'être plus immédiatement instruit de tout ce qui peut les intéresser, et le sentiment qui rend toujours présentes à notre pensée les parties même les plus éloignées de notre empire. NAPOLÉON.

Paris, le 27 février 1807.

Réponse de S. M. à une députation de la deuxième classe de l'Institut.

Messieurs les députés de la seconde classe de l'Institut, si la langue française est devenue une langue universelle, c'est aux hommes de génie qui ont siégé, ou qui siégent parmi vous, que nous en sommes redevables.

J'attache du prix au succès de vos travaux; ils tendent à éclairer mes peuples et sont nécessaires à la gloire de ma couronne.

J'ai entendu avec satisfaction le compte que vous venez de me rendre.

Vous pouvez compter sur ma protection.

Paris, le 5 mars 1808.

Réponse de S. M. à une députation de la quatrième classe de l'Institut.

Messieurs les président et députés de la quatrième classe de l'Institut, Athènes et Rome sont encore célèbres par leurs succès dans les arts ; l'Italie dont les peuples me sont chers à tant de titres, s'est distinguée la première parmi les nations modernes. J'ai à cœur de voir les artistes français effacer la gloire d'Athènes et de l'Italie. C'est à vous de réaliser de si belles espérances. Vous pouvez compter sur ma protection.

Bayonne, le 16 avril 1808.

Lettre de S. M. l'empereur au prince des Asturies.

Mon frère, j'ai reçu la lettre de votre altesse royale. Elle doit avoir acquis la preuve, dans les papiers qu'elle a eus du roi son père, de l'intérêt que je lui ai toujours porté. Elle me permettra, dans la circonstance actuelle, de lui parler avec franchise et loyauté. En arrivant à Madrid, j'espérais porter mon illustre ami à quelques réformes nécessaires dans ses états, et à donner quelque satisfaction à l'opinion publique. Le renvoi du prince de la Paix me paraissait nécessaire pour son bonheur et celui de ses sujets. Les affaires du Nord ont retardé mon voyage. Les événemens d'Aranjuez ont eu lieu. Je ne suis point juge de ce qui s'est passé, et de la conduite du prince de la Paix ; mais ce que je sais bien, c'est qu'il est dangereux pour les rois d'accoutumer les peuples à répandre du sang et à se faire justice eux-mêmes. Je prie Dieu que V. A. R. n'en fasse pas elle-même un jour l'expérience. Il n'est pas de l'intérêt de l'Espagne de faire du mal à un prince qui a épousé une princesse du sang royal et qui a si long-temps régi le royaume. Il n'a plus d'amis : V. A. R. n'en aura plus, si jamais elle est malheureuse. Les peuples se vengent volontiers des hommages qu'ils nous rendent. Comment d'ailleurs pourrait-on faire le procès au prince de la Paix, sans le faire à la reine et au roi votre père ? Ce procès alimentera les haines et les passions factieuses : le résultat en sera funeste pour votre couronne. V. A. R. n'y a de droits que ceux que lui a transmis sa mère. Si le procès la déshonore, V. A. R. déchire par là ses droits. Qu'elle ferme l'oreille à des conseils faibles et perfides. Elle n'a pas le droit de juger le prince de la Paix. Ses crimes, si on lui en reproche, se perdent dans les droits du trône. J'ai souvent manifesté le désir que le prince de la Paix fût éloigné des affaires; l'amitié du roi Charles m'a porté souvent à me taire et a détourner les yeux des faiblesses de son attachement. Misérables hommes que nous sommes! faiblesse et erreur, c'est notre devise. Mais tout cela peut se concilier : que le prince de la Paix soit exilé d'Espagne, et je lui offre un refuge en France. Quant à l'abdication de Charles IV, elle a eu lieu dans un moment où mes armées couvraient les Espagnes : et aux yeux de l'Europe et de la postérité, je paraîtrais n'avoir envoyé tant de troupes que pour précipiter du trône mon allié et mon ami. Comme souverain voisin, il m'est permis de vouloir en connaître les motifs avant de reconnaître cette abdication. Je le dis à V. A. R., aux Espagnols, au monde entier : si l'abdication du roi Charles est de pur mouvement, s'il n'y a pas été forcé par l'insurrection et l'émeute d'Aranjuez, je ne fais aucune difficulté de l'admettre, et je reconnais V. A. R. comme roi d'Espagne. Je désire donc causer avec elle sur cet objet. La circonspection que je porte depuis un mois dans ces affaires, doit être garant de l'appui qu'elle trouvera en moi, si, à son tour, des factions, de quelque nature qu'elles soient, venaient à l'inquiéter sur son trône. Quand le roi Charles me fit part de l'événement du mois d'octobre dernier, j'en fus douloureusement affecté; et je pense avoir contribué par les insinuations que j'ai faites, à la bonne issue de l'affaire de l'Escurial. V. A. R. avait bien des torts; je n'en veux pour preuve que la lettre qu'elle m'a écrite, et que j'ai constamment voulu ignorer. Roi à son tour, elle saura combien les droits du trône sont sacrés. Toute démarche près d'un souverain étranger de la part d'un prince héréditaire, est criminelle. V. A. R. doit se défier des écarts, des émotions populaires. On pourra commettre quelques meurtres sur mes soldats isolés, mais la ruine de l'Espagne en serait le résultat. J'ai déjà vu avec peine qu'à Madrid on avait répandu des lettres du capitaine-général de la Catalogne et fait tout ce qui pouvait donner du mouvement aux têtes. V. A. R. connaît ma pensée toute entière. Elle voit que je flotte entre diverses idées qui ont besoin d'être fixées. Elle peut être certaine que dans tous les cas je me comporterai avec elle, comme envers le roi son père. Qu'elle croie à mon désir de tout concilier et de trouver des occasions de lui donner des preuves de mon affection et de ma parfaite estime. Sur ce, etc., etc. NAPOLÉON

Baïonne, le 25 mai 1808.

Proclamation.

Napoléon, empereur des Français, roi d'Italie, protecteur de la confédération du Rhin, etc., etc., etc.

A tous ceux qui les présentes verront, salut.

Espagnols!

Après une longue agonie, votre nation périssait; j'ai vu vos maux, je vais y porter remède; votre grandeur, votre puissance fait partie de la mienne.

Vos princes m'ont cédé tous leurs droits à la couronne des Espagnes. Je ne veux point régner sur vos provinces, mais je veux acquérir des titres éternels à l'amour et à la reconnaissance de votre postérité.

Votre monarchie est vieille: ma mission est de la rajeunir. J'améliorerai toutes vos institutions, et je vous ferai jouir, si vous me secondez, des bienfaits d'une réforme, sans froissemens, sans désordre, sans convulsions.

Espagnols, j'ai fait convoquer une assemblée générale des

députations des provinces et des villes. Je veux m'assurer par moi-même de vos désirs et de vos besoins.

Je déposerai alors tous mes droits et je placerai votre glorieuse couronne sur la tête d'un autre moi-même, en vous garantissant une constitution qui concilie la sainte et salutaire autorité du souverain avec les libertés et les priviléges du peuple.

Espagnols, souvenez-vous de ce qu'ont été vos pères : voyez ce que vous êtes devenus. La faute n'en est pas à vous, mais à la mauvaise administration qui vous a régis. Soyez pleins d'espérance et de confiance dans les circonstances actuelles ; car je veux que vos derniers neveux conservent mon souvenir et disent : *Il est le régénérateur de notre patrie.*

NAPOLÉON.

Baïonne, le 6 juin 1808.

Proclamation.

Napoléon, par la grâce de Dieu, empereur des Français, roi d'Italie, protecteur de la confédération du Rhin, à tous ceux qui ces présentes verront, salut.

La junte d'état, le conseil de Castille, la ville de Madrid, etc., nous ayant, par des adresses, fait connaître que le bien de l'Espagne voulait que l'on mît promptement un terme à l'interrègne, nous avons résolu de proclamer, comme nous proclamons par la présente, notre bien-aimé frère Joseph Napoléon, actuellement roi de Naples et de Sicile, roi des Espagnes et des Indes.

Nous garantissons au roi des Espagnes l'indépendance et l'intégrité de ses états, soit d'Europe, soit d'Afrique, soit d'Asie, soit d'Amérique.

Enjoignons au lieutenant-général du royaume, aux ministres, et au conseil de Castille, de faire expédier et publier la présente proclamation dans les formes accoutumées, afin que personne n'en puisse prétendre cause d'ignorance.

NAPOLÉON.

Notes contenues dans le Moniteur.

¹ Il est vrai que quarante mille hommes de la dernière conscription se rendent en Allemagne pour renforcer les cadres de la grande armée, et remplacer le double de vieilles troupes qui en sont retirées pour l'Espagne ; ainsi la grande armée sera plutôt diminuée qu'augmentée par l'effet de cette mesure, qui n'indique donc aucun projet hostile.

² Jamais le royaume de Naples n'a été plus tranquille. Depuis cent ans, il n'y a jamais eu moins d'assassinats et de brigandages, les galériens que des frégates anglaises y ont débarqués, ont été pris par les gardes du pays et livrés à la justice. La présence de l'armée anglaise en Sicile ne s'y fait point sentir ; elle est retranchée dans Syracuse et Messine ; l'expérience prouvera si elle saura défendre la Sicile.

³ Bruits d'agiotage ; le comte de Metternich est à Paris, et, qui mieux est, y est très-bien vu. Le général Andréossi est à Vienne. Les troupes françaises sont dans leurs cantonnemens, et à plus de cent lieues de l'Autriche proprement dite.

⁴ Il est plaisant de mettre en doute si la France et ses alliés peuvent à la fois faire la guerre à l'Autriche et à l'Espagne, lorsque, sans alliés, elle a vaincu quatre coalitions dix fois plus redoutables ; n'importe, les Anglais verraient avec plai-

---

¹ Les gazettes anglaises annonçaient une concentration de troupes françaises sur le Rhin.

² Elles parlaient de troubles dans l'Italie.

³ Elles donnaient comme certaine la nouvelle du rappel de l'ambassadeur d'Autriche de Paris.

⁴ Elles parlaient de la détermination qu'avait prise Napoléon de faire marcher de front la guerre d'Espagne avec celle qu'il méditait contre l'Autriche.

sir l'Autriche faire la guerre dans le même esprit qu'ils ont excité la coalition de la Prusse, quoiqu'ils prévissent bien ce qui arriverait à la Prusse ; mais ils vivent au jour le jour ; une guerre qui ne durerait que six mois, serait toujours autant de gagné pour eux ; ils ne songent pas au résultat qui ne pourrait qu'empirer leur position.

L'Angleterre connaît l'étroite union qui existe entre la France et la Russie ; elle sait que ces deux grandes puissances sont résolues à réunir leurs forces, et à reconnaître pour ennemi tout ami de l'Angleterre ; elle sait que la paix ne sera pas troublée en Allemagne, et elle ne conserve aucun espoir raisonnable de succès définitifs, en fomentant des troubles et des désordres en Espagne ; elle sait que c'est du sang et des victimes inutiles ; mais cet encens lui est agréable ; les déchiremens du continent sont ses délices ; elle sait bien aussi qu'avant que l'année soit révolue, il n'y aura pas un seul village d'Espagne insurgé, pas un Anglais sur cette terre : mais qu'importe à l'Angleterre ? elle ne connaît ni honte ni remords ; ses armées se rembarqueront et abandonneront ses dupes ; elle traitera les insurgés d'Espagne comme elle a traité le roi de Suède. Elle a mis les armes à la main à ce souverain, l'a flatté d'un secours puissant : vingt ou trente mille hommes devaient le secourir contre le Danemarck et contre la Russie ; mais les promesses sont faciles. Le général Moore et cinq mille hommes sont arrivés et sont restés deux mois mouillés sur la côte de Suède, pendant que la Finlande était conquise, et que les Suédois étaient chassés de la Norwège. Il y a peu de semaines, nous cherchions comment l'Angleterre pourrait se tirer avec honneur de cette lutte folle du Nord ; si elle débarque une armée, disions-nous, cette armée sera prise pendant l'hiver ; nous ne pouvions nous attendre, quel-

---

5 Le journaliste regardait comme un devoir du gouvernement anglais de fournir à ses alliés des subsides et des munitions.

que mauvaise opinion que nous eussions de la bonne foi britannique, que cette perfide puissance abandonnerait la Suède à son malheureux sort, et sortirait de là en donnant de nouvelles preuves de ce que les alliés de l'Angleterre ont à attendre d'elle ; trahison et abandon. Les insurgés espagnols seront trahis et abandonnés de même lorsque l'aigle française couvrira de ses ailes toutes les Espagnes.

L'ineptie, le défaut de courage d'esprit ont fait essuyer quelques échecs à nos armes; ils seront promptement réparés, et alors les Anglais se précipiteront sur leurs vaisseaux ; ils abandonneront leurs alliés, et, comme à Quiberon, tireront sur les malheureux qu'ils auront laissés sur le rivage.

Quant à l'Autriche, la paix sera maintenue sur le continent, parce que l'Angleterre y est sans influence. Le mépris et la haine qu'elle inspire sont communs à toutes les grandes puissances : toutes ont été ses victimes; M. Adair a été chassé de Vienne, le jour où M. de Staremberg est revenu de Londres.

Les armemens faits par l'Angleterre sous pavillon américain, qu'escortaient à Trieste des frégates anglaises, ont été repoussés et proscrits par un dernier édit de l'empereur François II. La bonne intelligence n'a pas cessé de régner entre l'Autriche et la France.

Les agens obscurs que l'Angleterre solde, et qui se cachent dans cette foule d'escrocs que poursuit la police de tous les gouvernemens de l'Europe, ont dit à Vienne que la France allait faire la guerre à l'Autriche ; et à Paris, que l'Autriche levait de nouvelles armées pour attaquer la France. Les oisifs avides de nouvelles et d'émotions, ont pu, sur ces obscures rumeurs, supposer des marches, des contremarches, et bâtir des plans de campagne aussi frivoles qu'eux ; mais les deux cabinets n'ont pas cessé d'être dans les relations les plus amicales.

Dans l'entrevue que l'empereur Napoléon a eue avec l'empereur François II en Moravie, l'empereur François lui promit qu'il ne lui ferait plus la guerre. Ce prince a prouvé qu'il tenait sa parole. Il est curieux de voir que, tandis que le cabinet d'Autriche assure et déclare qu'il est bien avec la France, que la France publie les mêmes assurances; il est curieux, disons-nous, de voir que cette faction brouillonne, qui se nourrit d'agiotage, de calomnies, de libelles, continue à jeter l'inquiétude parmi les hommes paisibles.

Les affaires d'Espagne sont irrévocablement fixées ; elles sont reconnues par les grandes puissances du continent. Si l'on a été déçu dans l'espoir de conduire ces peuples à un meilleur ordre de choses, sans troubles, sans désordres, sans guerre, c'est une victoire qu'a obtenue le génie du mal sur l'esprit du bien. Du reste et en définitif, cela ne sera funeste qu'à l'Angleterre et à ses partisans. Ces vérités sont évidentes, et il n'y a pas un homme de sens à Londres qui n'en soit pénétré.

Que penser de la politique et de la raison d'un cabinet qui, ayant excité la Suède contre la Russie, espérait la soutenir avec une expédition de cinq mille hommes?

Tant qu'il s'agira de calomnier, de séduire, de suborner, l'Angleterre aura l'avantage dans ce genre de guerre; mais lorsqu'il verra l'aigle le suivre de l'œil, le léopard sentira fuir sous ses pas la terre ferme, et ne trouvera de refuge que sur ses flottes et dans l'élément des tempêtes.

La paix est le vœu de l'univers; les événemens qui ont changé la face du monde depuis la rupture de la paix d'Amiens, c'est à la rupture de cette paix qu'il faut les attribuer; les événemens si défavorables à l'Angleterre qui se sont passés depuis la mort de Fox, c'est à sa mort et à la rupture des négociations qu'il faut les attribuer; les changemens survenus en Europe depuis la paix de Tilsitt, c'est au refus d'accepter la médiation de la Russie qu'il faut les attribuer : ce qui arrivera encore sur le continent, de contraire à la grandeur et à l'intérêt de l'Angleterre, si la paix n'a pas lieu, il faudra l'attribuer à cette obstination folle, à cette politique aveugle et furibonde qui, malgré l'union des grandes puissances, met toujours son avenir dans les rêves d'une division impossible, et du renouvellement de coalitions qui ne peuvent exister que contre elle. C'est bien ici le lieu d'appliquer cette maxime de Cicéron, que le parti le plus politique est celui qui est le plus conforme à la justice. La continuation de la paix d'Amiens eût laissé l'Europe dans le même état. La paix que voulait Fox eût empêché la ruine de la Prusse et l'occupation des villes du Nord. L'acceptation de la médiation offerte par la Russie eût empêché les affaires de la Baltique et d'Espagne. Et si la paix n'a pas lieu dans l'année, qui peut prédire les événemens contraires à l'intérêt de l'Angleterre qui se se seront passés d'ici à un an ?

Saint-Cloud, le 4 septembre 1808.

Message de S. M. l'empereur et roi au sénat conservateur.

Sénateurs,

Mon ministre des relations extérieures mettra sous vos yeux les différens traités relatifs à l'Espagne, et les constitutions acceptées par la junte espagnole.

Mon ministre de la guerre vous fera connaître les besoins et la situation de mes armées dans les différentes parties du monde.

Je suis résolu à pousser les affaires d'Espagne avec la plus grande activité et à détruire les armées que l'Angleterre a débarquées dans ce pays.

La sécurité future de mes peuples, la prospérité du commerce, et la paix maritime sont également attachées à ces importantes opérations.

Mon alliance avec l'empereur de Russie ne laisse à l'Angleterre aucun espoir dans ses projets. Je crois à la paix du continent; mais je ne veux, ni ne dois dépendre des faux calculs et des erreurs des autres cours; et puisque mes voisins augmentent leurs armées, il est de mon devoir d'augmenter les miennes.

L'empire de Constantinople est en proie aux plus affreux bouleversemens; le sultan Sélim, le meilleur empereur qu'aient eu depuis long-temps les Ottomans, vient de mourir de la main de ses propres neveux; cette catastrophe m'a été sensible.

J'impose avec confiance de nouveaux sacrifices à mes peuples; ils sont nécessaires pour leur en épargner de plus considérables et pour nous conduire au grand résultat de la paix générale, qui doit seul être regardé comme le moment du repos.

Français, je n'ai dans mes projets qu'un but, le bonheur et la sécurité de vos enfans, et, si je vous connais bien, vous vous hâterez de répondre au nouvel appel qu'exige l'intérêt de la patrie. Vous m'avez dit si souvent que vous m'aimiez! Je reconnaîtrai la vérité de vos sentimens à l'empressement que vous mettrez à seconder des projets si intimement liés à vos plus chers intérêts, à l'honneur de l'empire et à ma gloire.

Paris, le 19 septembre 1808.

Allocution à l'avant-garde des troupes de la grande armée, réunie à la parade du 11 septembre 1808, dans la place du Carrousel.

Soldats !

Après avoir triomphé sur les bords du Danube et de la Vistule, vous avez traversé l'Allemagne à marches forcées; je vous fais aujourd'hui traverser la France sans vous donner un moment de repos.

Soldats, j'ai besoin de vous ; la présence hideuse du léopard souille les continens d'Espagne et du Portugal. Qu'à votre aspect il fuie épouvanté : portons nos aigles triomphantes jusqu'aux colonnes d'Hercule : là aussi nous avons des outrages à venger.

Soldats, vous avez surpassé la renommée des armées modernes ; mais avez-vous égalé la gloire des armées de Rome, qui, dans une même campagne, triomphèrent sur le Rhin et sur l'Euphrate, en Illyrie et sur le Tage ?

Une longue paix, une prospérité durable seront le prix de vos travaux ; un vrai Français ne peut, ne doit prendre aucun repos jusqu'à ce que les mers soient ouvertes et affranchies.

Soldats, tout ce que vous avez fait, tout ce que vous ferez encore pour le bonheur du peuple français et pour ma gloire, sera éternellement dans mon cœur.

Erforth, le 12 octobre 1808.

Lettre de LL. MM. les empereurs de France et de Russie à S. M. le roi d'Angleterre.

Sire,

Les circonstances actuelles de l'Europe nous ont réunis à Erfurth. Notre première pensée est de céder au vœu et aux besoins de tous les peuples, et de chercher, par une prompte pacification avec Votre Majesté, le remède le plus efficace aux malheurs qui pèsent sur toutes les nations. Nous en faisons connaître notre sincère désir à Votre Majesté par cette présente lettre.

La guerre longue et sanglante qui a déchiré le continent est terminée, sans qu'elle puisse se renouveler. Beaucoup de changemens ont eu lieu en Europe : beaucoup d'états ont été bouleversés. La cause en est dans l'état d'agitation et de malheurs où la cessation du commerce maritime a placé les grands peuples. De plus grands changemens encore peuvent avoir lieu et tout contraires à la politique de la nation anglaise. La paix est donc à la fois dans l'intérêt des peuples du continent comme dans l'intérêt des peuples de la Grande-Bretagne.

Nous nous réunissons pour prier Votre Majesté d'écouter la voix de l'humanité, en faisant taire celle des passions, de chercher, avec l'intention d'y parvenir, à concilier tous les intérêts, et par là, garantir toutes les puissances qui existent, et assurer le bonheur de l'Europe et de cette génération à la tête de laquelle la Providence nous a placés.

Napoléon, Alexandre.

Erfurth, le 12 octobre 1808.

Lettre de S. M. l'empereur Napoléon aux rois de Bavière, de Saxe, de Westphalie, de Wurtemberg, au grand-duc de Bade et au Prince-Primat.

Monsieur mon frère, les assurances données par la cour de Vienne que les milices étaient renvoyées chez elles et ne seraient plus rassemblées, qu'aucun armement ne donnerait plus d'inquiétude pour les frontières de la confédération ; la lettre que je reçois de l'empereur d'Autriche, les protestations réitérées que m'a faites M. le baron de Vincent, et plus que cela, le commencement d'exécution qui a eu déjà lieu en ce moment en Autriche, de différentes promesses qui ont été faites, me portent à écrire à V. M. que je crois que la tranquillité des états de la confédération n'est d'aucune manière menacée, et que V. M. est maîtresse de lever ses camps et de remettre ses troupes dans leurs quartiers de la manière qu'elle est accoutumée de le faire. Je pense qu'il est convenable que son ministre à Vienne reçoive pour instruction de tenir ce langage, que les camps seront reformés, et que les troupes de la confédération et du protecteur seront remises en situation hostile toutes les fois que l'Autriche ferait des armemens extraordinaires et inusités ; que nous voulons enfin tranquillité et sûreté.

Sur ce, je prie Dieu qu'il vous ait en sa sainte et digne garde. NAPOLÉON.

Erfurt, le 14 octobre 1808.

Lettre de Sa Majesté l'empereur Napoléon à Sa Majesté l'empereur d'Autriche.

Monsieur mon frère, je remercie Votre Majesté impériale et royale de la lettre qu'elle a bien voulu m'écrire, et que M. le baron de Vincent m'a remise. Je n'ai jamais douté des intentions droites de Votre Majesté ; mais je n'en ai pas moins craint un moment de voir les hostilités se renouveler entre nous. Il est à Vienne une faction qui affecte la peur pour précipiter votre cabinet dans des mesures violentes qui seraient l'origine de malheurs plus grands que ceux qui ont précédé. J'ai été le maître de démembrer la monarchie de Votre Majesté, ou du moins de la laisser moins puissante. Je ne l'ai pas voulu : ce qu'elle est, elle l'est de mon vœu. C'est la plus évidente preuve que nos comptes sont soldés et que je ne veux rien d'elle. Je suis toujours prêt à garantir l'intégrité de sa monarchie ; je ne ferai jamais rien contre les principaux intérêts de ses états ; mais Votre Majesté ne doit pas mettre en discussion ce que quinze ans de guerre ont terminé ; elle doit défendre toute proclamation ou démarche provoquant la guerre. La dernière levée en masse aurait produit la guerre, si j'avais pu craindre que cette levée et ces préparatifs fussent combinés avec la Russie. Je viens de licencier les camps de la confédération. Cent mille hommes de mes troupes vont à Boulogne pour renouveler mes projets sur l'Angleterre ; j'ai dû croire, lorsque j'ai eu le bonheur de voir Votre Majesté, et que j'ai conclu le traité de Presbourg, que nos affaires étaient terminées pour toujours, et que je pourrais me livrer à la guerre maritime sans être inquiétée ni distrait. Que Votre Majesté se méfie de ceux qui, lui parlant des dangers de sa monarchie, troublent ainsi son bonheur, celui de sa famille et de ses peuples. Ceux-là seuls sont dangereux, ceux-là seuls appellent les dangers qu'ils feignent de craindre. Avec une conduite droite, franche et simple, Votre Majesté rendra ses peuples heureux, jouira elle-même du bonheur dont elle doit sentir le besoin après tant de troubles, et sera sûre d'avoir en moi un homme décidé à ne jamais rien faire contre ses principaux intérêts. Que ses démarches montrent de la confiance, elles en inspireront. La meilleure politique aujourd'hui, c'est la simplicité et la vérité. Qu'elle me confie ses inquiétudes, lorsqu'on parviendra à lui en donner, je les dissiperai sur-le-champ. Que Votre Majesté me permette un dernier mot : qu'elle écoute son opinion, son sentiment, il est bien supérieur à celui de ses conseils.

Je prie Votre Majesté de lire ma lettre dans un bon sens, et de n'y voir rien qui ne soit pour le bien et la tranquillité de l'Europe et de Votre Majesté. NAPOLÉON.

Paris, le 25 octobre 1808.

Discours de l'empereur à l'ouverture du corps législatif.

Messieurs les députés des départemens au corps législatif,

Les Codes qui fixent les principes de la propriété et de la liberté civile qui sont l'objet de vos travaux obtiennent l'opinion de l'Europe. Mes peuples en éprouvent déjà les plus salutaires effets.

Les dernières lois ont posé les bases de notre système de finances. C'est un monument de la puissance et de la grandeur de la France. Nous pourrons désormais subvenir aux dépenses que nécessiterait même une coalition générale de l'Europe, par nos seules recettes annuelles; nous ne serons jamais contraints d'avoir recours aux mesures désastreuses du papier-monnaie, des emprunts et des arriérés.

J'ai fait cette année plus de mille lieues dans l'intérieur de mon empire. Le système de travaux que j'ai arrêté pour l'amélioration du territoire se poursuit avec activité.

La vue de cette grande famille française, naguère déchirée par les opinions et les haines intestines, aujourd'hui prospère, tranquille et unie, a sensiblement ému mon ame. J'ai senti que pour être heureux, il me fallait d'abord l'assurance que la France fût heureuse.

Le traité de paix de Presbourg, celui de Tilsitt, l'attaque de Copenhague, l'attentat de l'Angleterre contre toutes les nations maritimes, les différentes révolutions de Constantinople, les affaires de Portugal et d'Espagne ont diversement influé sur les affaires du monde.

La Russie et le Danemarck se sont unis à moi contre l'Angleterre.

Les Etat-Unis d'Amérique ont préféré renoncer au commerce et à la mer, plutôt que d'en reconnaître l'esclavage.

Une partie de mon armée marche contre celles que l'Angleterre a formées ou débarquées dans les Espagnes. C'est un bienfait particulier de cette Providence, qui a constamment protégé nos armes, que les passions aient assez aveuglé les conseils anglais pour qu'ils renoncent à la protection des mers et présentent enfin leur armée sur le continent.

Je pars dans peu de jours pour me mettre moi-même à la tête de mon armée, et, avec l'aide de Dieu, couronner dans Madrid le roi d'Espagne et planter mes aigles sur les forts de Lisbonne.

Je ne puis que me louer des sentimens des princes de la confédération du Rhin.

La Suisse sent tous les jours davantage les bienfaits de l'acte de médiation.

Les peuples d'Italie ne me donnent que des sujets de contentement.

L'empereur de Russie et moi nous nous sommes vus à Erfurt. Notre première pensée a été une pensée de paix. Nous avons résolu de faire quelques sacrifices, pour faire jouir plus tôt s'il se peut les cent millions d'hommes que nous représentons, de tous les bienfaits du commerce maritime. Nous sommes d'accord et invariablement unis pour la paix comme pour la guerre.

Messieurs les députés des départemens au corps législatif, j'ai ordonné à mes ministres des finances et du trésor public de mettre sous vos yeux les comptes des recettes et des dépenses de cette année. Vous y verrez avec satisfaction que je n'ai besoin de hausser le tarif d'aucune imposition. Mes peuples n'éprouveront aucune nouvelle charge.

Les orateurs de mon conseil-d'état vous présenteront différens projets de lois, et entr'autres tous ceux relatifs au Code criminel.

Je compte constamment sur toute votre assistance.

Paris, le 27 octobre 1808.

Réponse de l'empereur à une députation du corps législatif, et annonce de son prochain départ pour l'Espagne.

Mon devoir et mes inclinations me portent à partager les dangers de mes soldats. Nous nous sommes mutuellement nécessaires. Mon retour dans ma capitale sera prompt. Je compte pour peu les fatigues, lorsqu'elles peuvent contribuer à assurer la gloire et la grandeur de la France. Je reconnais, dans la sollicitude que vous m'exprimez, l'amour que vous me portez; je vous en remercie.

Paris, le 27 octobre 1808.

Réponse de l'empereur à une députation de plusieurs départemens d'Italie.

J'agrée les sentimens que vous m'exprimez au nom de mes peuples du Musone, du Metauro et du Tronto. Je suis bien aise de les voir heureux dans leur nouvelle situation. J'ai été témoin des vices de votre ancienne administration. Les ecclésiastiques doivent se renfermer dans le gouvernement des affaires du Ciel. La théologie, qu'ils apprennent dans leur enfance, leur donne des règles sûres pour le gouvernement spirituel, mais ne leur en donne aucune pour le gouvernement des armées et pour l'administration.

Nos conciles ont voulu que les prêtres ne fussent pas mariés, pour que les soins de la famille ne les détournassent pas du soin des affaires spirituelles auxquelles ils doivent être exclusivement livrés.

La décadence de l'Italie date du moment où les prêtres ont voulu gouverner et les finances et la police et l'armée.

Après de grandes révolutions, j'ai relevé les autels en France et en Italie; je leur ai donné un nouvel éclat dans plusieurs parties de l'Allemagne et de la Pologne. J'en protégerai constamment les ministres.

Je n'ai qu'à me louer de mon clergé de France et d'Italie. Il sait que les trônes émanent de Dieu, et que le crime le plus grand à ses yeux, parce que c'est celui qui fait le plus de mal aux hommes, c'est d'ébranler le respect et l'amour que l'on doit aux souverains. Je fais un cas particulier de votre archevêque d'Urbin. Ce prélat, animé d'une véritable foi a repoussé avec indignation les conseils, comme il a bravé les menaces de ceux qui veulent confondre les affaires du Ciel, qui ne changent jamais, avec les affaires de la terre, qui se modifient selon les circonstances de la force et de la politique.

Je saurai faire respecter en Italie comme en France les droits des nations et de ma couronne, et réprimer ceux qui voudraient se servir de l'influence spirituelle pour troubler mes peuples et leur prêcher le désordre et la rébellion. Ma couronne de fer est entière et indépendante comme ma couronne de France. Je ne veux aucun assujétissement qui en altère l'indépendance.

Les sentimens que vous m'exprimez, et qui animent mes peuples du Musone, du Metauro et du Tronto me sont connus. Assurez-les que constamment ils peuvent compter sur les effets de ma protection, et que la première fois que je passerai les Alpes, j'irai jusqu'à eux.

Vittoria, le 9 novembre 1808.

Premier bulletin de l'armée d'Espagne.

Position de l'armée française au 25 octobre : le quartier-général à Vittoria.

Le maréchal duc de Conegliano, avec la gauche, bordant l'Aragon et l'Ebre : son quartier-général à Rafalla.

Le maréchal duc d'Elchingen : son quartier-général à Guardia.

Le maréchal duc d'Istrie : son quartier-général à Miranda, occupant le fort de Pancorba par une garnison.

Le général de division Merlin, occupant avec une division les hauteurs de Durango, et contenant l'ennemi, qui paraissait vouloir tomber sur les hauteurs de Mondragon.

Le maréchal duc de Dantzick étant arrivé avec la division Sébastiani et Leval, le roi jugea à propos de faire rentrer la division Merlin.

Cependant l'ennemi ayant pris de l'audace, et ayant occupé Lérin, Viana et plusieurs postes sur la rive gauche de l'Ebre, le roi ordonna au maréchal duc de Conegliano de marcher sur lui. Le général Watier, commandant la cavalerie, et les brigades des généraux Habert, Brun et Razout, marchèrent contre les postes ennemis ; l'ennemi fut culbuté partout dans la journée du 27 ; douze cents hommes armés dans Lerin voulurent d'abord se défendre, mais le général de division Granjean ayant fait ses dispositions pour les attaquer, les culbuta, fit prisonnier un colonel, deux lieutenans-colonels, quarante officiers et les douze cents soldats : ce sont les troupes qui faisaient partie du camp Saint-Roch. Dans le même temps le maréchal duc d'Elchingen marchait sur Logrono, passait l'Ebre, faisait à l'ennemi trois cents prisonniers, le poursuivait à plusieurs lieues de l'Ebre, et rétablissait le pont de Logrono. Par suite de cet événement, le général espagnol Pignatelli, qui commandait les insurgés, fut lapidé par eux.

Les troupes du traître la Romana, et les Espagnols prisonniers en Angleterre, que les Anglais avaient débarqués en Espagne, et les divisions de Galice, formant une force de trente mille hommes, de Bilbao, menaçaient le maréchal duc de Dantzick, qui, emporté par une noble impatience, marcha à eux dans la journée du 31, et les culbuta de toutes leurs positions, au pas de charge : les troupes de la confédération du Rhin se sont distinguées, principalement le corps de Bade.

Le maréchal duc de Dantzick poursuivit l'ennemi, l'épée dans les reins, toute la journée du premier novembre, jusqu'à Guenès, et entra dans Bilbao. Des magasins considérables ont été trouvés dans cette ville ; plusieurs Anglais ont été faits prisonniers. La perte de l'ennemi a été considérable en tués et blessés ; elle l'a été peu en prisonniers. Notre perte n'a été que d'une quinzaine de tués et d'une centaine de blessés. Tout honorable qu'est cette affaire, il serait à désirer qu'elle n'eût pas eu lieu. Le corps espagnol était dans une position à être enlevé.

Sur ces entrefaites, le corps du maréchal Victor étant arrivé, fut dirigé de Vittoria sur Orduna. Dans la journée du 7, l'ennemi renforcé de nouvelles troupes arrivées de Saint-Ander, avait couronné les hauteurs de Guenès. Le maréchal duc de Dantzick marcha à eux et perça leur centre. Les cinquante-huitième et trente-deuxième se sont distingués.

Si ces événemens se fussent passés en plaine, pas un ennemi n'eût échappé; mais les montagnes de Saint-Ander et de Bilbao sont presque inaccessibles. Le duc de Dantzick poursuivit toute la journée l'ennemi dans les gorges de Valmaseda.

Dans ces dernières affaires, l'ennemi a perdu en hommes tués, blessés et prisonniers, plus de trois mille cinq cents à quatre mille hommes.

Le duc de Dantzick se loue particulièrement du général de division Léval, du général de division Sebastiani, du général hollandais Chassey, du colonel Lacoste, du vingt-septième régiment d'infanterie légère, du colonel Bacon, du soixante-troisième d'infanterie de ligne, et des colonels des régimens de Bade et de Nassau, auxquels S. M. a accordé des récompenses.

L'armée est abondamment pourvue de vivres; le temps est très-beau.

Nos colonnes marchent en combinant leurs mouvemens.

On croit que le quartier-général part cette nuit de Vittoria.

Burgos, le 12 novembre 1808.

Deuxième bulletin de l'armée d'Espagne.

Le duc de Dantzick est entré dans Valmaseda en poursuivant l'ennemi.

Dans la journée du 8, le général Sebastiani découvrit sur une montagne très-élevée, à la droite de Valmaseda, l'arrière-garde des insurgés; il marcha sur-le-champ à eux, les culbuta, et fit une centaine de prisonniers.

Cependant, la ville de Burgos était occupée par l'armée d'Estramadure, formée en trois divisions : l'avant-garde composée des gardes wallonnes et espagnoles et du corps d'étudians des universités de Salamanque et de Léon, formant plusieurs bataillons; plusieurs régimens de ligne et des régimens de nouvelle formation, formés depuis l'insurrection de Badajoz, portaient cette armée à environ vingt mille hommes.

L'empereur ayant donné le commandement de la cavalerie de l'armée au maréchal duc d'Istrie, donna le commandement du deuxième corps au maréchal duc de Dalmatie. Le 10, à la pointe du jour, ce maréchal marcha à la tête de la division Mouton, pour reconnaître l'ennemi. Arrivé à Gamonal, il fut accueilli par une décharge de trente pièces de canon : ce fut le signal du pas de charge. L'infanterie de la division Mouton marcha soutenue par des salves d'artillerie. Les gardes wallonnes et espagnoles furent culbutées à la première attaque. Le duc d'Istrie, à la tête de sa cavalerie, déborda leurs ailes; l'ennemi fut mis en pleine déroute; trois mille hommes sont restés sur le champ de bataille, douze drapeaux et vingt-cinq pièces de canon ont été pris, trois mille prisonniers ont été faits; le reste est dispersé. Nos troupes sont entrées pêle-mêle avec l'ennemi dans la ville de Burgos, et la cavalerie le poursuit dans toutes les directions.

Cette armée d'Estramadure, qui venait de Madrid à marches forcées, qui s'était signalée pour premier exploit, par l'égorgement de son infortuné général, le comte de Torrès, toute armée de fusils anglais, et spécialement soldée par l'Angleterre, n'existe plus. Le colonel des gardes wallonnes et un grand nombre d'officiers supérieurs ont été faits prisonniers. Notre perte a été très-légère; elle consiste en douze ou quinze hommes tués et cinquante blessés au plus. Un seul capitaine a été tué d'un boulet.

Cette affaire, due aux dispositions du duc de Dalmatie et à l'intrépidité avec laquelle le duc d'Istrie a fait charger la cavalerie, fait le plus grand honneur à la division Mouton; il est vrai que cette division est composée de corps dont le seul nom est depuis long-temps un titre d'honneur.

Le château de Burgos a été occupé et trouvé en bon état. Il y a des magasins considérables de farines, de vin et de blé.

Le 11, l'empereur a passé la revue de la division Bonnet, et l'a dirigée immédiatement sur les débouchés des gorges de Saint-Ander.

Voici la position de l'armée aujourd'hui :

Le maréchal duc de Bellune poursuivant vivement les restes de l'armée de Galice, qui se retire par Villarcayo et Reynosa, point vers lequel le duc de Dalmatie est en marche. Il ne lui restera plus d'autres ressources que de se disséminer dans des montagnes, en abandonnant son artillerie, ses bagages et tout ce qui constitue une armée.

S. M. l'empereur est à Burgos avec sa garde ; le général Milhaud, avec sa division de dragons, marche sur Palencia; le général Lassalle a pris possession de Lerma.

Ainsi, dans un moment, les armées de Galice et d'Estramadure ont été battues, dispersées et en partie détruites, et cependant tous les corps de l'armée ne sont pas arrivés. Les trois-quarts de la cavalerie sont en arrière, et près de la moitié de l'infanterie.

On a remarqué dans l'armée insurgée les contrastes les plus opposés. On a trouvé dans la poche des officiers morts, des contrôles de compagnies qui s'intitulaient compagnies de Brutus, compagnies del Popolo ; c'étaient les compagnies des étudians des écoles ; d'autres dont les compagnies portaient des noms de saints ; c'était l'insurrection des paysans. Anarchie et désordres, voilà ce que l'Angleterre sème en Espagne. Qu'en recueillera-t-elle ? la haine de cette brave nation éclairée et réorganisée. Du reste, l'extravagance des meneurs des insurgés s'aperçoit partout. Il y a des drapeaux parmi ceux que nous avons pris, où l'aigle impérial se trouve déchiré par le lion d'Espagne ; et qui se permet de pareilles allégories ? Les troupes les plus mauvaises qui existent en Europe.

La cavalerie de l'armée d'Estramadure a été battue de l'œil. Du moment que le dixième de chasseurs l'a aperçue, elle s'est mise en déroute, et on ne l'a plus revue.

L'empereur a passé la revue du corps du duc de Dalmatie, comme il partait de Burgos pour marcher sur les derrières de l'armée de Galice. S. M. a fait des promotions, donné des récompenses, et a été fort contente de la troupe. Elle a témoigné sa satisfaction aux vainqueurs de Médina del Riosecco et de Burgos, le maréchal duc d'Istrie, et les généraux Merle et Mouton.

Au quartier-impérial de Burgos, le 12 novembre 1808.

Au président du corps législatif.

Monsieur le président du corps législatif, mes troupes ayant, au combat de Burgos, pris douze drapeaux de l'armée d'Estramadure, parmi lesquels se trouvent ceux des gardes wallonnes et espagnoles, j'ai voulu profiter de cette circonstance et donner une marque de ma considération aux députés des départemens au corps législatif, en leur envoyant ces drapeaux pris dans la même quinzaine où j'ai présidé à l'ouverture de leur session. Que les députés des départemens et les colléges électoraux dont ils font partie, y voient le désir que j'ai de leur donner une preuve de mon estime. Cette lettre n'étant à autre fin, je prie Dieu qu'il vous ait, monsieur le président du corps législatif, en sa sainte et digne garde.

Burgos, le 13 décembre 1808.

Troisième bulletin de l'armée d'Espagne.

L'armée de Galice, qui est en fuite de Bilbao, est poursuivie par le maréchal duc de Bellune, dans la direction d'Espihosa ; par le maréchal duc de Dantzick, dans celle de Villarcayo, et tournée sur Reynosa, par le maréchal duc de Dalmatie. Des événemens importans doivent avoir lieu.

Le général Milhaud, avec sa division de cavalerie, est entré à Palencia, et a poussé des détachemens sur les débouchés de Reynosa, à la suite d'un parc d'artillerie de l'armée de Galice.

Les jeunes étudians de Salamanque, qui croyaient faire la conquête de la France, les paysans fanatiques qui rêvaient déjà le pillage de Baïonne et de Bordeaux, et se croyaient conduits par tous les saints apparus à des moines imposteurs, se trouvent déchus de leurs folles chimères. Leur désespoir et leur consternation sont au comble ; ils se lamentent des malheurs auxquels ils sont en proie, des mensonges qu'on leur a fait accroire, et de la lutte sans objet dans laquelle ils sont engagés.

Toute la plaine de Castille est déjà couverte de notre cavalerie. L'élan et l'ardeur de nos troupes les portent à faire quatorze et quinze lieues par jour. Nos grand'gardes sont sur le Duero. Toute la côte de Bilbao et de Saint-Ander est nettoyée d'ennemis.

L'infortunée ville de Burgos, en proie à tous les maux d'une ville prise d'assaut, fait frémir d'horreur. Prêtres, moines, habitans, se sont sauvés à la première nouvelle du combat, menacés de voir les soldats de l'armée d'Estramadure se défendre dans les maisons, comme ils en avaient annoncé l'intention, pillés d'abord par eux, et ensuite par nos soldats entrant dans les maisons pour en chasser les ennemis et n'y trouvant plus d'habitans.

Il faudrait que des hommes comme M. de Stein, qui, au défaut de troupes de ligne qui n'ont pu résister à nos aigles, méditent le sublime projet de lever des masses, fussent témoins des malheurs qu'elles entraînent, et du peu d'obstacle que cette ressource peut offrir à des troupes réglées.

On a trouvé dans Burgos et dans les environs pour trente millions de laines que S. M. l'empereur a fait séquestrer. Toutes celles qui appartiendraient à des moines et à des individus faisant partie des insurgés, seront confisquées et serviront de première indemnité aux Français, pour les pertes qu'ils ont éprouvées; car à Madrid même, les Français domiciliés depuis quarante ans, ont été dépouillés de leurs biens; les Espagnols fidèles à leur roi, ont été déclarés émigrés. Les biens de d'Aranza, le ministre le plus vertueux et le plus éclairé; de Massaredo, le marin le plus instruit; d'Offarill, le meilleur militaire de l'Espagne, ont été vendus à l'encan. Ceux de Campo d'Alange, respectable par ses vertus, par son nom et par sa fortune, propriétaire de soixante mille mérinos et de trois millions de revenus, sont devenus la proie de ces frénétiques.

Une autre mesure que l'empereur a ordonnée, c'est la confiscation de toutes les marchandises de fabrique anglaise, celle des denrées coloniales débarquées en Espagne depuis l'insurrection. Les marchands de Londres feront donc bien d'envoyer des marchandises à Lisbonne, à Porto et dans les ports d'Espagne. Plus ils en enverront et plus grande sera la contribution qu'ils nous paient.

La ville de Palencia, dirigée par un digne évêque, a accueilli nos troupes avec empressement. Cette ville ne se ressent pas des calamités de la guerre. Un saint évêque qui pratique les principes de l'évangile, animé par la charité chrétienne, des lèvres duquel il ne découle que du miel, est le plus grand bienfait que le Ciel accorde aux peuples. Un évêque passionné, haineux et furibond, qui ne prêche que la désobéissance et la rébellion, le désordre et la guerre, est un monstre que Dieu a donné aux peuples dans sa colère, pour les égarer dans la source même de la morale.

Dans les prisons de Burgos étaient renfermés plusieurs moines. Les paysans les ont lapidés. « Malheureux que vous êtes, leur disaient-ils, c'est vous qui nous avez entraînés dans ce comble d'infortunes. Nos malheureuses femmes, nos pauvres enfans, nous ne les reverrons peut-être plus. Misérables que vous êtes, le Dieu juste vous punira aux enfers de tous les maux que vous causez à nos familles et à notre patrie. »

Burgos, le 15 novembre 1808.

Quatrième bulletin de l'armée d'Espagne.

S. M. a passé hier la revue de la division Marchand, a nommé les officiers et sous-officiers les plus méritans à toutes les places vacantes, et a donné des récompenses aux soldats qui s'étaient distingués. S. M. a été extrêmement contente de ces troupes, qui arrivent presque sans s'arrêter des bords de la Vistule.

Le duc d'Elchingen est parti de Burgos. L'empereur a passé ce matin la revue de sa garde dans la plaine de Burgos. S. M. a vu ensuite la division Dessolles et a nommé à toutes les places vacantes dans cette division.

Les événemens se préparent et tout est en marche. Rien ne réussit à la guerre qu'en conséquence d'un plan bien combiné.

Parmi les prisonniers nous en avons trouvé qui portaient

à la boutonnière un aigle renversé percé de deux flèches, avec cette inscription : *au vainqueur de la France.* A cette ridicule fanfaronnade, on reconnaît les compatriotes de Don Quichotte. Le fait est qu'il est impossible de trouver de plus mauvaises troupes, soit dans les montagnes soit dans la plaine. Ignorance crasse, folle présomption, cruauté contre le faible, souplesse et lâcheté avec le fort, voilà le spectacle que nous avons sous les yeux. Les moines et l'inquisition ont abruti cette nation.

Dix mille hommes de cavalerie légère et de dragons, avec vingt-quatre pièces d'artillerie légère, s'étaient mis en marche le 11 pour courir sur les derrières de la division anglaise que l'on disait être à Valladolid. Ces braves ont fait trente-quatre lieues en deux jours, mais notre espérance a été déçue. Nous sommes entrés à Palencia, à Valladolid ; on a poussé six lieues plus loin ; point d'Anglais, mais bien des promesses et des assurances.

Il paraît certain qu'une division de leurs troupes a débarqué à la Corogne, et qu'une autre division est entrée à Badajoz au commencement du mois. Le jour où nous les trouverons sera un jour de fête pour l'armée française. Puissent-ils rougir de leur sang ce continent qu'ils dévastent par leurs intrigues, leur monopole et leur épouvantable égoïsme ! Puissent-ils, au lieu de vingt mille, être quatre-vingt ou cent mille hommes, afin que les mères de famille anglaises apprennent ce que c'est que les maux de la guerre, et que le gouvernement britannique cesse de se jouer de la vie et du sang des peuples du continent. Les mensonges les plus grossiers, les moyens les plus vils sont mis en œuvre par le machiavélisme anglais pour égarer la nation espagnole. Mais la masse est bonne : la Biscaye, la Navarre, la Vieille-Castille, la plus grande partie de l'Aragon même, sont animées d'un bon esprit. La généralité de la nation voit avec une profonde douleur l'abîme où on la jette, et ne tardera pas à maudire les auteurs de tant de maux.

Florida Blanca, qui est à la tête de l'insurrection espagnole, est le même qui a été ministre sous Charles III. Il a toujours été ennemi décidé de la France, et partisan zélé de l'Angleterre. Il faut espérer qu'à sa dernière heure, il reconnaîtra les erreurs de la politique de sa vie. C'est un vieillard qui réunit à l'anglomanie la plus aveugle, la dévotion la plus superstitieuse. Ses confidens et ses amis sont les moines les plus fanatiques et les plus ignares.

L'ordre est rétabli dans Burgos et dans les environs. A ce premier moment de terreur a succédé la confiance. Les paysans sont retournés dans leurs villages et à leur labour.

Burgos, le 16 novembre 1808.

Cinquième bulletin de l'armée d'Espagne.

Les destinées de l'armée d'Estramadure se sont terminées dans les plaines de Burgos. L'armée de Galice, battue aux combats de Durango, de Guénès, de Valmaseda, a péri ou a été dispersée à la bataille d'Espinosa. Cette armée était composée de l'infanterie de l'ancienne armée espagnole qui était en Portugal et en Galice, et qui a quitté Porto à la fin de juin ; des milices de la Galice, des Asturies et de la Vieille-Castille ;

De cinq mille prisonniers espagnols que les Anglais avaient habillés et armés à leurs frais et débarqués à Saint Ander ;

Des volontaires de levées extraordinaires de la Galice, de la Vieille-Castille et des Asturies ;

Des régimens d'artillerie, des garnisons de marine, et des matelots des départemens de la Corogne et du Ferrol ;

Enfin des corps que le traître la Romana avait amenés du Nord et débarqués à Saint-Ander.

Dans sa folle présomption, cette armée manœuvrait sur le flanc droit de l'armée française, et voulait couper la communication par la Biscaye. Pendant l'espace de dix jours, elle a été menée battant de gorge en gorge, de mamelon en mamelon. Enfin, le 10 novembre, arrivée à Espinosa, elle voulut couvrir sa retraite, ses parcs, ses hôpitaux et ses magasins.

Elle se rangea en bataille et se crut dans une position inattaquable.

Le maréchal duc de Bellune culbuta son arrière-garde, et se trouva à trois heures après midi devant son front de bataille. Le général Pacthod, avec les quatre-vingt-quatorzième et quatre-vingt-quinzième régimens de ligne, eut ordre d'enlever un mamelon situé en avant de la ligne de bataille qu'occupait la troupe du traître la Romana. La position était belle; les soldats qui la défendaient, les meilleurs du pays et soutenus par toute la ligne ennemie. Le général Pacthod gravit, l'arme au bras, ces montagnes escarpées, et fondit sur ces régimens qui avaient abusé de notre loyauté et faussé leurs sermens. Dans un clin d'œil ils furent rompus et jetés dans les précipices. Le régiment de la Princesse a été détruit.

La ligne ennemie se porta alors en avant et combina des attaques pour reprendre le plateau. Toutes les colonnes qui avancèrent disparurent et trouvèrent la mort. La nuit obscure surprit les deux armées dans cette position.

Pendant ce temps, le maréchal duc de Dalmatie filait sur Reynosa, seule retraite de l'ennemi.

A la pointe du jour, le duc de Bellune fit déborder par le général de brigade Maison, à la tête du seizième régiment d'infanterie légère, la gauche de l'ennemi; de son côté le duc de Dantzick accourut au feu et déborda sa droite.

Le général Maison, avec les braves du seizième, gravit sur des montagnes escarpées à tout autre inaccessibles, et culbuta l'ennemi. Le duc de Bellune fit alors avancer le centre; et l'ennemi coupé et tourné, fuit à la débandade, jetant ses armes, ses drapeaux et abandonnant ses canons.

La division Sébastiani poursuivit les fuyards dans la direction de Villarcayo, attaqua, tua, prit ou dispersa une division et lui enleva ses canons.

Le duc de Dalmatie enleva à Reynosa tous les parcs, magasins, bagages, et fit quelques prisonniers.

Le colonel Tascher, envoyé à la poursuite de l'ennemi à la tête d'un régiment de chasseurs, a ramené un grand nombre de prisonniers.

Cependant l'ennemi qui nous menaçait avec tant d'ignorance et une si aveugle présomption, était non-seulement tourné par Reynosa, mais encore par Palencia, par la cavalerie qui déjà occupait les débouchés des montagnes dans la plaine à vingt lieues de ses derrières.

Soixante pièces de canon, vingt mille hommes tués ou pris, le reste dispersé; douze généraux espagnols tués; tous les secours en armes, habillemens, munitions, que les Anglais avaient débarqués, tombés en notre pouvoir, sont le résultat de cette affaire. La terreur est dans l'ame du soldat espagnol. Il jette sa veste rouge au chiffre du roi Georges, son fusil anglais, et cherche à se cacher dans des cavernes, dans des hameaux sous l'habit de paysan. Blake se sauve errant dans les montagnes des Asturies; la Romana, avec quelques milliers d'hommes, s'est jeté sur la marine de Saint-Ander.

Cependant notre perte est de peu de conséquence. Aux combats de Durango, de Guenès, de Valmaseda, d'Espinosa, nous n'avons perdu que quatre-vingts hommes tués et trois cents blessés, aucun homme de marque. On a brisé trente mille fusils et on en a pris en magasin à Reynosa.

S. M. a nommé le général de brigade Pacthod général de division, et a accordé dix décorations de la légion d'honneur aux quatre-vingt-quatorzième et quatre-vingt-quinzième régimens d'infanterie de ligne et au seizième d'infanterie légère.

Burgos, le 18 novembre 1808

Sixième bulletin de l'armée d'Espagne.

Des quarante-cinq mille hommes qui composaient l'armée de Galice, partie a été tuée et prise, le reste a été éparpillé. Les débris en tombent de tous côtés dans nos postes. Le général de division Debelle a fait cinq cents prisonniers du côté de Vasconcellos.

Le colonel Tascher, commandant le premier régiment provisoire de chasseurs, a donné sur l'escorte du général espagnol Acebedo; l'escorte ayant fait résistance, tout a été tué.

Le général Bonnet est tombé avec sa division sur la tête d'une colonne de fuyards de deux mille hommes; partie a été prise et l'autre partie détruite.

Le maréchal duc d'Istrie, commandant la cavalerie de l'armée, est entré à Aranda, le 16 à midi. Nos partis de cavalerie vont sur la gauche jusqu'à Soria et Madrid, et sur la droite jusqu'à Léon et Zamora.

L'ennemi a évacué Aranda avec la plus grande précipitation. Il y a laissé quatre pièces de canon. On a trouvé dans cette ville un magasin considérable de biscuit, quarante mille quintaux de blé, et une grande quantité d'effets d'habillement.

A Reynosa on a trouvé beaucoup d'objets anglais, et des approvisionnemens de toute espèce.

Les habitans de Montana, de toute la plaine de la Castille jusqu'au Portugal, de la province de Soria, maudissent hautement les auteurs de cette guerre, et demandent à grands cris le repos et la paix.

Le maréchal duc de Dantzick fait une mention particulière du général de brigade Roguet. Il cite avec éloge le lieutenant de Coigny, aide-de-camp du général Sébastiani, qui a eu un cheval tué sous lui.

Le duc de Bellune fait une mention particulière du général de division Villatte.

Vingt mille balles de laine valant de quinze à vingt millions, saisis à Burgos, ont été dirigées sur Baïonne. La vente publique en sera faite à l'enchère au premier janvier. Tous les négocians de France pourront y concourir. Sur le produit de cette vente le droit de vingt pour cent est dû au roi. Le surplus servira soit à rendre aux propriétaires qui n'ont point pris part à l'insurrection, le prix des laines qui leur appartiennent, ce qui se réduit à peu de chose, servir d'indemnité aux négocians français qui ont été pillés ou ont essuyé des confiscations en Espagne.

S. M. a ordonné qu'une commission présidée par un maître des requêtes, et composée de deux membres de chacune des chambres de commerce des villes de Baïonne, Bordeaux, Toulouse et Marseille, un auditeur au conseil d'Etat faisant les fonctions de secrétaire-général, se réunirait à Baïonne, et que toutes les villes et corporations françaises et italiennes qui auraient des réclamations à faire à raison des pertes et confiscations qu'elles auraient essuyées en Espagne, s'adresseraient à cette commission pour en poursuivre la liquidation. S. M. a chargé le ministre de l'intérieur de faire un réglement sur la manière de procéder de cette commission.

L'intention de S. M. est également que les biens qui sont en France, dans le royaume d'Italie ou dans le royaume de Naples, appartenant à des Espagnols insurgés, soient sequestrés pour servir également aux indemnités.

Burgos, le 18 novembre 1806.

Lettre de S. M. l'empereur au grand-juge, ministre de la justice.

Monsieur le comte Régnier, nous avons résolu de faire placer dans la salle de notre conseil d'état les statues en marbre des sieur Tronchet et Portalis, rédacteurs du premier projet du code Napoléon, et dont nous avons été à même d'apprécier les grands talens dans les conférences qui ont eu lieu lors de la rédaction dudit code ; notre intention est que nos ministres, conseillers d'état et magistrats de toutes les cours voient dans cette résolution le désir que nous avons d'illustrer leurs talens et de récompenser leurs services, la seule récompense du génie étant l'immortalité et la gloire. Nous avons fait connaître nos volontés à notre grand-maréchal du palais et à l'intendant de notre maison ; mais nous vous chargeons spécialement de porter tous vos soins à ce que les statues soient promptement faites et ressemblantes. Nous désirons que vous fassiez connaître ces dispositions à nos différentes cours.

Cette lettre n'étant à autre fin, nous prions Dieu qu'il vous ait en sa sainte garde. NAPOLÉON.

Burgos, le 20 novembre 1808.

Septième bulletin de l'armée d'Espagne.

Le 16, l'avant-garde du maréchal duc de Dalmatie est entrée à Saint-Ander, et y a trouvé une grande quantité de farine, de blé, de munitions de guerre et de poudre, un magasin de neuf mille fusils anglais, des dépôts assez considérables de coton et de marchandises de fabrique anglaise et coloniale.

Pendant que nos troupes entraient à Saint-Ander, il y avait à deux lieues au large un grand convoi anglais chargé de troupes, de munitions et d'habillemens ; lorsqu'il a vu le drapeau français arboré et salué par la garnison, il a pris le large.

On a trouvé à Saint-Ander un dépôt considérable de laines qui est transporté en France.

Le 17, le colonel Tascher a rencontré à Cunillas les fuyards ennemis. Il y a eu quelques coups de sabre de donnés ; on a fait une trentaine de prisonniers.

L'évêque de Saint-Ander, animé plutôt de l'esprit du démon que de l'esprit de l'évangile, homme furibond et fanatique, marchant toujours un coutelas au côté, s'est sauvé à bord des frégates anglaises. Toutes les lettres interceptées font voir la terreur et l'effroi qui agitent cette partie de l'armée espagnole.

On a procédé au désarmement de la Montana, de Bilbao et de la partie de la Biscaye qui s'est insurgée. On marche également du côté de Soria pour désarmer cette province. Les provinces de Valladolid et de Palencia le sont déjà.

Le général Franceschi, commandant un corps de cavalerie légère, a rencontré à Sahagun, à six lieues de Léon, un grand convoi de bagages et de malades de l'armée de Galice, qu'il a enlevé.

A Mayorga, un escadron de cavalerie légère a rencontré trois cents hommes qu'ils a chargés ; partie a été tuée, l'autre prise.

La cavalerie du général Lassalle a poussé des partis jusqu'à Somo-Sierra.

Des officiers des régimens espagnols de Zamora et de la Princesse, qui étaient dans le Nord, et qui s'étaient sauvés à Zamora, ont été faits prisonniers. « Vous avez prêté serment au roi, leur a-t-on dit. Ils l'ont avoué. — Vous avez faussé votre serment. — Nous avons obéi à notre général. — Vous faisiez partie de l'armée française, et vous avez reconnu les meilleurs procédés par la plus infâme trahison. — Ils répondirent encore qu'ils étaient sous les ordres de leur général, et qu'ils n'avaient fait qu'obéir. — On aurait pu vous désarmer, a-t-on ajouté, peut-être l'aurait-on dû; mais on a eu confiance en vos sermens. Il vaut mieux pour la gloire de l'empereur qu'il ait eu à vous combattre, que de s'être porté à un acte qui aurait pu être taxé de trop de méfiance. Vous n'êtes plus couverts par le droit des gens que vous avez violé. Vous devriez être passés par les armes; l'empereur veut vous pardonner une seconde fois. » Au reste, les régimens de Zamora et de la Princesse ont cruellement souffert; il en est peu resté aux drapeaux.

Burgos, le 22 novembre 1808.

Huitième bulletin de l'armée d'Espagne.

Le duc de Dalmatie poursuit ses succès avec la plus grande activité.

Un convoi chargé d'artillerie, de munitions et de fusils anglais, a été pris dans le port de Cunillas au moment où il allait appareiller : on en fait l'inventaire. On a déjà noté trente pièces de canon et une grande quantité de malles d'officiers.

Le général Sarrut, à la tête de sa brigade, pousse vivement l'ennemi; arrivé à Saint-Vicente, et cotoyant la mer, l'ennemi s'aperçut d'une hauteur qui couvrait le défilé de Saint-Vicente, que le général Sarrut n'avait que neuf cents hommes; il crut avoir le temps de tenir pour passer le défilé qui est un pont de quatre cents toises sur un bras de mer; mais il ignorait que ces neuf cents hommes étaient du deuxième d'infanterie légère; il ne tarda pas à l'apprendre. A peine le général Sarrut fut à portée, que ces braves chargèrent, et l'on vit neuf cents hommes rompre et mettre en désordre six mille hommes bien postés, sans éprouver de perte et sans presque coup férir. Cependant le colonel Tascher avait habilement placé cent cinquante hommes de son régiment de chasseurs en colonne serrée, par peloton, derrière cette avant-garde; et aussitôt qu'il vit l'ennemi ébranlé, il chargea, sans délibérer, dans le défilé, tua et jeta dans la mer et le marais, ou prit la plus grande partie de cette colonne. On avait déjà fait un millier de prisonniers lorsque le dernier compte a été rendu, et la colonne du général Sarrut avait déjà dépassé la province de la Montana et était entrée dans les Asturies. Les voltigeurs du trente-sixième régiment ont arrêté dans le port de Santillana un convoi anglais chargé de sucre, de café, de coton et d'autres denrées coloniales. Le nombre de bâtimens anglais, richement chargés, qui ont été pris sur cette côte, était déjà de 25.

Dans la plaine, le général de division Milbaud annonce que le 19, non loin de Léon, une reconnaissance a chargé dans le village de Valverde, un bataillon d'étudians, dont un grand nombre a été sabré et le reste dispersé.

Le septième corps de l'armée d'Espagne, que commande le général Gouvion-Saint-Cyr, commence aussi à faire parler de lui. Le 6 novembre, la place de Roses a été investie par les généraux Reille et Pino. Les hauteurs de Saint-Pédro ont été enlevées par les Italiens avec cette impétuosité qu'ils avaient au quinzième siècle, et dont les troupes du royaume d'Italie ont donné tant de preuves dans la dernière campagne d'Allemagne. Un grand nombre de miquelets et d'Anglais débarqués occupaient le port de Selva. Le général Fontana, à la tête de trois bataillons d'infanterie légère italienne et des grenadiers et voltigeurs du septième régiment français, se porta sur Selva, chargea les miquelets et les Anglais, les culbuta dans la mer, et s'empara de dix pièces de 24, dont quatre de bronze, que les Anglais n'eurent pas le temps d'embarquer.

Le 8, la garnison de Roses fit sortir trois colonnes protégées par l'artillerie des vaisseaux anglais. Le général Mazuchelli les reçut à bout portant et leur tua plus de six cents hommes.

Le 12, les ennemis voulurent encore faire une sortie ; ils trouvèrent les mêmes braves, et le général Mazuchelli en couvrit ses tranchées. Depuis ce moment, la garnison a paru consternée et n'a plus voulu sortir.

Dans Barcelonne, le général Duhesme fait le plus grand éloge des vélites et des troupes d'Italie qui sont sous ses ordres.

On croit que le quartier-général part cette nuit de Burgos.

Aranda, le 25 novembre 1808.

Neuvième bulletin de l'armée d'Espagne.

Le système militaire des ennemis paraît avoir été le suivant :

Sur leur gauche était l'armée de Galice, composée de la moitié des troupes de ligne d'Espagne et de toutes les ressources de la Galice, des Asturies et du royaume de Léon.

Au centre, était l'armée d'Estramadure, que les corps anglais avaient promis d'appuyer, et qui était composée de toutes les ressources que pouvaient fournir l'Estramadure et les provinces voisines.

L'armée d'Andalousie, de Valence, de la Nouvelle-Castille et d'Aragon, que l'on porte à soixante-dix ou quatre-vingt mille hommes, occupait, le 20 novembre, Calehorra, Tudela et les bords de l'Aragon. Cette armée appuyait la droite de l'ennemi : elle était composée de toutes les troupes qui se trouvaient au camp de Saint-Roch, en Andalousie, à Valence, à Carthagène et à Madrid, de toutes les levées et de toutes les ressources de ces provinces. C'est contre cette armée que les corps de l'armée française manœuvrent aujourd'hui, les autres ayant été dispersés et détruits dans les batailles d'Espinosa et de Burgos.

Le quartier-général a été transporté le 22 de Burgos à Lerma, et le 23, de Lerma à Aranda.

Le duc d'Elchingen s'est porté le 22 à Soria : cette ville, qui est l'ancienne Numance, est un chef-lieu de province : c'est un des pays de l'Espagne où les têtes avaient été le plus volcanisées, et c'est celui qui a fait le moins de résistance. La ville a été désarmée, et un comité composé de gens bien intentionnés a été chargé de l'administration de la province.

Le duc d'Elchingen occupait par sa cavalerie légère Medina-Celi, et battait la route de Sarragosse à Madrid ; son avant-garde marchait sur Agréda.

Le 22, les ducs de Montebello et de Conegliano faisaient leur jonction au pont de Lodosa.

Le 24, le duc de Bellune portait son quartier-général à Venta-Gonnez.

Presque toutes les routes de communication de Madrid avec les provinces du Nord se trouvent interceptées ; un grand nombre de courriers et de malles de poste aux lettres sont tombés entre les mains de nos coureurs. La confusion paraît extrême à Madrid, et il règne dans toute la nation un défaut de confiance et un désir du repos et de la paix que la puérile arrogance et la criminelle astuce des meneurs ne parviennent pas à détruire.

Il paraît difficile que l'armée qui forme la droite de l'ennemi et qui est sur l'Èbre, puisse se replier sur Madrid et sur le Midi de l'Espagne. Les événemens qui se préparent décideront probablement du sort de cette autre moitié de l'armée espagnole.

Le temps est humide; un brouillard épais règne depuis trois jours : cette saison est plus défavorable encore aux naturels du pays qu'aux hommes accoutumés aux climats du Nord.

Le général Gouvion-Saint-Cyr continue à faire pousser vivement le siége de Roses.

Aranda de Duero, le 26 novembre 1808.

Dixième bulletin de l'armée d'Espagne.

Il paraît que les forces espagnoles s'élèvent à cent quatre-vingt-dix mille hommes effectifs.

Quatre-vingt mille hommes effectifs faisant soixante mille hommes sous les armes, qui composaient les armées de Galice et d'Estramadure, et que commandaient Blake, la Romana et Galluzzo, ont été dispersés et mis hors de combat.

L'armée d'Andalousie, de Valence, de la Nouvelle-Castille et d'Aragon, que commandaient Castanos, Penas et Palafox, et qui paraissait être également de quatre-vingt mille hommes, c'est-à-dire soixante mille hommes sous les armes, aura sous peu de jours accompli ses destins. Le maréchal duc de Montebello a ordre de l'attaquer de front avec trente mille hommes, tandis que les ducs d'Elchingen et de Bellune sont déjà placés sur ses derrières.

Reste soixante mille hommes effectifs qui peuvent donner quarante mille hommes sous les armes, dont trente mille sont en Catalogne et dix mille hommes existent à Madrid, à Valence et dans les autres lieux de dépôts, ou sont en mouvement.

Avant de faire un pas au-delà du Duero, l'empereur a pris la résolution de faire anéantir les armées du centre et de gauche, et de faire subir le même sort à celle de droite du général Castanos.

Lorsque ce plan aura été exécuté, la marche sur Madrid ne sera plus qu'une promenade. Ce grand dessein doit, à l'heure qu'il est, être accompli.

Quant au corps de Catalogne, étant en partie composé des troupes de Valence, Murcie et Grenade, ces provinces menacées retireront leurs troupes, si toutefois l'état des communications le permet; dans tous les cas, le septième corps, après avoir terminé le siége de Roses, en rendra bon compte.

A Barcelonne, le général Duhesme, avec quinze mille hommes approvisionnés pour six mois, répond de cette importante place.

Nous n'avons par parlé des forces anglaises. Il paraît qu'une division est en Galice, et qu'une autre s'est montrée à Badajoz vers la fin du mois passé. Si les Anglais ont de la cavalerie, nous devrions nous en apercevoir; car nos troupes légères sont presque parvenues aux frontières du Portugal. S'ils ont de l'infanterie, ils ne sont pas probablement dans l'intention de s'en servir en faveur de leurs alliés, car voilà trente jours que la campagne est ouverte; trois fortes armées ont été détruites, une immense artillerie a été enlevée; les provinces de Castille, de la Montana, d'Aragon, de Soria, etc., sont conquises; enfin le sort de l'Espagne et du Portugal est décidé, et l'on n'entend parler d'aucun mouvement des troupes anglaises.

Cependant la moitié de l'armée française n'est point encore arrivée; une partie du quatrième corps d'armée, le cinquième et le huitième corps entiers, six régimens de cavalerie légère, beaucoup de compagnies d'artillerie et de sapeurs, et un grand nombre d'hommes des régimens qui sont en Espagne, n'ont pas encore passé la Bidassoa.

A la vérité, et sans faire tort à la bravoure de nos soldats, on doit dire qu'il n'y a pas de plus mauvaises troupes que les troupes espagnoles; elles peuvent, comme les Arabes, tenir dérrière des maisons, mais elle n'ont aucune discipline, aucune connaissance des manœuvres, et il leur est impossible de résister sur un champ de bataille. Les montagnes même ne leur ont offert qu'une faible protection. Mais grâce à la puissance de l'inquisition, à l'influence des moines, à leur adresse à s'emparer de toutes les plumes et à faire parler toutes les langues, on croit encore dans une grande partie de l'Espagne que Blake a été vainqueur, que l'armée française a été détruite, que la garde impériale a été prise. Quel que soit le succès momentané de ces misérables ressources et de ces ridicules efforts, le règne de l'inquisition est fini ; ses tribunaux révolutionnaires ne tourmenteront plus aucune contrée de l'Europe ; en Espagne comme à Rome l'inquisition sera abolie, et l'affreux spectacle des auto-da-fé ne se renouvellera pas ; cette réforme s'opérera malgré le zèle religieux des Anglais, malgré l'alliance qu'ils ont contractée avec les moines imposteurs qui ont fait parler la Vierge d'el Pilar et les saints de Valladolid. L'Angleterre a pour alliés le monopole, l'inquisition et les franciscains ; tout lui est bon pourvu qu'elle divise les peuples et qu'elle ensanglante le continent.

Un brick anglais, *le Ferrets*, parti de Portsmouth le 11 de ce mois, a mouillé le 22 dans le port de Saint-Ander qu'il ne savait pas être occupé par les Français ; il avait à bord des dépêches importantes et beaucoup de papiers anglais dont on s'est emparé.

On a trouvé à Saint-Ander une grande quantité de quinquina et de denrées coloniales qui ont été envoyées à Baïonne.

Le duc de Dalmatie est entré dans les Asturies ; plusieurs villes et beaucoup de villages ont demandé à se soumettre pour sortir enfin de l'abîme creusé par les conseils des étrangers, et par les passions de la multitude.

Aranda de Duero, le 27 novembre 1808.

Onzième bulletin de l'armée d'Espagne.

S. M., dans la journée du 19, avait fait partir le maréchal duc de Montebello avec des instructions pour les mouvemens de la gauche dont elle lui donna le commandement.

Le duc de Montebello et le duc de Conegliano se concertèrent le 20, à Lodosa, pour l'exécution des ordres de S. M.

Le 21, la division du général Lagrange, avec la brigade de cavalerie légère du général Colbert et la brigade de dragons du général Dijon, partirent de Logrogno par la droite de l'Ebre.

Au même moment, les quatre divisions composant le corps d'armée du duc de Conegliano, passèrent le fleuve à Lodosa, abandonnant tout le pays entre l'Ebre et Pampelune.

Le 22, à la pointe du jour, l'armée française se mit en marche. Elle se dirigea sur Calahora, où était la veille le quartier-général de Castanos; elle trouva cette ville évacuée. Elle marcha ensuite sur Alfaro; l'ennemi s'était également retiré.

Le 23, à la pointe du jour, le général de division Lefebvre, à la tête de la cavalerie et appuyé par la division du général Morlot, faisant l'avant-garde, rencontra l'ennemi. Il en donna sur-le-champ avis au duc de Montebello, qui trouva l'armée ennemie forte de sept divisions, formant quarante-cinq mille hommes présens sous les armes, la droite en avant de Tudela, et la gauche occupant une ligne d'une lieue et demie, disposition absolument vicieuse. Les Aragonais étaient à la droite, les troupes de Valence et de la nouvelle Castille étaient au centre, et les trois divisions d'Andalousie, que commandait plus spécialement le général Castanos, formaient la gauche. Quarante pièces de canon couvraient la ligne ennemie.

A neuf heures du matin, les colonnes de l'armée française commencèrent à se déployer avec cet ordre, cette régularité, ce sang-froid qui caractérisent de vieilles troupes. On choisissait les emplacemens pour établir en batterie une soixantaine de canons; mais l'impétuosité des troupes et l'inquiétude de l'ennemi n'en donnèrent pas le temps; l'armée espagnole était déjà vaincue par l'ordre et par les mouvemens de l'armée française.

Le duc de Montebello fit enfoncer le centre par la division du général Maurice Mathieu.

Le général de division Lefebvre, avec sa cavalerie, passa aussitôt au trot par cette trouée, et enveloppa, par un quart de conversion à gauche, toute la droite de l'ennemi.

Le moment où la moitié de la ligne ennemie se trouva ainsi tournée et culbutée, fut celui où le général Lagrange attaqua la ville de Cascante, où était placée la ligne de Castanos, qui ne fit pas meilleure contenance que la droite, et abandonna le champ de bataille, en laissant son artillerie et un grand nombre de prisonniers. La cavalerie poursuivit les débris de l'armée ennemie jusqu'à Tarraçone, dans la direction d'Agreda. Sept drapeaux, trente pièces de canon avec leurs attelages et leurs caissons, douze colonels, trois cents officiers et trois mille hommes ont été pris; quatre mille Espagnols sont restés sur le champ de bataille, ou ont été jetés dans l'Ebre. Notre perte a été légère; nous avons eu soixante hommes tués et quatre cents blessés; parmi ces derniers se trouve le général de division Lagrange, qui a été atteint d'une balle au bras.

Nos troupes ont trouvé à Tudela beaucoup de magasins.

Le maréchal duc de Conegliano s'est mis en marche sur Sarragosse.

Pendant qu'une partie des fuyards se retirait sur cette place, la gauche qui avait été coupée, fuyait en désordre sur Tarraçone et Agreda.

Le duc d'Elchingen, qui était le 22 à Soria, devait être le 23 à Agreda; pas un homme n'aurait échappé, mais ce corps d'armée se trouvant trop fatigué, séjourna le 23 et le 24 à Soria; il arriva le 24 à Agreda assez à temps pour s'emparer encore d'une grande quantité de magasins.

Un nommé Palafox, ancien garde-du-corps, homme sans talens et sans courage, espèce de mannequin d'un moine, véritable *chef de parti*, qui lui avait fait donner le titre de général, a été le premier à prendre la fuite. Au reste, ce n'est pas la première fois qu'il agit de la sorte; il a fait de même dans toutes les occasions.

Cette armée de quarante-cinq mille hommes a été ainsi battue et défaite, sans que nous en ayons eu plus de six mille engagés.

Le combat de Burgos avait frappé le centre de l'ennemi, la bataille d'Espinosa la droite, et la bataille de Tudela la gauche. La victoire a ainsi foudroyé et dispersé toute la ligne ennemie.

Aranda de Duero, 28 novembre 1808.

Douzième bulletin de l'armée d'Espagne.

A la bataille de Tudela, le général de division Lagrange, chargé de l'attaque de Cascante, fit marcher sa division par échelons, et se mit à la tête du premier échelon, composé du vingt-cinquième régiment d'infanterie légère, qui aborda l'ennemi avec une telle décision, que deux cents Espagnols furent percés dans la première charge par les baïonnettes. Les autres échelons ne purent donner. Cette singulière intrépidité avait jeté la consternation et le désordre dans les troupes de Castanos. C'est dans cette circonstance que le général Lagrange, qui était à la tête de son premier échelon, a reçu une balle qui l'a blessé assez dangereusement.

Le 26, le duc d'Elchingen s'est porté par Tarraçonne, sur Borja. Les ennemis avait mis le feu à un parc d'artillerie de soixante caissons qu'ils avaient à Tarraçonne.

Le général Maurice Mathieu est arrivé le 25 à Borja, poursuivant l'ennemi et ramassant à chaque instant de nouveaux prisonniers dont le nombre est déjà de cinq mille; ils appartiennent tous aux troupes de ligne; le soldat n'a pardonné à aucun paysan armé. Le nombre des pièces de canon prises est de trente-sept.

Le désordre et le délire se sont emparés des meneurs. Pour première mesure, ils ont fait un manifeste violent par lequel ils déclarent la guerre à la France; ils lui imputent tous les désordres de leur cour, l'abâtardissement de la race qui régnait, et la lâcheté des grands, qui, pendant tant d'années, se sont prosternés de la manière la plus abjecte aux pieds de l'idole qu'ils accablent de toute leur rage, aujourd'hui qu'elle est tombée.

On se ferait en Allemagne, en Italie, en France, une bien fausse idée des moines espagnols, si on les comparait aux moines qui ont existé dans ces contrées. On trouvait parmi les bénédictins, les bernardins, etc., etc., de France, d'Italie, une foule d'hommes remarquables dans les sciences et les lettres; ils se distinguaient et par leur éducation et par la classe honorable et utile d'où ils étaient sortis; les moines espagnols, au contraire, sont tirés de la lie du peuple, ils sont ignares et crapuleux; on ne saurait leur trouver de ressemblance qu'avec des artisans employés dans les boucheries; ils en ont l'ignorance, le ton et la tournure. Ce n'est que sur le bas peuple qu'ils exercent leur influence. Une maison bourgeoise se serait crue déshonorée en admettant un moine à sa table.

Quant aux malheureux paysans espagnols, on ne peut les comparer qu'aux fellahs d'Egypte; ils n'ont aucune propriété; tout appartient soit aux moines, soit à quelque maison puissante. La faculté de tenir une auberge est un droit féodal ; et dans un pays aussi favorisé de la nature, on ne trouve ni postes, ni hôtelleries. Les impositions même ont été aliénées et appartiennent aux seigneurs. Les grands ont tellement dégénéré, qu'il sont sans énergie, sans mérite et même sans influence.

On trouve tous les jours à Valladolid et au-delà, des magasins d'armes considérables. Les Anglais ont bien exécuté cette partie de leurs engagemens ; ils avaient promis des fusils, des poignards, des libelles, et ils en ont envoyé avec profusion. Leur esprit inventif s'est signalé, et ils ont poussé fort loin l'art de répandre des libelles, comme dans ces derniers temps ils s'étaient distingués par leurs fusées incendiaires. Tous les maux, tous les fléaux qui peuvent affliger les hommes, viennent de Londres.

Saint-Martin près Madrid, 2 décembre 1808.

Treizième bulletin de l'armée d'Espagne.

Le 29, le quartier-général de l'empereur a été porté au village de Bozeguillas ; le 30, à la pointe du jour, le duc de Bellune s'est présenté au pied du Somo-Sierra ; une division de treize mille hommes de l'armée de réserve espagnole, défendait le passage de cette montagne. L'ennemi se croyait inexpugnable dans cette position. Il avait retranché le col que les Espagnols appellent *Puerto*, et y avait placé seize pièces de canon. Le neuvième d'infanterie légère couronna la droite ; le quatre-vingt-seizième marcha sur la chaussée, et le vingt-quatrième suivit à mi-côte les hauteurs de gauche. Le général Senarmont avec six pièces d'artillerie avança par la chaussée.

La fusillade et la canonnade s'engagèrent. Une charge que fit le général Montbrun, à la tête des chevau-légers polonais, décida l'affaire ; charge brillante s'il en fut, où ce régiment s'est couvert de gloire et a montré qu'il était digne de faire partie de la garde impériale. Canons, drapeaux, fusils, soldats, tout fut enlevé, coupé ou pris. Huit chevau-légers polonais ont été tués sur les pièces, et seize ont été blessés. Parmi ces derniers, le capitaine Dzievanoski a été si grièvement blessé qu'il est presque sans espérance. Le major Ségur, maréchal-des-logis de la maison de l'empereur, chargeant parmi les Polonais, a reçu plusieurs blessures dont une assez grave. Les seize pièces de canon, dix drapeaux, une trentaine de caissons, deux cents charriots de toute espèce de bagage, les caisses des régimens, sont les fruits de cette brillante affaire. Parmi les prisonniers qui sont très-nombreux, se trouvent tous les colonels et les lieutenans-colonels des corps de la division espagnole. Tous les soldats auraient été pris, s'ils n'avaient pas jeté leurs armes et ne s'étaient éparpillés dans les montagnes.

Le premier décembre, le quartier-général de l'empereur était à Saint-Augustin, et le 2, le duc d'Istrie, avec la cavalerie, est venu couronner les hauteurs de Madrid. L'infanterie ne pourra arriver que le 3. Les renseignemens qu'on a pris jusqu'à cette heure, portent à penser que la ville est livrée à toute espèce de désordre, et que les portes sont barricadées.

Le temps est très-beau.

Madrid, 5 décembre 1808.

Quatorzième bulletin de l'armée d'Espagne.

Le 3, à midi, S. M. arriva de sa personne sur les hauteurs qui couronnent Madrid, et où étaient placées les divisions de dragons des généraux Latour-Maubourg et Lahoussaie, et la garde impériale à cheval. L'anniversaire du couronnement, cette époque qui a signalé tant de jours à jamais heureux pour la France, réveilla dans tous les cœurs les plus doux souvenirs et inspira à toutes les troupes un enthousiasme qui se manifesta par mille acclamations. Le temps était superbe et semblable à celui dont on jouit en France dans les belles journées du mois de mai.

Le maréchal duc d'Istrie envoya sommer la ville, où s'était formé une junte militaire, sous la présidence du général Castellar, qui avait sous ses ordres le général Morla, capitaine-général de l'Andalousie et inspecteur-général de l'artillerie. La ville renfermait un grand nombre de paysans armés qui s'y étaient rendus de tous côtés, six mille hommes de troupes de ligne et cent pièces de canon. Depuis huit jours on barricadait les rues et les portes de la ville ; soixante mille hommes étaient en armes ; des cris se faisaient entendre de toutes parts ; les cloches de deux cents églises sonnaient à la fois et tout présentait l'image du désorde et du délire.

Un général de troupes de ligne parut aux avant-postes pour répondre à la sommation du duc d'Istrie ; il était accompagné et surveillé par trente hommes du peuple dont le costume, les regards et le farouche langage, rappelaient les assassins de septembre. Lorsqu'on demandait au général espagnol s'il voulait exposer des femmes, des enfans, des vieillards aux horreurs d'un assaut, il manifestait à la dérobée la douleur dont il était pénétré ; il faisait connaître par des signes qu'il gémissait sous l'oppression ainsi que tous les honnêtes gens de Madrid, et lorsqu'il élevait la voix, ses paroles étaient dictées par les misérables qui le surveillaient. On ne put avoir aucun doute de l'excès auquel était portée la tyrannie de la multitude, lorsqu'on le vit dresser procès-verbal de ses propres discours, et les faire attester par la signature des spadassins qui l'environnaient.

L'aide-de-camp du duc d'Istrie, qui avait été envoyé dans

la ville, saisi par des hommes de la dernière classe du peuple, allait être massacré, lorsque les troupes de ligne indignées le prirent sous leur sauve-garde et le firent remettre à son général.

Un garçon boucher de l'Estramadure, qui commandait une des portes, osa demander que le duc d'Istrie vînt lui-même dans la ville les yeux bandés ; le général Montbrun repoussa cette audace avec indignation ; il fut aussitôt entouré, et il n'échappa qu'en tirant son sabre. Il faillit être victime de l'imprudence avec laquelle il avait oublié qu'il n'avait point affaire avec des ennemis civilisés.

Peu de temps après des déserteurs des gardes wallonnes se rendirent au camp. Leurs dépositions donnèrent la conviction que les propriétaires, les honnêtes gens étaient sans influence, et l'on dut croire que toute conciliation était impossible.

La veille, le marquis de Perales, homme respectable qui avait paru jouir jusqu'alors de la confiance du peuple, fut accusé d'avoir fait mettre du sable dans les cartouches. Il fut aussitôt étranglé, et ses membres déchirés furent envoyés comme des trophées dans les quartiers de la ville. On arrêta que toutes les cartouches seraient refaites, et trois ou quatre mille moines furent conduits au Retiro et employés à ce travail. Il avait été ordonné que tous les palais, toutes les maisons seraient constamment ouvertes aux paysans des environs, qui devaient y trouver de la soupe et des alimens à discrétion.

L'infanterie française était encore à trois lieues de Madrid. L'empereur employa la soirée à reconnaître la ville et à arrêter un plan d'attaque qui se conciliait avec les ménagemens que méritent le grand nombre d'hommes honnêtes qui se trouvent toujours dans une grande capitale.

Prendre Madrid d'assaut pouvait être une opération militaire de peu de difficulté ; mais amener cette grande ville à se soumettre en employant tour à tour la force et la persuasion et en arrachant les propriétaires et les véritables hommes de bien à l'oppression sous laquelle ils gémissaient, c'est là ce qui était difficile. Tous les efforts de l'empereur dans ces deux journées n'eurent pas d'autre but; ils ont été couronnés du plus grand succès.

A sept heures, la division Lapisse, du corps du maréchal duc de Bellune, arriva. La lune donnait une clarté qui semblait prolonger celle du jour. L'empereur ordonna au général de brigade Maison de s'emparer des faubourgs, et chargea le général de division Lauriston de protéger cette occupation par le feu de quatre pièces d'artillerie de la garde. Les voltigeurs du seizième s'emparèrent des maisons et notamment d'un grand cimetière. Au premier feu l'ennemi montra autant de lâcheté qu'il avait montré d'arrogance pendant toute la journée. Le duc de Bellune employa toute la nuit à placer son artillerie dans les lieux désignés pour l'attaque.

A minuit, le prince de Neufchâtel envoya à Madrid un lieutenant-colonel d'artillerie espagnole qui avait été pris à Somo-Sierra et qui voyait avec effroi la folle obstination de ses concitoyens. Il se chargea de la lettre ci-jointe (n°. 1).

Le 3, à neuf heures du matin, le même parlementaire revint au quartier-général avec la lettre ci-jointe (n°. 2).

Mais déjà le général de brigade d'artillerie Sénarmont, officier d'un grand mérite, avait placé ses trente pièces d'artillerie et avait commencé un feu très-vif qui avait fait brèche aux murs du Retiro. Des voltigeurs de la division Villatte ayant passé la brèche, leur bataillon les suivit, et en moins d'une heure, quatre mille hommes qui défendaient le Retiro furent culbutés. Le palais du Retiro, les postes importans de l'observatoire, de la manufacture de porcelaine, de la grande caserne et de l'hôtel de Medina-Celi et tous les débouchés qui avaient été mis en défense furent emportés par nos troupes.

D'un autre côté, vingt pièces de canon de la garde jetaient

des obus et attiraient l'attention de l'ennemi sur une fausse attaque.

On se serait peint difficilement le désordre qui régnait dans Madrid, si un grand nombre de prisonniers arrivant successivement n'avaient rendu compte des scènes épouvantables et de tout genre dont cette capitale offrait le spectacle. On avait coupé les rues, crénelé les maisons; des barricades de balles de coton et de laine avaient été formées; les fenêtres étaient matelassées; ceux des habitans qui désespéraient du succès d'une aveugle résistance, fuyaient dans les campagnes; d'autres qui avaient conservé quelque raison, et qui aimaient mieux se montrer au sein de leurs propriétés devant un ennemi généreux, que de les abandonner au pillage de leurs propres concitoyens, demandaient qu'on ne s'exposât point à un assaut. Ceux qui étaient étrangers à la ville ou qui n'avaient rien à perdre, voulaient qu'on se défendît à toute outrance, accusaient les troupes de ligne de trahison et les obligeaient à continuer le feu.

L'ennemi avait plus de cent pièces de canon en batterie; un nombre plus considérable de pièces de 2 et de 3 avaient été déterrées, tirées des caves et ficelées sur des charrettes; équipage grotesque qui seul aurait prouvé le délire d'un peuple abandonné à lui-même. Mais tous moyens de défense étaient devenus inutiles: étant maître du Retiro, on l'est de Madrid. L'empereur mit tous ses soins à empêcher qu'on entrât de maison en maison. C'en était fait de la ville si beaucoup de troupes avaient été employées. On ne laissa avancer que quelques compagnies de voltigeurs que l'empereur se refusa toujours à faire soutenir.

A onze heures, le prince de Neufchâtel écrivit la lettre ci-jointe n°. 3; S. M. ordonna aussitôt que le feu cessât sur tous les points.

A cinq heures, le maréchal Morla, l'un des membres de

la junte militaire, et don Bernardo Yriarte, envoyé de la ville, se rendirent dans la tente de S. A. S. le major-général. Ils firent connaître que tous les hommes bien pensans ne doutaient pas que la ville ne fût sans ressources, et que la continuation de la défense était un véritable délire ; mais que les dernières classes du peuple et la foule des hommes étrangers à Madrid voulaient se défendre et croyaient le pouvoir. Ils demandaient la journée du 4 pour faire entendre raison au peuple. Le prince major-général les présenta à S. M. l'empereur et roi, qui leur dit : « Vous employez en vain le nom du peuple ; si vous ne pouvez parvenir à le calmer, c'est parce que vous-mêmes vous l'avez excité, vous l'avez égaré par des mensonges. Rassemblez les curés, les chefs des couvens, les alcades, les principaux propriétaires, et que d'ici à six heures du matin la ville se rende, ou elle aura cessé d'exister. Je ne veux ni ne dois retirer mes troupes. Vous avez massacré les malheureux prisonniers français qui étaient tombés entre vos mains. Vous avez, il y a peu de jours, laissé traîner et mettre à mort dans les rues deux domestiques de l'ambassadeur de Russie parce qu'ils étaient nés Français. L'inhabileté et la lâcheté d'un général avaient mis en vos mains des troupes qui avaient capitulé sur le champ de bataille, et la capitulation a été violée. Vous, monsieur Morla, quelle lettre avez-vous écrite à ce général ? Il vous convenait bien de parler de pillage, vous qui étant entré en Roussillon avez enlevé toutes les femmes et les avez partagées comme un butin entre vos soldats. Quel droit aviez-vous, d'ailleurs, de tenir un pareil langage ? La capitulation vous l'interdisait. Voyez quelle a été la conduite des Anglais, qui sont bien loin de se piquer d'être rigides observateurs du droit des nations : ils se sont plaints de la convention du Portugal, mais ils l'ont exécutée. Violer les traités militaires, c'est renoncer à toute civilisation, c'est se mettre sur la même ligne que les Bédouins du désert.

Comment donc osez-vous demander une capitulation, vous qui avez violé celle de Baylen ? Voilà comme l'injustice et la mauvaise foi tournent toujours au préjudice de ceux qui s'en s'en sont rendus coupables. J'avais une flotte à Cadix ; elle était l'alliée de l'Espagne, et vous avez dirigé contre elle les mortiers de la ville où vous commandiez. J'avais une armée espagnole dans mes rangs : j'ai mieux aimé la voir passer sur les vaisseaux anglais, et être obligé de la précipiter du haut des rochers d'Espinosa, que de la désarmer ; j'ai préféré avoir sept mille ennemis de plus à combattre, que de manquer à la bonne foi et à l'honneur. Retournez à Madrid. Je vous donne jusqu'à demain à six heures du matin. Revenez alors, si vous n'avez à me parler du peuple que pour m'apprendre qu'il s'est soumis. Sinon vous et vos troupes, vous serez tous passés par les armes. »

Le 4 à six heures du matin, le général Morla et le général don Fernando de la Vera, gouverneur de la ville, se présentèrent à la tente du prince major-général. Les discours de l'empereur, répétés au milieu des notables, la certitude qu'il commandait en personne ; les pertes éprouvées pendant la journée précédente avaient porté le repentir et la douleur dans tous les esprits ; pendant la nuit, les plus mutins s'étaient soustraits au danger par la fuite, et une partie des troupes s'était débandée.

A dix heures, le général Belliard prit le commandement de Madrid, tous les postes furent remis aux Français, et un pardon général fut proclamé.

A dater de ce moment, les hommes, les femmes, les enfans se répandirent dans les rues avec sécurité. Jusqu'à onze heures du soir les boutiques furent ouvertes. Tous les citoyens se mirent à détruire les barricades et à repaver les rues ; les moines rentrèrent dans leurs couvens, et en peu d'heures Madrid présenta le contraste le plus extraordinaire ; contraste inexplicable pour qui ne connaît pas les mœurs des grandes villes. Tant d'hommes qui ne pouvaient se dissimuler à eux-mêmes ce qu'ils auraient fait dans pareille circonstance, s'étonnent de la générosité des Français. Cinquante mille armes ont été rendues, et cent pièces de canon sont remises au Retiro. Au reste les angoisses dans lesquelles les habitans de cette malheureuse ville ont vécu depuis quatre mois, ne peuvent se dépeindre. La junte était sans puissance; les hommes les plus ignorans et les plus forcénés exerçaient le pouvoir, et le peuple, à chaque instant, massacrait ou menaçait de la potence ses magistrats et ses généraux. Le général de brigade Maison a été blessé. Le général Bruyère, qui s'était avancé imprudemment dans le moment où l'on avait cessé le feu, a été tué. Douze soldats ont été tués, cinquante ont été blessés. Cette perte faible pour un événement aussi mémorable, est due au peu de troupes qu'on a engagées; on la doit aussi, il faut le dire, à l'extrême lâcheté de tout ce qui avait les armes à la main.

L'artillerie a, à son ordinaire, rendu les plus grands services.

Dix mille fuyards échappés de Burgos et de Somo-Sierra, et la deuxième division de l'armée de réserve se trouvaient, le 3, à trois lieues de Madrid; mais chargés par un piquet de dragons, ils se sont sauvés en abandonnant quarante pièces de canon et soixante caissons.

Un trait mérite d'être cité :

Un vieux général retiré du service et âgé de quatre-vingts ans, était dans sa maison à Madrid, près de la rue d'Alcala. Un officier français s'y loge avec sa troupe. Ce respectable vieillard paraît devant cet officier, tenant une jeune fille par la main et dit : Je suis un vieux soldat, voilà ma fille : je lui donne neuf cent mille livres de dot; sauvez lui l'honneur et soyez son époux. Le jeune officier prend le vieillard, sa famille et sa maison sous sa protection. Qu'ils sont coupables ceux qui exposent tant de citoyens paisibles, tant d'infortunés habitans d'une grande capitale à tant de malheurs!

Le duc de Dantzick est arrivé le 3 à Ségovie. Le duc d'Istrie, avec quatre mille hommes de cavalerie, s'est mis à la poursuite de la division Pennas, qui s'étant échappée de la bataille de Tudela, s'était dirigée sur Guadalaxara.

Florida Blanca et la junte s'étaient enfuis d'Aranjuez et s'étaient sauvés à Tolède; ils ne se sont pas crus en sûreté dans cette ville, et se sont réfugiés auprès des Anglais.

La conduite des Anglais est honteuse. Dès le 20, ils étaient à l'Escurial au nombre de six mille, ils y ont passé quelques jours. Ils ne prétendaient pas moins que franchir les Pyrénées et venir sur la Garonne. Leurs troupes sont superbes et bien disciplinées. La confiance qu'elles avaient inspirée aux Espagnols est inconcevable; les uns espéraient que cette division irait à Somo-Sierra, les autres qu'elle viendrait défendre la capitale d'un allié si cher; mais tous connaissaient mal les Anglais. A peine eut-on avis que l'empereur était à Somo-Sierra, que les troupes anglaises battirent en retraite sur l'Escurial. De là, combinant leur marche avec la division de Salamanque, elles se dirigèrent sur la mer. Des armes, de la poudre, des habits, ils nous en ont donné, disait un Espagnol; mais leurs soldats ne sont venus que pour nous exciter, nous égarer et nous abandonner au milieu de la crise. — Mais, répondit un officier français, ignorez-vous donc les faits les plus récens de notre histoire? Qu'ont-ils donc fait pour le stathouder, pour la Sardaigne, pour l'Autriche? Qu'ont-ils fait plus récemment encore pour la Suède? Ils fomentent partout la guerre, ils distribuent des armes comme du poison, mais ils ne versent leur sang que pour leurs intérêts directs et personnels. N'attendez pas autre chose de leur égoïsme. — Cependant, répliqua l'Espagnol, leur cause était la nôtre. Quarante mille Anglais ajoutés à nos forces à Tudela et à Espinosa pouvaient balancer les destins et sauver le Portugal. Mais à présent que notre armée de Blake à la gauche, que celle du centre, que celle d'Aragon à la droite sont détruites, que les Espagnes sont presque conquises, et que la raison va achever de les soumettre, que deviendra le Portugal? Ce n'est pas à Lisbonne que les Anglais devaient le défendre, c'est à Espinosa, à Burgos, à Tudela, à Somo-Sierra et devant Madrid.

Devant Madrid, le 3 décembre 1808.

N°. 1er. *A Monsieur le commandant de la ville de Madrid.*

Les circonstances de la guerre ayant conduit l'armée française aux portes de Madrid, et toutes les dispositions étant faites pour s'emparer de la ville de vive force, je crois convenable et conforme à l'usage de toutes les nations de vous sommer, monsieur le général, de ne pas exposer une ville aussi importante à toutes les horreurs d'un assaut, et rendre tant d'habitans paisibles victimes des maux de la guerre. Voulant ne rien épargner pour vous éclairer sur votre véritable situation, je vous envoie la présente sommation par l'un de vos officiers fait prisonnier et qui a été à portée de voir les moyens qu'a l'armée pour réduire la ville.

Recevez, monsieur le général, etc. ALEXANDRE.

N°. 2. *A S. A. S. le prince de Neufchâtel.*

Monseigneur,

Avant de répondre catégoriquement à V. A., je ne puis me dispenser de consulter les autorités constituées de cette ville et de connaître les dispositions du peuple en lui donnant avis des circonstances présentes.

A ces fins, je supplie V. A. de m'accorder cette journée

de suspension pour m'acquitter de ces obligations, vous promettant que demain, de bonne heure, ou même cette nuit, j'enverrai ma réponse à V. A. par un officier-général.

Je prie V. A. d'agréer, etc. F. marquis de CASTELAR.

Au camp impérial devant Madrid, le 4 décembre 1808, à onze heures du matin.

N°. 3. *Au général commandant Madrid.*

Monsieur le général Castelar, défendre Madrid est contraire aux principes de la guerre et inhumain pour les habitans. S. M. m'autorise à vous envoyer une seconde sommation. Une artillerie immense est en batterie; des mineurs sont prêts à faire sauter vos principaux édifices; des colonnes sont à l'entrée des débouchés de la ville, dont quelques compagnies de voltigeurs se sont rendues maîtresses. Mais l'empereur, toujours généreux dans le cours de ses victoires, suspend l'attaque jusqu'à deux heures. La ville de Madrid doit espérer protection et sûreté pour ses habitans paisibles, pour le culte, pour ses ministres, enfin l'oubli du passé. Arborez un pavillon blanc avant deux heures et envoyez des commissaires pour traiter de la reddition de la ville.

Recevez, monsieur le général, etc.

Le major-général, ALEXANDRE.

Madrid, 7 décembre 1808.

Quinzième bulletin de l'armée d'Espagne.

Sa Majesté a nommé le général d'artillerie Sénarmont général de division. Le major Ségur a été nommé adjudant-commandant. On avait désespéré de la vie de cet officier; mais il est aujourd'hui hors de danger.

Le comte Krazinski, colonel des chevau-légers polonais,

quoique malade, a toujours voulu charger à la tête de son corps.

Les sieurs Balecki et Wolygurski, maréchaux-des-logis, et Surzieski, soldat des chevau-légers polonais qui ont pris des drapeaux à l'ennemi, ont été nommés membres de la légion-d'honneur.

Sa Majesté a de plus accordé aux chevau-légers polonais huit décorations pour les officiers, et un pareil nombre pour les soldats.

Le duc de l'Infantado a été une des premières causes des malheurs que son pays a éprouvés; il fut le principal instrument de l'Angleterre dans ses funestes projets contre l'Espagne; c'est lui qu'elle employa pour diviser le père et le fils, pour renverser du trône le roi Charles, dont l'attachement pour la France était connu; pour susciter des orages populaires contre le premier ministre de ce souverain; pour élever à la puissance suprême ce jeune prince, qui, dans son mariage avec une princesse de l'ancienne maison de Naples, avait puisé cette haine contre les Français dont cette maison ne s'est jamais départie. Ce fut le duc de l'Infantado qui joua le premier rôle dans la conspiration de l'Escurial, et c'est à lui que fut alors confié le pouvoir de généralissime des armées d'Espagne. On le vit ensuite prêter serment à Baïonne entre les mains du roi Joseph comme colonel des gardes espagnoles. De retour à Madrid, on le vit jeter le masque et se montrer ouvertement l'homme des Anglais. C'est chez lui que logeaient les ministres de l'Angleterre; c'est dans sa société que vivaient les agens accrédités ou secrets de cette puissance. Après avoir excité ses concitoyens à une résistance insensée, on l'a vu, aussi lâche que traître, s'enfuir de Madrid à Guadalaxara, sous le prétexte d'aller chercher du secours, se soustraire par cette ruse aux périls dans lesquels il avait entraîné ses concitoyens, et ne montrer quelque sollicitude que pour l'agent anglais, qu'il emmena dans sa propre voiture et auquel il servit d'escorte. Que lui vaudra cette conduite ? Il perdra ses titres, il perdra ses biens, qu'on évalue à deux millions de rentes, et il ira chercher à Londres les mépris, les dédains et l'oubli dont l'Angleterre a toujours payé les hommes qui ont sacrifié leur honneur et leur patrie à l'injustice de sa cause.

Aussitôt que le rapport du chef d'escadron comte Lubienski fut connu, le duc d'Istrie se mit en marche avec seize escadrons de cavalerie pour observer l'ennemi. Le duc de Bellune suivit avec l'infanterie. Le duc d'Istrie, arrivé à Guadalaxara, y trouva l'arrière-garde ennemie qui filait sur l'Andalousie, la culbuta et lui fit cinq cents prisonniers. Le général de division Ruffin et la brigade de dragons Bordesoult informés que des ennemis se dirigeaient sur Aranjuez, se sont portés sur ce point; l'ennemi en a été chassé, et ces troupes se sont mises aussitôt à la poursuite de tout ce qui fuit vers l'Andalousie.

Le général de division Lahoussaye est entré le 5 à l'Escurial. Cinq à six cents paysans voulaient défendre le couvent, ils en ont été chassés de vive force.

Chaque jour les restes de la stupeur dans laquelle étaient tombés les habitans de Madrid, se dissipent. Ceux qui avaient caché leurs meubles et leurs effets précieux les rapportent dans leurs maisons. Les boutiques se garnissent comme à l'ordinaire ; les barricades et tous autres apprêts de défense ont disparu. L'occupation de Madrid s'est faite sans désordre, et la tranquillité règne dans toutes les parties de cette grande ville. Un fusilier de la garde ayant été trouvé saisi de plusieurs montres, et ayant été convaincu de les avoir volées, a été fusillé sur la principale place de Madrid.

On a trouvé dans cette ville deux cents milliers de poudre, dix mille boulets, deux millions de plomb, cent pièces de canon de campagne et cent vingt mille fusils, la plupart anglais. Le désarmement continue sans aucune difficulté ; tous les habitans s'y prêtent avec la meilleure volonté ; ils reviennent avec empressement et de bonne foi à l'autorité royale qui les soustrait à la malfaisance de l'Angleterre, à la violence des factions et aux désordres des mouvemens populaires.

Le roi d'Espagne a créé un régiment qui porte le nom de royal-étranger, et dans lequel sont admis les déserteurs et les Allemands qui étaient au service d'Espagne. Il a aussi formé un régiment suisse de Réding le jeune : cet officier s'étant comporté parfaitement et en véritable patriote suisse ; bien différent en cela du général Réding ; l'un a bien mérité de ses compatriotes, et obtiendra partout l'estime ; l'autre, généralement méprisé, ira dans les tavernes de Londres jouir d'une centaine de livres sterling mal acquises et payées avec dédain ; il sera émigré du continent. Les régimens royal-étranger et Réding le jeune ont déjà plusieurs milliers d'hommes.

Le cinquième et le huitième corps de l'armée d'Espagne et trois divisions de cavalerie ne font que passer la Bidassoa ; ils sont encore bien loin d'être en ligne, et cependant beaucoup de victoires ont déjà été obtenues, et la plus grande partie de la besogne est faite.

Au camp impérial de Madrid, 7 décembre 1808.

Proclamation.

Espagnols,

Vous avez été égarés par des hommes perfides ; ils vous ont engagés dans une lutte insensée, et vous ont fait courir aux armes. Est-il quelqu'un parmi vous qui, réfléchissant un moment sur tout ce qui s'est passé, ne soit aussitôt convaincu que vous avez été le jouet des perpétuels ennemis du continent qui se réjouissaient en voyant répandre le sang espagnol et le sang français ? Quel pouvait être le résultat du succès même de quelques campagnes ? Une guerre de terre sans fin et une longue incertitude sur le sort de vos propriétés et de votre existence. Dans peu de mois vous avez été livrés à toutes les angoisses des factions populaires. La défaite de vos armées a été l'affaire de quelques marches. Je suis entré dans Madrid : les droits de la guerre m'autorisaient à donner un grand exemple, et à laver dans le sang des outrages faits à moi et à ma nation : je n'ai écouté que la clémence. Quelques hommes, auteurs de tous vos maux, seront seuls frappés. Je chasserai bientôt de la Péninsule cette armée anglaise qui a été envoyée en Espagne non pour vous secourir, mais pour vous inspirer une fausse confiance et vous égarer.

Je vous avais dit dans ma proclamation du 2 juin que je voulais être votre régénérateur. Aux droits qui m'ont été cédés par les princes de la dernière dynastie, vous avez voulu que j'ajoutasse le droit de conquête. Cela ne changera rien à mes dispositions. Je veux même louer ce qu'il peut y avoir eu de généreux dans vos efforts, je veux reconnaître que l'on vous a caché vos vrais intérêts, qu'on vous a dissimulé le véritable état des choses. Espagnols, votre destinée est entre vos mains. Rejetez les poisons que les Anglais ont répandus parmi vous; que votre roi soit certain de votre amour et de votre confiance, et vous serez plus puissans, plus heureux que vous n'avez jamais été. Tout ce qui s'opposait à votre prospérité et à votre grandeur, je l'ai détruit; les entraves qui pesaient sur le peuple, je les ai brisées ; une constitution libérale vous donne, au lieu d'une monarchie absolue, une monarchie tempérée et constitutionnelle. Il dépend de vous que cette constitution soit encore votre loi.

Mais si tous mes efforts sont inutiles, et si vous ne répondez pas à ma confiance, il ne me restera qu'à vous traiter en provinces conquises, et à placer mon frère sur un autre trône. Je mettrai alors la couronne d'Espagne sur ma tête et je saurai la faire respecter des méchans, car Dieu m'a donné la force et la volonté nécessaires pour surmonter tous les obstacles.

NAPOLÉON.

Au camp impérial de Madrid, 7 décembre 1808.

Circulaire aux archevêques, aux évêques et aux présidens des consistoires.

M. l'évêque de......,

Les victoires remportées par nos armes aux champs d'Espinosa, de Burgos, de Tudela et de Somo-Sierra, l'entrée de nos troupes dans la ville de Madrid, et le bonheur particulier que nous avons eu de sauver cette ville intacte des mains des brigands insurgés qui en tenaient tous les honnêtes habitans sous l'oppression, nous portent à vous écrire cette lettre. Nous désirons qu'aussitôt après sa réception, vous vous concertiez avec qui de droit, afin d'appeler nos peuples dans les églises, et de faire chanter un *Te Deum* et telles autres prières que vous vous voudrez désigner, pour rendre grâce à Dieu d'avoir protégé nos armes et d'avoir confondu les ennemis de notre nation et de la tranquillité du continent, qui, réveillant sans cesse l'esprit de faction, cherchent à consolider leur monopole par les désordres publics et par le malheur des peuples.

Sur ce, M. l'évêque d...., nous prions Dieu qu'il vous ait en sa sainte garde. NAPOLÉON.

Madrid, le 8 décembre 1808.

Seizième bulletin de l'armée d'Espagne.

Le duc de Montebello se loue beaucoup de la conduite du général de brigade Pouzet à la bataille de Tudela ; du général de division Lefebvre, du général de brigade d'artillerie Couin, de son aide-de-camp Gueheneuc. Il fait une mention particulière des trois régimens de la Vistule. Le général de brigade Augereau, qui a chargé à la tête de la division Morlot, s'est fait remarquer. Messieurs Viry et Labédoyère ont pris une pièce de canon au milieu de la ligne ennemie. Le second a été légèrement blessé au bras.

S. M. a nommé le colonel Pepin général de brigade, et le major polonais Kliki, colonel. Le colonel polonais Kasinowski, qui a été blessé, a été nommé membre de la légion-d'honneur.

Le général de division Ruffin, ayant passé le Tage à Aranjuez, s'est porté sur Orcanna et a coupé le chemin aux débris de l'armée d'Andalousie qui vouloient se retirer en Andalousie et qui se sont jetés sur Cuença.

Les divisions de cavalerie des généraux Lasalle et Milhaud se sont dirigées sur le Portugal par Talavera de la Reina.

Le duc de Dantzick arrive aujourd'hui à Madrid avec son corps d'armée.

Le maréchal Ney, avec son corps d'armée, est arrivé à Guadalaxara venant de Sarragosse.

S. M. voulant épargner aux honnêtes habitans de cette ville les horreurs d'un assaut, n'a pas voulu qu'on attaquât Sarragosse jusqu'au moment où la nouvelle des événemens de Madrid et de la dispersion des armées espagnoles y serait connue. Cependant si cette ville s'obstinait dans sa résistance, les mines et les bombes en feraient raison.

Le huitième corps est entré en Espagne. Le général Delaborde va porter son quartier-général à Vittoria.

La division polonaise du général Valence arrive aujourd'hui à Buitrago.

Les Anglais sont en retraite de tous côtés. La division Lasalle a cependant rencontré seize hommes qu'elle a sabrés ; c'était des traîneurs ou des hommes qui s'étaient égarés.

Le maréchal Mortier arrivera le 16 en Catalogne, pour tourner l'armée ennemie et faire sa jonction avec les généraux Duhesme et Saint-Cyr.

Le 23 novembre, la brèche du château de la Trinité de la ville de Roses était au moment de se trouver praticable. Le même jour, les Anglais ont débarqué quatre cents hommes au pied du château. Un bataillon italien a marché sur eux, leur a tué dix hommes, en a blessé davantage et a jeté le reste dans la mer.

On a remarqué une trentaine de barques qui sortaient du port de Roses, ce qui porte à penser que les habitans commencent à évacuer la ville.

Le 24, l'avant-garde ennemie, campée sur la Fluvia, forte de cinq à six mille hommes, et commandée par le général Alvarès, est venue en plusieurs colonnes attaquer les points de Navata, Puntos, Armodas et Garrigas, occupés par la division du général Souham. Le premier régiment d'infanterie légère et le quatrième bataillon de la troisième légère ont soutenu seuls l'effort de l'ennemi et l'ont ensuite repoussé.

L'ennemi a été rejeté au-delà de la Fluvia, avec une perte considérable en tués et blessés. On a fait des prisonniers, parmi lesquels se trouvent le colonel Lebrun, commandant en second de l'expédition, et colonel du régiment de Tarragone, le major et un capitaine du même régiment.

Madrid, le 10 décembre 1808.

Dix-septième bulletin de l'armée d'Espagne.

S. M. a passé hier, au Prado, la revue du corps du maréchal duc de Dantzick, arrivé avant-hier à Madrid; elle a témoigné sa satisfaction à ces braves troupes.

Elle a passé aujourd'hui la revue des troupes de la confédération du Rhin, formant la division commandée par le général Leval. Les régimens de Nassau et de Bade se sont bien comportés. Le régiment de Hesse-Darmstadt n'a pas soutenu la réputation des troupes de ce pays et n'a pas répondu à l'opinion qu'elles avaient donnée d'elles dans les campagnes de Pologne. Le colonel et le major paraissent être des hommes médiocres.

Le duc d'Istrie est parti le 6 de Guadalaxara; il a fait battre toute la route de Sarragosse et de Valence, a fait cinq cents prisonniers et a pris beaucoup de bagages. Au Bastan, un bataillon de cinq cents hommes, cerné par la cavalerie, a été écharpé.

L'armée ennemie, battue à Tudela, à Catalayud, abandonnée par ses généraux, par une partie de ses officiers et par un grand nombre de soldats, était réduite à six mille hommes.

Le 8, à minuit, le duc d'Istrie fit attaquer par le général Montbrun à Santa-Cruz un corps qui protégeait la fuite de l'armée ennemie. Ce corps fut poursuivi l'épée dans les reins, et on lui fit mille prisonniers. Il voulut se jeter dans l'Andalousie par Madridego. Il paraît qu'il a été forcé de se disperser dans les montagnes de Cuenca.

(353)

Madrid, 12 décembre 1808.

Dix-huitième bulletin de l'armée d'Espagne.

La junte centrale d'Espagne avait peu de pouvoir. La plûpart des provinces lui répondaient à peine ; toutes lui avaient arraché l'administration des finances. Elle était influencée par la dernière classe du peuple ; elle était gouvernée par la minorité ; Florida-Blanca était sans aucun crédit. La junte était soumise à la volonté de deux hommes, l'un nommé Lorenzo-Calvo, marchand épicier de Sarragosse, qui avait gagné en peu de mois le titre d'excellence ; c'était un de ces hommes violens qui paraissent dans les révolutions ; sa probité était plus que suspecte ; l'autre était un nommé Tilly, condamné autrefois aux galères comme voleur, frère cadet du nommé Gusman, qui a joué un rôle sous Roberspierre dans le temps de la terreur, et bien digne d'avoir eu pour frère ce misérable. Aussitôt que quelque membre de la junte voulait s'opposer à des mesures violentes, ces deux hommes criaient à la trahison : un rassemblement se formait sous les fenêtres d'Aranjuez, et tout le monde signait. L'extravagance et la méchanceté de ces meneurs se manifestaient de toutes les manières. Aussitôt qu'ils apprirent que l'empereur était à Burgos et que bientôt il serait à Madrid, ils poussèrent le délire jusqu'à faire contre la France une déclaration de guerre remplie d'injures et de traits de folie.

Ce que les honnêtes gens ont à eu souffrir de la dernière classe du peuple se concevrait à peine, si chaque nation ne trouvait dans ses annales le souvenir de crises semblables.

Récemment encore trois respectables habitans de Tolède ont été égorgés.

Lorsque le 11, le général de division Lasalle, poursuivant l'ennemi, est arrivé à Talavera de la Reyna, où les Anglais étaient passés en triomphe dix jours auparavant, en annonçant qu'ils allaient secourir la capitale, un spectacle affreux s'est offert aux yeux des Français : un cadavre revêtu de l'uniforme de général espagnol, était suspendu à une potence et percé de mille coups de fusil : c'était le général Bénito-San-Juan, que ses soldats, dans le désordre de leur terreur panique, et pour donner un prétexte à leur lâcheté, avaient aussi indignement sacrifié.

Ils n'ont repris haleine à Talavera, que pour torturer leur infortuné général, qui pendant tout un jour, a été le but de leur barbarie et de leur adresse atroce.

Talavera de la Reyna est une ville considérable, située sur la belle vallée du Tage et dans un pays très-fertile.

Les évêques de Léon et d'Astorga, et un grand nombre d'ecclésiastiques, se sont distingués par leur bonne conduite et par l'exemple des vertus apostoliques.

Le pardon général accordé par l'empereur et les dispositions qui marquent l'établissement de la nouvelle dynastie par l'anéantissement des maisons des principaux coupables, ont produit un grand effet. La destruction de droits odieux au peuple et contraires à la prospérité de l'état, et la mesure qui ne laisse plus à la classe nombreuse des moines aucune incertitude sur son sort, ont un bon résultat.

L'animadversion générale se dirige contre les Anglais. Les paysans disent dans leur langage, qu'à l'approche des Français, les Anglais sont allés monter sur leurs chevaux de bois.

S. M. a passé hier la revue de plusieurs corps de cavalerie. Elle a nommé commandant de la Légion d'Honneur, le colonel des lanciers polonais Konopka. Le corps que cet officier commande s'est couvert de gloire dans toutes les occasions.

S. M. a témoigné sa satisfaction à la brigade Dijon, pour sa bonne conduite à la bataille de Tudela.

Madrid, 13 décembre 1808.

Dix-neuvième bulletin de l'armée d'Espagne.

La place de Roses s'est rendue le 6; deux mille hommes ont été faits prisonniers. On a trouvé dans la place une artillerie considérable; six vaisseaux de ligne anglais qui étaient mouillés sur la rade, n'ont pu recevoir la garnison à leur bord. Le général Gouvion-Saint-Cyr se loue beaucoup du général de division Pino. Les troupes du royaume d'Italie se sont distinguées pendant le siége.

L'empereur a passé aujourd'hui en revue, au-delà du pont de Ségovie, toutes les troupes réunies du corps du maréchal duc de Dantzick.

La division du général Sebastiani s'est mise en marche pour Talavera de la Reyna.

La division polonaise du général Valence est fort belle.

La dissolution des troupes espagnoles continue de tous côtés; les nouvelles levées qu'on était occupé à faire, se dispersent de toutes parts et retournent dans leurs foyers.

Les détails que l'on recueille de la bouche des Espagnols, sur la junte centrale, tendent tous à la couvrir de ridicule. Cette assemblée était devenue l'objet du mépris de toute l'Espagne. Ses membres, au nombre de trente-six, s'étaient attribué eux-mêmes des titres, des cordons de toute espèce, et soixante mille livres de traitement. Florida-Blanca était un véritable mannequin. Il rougit à présent du déshonneur qu'il a répandu sur sa vieillesse. Ainsi que cela arrive toujours dans de pareilles assemblées, deux ou trois hommes dominaient tous les autres, et ces deux ou trois misérables étaient aux gages de l'Angleterre. L'opinion de la ville de Madrid est très-prononcée à l'égard de cette junte, qui est vouée au ridicule et au mépris, ainsi qu'à la haine de tous les habitans de la capitale.

La bourgeoisie, le clergé, la noblesse, convoqués par le corrégidor, se sont assemblés deux fois.

L'esprit de la capitale est fort différent de ce qu'il était avant le départ des Français. Pendant le temps qui s'est écoulé depuis cette époque, cette ville a éprouvé tous les maux qui résultent de l'absence du gouvernement. Sa propre expérience lui a inspiré le dégoût des révolutions; elle a resserré les liens qui l'attachaient au roi. Pendant les scènes de désordre qui ont agité l'Espagne, les vœux et les regards des hommes sages se tournaient vers leur souverain.

Jamais on n'a vu dans ce pays un aussi beau mois de décembre; on se croirait au commencement du printemps. L'empereur profite de ce temps magnifique pour rester à la campagne à une lieue de Madrid.

Paris, le 14 décembre 1808.

Note extraite du Moniteur.

Plusieurs de nos journaux ont imprimé que S. M. l'impératrice, dans sa réponse à la députation du corps législatif, avait dit qu'elle était bien aise de voir que le premier sentiment de l'empereur avait été pour le corps législatif qui représente la nation.

S. M. l'impératrice n'a point dit cela; elle connaît trop bien nos constitutions; elle sait trop bien que le premier représentant de la nation, c'est l'empereur; car tout pouvoir vient de Dieu et de la nation.

Dans l'ordre de nos constitutions, après l'empereur, est le sénat; après le sénat, est le conseil d'état; après le conseil d'état, est le corps législatif; après le corps législatif, viennent chaque tribunal et fonctionnaire public dans l'ordre de ses attributions; car, s'il y avait dans nos constitutions un corps représentant la nation, ce corps serait souverain; les autres corps ne seraient rien, et ses volontés seraient tout.

La convention, même le corps législatif, ont été représentans. Telles étaient nos constitutions alors. Aussi le président disputa-t-il le fauteuil au roi, se fondant sur le principe que le président de l'assemblée de la nation, était avant les autorités de la nation. Nos malheurs sont venus en partie de cette exagération d'idées. Ce serait une prétention chimérique et même criminelle, que de vouloir représenter la nation avant l'empereur.

Le corps législatif, improprement appelé de ce nom, devrait être appelé conseil législatif, puisqu'il n'a pas la faculté de faire des lois, n'en ayant pas la proposition. Le conseil législatif est donc la réunion des mandataires des colléges électoraux. On les appelle députés des départemens, parce qu'ils sont nommés par les départemens.

Dans l'ordre de notre hiérarchie constitutionnelle, le premier représentant de la nation, c'est l'empereur, et ses ministres, organes de ses décisions; la seconde autorité représentante, est le sénat; la troisième, le conseil d'état qui a de véritables attributions législatives; le conseil législatif a le quatrième rang.

Tout rentrerait dans le désordre, si d'autres idées constitutionnelles venaient pervertir les idées de nos constitutions monarchiques.

Madrid, 15 décembre 1808.

Réponse de l'empereur à une députation de la ville de Madrid.

J'agrée les sentimens de la ville de Madrid. Je regrette le mal qu'elle a essuyé, et je tiens à bonheur particulier d'avoir pu, dans ces circonstances, la sauver et lui épargner de plus grands maux.

Je me suis empressé de prendre des mesures qui tranquillisent toutes les classes des citoyens, sachant combien l'incertitude est pénible pour tous les peuples et pour tous les hommes.

J'ai conservé les ordres religieux en restreignant le nombre des moines. Il n'est pas un homme sensé qui ne jugeât qu'ils étaient trop nombreux. Ceux qui sont appelés par une vocation qui vient de Dieu, resteront dans leur couvens. Quant à ceux dont la vocation était peu solide et déterminée par des considérations mondaines, j'ai assuré leur existence dans l'ordre des ecclésiastiques séculiers. Du surplus des biens des couvens, j'ai pourvu aux besoins des curés, de cette classe la plus intéressante et la plus utile parmi le clergé.

J'ai aboli ce tribunal contre lequel le siècle et l'Europe réclamaient. Les prêtres doivent guider les consciences, mais ne doivent exercer aucune juridiction extérieure et corporelle sur les citoyens.

J'ai satisfait à ce que je devais à moi et à ma nation; la part de la vengeance est faite; elle est tombée sur dix des principaux coupables; le pardon est entier et absolu pour tous les autres.

J'ai supprimé des droits usurpés par les seigneurs, dans le temps des guerres civiles, où les rois ont trop souvent été obligés d'abandonner leurs droits, pour acheter leur tranquillité et le repos des peuples.

J'ai supprimé les droits féodaux, et chacun pourra établir des hôtelleries, des fours, des moulins, des madrogues, des pêcheries et donner un libre essor à son industrie, en observant les lois et les réglemens de la police. L'égoïsme, la richesse et la prospérité d'un petit nombre d'hommes nuisaient plus à votre agriculture que les chaleurs de la canicule.

Comme il n'y a qu'un Dieu, il ne doit y avoir dans un état

qu'une justice. Toutes les justices particulières avaient été usurpées et étaient contraires aux droits de la nation. Je les ai détruites.

J'ai aussi fait connaître à chacun ce qu'il pouvait avoir à craindre, ce qu'il pouvait espérer.

Les armées anglaises, je les chasserai de la Péninsule.

Sarragosse, Valence, Séville seront soumises ou par la persuasion, ou par la force de mes armes.

Il n'est aucun obstacle capable de retarder long-temps l'exécution de mes volontés.

Mais ce qui est au-dessus de mon pouvoir, c'est de constituer les Espagnols en nation sous les ordres du roi, s'ils continuent à être imbus des principes de scission et de haine envers la France, que les partisans des Anglais et les ennemis du continent ont répandus au sein de l'Espagne. Je ne puis établir une nation, un roi et l'indépendance des Espagnols, si ce roi n'est pas sûr de leur affection et de leur fidélité.

Les Bourbons ne peuvent plus régner en Europe. Les divisions dans la famille royale avaient été tramées par les Anglais. Ce n'était pas le roi Charles et le favori, que le duc de l'Infantado, instrument de l'Angleterre, comme le prouvent les papiers récemment trouvés dans sa maison, voulait renverser du trône, c'était la prépondérance de l'Angleterre qu'on voulait établir en Espagne; projet insensé, dont le résultat aurait été une guerre de terre sans fin, et qui aurait fait couler des flots de sang. Aucune puissance ne peut exister sur le continent, influencée par l'Angleterre. S'il en est qui le désirent, leur désir est insensé et produira tôt ou tard leur ruine.

Il me serait facile, et je serais obligé de gouverner l'Espagne en y établissant autant de vice-rois qu'il y a de provinces. Cependant, je ne me refuse point de céder mes droits de conquête au roi, et à l'établir dans Madrid, lorsque les trente mille citoyens que renferme cette capitale, ecclésiastiques, nobles, négocians, hommes de loi, auront manifesté leurs sentimens et leur fidélité, donné l'exemple aux provinces, éclairé le peuple et fait connaître à la nation, que son existence et son bonheur dépendent d'un roi et d'une constitution libérale, favorable au peuple et contraire seulement à l'égoïsme et aux passions orgueilleuses des grands.

Si tels sont les sentimens des habitans de la ville de Madrid, que ces trente mille citoyens se rassemblent dans les églises, qu'ils prêtent, devant le Saint-Sacrement, un serment qui sorte non-seulement de la bouche, mais du cœur, et qui soit sans restriction jésuitique; qu'ils jurent appui, amour et fidélité au roi; que les prêtres au confessionnal et dans la chaire, les négocians dans leur correspondance, les hommes de loi dans leurs écrits et leurs discours, inculquent ces sentimens au peuple; alors je me dessaisirai du droit de conquête, je placerai le roi sur le trône, et je me ferai une douce tâche de me conduire envers les Espagnols en ami fidèle. La génération pourra varier dans ses opinions; trop de passions ont été mises en jeu; mais vos neveux me béniront comme votre régénérateur; ils placeront au nombre des jours mémorables, ceux où j'ai paru parmi vous; et, de ces jours, datera la prospérité de l'Espagne.

Voilà, M. le corrégidor, ma pensée tout entière. Consultez vos concitoyens et voyez le parti que vous avez à prendre; mais quel qu'il soit, prenez-le franchement et ne me montrez que des dispositions vraies.

Valderad, 28 décembre 1808.

Vingt-unième bulletin de l'armée d'Espagne.

Les Anglais sont entrés en Espagne le 29 octobre.

Ils ont vu dans les mois de novembre et de décembre, détruire l'armée de Galice à Espinosa, celle d'Estramadure à Burgos, celle d'Aragon et de Valence à Tudela, celle de réserve à Somo-Sierra; enfin, ils ont vu prendre Madrid, sans faire aucun mouvement et sans secourir aucune des armées espagnoles, pour lesquelles une division de troupes anglaises eût été cependant un secours considérable.

Dans les premiers jours du mois de décembre, on apprit que les colonnes de l'armée anglaise étaient en retraite, et se dirigeaient vers la Corogne, où elles devaient se rembarquer. De nouvelles informations firent ensuite connaître qu'elles s'étaient arrêtées, et que le 16 elles étaient parties de Salamanque, pour entrer en campagne. Dès le 15, la cavalerie légère avait paru à Valladolid. Toute l'armée anglaise passa le Duero, et arriva le 23 devant le duc de Dalmatie à Saldagua.

Aussitôt que l'empereur fut instruit à Madrid de cette résolution inespérée des Anglais, il marcha pour leur couper la retraite et se porter sur leurs derrières; mais quelque diligence que fissent les troupes françaises, le passage de la montagne de Guadarama, qui était couverte de neige, les pluies continuelles et le débordement des torrens, retardèrent leur marche de deux jours.

Le 22, l'empereur était parti de Madrid; son quartier-général était le 23 à Villa-Castin, le 25 à Tordesillas, et le 27 à Medina del Rio-Secco.

Le 21, à la pointe du jour, l'ennemi s'était mis en marche pour déborder la gauche du duc de Dalmatie; mais dans la matinée ayant appris le mouvement qui se faisait de Madrid, il se mit sur-le-champ en retraite, abandonnant ceux de ses partisans du pays dont il avait réveillé les passions, les restes de l'armée de Galice, qui avaient conçu de nouvelles espérances, une partie de ses hôpitaux et de ses bagages, et un grand nombre de traînards. Cette armée a été dans un péril imminent; douze heures de différence, elle était perdue pour l'Angleterre.

Elle a commis beaucoup de ravages, résultat inévitable des marches forcées de troupes en retraite; elle a enlevé les couvertures, les mules, les mulets et beaucoup d'autres effets; elle a pillé un grand nombre d'églises et de couvens. L'abbaye de Sahagun, qui contenait soixante religieux et qui avait toujours été respectée par l'armée française, a été ravagée par les Anglais; partout les moines et les prêtres ont fui à leur approche. Ces désordres ont exaspéré le pays contre les Anglais : la différence de la langue, des mœurs et de la religion, n'a pas peu contribué à cette disposition des esprits; ils reprochent aux Espagnols de n'avoir plus d'armée à joindre à la leur, et d'avoir trompé le gouvernement anglais; les Espagnols leur répondent, que l'Espagne a eu des armées nombreuses, mais que les Anglais les ont laissé détruire sans faire aucun effort pour les secourir.

Dans les quinze jours qui viennent de s'écouler, on n'a pas tiré un coup de fusil; la cavalerie légère a seulement donné quelques coups de sabre.

Le général Durosnel, avec quatre cents chevau-légers de la garde, donna, à la nuit tombante, dans une colonne d'infanterie anglaise, en marche, sabra un grand nombre d'hommes, et jeta le désordre dans la colonne.

Le général Lefebvre-Desnouettes, colonel des chasseurs de la garde, détaché depuis deux jours du quartier-général, avec trois escadrons de son régiment, ayant pris beaucoup de bagages, de femmes, de traînards, et trouvant le pont de l'Ezla coupé, crut la ville de Bénavente évacuée; emporté par cette ardeur qu'on a si souvent reprochée au soldat français, il passa la rivière à la nage pour se porter sur Bénavente, où il trouva toute la cavalerie de l'arrière-garde anglaise; alors s'engagea un long combat de quatre cents hommes contre deux mille. Il fallut enfin céder au nombre; ces braves repassèrent la rivière; une balle tua le cheval du général Lefebvre-Desnouettes, qui avait été blessé d'un coup de pistolet, et qui resté à pied, fut fait prisonnier. Dix de ses chasseurs, qui étaient aussi démontés, ont également été pris, cinq se sont noyés, vingt ont été blessés. Cette échauffourée a dû convaincre les Anglais de ce qu'ils auraient à redouter de pareilles gens dans une affaire générale. Le général Lefebvre a sans doute fait une faute, mais cette faute est d'un Français : il doit être à la fois blâmé et récompensé.

Le nombre des prisonniers qu'on a faits à l'ennemi jusqu'à cette heure, et qui sont la plupart des hommes isolés et des traînards, s'élève à trois cents.

Le 28, le quartier-général de l'empereur était à Valderas;
Celui du duc de Dalmatie, à Mancilla ;
Celui du duc d'Elchingen, à Villafer.

En partant de Madrid, l'empereur avait nommé le roi Joseph, son lieutenant-général commandant la garnison de la capitale; les corps des ducs de Dantzick et de Bellune, et les divisions de cavalerie Lassalle, Milhaud, et Latour-Maubourg, avaient été laissés pour la protection du centre.

Le temps est extrêmement mauvais. A un froid vif, ont succédé des pluies abondantes. Nous souffrons, mais les Anglais doivent bien souffrir davantage.

Benevente, le 31 décembre 1808.

Vingt-deuxième bulletin de l'armée d'Espagne.

Dans la journée du 30, la cavalerie, commandée par le duc d'Istrie, a passé l'Ezla. Le 30 au soir, elle a traversé Benavente et a poursuivi l'ennemi jusqu'à Puente de la Velana.

Le même jour, le quartier-général a été établi à Benavente.

Les Anglais ne se sont pas contentés de couper une arche du pont de l'Ezla, ils ont aussi fait sauter les piles avec des mines, dégât inutile, qui est très-nuisible au pays. Ils se sont livrés partout au plus affreux pillage. Les soldats, dans l'excès de leur perpétuelle intempérance, se sont portés à tous les désordres d'une ivresse brutale. Tout enfin, dans leur conduite, annonçait plutôt une armée ennemie qu'une armée qui venait secourir un peuple ami. Le mépris que les Anglais témoignaient pour les Espagnols, a rendu plus profonde encore l'impression causée par tant d'outrages. Cette expérience est un utile calmant pour les insurrections suscitées par les étrangers. On ne peut que regretter que les Anglais n'aient pas envoyé une armée en Andalousie. Celle qui a traversé Benavente, il y a dix jours, triomphait en espérance et couvrait déjà ses drapeaux de trophées; rien n'égalait la sécurité et l'audace qu'elle faisait paraître. A son retour, son attitude était bien changée; elle était harassée de fatigues et paraissait accablée de la honte de fuir sans avoir combattu. Pour prévenir les justes reproches des Espagnols, les Anglais répétaient sans cesse qu'on leur avait promis de joindre des forces nombreuses à leur armée; et les Espagnols repoussaient encore cette calomnieuse assertion par des raisons auxquelles il n'y avait rien à répondre.

Lorsqu'il y a dix jours les Anglais traversaient le pays, ils savaient bien que les armées espagnoles étaient détruites. Les commissaires qu'ils avaient entretenus aux armées de la gauche, du centre et de la droite, n'ignoraient pas que ce n'était point cinquante mille hommes, mais cent quatre-vingt mille, que les Espagnols avaient mis sous les armes; que ces cent quatre-vingt mille hommes s'étaient battus, tandis que pendant six semaines les Anglais avaient été spectateurs indifférens de leurs combats. Ces commissaires n'avaient pas laissé ignorer que les armées espagnoles avaient cessé d'exister. Les Anglais savaient donc que les Espagnols étaient sans armées, lorsqu'il y a dix jours ils se portèrent en avant, enivrés de la folle espérance de tromper la vigilance du général français, et donnant dans le piége qu'il leur avait tendu pour les attirer en rase campagne. Ils avaient fait auparavant quelques marches pour retourner à leurs vaisseaux.

Vous deviez, ajoutaient les Espagnols, persister dans cette résolution prudente, ou bien il fallait être assez forts pour balancer les destins des Français. Il ne fallait pas surtout avancer d'abord avec tant de confiance pour reculer ensuite avec tant de précipitation ; il ne fallait pas attirer chez nous le théâtre de la guerre, et nous exposer aux ravages de deux armées ; après avoir appelé sur nos têtes tant de désastres, il ne faut pas en jeter la faute sur nous.

Nous n'avons pu résister aux armes françaises, vous ne pouvez pas leur résister davantage ; cessez donc de nous accuser, de nous outrager : tous nos malheurs viennent de vous.

Les Anglais avaient répandu dans le pays qu'ils avaient battu cinq mille hommes de cavalerie française sur les bords de l'Ezla, et que le champ de bataille était couvert de morts. Les habitans de Benavente ont été fort surpris, lorsque visitant le champ de bataille, ils n'y ont trouvé que trois Anglais et deux Français. Ce combat de quatre cents hommes contre deux mille fait beaucoup d'honneur aux Français. Les eaux de la rivière avaient augmenté pendant toute la journée du 29, de sorte qu'à la fin du jour le gué n'était plus praticable. C'est au milieu de la rivière, et dans le temps où il était prêt à se noyer, que le général Lefebvre-Desnouettes ayant été porté par le courant sur la rive occupée par les Anglais, a été fait prisonnier. La perte des ennemis en tués et en blessés dans cette affaire d'avant-postes, a été beaucoup plus considérable que celle des Français. La fuite des Anglais a été si précipitée, qu'ils ont laissé à l'hôpital leurs malades et leurs blessés, et qu'ils ont été obligés de brûler un superbe magasin de tentes et d'effets d'habillemens. Ils ont tué tous les chevaux blessés ou fatigués qui les embarrassaient. On ne saurait croire combien ce spectacle, si contraire à nos mœurs, de plusieurs centaines de chevaux tués à coups de pistolet, indigne les Espagnols; plusieurs y voient une sorte de sacrifice, un usage religieux, et cela leur fait naître des idées bizarres sur la religion anglicane.

Les Anglais se retirent en toute hâte. Tous les Allemands à leur service désertent. Notre armée sera ce soir à Astorga et près des confins de la Galice.

Benavente, 1er janvier 1809.

Vingt troisième bulletin de l'armée d'Espagne.

Le duc de Dalmatie arriva le 30 à Mancilla où était la gauche des ennemis, occupée par les Espagnols du général la Romana. Le général Franceschi les culbuta d'une seule charge, leur tua beaucoup de monde, leur prit deux drapeaux, fit prisonniers un colonel, deux lieutenans-colonels, cinquante officiers et quinze cents soldats.

Le 31, le duc de Dalmatie entra à Léon; il y trouva deux mille malades. La Romana avait succédé dans le commandement à Blake, après la bataille d'Espinosa. Les restes de cette armée qui, devant Bilbao, était de plus de cinquante mille hommes, formaient à peine cinq mille hommes à Mancilla. Ces malheureux, sans vêtemens, accablés par la misère, remplissent les hôpitaux.

Les Anglais sont en horreur à ces troupes qu'ils méprisent, aux citoyens paisibles qu'ils maltraitent et dont ils dévorent la subsistance pour faire vivre leur armée. L'esprit des habitans du royaume de Léon est bien changé; ils demandent à grands cris et la paix et leur roi; ils maudissent les Anglais et leurs insinuations fallacieuses; ils leur reprochent d'avoir fait verser le sang espagnol pour nourrir le monopole anglais et perpétuer la guerre du continent. La perfidie de l'Angleterre et ses motifs sont maintenant à la portée de tout le monde et n'échappent pas même à la pénétration du dernier des habitans des campagnes. Ils savent ce qu'ils souffrent, et les auteurs de leurs maux étaient sous leurs yeux.

Cependant les Anglais fuient en toute hâte, poursuivis par le duc d'Istrie avec neuf mille hommes de cavalerie. Dans les magasins qu'ils ont brûlés à Bénavente, se trouvaient, indépendamment des tentes, quatre mille couvertures et une grande quantité de rhum. On a ramassé plus de deux cents chariots de bagages et de munitions de guerre abandonnés sur la route de Bénavente à Astorga. Les débris de la division la Romana se sont jetés sur cette dernière ville et ont encore augmenté la confusion.

Les événemens de l'expédition de l'Angleterre en Espagne fourniront le sujet d'un beau discours d'ouverture du parlement. Il faudra annoncer à la nation anglaise que son armée est restée trois mois dans l'inaction, tandis qu'elle pouvait secourir les Espagnols ; que ses chefs, ou ceux dont elle exécutait les ordres, ont eu l'extrême ineptie de la porter en avant lorsque les armées espagnoles étaient détruites ; qu'enfin elle a commencé l'année, fuyant l'épée dans les reins, poursuivie par l'ennemi qu'elle n'a pas osé combattre, et par les malédictions de ceux qu'elle avait excités, et qu'elle aurait dû défendre : de telles entreprises et de semblables résultats ne peuvent appartenir qu'à un pays qui n'a pas de gouvernement. Fox, ou même Pitt, n'auraient pas commis de telles fautes. S'engager dans une lutte de terre contre la France qui a cent mille hommes de cavalerie, cinquante mille chevaux d'équipages et neuf cent mille hommes d'infanterie ; c'est, pour l'Angleterre, pousser la folie jusqu'à ses derniers excès ; c'est être avide de honte, c'est enfin diriger les affaires de la Grande-Bretagne comme pouvait le désirer le cabinet des Tuileries. Il fallait bien peu connaître l'Espagne pour attacher quelque importance à des mouvemens populaires, et pour espérer qu'en y soufflant le feu de la sédition, cet incendie aurait quelques résultats et quelque durée. Il ne faut que quelques prêtres fanatiques pour composer et répandre des libelles, pour porter un désordre momentané dans les esprits; mais il faut autre chose pour constituer une nation en armes. Lors de la révolution de France il fallut trois années et le régime de la convention pour préparer des succès militaires; et qui ne sait encore à quelles chances la France fut exposée? Cependant elle était excitée, soutenue par la volonté unanime de recouvrer les droits qui lui avaient été ravis dans des temps d'obscurité. En Espagne, c'étaient quelques hommes qui soulevaient le peuple pour conserver la possession exclusive de droits odieux au peuple. Ceux qui se battaient pour l'inquisition, les Franciscains et les droits féodaux, pouvaient être animés d'un zèle ardent pour leurs intérêts personnels, mais ne pouvaient inspirer à toute une nation une volonté ferme et des sentimens durables. Malgré les Anglais, les droits féodaux, les Franciscains et l'inquisition n'existent plus en Espagne.

Après la prise de Roses, le général Gouvion-Saint-Cyr s'est dirigé sur Barcelonne avec le septième corps; il a dispersé tout ce qui se trouvait aux environs de cette place, et il a fait sa jonction avec le général Duhesme. Cette réunion a porté son armée à quarante mille hommes.

Les ducs de Trévise et d'Abrantès ont enlevé tous les ouvrages avancés de Sarragosse. Le général du génie Lacoste prépare ses moyens pour s'emparer de cette ville sans perte.

Le roi d'Espagne s'est rendu à Aranjuez pour passer en revue le premier corps commandé par le duc de Bellune.

Astorga, 2 janvier 1809.

Vingt-quatrième bulletin de l'armée d'Espagne.

L'empereur est arrivé à Astorga le 1er janvier.

La route de Bénavente à Astorga est couverte de chevaux anglais morts, de voitures d'équipages, de caissons d'artillerie et de munitions de guerre. On a trouvé à Astorga des magasins de draps, de couvertures, et d'outils de pionniers.

Dans la route d'Astorga à Villa-Franca, le général Colbert commandant l'avant-garde de cavalerie du duc d'Istrie, a fait deux mille prisonniers, pris des convois de fusils, et délivré une quarantaine d'hommes isolés qui étaient tombés entre les mains des Anglais.

Quant à l'armée de la Romana, elle est réduite presqu'à rien. Ce petit nombre de soldats, sans habits, sans souliers, sans solde, sans nourriture, ne peut plus être compté pour quelque chose.

L'empereur a chargé le duc de Dalmatie de la mission glorieuse de poursuivre les Anglais jusqu'au lieu de leur embarquement, et de les jeter dans la mer l'épée dans les reins.

Les Anglais sauront ce qu'il en coûte pour faire un mouvement inconsidéré devant l'armée française. La manière dont ils sont chassés du royaume de Léon et de la Galice, et la destruction d'une partie de leur armée leur apprendra sans doute à être plus circonspects dans leurs opérations sur le continent.

La neige a tombé à gros flocons pendant toute la journée du 1er janvier. Ce temps, très-mauvais pour l'armée française, est encore plus mauvais pour une armée qui bat en retraite.

En Catalogne, le général Gouvion-Saint-Cyr est entré à Barcelonne.

A Sarragosse, les ducs de Coneglíano et de Trévise se sont emparés, avec peu de perte, du Monte-Torrero; ils ont fait un millier de prisonniers, et ont entièrement cerné la ville. Les mineurs ont commencé leurs travaux.

Dans l'Estramadure, la division du général Sébastiani ayant passé le Tage, le 24, au pont de l'Arzobispo, a attaqué les débris de l'armée d'Estramadure. Une seule charge du vingt-huitième régiment d'infanterie de ligne a suffi pour les mettre en déroute. Le duc de Dantzick avait en même temps fait passer le Tage à la division du général Valence sur le pont d'Almaraz. Quatre pièces de canon, douze caissons, et quatre ou cinq cents prisonniers ont été le fruit de cette journée. On s'est emparé de divers magasins, et notamment d'un immense magasin de tentes.

Tout ce qui reste de troupes espagnoles insurgées est sans solde depuis plusieurs mois.

Benavente, 5 janvier 1809.

Vingt-cinquième bulletin de l'armée d'Espagne.

La tête de la division Merle, faisant partie du corps du duc de Dalmatie, a gagné l'avant-garde dans la journée du 3 de ce mois.

A quatre heures après-midi, elle s'est trouvée en présence de l'arrière-garde anglaise qui était en position sur les hauteurs de Prieros, à une lieue devant Villa-Franca, et qui était composée de cinq mille hommes d'infanterie et six cents chevaux. Cette position était fort belle et difficile à aborder. Le général Merle fit ses dispositions. L'infanterie s'approcha, on battit la charge, et les Anglais furent mis dans une entière déroute. La difficulté du terrain ne permit pas à la cavalerie de charger, et l'on ne put faire que deux cents prisonniers. Nous avons eu une cinquantaine d'hommes tués ou blessés.

Le général de brigade Colbert, commandant la cavalerie de l'avant-garde, s'était avancé avec les tirailleurs de l'infanterie, pour voir si le terrain s'élargissait, et s'il pouvait former sa cavalerie. Son heure était arrivée; une balle le frappa au front, le renversa, et il ne vécut qu'un quart d'heure; revenu un moment à lui, il s'était fait placer sur son séant, et voyant alors la déroute complète des Anglais, il dit : Je suis bien jeune encore pour mourir, mais du moins ma mort est digne d'un soldat de la grande armée, puisqu'en mourant je vois fuir les derniers et les éternels ennemis de ma patrie. Le général Colbert était un officier d'un grand mérite.

Il y a deux routes d'Astorga à Villa-Franca. Les Anglais passaient par celle de droite, les Espagnols suivaient celle de gauche; ils marchaient sans ordre; ils ont été coupés et cernés par les chasseurs hanovriens. Un général de brigade et une division entière, officiers et soldats, ont mis bas les armes. On lui a pris ses équipages, dix drapeaux et six pièces de canon.

Depuis le 27, nous avons déjà fait à l'ennemi plus de dix mille prisonniers parmi lesquels sont quinze cents Anglais. Nous lui avons pris plus de quatre cents voitures de bagages et de munitions, quinze voitures de fusils, ses magasins et ses hôpitaux de Bénavente, Astorga et Bembibre. Dans ce dernier endroit, le magasin à poudre qu'il avait établi dans une église, a sauté.

Les Anglais se retirent en désordre, laissant ainsi leurs magasins, leurs blessés, leurs malades, et abandonnant leurs équipages sur les chemins. Ils éprouveront une plus grande perte encore; et s'ils parviennent à s'embarquer, il est probable que ce ne sera qu'après avoir perdu la moitié de leur armée.

Sa Majesté, informée que cette armée était réduite au-dessous de vingt mille hommes, a pris le parti de porter son quartier-général d'Astorga à Bénavente, où elle restera quelques jours, et d'où elle ira occuper une position centrale à Valladolid, laissant au duc de Dalmatie le soin de détruire l'armée anglaise.

On a trouvé dans les granges beaucoup d'Anglais qui avaient été pendus par les Espagnols. Sa Majesté a été indignée; elle a fait brûler les granges. Les paysans, quel que soit le ressentiment dont ils sont animés, n'ont pas le droit d'attenter à la vie des traînards de l'une ou de l'autre armée. Sa Majesté a ordonné de traiter les prisonniers anglais avec les égards dus à des soldats qui, dans toutes les circonstances, ont manifesté des idées libérales et des sentimens d'honneur. Informée que dans les lieux où les prisonniers sont rassemblés, et où se trouvent dix Espagnols contre un Anglais, les Espagnols maltraitent les Anglais et les dépouillent, elle a ordonné de séparer les uns des autres, et elle a prescrit, pour les Anglais, un traitement tout particulier.

L'arrière-garde anglaise, en acceptant le combat de Prieros, avait espéré donner le temps à la colonne de gauche, composée pour la plus grande partie d'Espagnols, de faire sa jonction à Villa-Franca. Elle comptait aussi gagner une nuit pour rendre plus complète l'évacuation de Villa-Franca.

Nous avons trouvé à l'hôpital de Villa-Franca trois cents Anglais malades ou blessés. Les Anglais avaient brûlé dans cette ville un grand magasin de farine et de blé; ils y avaient détruit beaucoup d'équipages d'artillerie, et tué cinq cents de leurs chevaux. On en a déjà compté seize cents laissés morts sur les routes.

Le nombre des prisonniers est assez considérable et s'accroît de moment en moment. On trouve dans toutes les caves de la ville des soldats anglais morts ivres.

Le quartier-général du duc de Dalmatie était, le 4 au soir, à dix lieues de Lugo.

Le 2, Sa Majesté a passé en revue, à Astorga, les divisions Laborde et Loison, qui formaient l'armée de Portugal. Ces troupes voient fuir les Anglais et brûlent du désir de les joindre.

Sa Majesté a laissé en réserve à Astorga le corps du duc d'Elchingen, qui a son avant-garde sur les débouchés de la

Galice, et qui est à portée d'appuyer, en cas d'événement, le corps du duc de Dalmatie.

On a reçu la confirmation de la nouvelle de l'arrivée du général Gouvion-Saint-Cyr avec le septième corps à Barcelonne. Il y est entré le 17; le 15, il avait rencontré à Linas les troupes commandées par les généraux Reding et Vivès et les avait mises dans une entière déroute. Il leur a pris six pièces de canon, trente caissons et trois mille hommes. Moyennant la jonction du septième corps avec les troupes du général Duhesme, nous avons une grosse armée à Barcelonne.

Lorsque Sa Majesté était à Tordesillas, elle avait son quartier-général dans les bâtimens extérieurs du couvent royal de Sainte-Claire. C'est dans ces bâtimens que s'était retirée et qu'est morte la mère de Charles-Quint, surnommée Jeanne la folle. Le couvent de Sainte-Claire a été construit sur un ancien palais des Maures, dont il reste un bain et deux salles d'une belle conservation. L'abbesse a été présentée à l'empereur; elle est âgée de soixante-quinze ans, et il y avait soixante-cinq ans qu'elle n'était sortie de sa clôture. Cette religieuse parut fort émue lorsqu'elle franchit le seuil; mais elle entretint l'empereur avec beaucoup de présence d'esprit, et elle obtint un grand nombre de grâces pour tout ce qui l'intéressait.

Valladolid, 9 janvier 1809.

Vingt-sixième bulletin de l'armée d'Espagne.

Le général Gouvion-Saint-Cyr, aussitôt après son entrée à Barcelonne, s'est porté sur Lobregat, a forcé l'ennemi dans son camp retranché, lui a pris vingt-cinq pièces de canon, et a marché sur Tarragone dont il s'est emparé. La prise de cette ville est d'une grande importance.

Les rapports du général Duhesme et du général Saint-Cyr contiennent le détail des événemens militaires qui ont eu lieu en Catalogne jusqu'au 21 décembre ; ils font le plus grand honneur au général Gouvion-Saint-Cyr. Tout ce qui s'est passé à Barcelonne est un titre d'éloge pour le général Duhesme, qui a déployé autant de talent que de fermeté.

Les troupes du royaume d'Italie se sont couvertes de gloire : leur belle conduite a sensiblement touché le cœur de l'empereur ; elles sont à la vérité composées pour la plupart des corps formés par Sa Majesté pendant la campagne de l'an 5. Les vélites italiens sont aussi sages que braves : ils n'ont donné lieu à aucune plainte, et ils ont montré le plus grand courage. Depuis les Romains, les peuples d'Italie n'avaient pas fait la guerre en Espagne ; depuis les Romains, aucune époque n'a été si glorieuse pour les armes italiennes.

L'armée du royaume d'Italie est déjà de quatre-vingt mille soldats, et bons soldats ; voilà les garans qu'a cette belle contrée de n'être plus le théâtre de la guerre.

Sa Majesté a porté son quartier-général de Benavente à Valladolid.

Elle a reçu aujourd'hui toutes les autorités de la ville. Dix des plus mauvais sujets de la dernière classe du peuple ont été passés par les armes. Ce sont les mêmes qui avaient massacré le général Cevallos, et qui, pendant si long-temps, ont opprimé les gens de bien.

Sa Majesté a ordonné la suppression du couvent des Dominicains dans lequel un Français a été tué.

Elle a témoigné sa satisfaction au couvent de San-Benito dont les moines sont des hommes éclairés, qui, bien loin d'avoir prêché la guerre et le désordre, de s'être montrés avides de sang et de meurtre, ont employé tous leurs soins et consacré les efforts les plus courageux à calmer le peuple et à le ramener au bon ordre. Plusieurs Français leur doivent la vie. L'empereur a voulu voir ces religieux, et lorsqu'il a appris qu'ils étaient de l'ordre des Bénédictins, dont les membres se sont toujours illustrés dans les lettres et dans les sciences, soit en France, soit en Italie, il a daigné exprimer la satisfaction qu'il éprouvait de leur avoir cette obligation.

En général, le clergé de cette ville est bon; les moines vraiment dangereux sont ces dominicains fanatiques qui s'étaient emparés de l'inquisition, et qui, ayant baigné leurs mains dans le sang d'un Français, ont eu la lâcheté sacrilége de jurer sur l'évangile que l'infortuné dont on leur demandait compte, n'était point mort et avait été conduit à l'hôpital, et qui ensuite ont avoué qu'après qu'il eut été privé de la vie on avait jeté son corps dans un puits, où on l'a en effet trouvé. Hommes hyppocrites et barbares, qui prêchez l'intolérance, qui suscitez la discorde, qui excitez à verser le sang, vous n'êtes pas les ministres de l'évangile! Le temps où l'Europe voyait sans indignation célébrer par des illuminations, dans les grandes villes, le massacre des protestans, ne peut renaître. Les bienfaits de la tolérance sont les premiers droits des hommes; elle est la première maxime de l'évangile, puisqu'elle est le premier attribut de la charité. S'il fût une époque où quelques faux docteurs de la religion chrétienne prêchaient l'intolérance, alors ils n'avaient pas en vue les intérêts du ciel, mais ceux de leur influence temporelle; ils voulaient s'emparer de l'autorité chez des peuples ignorans. Lorsqu'un moine, un théologien, un évêque, un pontife prêche l'intolérance, il prêche sa condamnation; il se livre à la risée des nations.

Le duc de Dalmatie doit être ce soir à Lugo. De nombreuses colonnes de prisonniers sont en marche pour se rendre ici.

Le général de brigade Duvernay s'est porté avec cinq cents chevaux sur Toro. Il y a rencontré deux ou trois cents hommes restes des débris de l'insurrection; il les a chargés et en a tué ou pris le plus grand nombre. Le colonel des hussards hollandais a été blessé dans cette charge.

Valladolid, 9 janvier 1809.

Vingt-septième bulletin de l'armée d'Espagne.

Après le combat de Prieros contre l'arrière-garde anglaise, le duc de Dalmatie jugea nécessaire de déposter promptement l'ennemi du col de Piedra-Filla. Il fit une marche très-longue, et il en recueillit le fruit. Il prit quinze cents Anglais, cinq pièces de canon, beaucoup de caissons. Il obligea l'ennemi à détruire considérablement d'affûts, de voitures, de bagages et de munitions. Les précipices étaient remplis de ces débris; le désordre était tel, que les divisions Lorges et Lahoussaye ont trouvé parmi les équipages abandonnés, des voitures remplies d'or et d'argent : c'était une partie du trésor de l'armée anglaise : on évalue ce qui est tombé entre les mains des divisions à deux millions.

Le 4 au soir, l'avant-garde de l'armée française était à Castillo et à Nocedo.

Le lendemain 5, l'arrière-garde ennemie a été rencontrée à Puente de Ferrerya au moment où elle faisait une fougasse pour faire sauter le pont; une charge de cavalerie a rendu cette tentative inutile. Il en a été de même au pont de Crueril.

Le 5 au soir, les divisions Lorges et Lahoussaye étaient à Constantin, et l'ennemi à peu de distance de Lugo.

Le 6, le duc de Dalmatie s'est mis en marche pour arriver sur cette ville.

L'armée anglaise souffre considérablement; elle n'a presque plus de munitions et de bagages, et la moitié de sa cavalerie est à pied. Depuis le départ de Benavente jusqu'au 5 de ce mois, on a compté sur la route dix-huit cents chevaux anglais tués.

Les débris du corps de la Romana errent partout. Dans la

journée du 1ᵉʳ janvier, le huitième régiment de dragons chargea un carré d'infanterie espagnole et le culbuta. Les régimens du roi, de Mayorca, d'Ibernia, de Barcelonne et de Naples ont été faits prisonniers.

Le général Maupetit ayant rencontré du côté de Zamora, avec sa division de dragons, une colonne de huit cents fuyards, l'a chargée et dispersée, et en a pris ou tué la plus grande partie.

Les paysans espagnols de la Galice et du royaume de Léon sont impitoyables pour les traînards anglais. Malgré les sévères défenses qui ont été faites, on trouve tous les jours beaucoup d'Anglais assassinés.

Le quartier-général du duc d'Elchingen est à Villa-Franca, sur les confins de la Galice et du royaume de Léon.

Le duc de Bellune est sur le Tage.

Toute la garde impériale se concentre à Valladolid.

Les villes de Valladolid, de Palencia, de Ségovie, d'Avila, d'Astorga, de Léon, etc., envoient de nombreuses députations au roi. La fuite de l'armée anglaise, la dispersion des restes des armées de la Romana et de l'Estramadure, et les maux que les troupes des différentes armées font peser sur le pays, rallient les provinces autour de l'autorité légitime.

La ville de Madrid s'est particulièrement distinguée. Les procès-verbaux constatant le serment prêté devant le saint-Sacrement par vingt-huit mille sept cents chefs de famille, ont été mis sous les yeux de l'empereur. Les citoyens de Madrid ont promis à Sa Majesté, que, si elle place sur le trône le roi son frère, ils le seconderont de tous leurs efforts et le défendront de tous leurs moyens.

Valladolid, 13 janvier 1809.

Vingt-huitième bulletin de l'armée d'Espagne.

La partie du trésor de l'ennemi qui est tombée entre les mains de nos troupes était d'un million huit cent mille francs. Les habitans assurent que les Anglais ont emporté huit à dix millions.

Le général anglais jugeant qu'il était impossible que l'infanterie et l'artillerie l'eussent suivi, et eussent gagné sur lui un certain nombre de marches, surtout dans des montagnes aussi difficiles que celles de la Galice, comprit qu'il ne devait avoir à sa poursuite que des voltigeurs et de la cavalerie. Il prit donc la position de Castro, sa droite appuyée à la rivière de Tamboya, qui passe à Lugo, et qui n'est pas guéable.

Le duc de Dalmatie arriva le 6 en présence de l'ennemi. Il employa les journées du 7 et du 8 à le reconnaître, et à réunir son infanterie et son artillerie, qui étaient encore en arrière. Il forma son plan d'attaque. La gauche seule de l'ennemi était attaquable; il manœuvra sur cette gauche. Ses dispositions exigèrent quelques mouvemens dans la journée du 8, le duc de Dalmatie étant dans l'intention d'attaquer le lendemain 9. Mais l'ennemi s'en étant douté, fit sa retraite pendant la nuit, et le matin, notre avant-garde entra à Lugo. L'ennemi a abandonné trois cents malades anglais dans les hôpitaux de la ville, un parc de dix-huit pièces de canon et trois cents charriots de munitions. Nous lui avons fait sept cents prisonniers. La ville et les environs de Lugo sont encombrés de cadavres de chevaux anglais. Ainsi voilà plus de deux mille cinq cents chevaux que les Anglais ont tués dans leur retraite.

Il fait un temps affreux; la neige et la pluie tombent continuellement.

Les Anglais gagnent à toute force la Corogne où ils ont quatre cents bâtimens de transport pour leur embarquement. Ils ont déjà perdu leurs bagages, leurs munitions, une partie même du matériel de leur artillerie, et plus de trois mille hommes faits prisonniers.

Le 10, notre avant-garde était à Betancos, à peu de distance de la Corogne.

Le duc d'Elchingen est avec son corps d'armée sur Lugo.

En comptant les malades, les hommes égarés, ceux qui ont été tués par les paysans, et ceux qui ont été faits prisonniers par nos troupes, on peut calculer que les Anglais ont perdu le tiers de leur armée. Ils sont réduits à dix mille hommes et ne sont pas encore embarqués. Depuis Sahagun, ils ont fait une retraite de cent cinquante lieues par un mauvais temps, dans des chemins affreux, au milieu des montagnes et toujours l'épée dans les reins.

On a de la peine à concevoir la folie de leur plan de campagne. Il faut l'attribuer non au général qui commande, et qui est un homme habile et sage, mais à cet esprit de haine et de rage qui anime le ministère anglais. Jeter ainsi en avant trente mille hommes pour les exposer à être détruits, ou à n'avoir de ressource que dans la fuite, c'est une conception qui ne peut être inspirée que par l'esprit de passion, ou par la plus extravagante présomption. Le gouvernement anglais, comme le menteur du théâtre, est parvenu à se persuader lui-même; il s'est pris dans son propre piége.

La ville de Lugo a été pillée et saccagée par l'ennemi. On ne peut imputer ces désastres au général anglais; c'est une suite ordinaire et inévitable des marches forcées et des retraites précipitées. Les habitans du royaume de Léon et de la Galice ont les Anglais en horreur. Sous ce rapport, les événemens qui viennent de se passer équivalent à une grande victoire.

La ville de Zamora, dont les habitans avaient été exaltés

par la présence des Anglais, a fermé ses portes au général de cavalerie Maupetit. Le général Darricau s'y est porté avec quatre bataillons. Il a escaladé la ville, l'a prise, et a fait passer les plus coupables par les armes.

De toutes les provinces de l'Espagne, la Galice est celle qui manifeste le meilleur esprit; elle reçoit les Français comme des libérateurs qui l'ont délivrée à la fois des étrangers et de l'anarchie. L'évêque de Lugo et le clergé de toute la province manifestent les plus sages dispositions.

La ville de Valladolid a prêté serment au roi Joseph, et a fait une adresse à S. M. I. et R.

Six hommes, chefs d'émeutes et des massacres contre les Français, ont été condamnés à mort. Cinq ont été exécutés. Le clergé est venu demander la grâce du sixième qui est père de quatre enfans. S. M. a commué sa peine; elle a dit qu'elle voulait en cela témoigner sa satisfaction pour la bonne conduite que le clergé séculier de Valladolid a tenue en plusieurs occasions importantes.

Valladolid, 16 janvier 1809.

Vingt-neuvième bulletin de l'armée d'Espagne.

Le 10 janvier, le quartier-général du duc de Bellune était à Aranjuez.

Instruit que les débris de l'armée battue à Tudéla s'étaient réunis du côté de Cuenca et avaient été joints par les nouvelles levées de Grenade, de Valence et de Murcie, le roi d'Espagne conçut la possibilité d'attirer l'ennemi. A cet effet, il fit replier tous les postes qui s'avançaient jusqu'aux montagnes de Cuenca au-delà de Tarançon et de Huete. L'armée espagnole suivit ce mouvement. Le 12 elle prit position à Uclès. Le duc de Bellune se porta alors à Tarançon et à Fuente de Padronaro. Le 13 la division Villatte marcha droit à l'ennemi, tandis que le duc de Bellune, avec la division Ruffin, tournait par Alcazar. Aussitôt que le général Villatte découvrit les Espagnols, il marcha au pas de charge, et mit en déroute les douze ou treize mille hommes qu'avait l'ennemi et qui cherchèrent à se retirer par Carascosa sur Alcazar ; mais déjà le duc de Bellune occupait la route d'Alcazar. Le neuvième régiment d'infanterie légère, le vingt-quatrième de ligne, et le quatre-vingt-seizième présentèrent à l'ennemi un mur de baïonnettes. Les Espagnols mirent bas les armes. Trois cents officiers, deux généraux, sept colonels, vingt lieutenant-colonels et douze mille hommes ont été faits prisonniers. On a pris trente drapeaux et toute l'artillerie. Le nommé Venegas, qui commandait ces troupes, a été tué.

Cette armée avec ses drapeaux et son artillerie, escortée par trois bataillons, fera demain 17 son entrée à Madrid.

Ce succès fait honneur au duc de Bellune et à la conduite des troupes. Le général Villatte a manœuvré avec habileté. Le général Ruffin s'est distingué. Il en a été de même du général Latour-Maubourg. Ses dragons se sont comportés avec intrépidité. Le jeune Sopransi, chef d'escadron au premier de dragons, s'est précipité au milieu des ennemis, en déployant une singulière bravoure. Il a apporté six drapeaux au duc de Bellune.

Le général d'artillerie Sénarmont s'est conduit comme il l'a fait dans toutes les circonstances. Lorsque l'armée ennemie se vit coupée, elle changea de direction. Le général Sénarmont était alors engagé dans une gorge avec son artillerie, et c'est sur cette gorge que l'ennemi se dirigea pour y chercher un passage. L'artillerie avait peu d'escorte, mais les canonniers de la grande-armée n'en ont pas besoin. Le général Sénarmont plaça ses pièces en bataillon carré et tira à mitraille. La colonne ennemie changea encore de direction et se porta sur le point où elle est venue mettre bas les armes. Le duc de

Bellune se loue de M. Chateau son premier aide-de-camp, et de M. l'adjudant commandant Aimé. Il donne des éloges au général Sémélé, aux colonels Jamin, Meunier, Mouton Duverney, Lacoste, Pescheux et Combelle, tous officiers dont la bravoure et l'habileté ont été éprouvées dans cent combats.

En Galice les Anglais continuent d'être poursuivis l'épée dans les reins. Après avoir été chassés de Lugo, les trois quarts ont pris la direction de la Corogne, et un quart celle de Vigo où les Anglais ont des transports. Le duc de Dalmatie s'est porté sur la Corogne et le duc d'Elchingen sur Vigo.

Des députations du conseil d'état d'Espagne, du conseil des Indes, du conseil des finances, du conseil de la guerre, du conseil de marine, du conseil des ordres, de la junte de commerce et des monnaies, du tribunal des alcades de casa y corte, de la municipalité de Madrid, du clergé séculier et régulier, du corps de la noblesse, des corporations majeures et mineures et des habitans des paroisses et des quartiers, parties de Madrid le 11, ont été présentées le 16 à S. M. I. et R. à Valladolid.

Valladolid, 21 janvier 1809.

Trentième bulletin de l'armée d'Espagne.

Le duc de Dalmatie partit le 12 de Betanzos. Arrivé sur le Meso, il trouva le pont de Burgo coupé. L'ennemi fut délogé du village de Burgo. Pendant ce temps, le général Franceschi remonta la rivière qu'il passa sur le pont de Cela. Il intercepta la grande route de la Corogne à Santyago et prit six officiers et soixante soldats. Le même jour un poste de trente marins qui étaient à Meso sur le golfe, et qui y faisait de l'eau, fut pris. Du village de Perillo on put observer la flotte anglaise en rade de la Corogne.

Le 13, l'ennemi fit sauter deux magasins à poudre situés sur les hauteurs de Sainte Marguerite, à une demi-lieue de la Corogne. La détonation fut terrible et se fit sentir à plus de trois lieues dans les terres.

Le 14, le pont de Burgo fut raccommodé et l'artillerie française put y passer. L'ennemi était en position sur deux lignes, à une demi-lieue en avant de la Corogne. On le voyait s'occuper à embarquer en toute hâte ses malades et ses blessés, les espions et les déserteurs en portent le nombre à trois ou quatre mille hommes. Les Anglais s'occupaient en même temps à détruire les batteries de la côte, et à dévaster le pays voisin de la mer. Le commandant du fort de Saint-Philippe se doutant du sort qu'ils réservaient à la place, refusa de les y recevoir.

Le 14 au soir, on vit arriver un nouveau convoi de cent soixante voiles, parmi lesquelles on comptait quatre vaisseaux de ligne.

Le 15 au matin, les divisions Merle et Mermet occupèrent les hauteurs de Vallaboa où se trouvait l'avant-garde ennemie, qui fut attaquée et culbutée. Notre droite fut appuyée au point d'intersection de la route de la Corogne à Lugo, et de la Corogne à Santyago. La gauche était placée en arrière du village d'Elvina. L'ennemi occupait en face de très-belles hauteurs.

Le reste de la journée du 15 fut employé à placer une batterie de douze pièces de canon, et ce ne fut que le 16, à trois heures après midi que le duc de Dalmatie donna l'ordre de l'attaque.

Les Anglais furent abordés franchement par la première brigade de la division Mermet qui les culbuta et les délogea du village d'Elvina. Le deuxième régiment d'infanterie légère se couvrit de gloire. Le général Jardon à la tête des voltigeurs fit paraître un notable courage. L'ennemi culbuté de ses positions, se retira dans les jardins qui sont autour de la Corogne. La nuit devenant très-obscure, on fut obligé de suspendre l'attaque. L'ennemi en a profité pour s'embarquer en toute hâte. Nous n'avons eu d'engagés pendant le combat, qu'environ six mille hommes, et tout était disposé pour partir de la position que nos troupes occupaient le soir, et profiter du lendemain pour une affaire générale. La perte de l'ennemi est immense; deux batteries de notre artillerie l'ont foudroyé pendant la durée du combat. On a compté sur le champ de bataille plus de huit cents cadavres anglais, parmi lesquels on a trouvé le corps du général Hamilton, et ceux de deux autres officiers généraux dont on ignore les noms. Nous avons pris vingt officiers, trois cents soldats et quatre pièces de canon. Les Anglais ont laissé plus de quinze cents chevaux qu'ils avaient tués. Notre perte s'élève à cent hommes; nous en avons eu cent cinquante blessés. Le colonel du quarante-cinquième s'est distingué. Un porte-aigle du trente-unième d'infanterie légère a tué de sa propre main un officier anglais qui, dans la mêlée, s'était attaché à lui pour tâcher de lui enlever son aigle. Le général d'artillerie Bourgeat et le colonel Fontenay se sont très-bien montrés.

Le 17 à la pointe du jour, on a vu le convoi anglais mettre à la voile: le 18 tout avait disparu. Le duc de Dalmatie avait fait canonner les bâtimens des hauteurs du fort Sandiego. Plusieurs transports ont échoué, et tous les hommes qu'ils portaient ont été pris.

On a trouvé dans l'établissement de la Payoza trois mille fusils anglais. On s'est aussi emparé des magasins de l'ennemi et d'une quantité considérable de munitions et d'effets appartenans à l'armée. On a ramassé dans les faubourgs beaucoup de blessés. L'opinion des habitans du pays et des déserteurs est que le nombre des blessés dans le combat excède deux mille cinq cents.

Ainsi s'est terminée l'expédition anglaise envoyée en Espagne. Après avoir fomenté la guerre dans ce malheureux pays, les Anglais l'ont abandonné. Ils avaient débarqué trente-huit mille hommes et six mille chevaux; nous leur avons pris de compte fait six mille cinq cents hommes, non compris les malades. Ils ont rembarqué très-peu de bagages, très-peu de munitions et très-peu de chevaux : on en a compté cinq mille tués et abandonnés. Les hommes qui ont trouvé un asile sur leurs vaisseaux sont harassés et découragés. Dans une autre saison, il n'en aurait pas échappé un seul. La facilité de couper les ponts, la rapidité des torrens qui, pendant l'hiver, deviennent de profondes rivières, le peu de durée des journées et la longueur des nuits, sont très-favorables à une armée en retraite.

Des trente-huit mille hommes que les Anglais avaient débarqués, on peut assurer qu'à peine vingt-quatre mille hommes retourneront en Angleterre.

L'armée de la Romana qui, à la fin de décembre, au moyen des renforts qu'elle avait reçus de la Galice, était forte de seize mille hommes, est réduite à moins de cinq mille hommes, qui errent entre Vigo et Santyago, et sont vivement poursuivis. Le royaume de Léon, la province de Zamora et toute la Galice que les Anglais avaient voulu couvrir, sont conquis et soumis.

Le général de division Lapisse a envoyé en Portugal des patrouilles qui y ont été très-bien reçues.

Le général Maupetit est entré à Salamanque. Il y a encore trouvé quelques malades anglais.

Trente-unième bulletin de l'armée d'Espagne.

Les régimens anglais portant les numéros 42, 50 et 52 ont été entièrement détruits au combat du 16 près la Corogne. Il ne s'est pas embarqué soixante hommes de chacun de ces corps. Le général en chef Moore a été tué en voulant charger à la tête de cette brigade, pour rétablir les affaires. Efforts impuissans! cette troupe a été dispersée et son général frappé au milieu d'elle. Le général Baird avait déjà été blessé; il traversa la Corogne pour gagner son vaisseau, et ne se fit panser qu'à bord. Le bruit court qu'il est mort le 19.

Après la bataille du 16, la nuit fut terrible à la Corogne. Les Anglais y entrèrent consternés et pêle-mêle. L'armée anglaise avait débarqué plus de quatre-vingts pièces de canon; elle n'en a pas rembarqué douze. Le reste a été pris ou perdu, et de compte fait, nous nous trouvons en possession de soixante pièces de canon anglaises.

Indépendamment du trésor de deux millions que l'armée a pris aux Anglais, il paraît qu'un trésor plus considérable a été jeté dans les précipices qui bordent la route d'Astorga à la Corogne. Les paysans et les soldats ont ramassé parmi les rochers une grande quantité d'argent.

Dans les engagemens qui ont eu lieu pendant la retraite, et avant le combat de la Corogne, deux généraux anglais avaient été tués, et trois avaient été blessés. On nomme parmi ces derniers le général Crawfurd. Les Anglais ont perdu tout ce qui constitue une armée : généraux, artillerie, chevaux, bagages, munitions, magasins.

Dès le 17, à la pointe du jour, nous étions maîtres des hauteurs qui dominent la rade de la Corogne, et nos batteries jouaient contre le convoi anglais. Il en est résulté que plusieurs bâtimens n'ont pu sortir, et ont été pris lors de la capitulation de la Corogne. On a trouvé aussi cinq cents chevaux anglais encore vivans, seize mille fusils, et beaucoup d'artillerie de siège abandonnée par l'ennemi. Un grand nombre de magasins sont pleins de munitions confectionnées que les Anglais voulaient emmener, mais qu'ils ont été forcés de laisser. Un magasin à poudre situé dans la presqu'île, contenant deux cents milliers de poudre, nous est également resté. Les Anglais surpris par l'événement du combat du 16, n'ont pas même eu le temps de détruire leurs magasins. Il y avait trois cents malades anglais dans les hôpitaux. Nous avons trouvé dans le port sept bâtimens anglais ; trois étaient chargés de chevaux et quatre de troupes. Ils n'avaient pu appareiller.

La place de la Corogne a une enceinte qui la met à l'abri d'un coup de main. Il n'a donc été possible d'y entrer que le 20 par une capitulation. On a trouvé à la Corogne plus de deux cents pièces de canon espagnoles. Le consul français Fourcroy, le général Quesnel et son état-major; M. Bougars, officier d'ordonnance; M. Taboureau, auditeur, et trois cent cinquante Français, soldats ou marins qui avaient été pris ou en Portugal ou sur le bâtiment l'*Atlas*, ont été délivrés. Ils se louent beaucoup des officiers de la marine espagnole.

Les Anglais n'auront rapporté de leur expédition que la haine des Espagnols, la honte et le déshonneur. L'élite de leur armée, composée d'Ecossais, a été blessée, tuée ou prise.

Le général Franceschi est entré à Santyago de Compostelle, où il a trouvé quelques magasins et une garde anglaise qu'il a fait prisonnière. Il a sur-le-champ marché sur Vigo. La Romana paraissait se diriger sur ce port avec deux mille cinq cents hommes, les seuls qu'il ait pu rallier. La division Mermet marchait sur le Ferrol.

L'air était infecté à la Corogne par douze cents cadavres de chevaux que les Anglais avaient égorgés dans les rues. Le premier soin du duc de Dalmatie a été de pourvoir au rétablissement de la salubrité si importante pour le soldat et pour les habitans.

Le général Alzedo, gouverneur de la Corogne, paraît n'avoir pris parti pour les insurgés, que contraint par la force. Il a prêté avec enthousiasme le serment de fidélité au roi Joseph Napoléon. Le peuple manifeste la joie qu'il éprouve d'être délivré des Anglais.

Trente-deuxième bulletin de l'armée d'Espagne.

Le duc de Dalmatie arrivé devant le Ferrol, fit investir la place. Des négociations furent entamées. Les autorités civiles et les officiers de terre et de mer paraissaient disposés à se rendre ; mais le peuple, fomenté par les espions qu'avaient laissés les Anglais, se souleva.

Le 24, le duc de Dalmatie reçut deux parlementaires. L'un avait été envoyé par l'amiral Melgarejo, commandant l'escadre espagnole ; l'autre, qui passa par les montagnes, avait été envoyé par les commandans des troupes de terre. Ces deux parlementaires étaient partis à l'insu du peuple. Ils firent connaître que toutes les autorités étaient sous le joug d'une populace effrénée, soudoyée et soulevée par les agens de l'Angleterre, et que huit mille hommes de la ville et des environs étaient armés.

Le duc de Dalmatie dut se résoudre à faire ouvrir la tranchée ; mais du 24 au 25, différens mouvemens se manifestèrent dans la ville. Le dix-septième régiment d'infanterie légère s'étant porté à Mugardos, le trente-unième d'infanterie légère étant aux forts de la Palma et de Saint-Martin et à Lagrana, et bloquant le fort Saint-Philippe, le peuple commença à craindre les suites d'un assaut et à écouter les hommes sensés. Dans la journée du 26, trois parlementaires munis de pouvoirs et porteurs d'une lettre arrivèrent au quartier-général et signèrent la reddition de la place.

Le 27, à sept heures du matin, la ville a été occupée par la division Mermet et par une brigade de dragons.

Le même jour à midi, la garnison a été désarmée : le désarmement a déjà produit cinq mille fusils. Les personnes étrangères au Ferrol ont été renvoyées dans leurs villages. Les hommes connus pour s'être souillés de sang pendant l'insurrection, ont été arrêtés.

L'amiral Obregon, que le peuple avait arrêté pendant l'insurrection, a été mis à la tête de l'arsenal.

On a trouvé dans le port, trois vaisseaux de cent douze canons; deux de quatre-vingts; un de soixante-quatorze; deux de soixante-quatre; trois frégates et un certain nombre de corvettes, de bricks et autres bâtimens désarmés; plus de quinze cents pièces de canon de tous calibres, et des munitions de toute espèce.

Il est probable que sans la retraite précipitée des Anglais, et sans l'événement du 16, ils auraient occupé le Ferrol, et se seraient emparés de cette belle escadre. Les officiers de terre et de mer ont prêté serment au roi Joseph avec le plus grand enthousiasme. Ce qu'ils racontent de ce qu'ils ont eu à souffrir de la dernière classe du peuple et des boute-feux de l'Angleterre est difficile à concevoir.

L'ordre règne dans la Galice, et l'autorité du roi est rétablie dans cette province, l'une des plus considérables de la monarchie espagnole.

Le général Laborde a trouvé à la Corogne, sur le bord de la mer, sept pièces de canon que les Anglais avaient enterrées dans la journée du 16, ne pouvant les emmener. La Romana, abandonné par les Anglais et par ses troupes, s'est enfui avec cinq cents hommes du côté du Portugal, pour se jeter en Andalousie.

Il ne restait à Lisbonne que quatre à cinq mille Anglais. Tous les hôpitaux, tous les magasins étaient embarqués, et la garnison se disposait à abandonner ce peuple, aussi indigné de la perfidie des Anglais que révolté par la différence de mœurs et de religion, par la brutale et continuelle intempérance des troupes anglaises, par cet entêtement et par cet orgueil si mal fondés qui rendent cette nation odieuse à tous les peuples du continent.

Trente-troisième bulletin de l'armée d'Espagne.

Le duc de Dalmatie est arrivé le 10 février à Tuy. Toute la province est soumise.

Il réunissait tous les moyens pour passer le lendemain le Minho, qui est extrêmement large dans cet endroit. Il a dû arriver du 15 au 20 à Oporto, et du 20 au 28 à Lisbonne.

Les Anglais s'embarquaient à Lisbonne pour abandonner le Portugal ; l'indignation des Portugais était au comble, et il y avait journellement des engagemens notables et sanglans entre les Portugais et les Anglais.

En Galice, le duc d'Elchingen achevait l'organisation de la province. L'amiral Messaredra était arrivé au Ferrol, et l'activité commençait à renaître dans cet arsenal important. La tranquillité est rétablie dans toutes les provinces sous les ordres du duc d'Istrie, et situées entre les Pyrénées, la mer, le Portugal, et la chaîne de montagnes qui couvrent Madrid. La sécurité succède aux jours d'alarmes et de désordres.

De nombreuses députations se rendent de toutes parts auprès du roi à Madrid. La réorganisation et l'esprit public font des progrès rapides sous la nouvelle administration.

Le duc de Bellune marche sur Badajoz ; il désarme et pacifie toute la basse Estramadure.

Sarragosse s'est rendue. Les calamités qui ont pesé sur cette ville infortunée, sont un effrayant exemple pour les peuples. L'ordre rétabli dans Sarragosse, s'étend à tout l'Aragon, et les deux corps d'armée qui se trouvaient autour de cette ville, deviennent disponibles

Sarragosse a été le véritable siége de l'insurrection de l'Espagne. C'est dans cette ville qu'existait le parti qui voulait appeler un prince de la maison d'Autriche à régner sur le Tage. Les hommes de ce parti avaient hérité de cette opinion qui fut celle de leurs ancêtres à l'époque de la guerre de la succession, et qui vient d'être étouffée sans retour.

La bataille de Tudela avait été gagnée le 23 novembre, et dès le 27, l'armée française campait à peu de distance de Sarragosse.

La population de cette ville était armée. Celle des campagnes de l'Aragon s'y était jointe, et Sarragosse contenait cinquante mille hommes, formés par régimens de mille hommes, et par compagnies de cent hommes. Tous les grades de généraux, d'officiers et de sous-officiers, étaient remplis par des moines. Un corps de troupes de dix mille hommes échappés de la bataille de Tudela, s'était renfermé dans la ville, dont les subsistances étaient assurées par d'immenses magasins, et qui était défendue par deux cents pièces de canon. L'image de notre dame del Pilar, faisait, au gré des moines, des miracles qui animaient l'ardeur de cette nombreuse population, ou qui soutenaient sa confiance. En plaine ces cinquante mille hommes n'auraient pas tenu contre trois régimens; mais enfermés dans leur ville, excités par tous les chefs de partis, pouvaient-ils échapper aux maux que l'ignorance et le fanatisme attiraient sur tant d'infortunés ?

Tout ce qu'il était possible de faire pour les éclairer, les ramener à la raison, a été entrepris. Immédiatement après la bataille de Tudela, on jugea que l'opinion où on était à Sarragosse, que Madrid ferait de la résistance, que les armées de Somo-Sierra, du Guadarama, de l'Estramadure, de Léon et de la Catalogne, obtiendraient quelques succès, servirait de prétexte aux chefs des insurgés pour entretenir le fanatisme des habitans. On résolut de ne pas investir la ville, et de la laisser communiquer avec toute l'Espagne, afin qu'elle apprît la déroute des armées espagnoles, et qu'elle connût les détails de l'entrée de l'armée française à Madrid. Mais ces nouvelles ne parvinrent qu'aux meneurs, et demeurèrent inconnues à la masse de la population. Non-seulement on lui cachait la vérité, mais on l'encourageait par des mensonges. Tantôt les Français avaient perdu quarante mille hommes à Madrid, la Romana était entré en France ; enfin l'armée anglaise arrivait en grande hâte, et les aigles françaises devaient fuir à l'aspect du terrible léopard.

Ce temps sacrifié à des vues politiques et à l'espoir de voir se calmer des têtes exaltées par le fanatisme et par l'erreur, n'était pas perdu pour l'armée française. Le général du génie Lacoste, aide-de-camp de l'empereur et officier du plus grand mérite, réunissait à Alagon, les outils, les équipages de mines et les matériaux nécessaires à la guerre souterraine que S. M. avait ordonnée.

Le général de division Dedon, commandant l'artillerie, rassemblait une grande quantité de mortiers, de bombes, d'obus et des bouches à feu de tous calibre. On tirait tous ces objets de Pampelune, éloignée de sept marches de Sarragosse.

Cependant on remarqua que l'ennemi mettait le temps à profit pour fortifier le Monte-Torréro et d'autres positions importantes. Le 21 décembre, la division Suchet le chassa des hauteurs de Saint-Lambert, et de deux ouvrages de campagne qui étaient à portée de la place. La division du général Gazan culbuta l'ennemi des hauteurs de Saint-Grégorio, et fit enlever par le vingt-unième d'infanterie légère et le centième de ligne, les redoutes adossées aux faubourgs, qui défendaient les routes de Suéva et de Barcelonne. Il s'empara également d'une grande manufacture située près de Galliego, où s'étaient retranchés cinq cents Suisses. Le même jour, le duc de Conegliano s'empara des ouvrages et de la position du

Monte-Torrero, enleva tous les canons, fit beaucoup de prisonniers et un grand mal à l'ennemi.

Le duc de Conegliano étant tombé malade, le duc d'Abrantès vint dans le commencement de janvier, prendre le commandement du troisième corps.

Il signala son arrivée par la prise du couvent de Saint-Joseph, et poursuivit ses succès le 16 janvier, en enlevant la tête du pont de la Huerba, où ses troupes se logèrent. Le chef de bataillon Sthal, du quatorzième de ligne, se distingua à l'attaque du couvent Saint-Joseph, et le lieutenant Victor de Buffon, monta des premiers à l'assaut.

L'investissement de Sarragosse n'était cependant pas encore terminé. On persistait toujours dans les mêmes ménagemens, et on laissait à dessein les communications libres, afin que les insurgés pussent apprendre la déroute des Anglais et leur honteuse fuite au-delà des Espagnes. Ce fut le 16 janvier, que les Anglais furent jetés dans la mer à la Corogne, et ce fut le 26, que les opérations commencèrent à devenir sérieuses devant Sarragosse.

Le duc de Montebello y arriva le 20 pour prendre le commandement supérieur du siége. Lorsqu'il eut acquis la certitude que toutes les nouvelles que l'on faisait parvenir dans la ville, ne produisaient aucun effet, et que quelques moines, qui s'étaient emparés des esprits, réussissaient, ou à empêcher qu'elles vinssent à la connaissance du peuple, ou à les travestir de manière à perpétuer le délire des assiégés, il prit le parti de renoncer à tous les ménagemens.

Quinze mille paysans s'étaient réunis sur la gauche de l'Ebre à Perdiguera. Le duc de Trévise les attaqua avec trois régimens, et malgré la belle position qu'ils occupaient, le soixante-quatrième régiment les culbuta et les mit en déroute. Le dixième de hussards se trouva dans la plaine pour les recevoir, et un grand nombre resta sur le champ de bataille. Neuf pièces de canon et plusieurs drapeaux furent les trophées de cette rencontre.

En même temps, le duc de Montebello avait envoyé l'adjudant-commandant Gasquet sur Zuer, pour y dissiper un rassemblement. Cet officier, avec trois bataillons, attaqua quatre mille insurgés, les culbuta et leur prit quatre pièces de canon avec leurs caissons attelés.

Le général Vattier avait en même temps été détaché avec trois cents hommes d'infanterie et deux cents chevaux sur la route de Valence. Il rencontra cinq mille insurgés à Alcanitz, les força dans la ville même à jeter leurs fusils dans leur fuite; leur tua six cents hommes, et prit des magasins de subsistances, de munitions et d'armes ; parmi ces derniers se trouvèrent mille fusils anglais. L'adjudant-commandant Carrion de Nizas, à la tête d'une colonde d'infanterie, s'est conduit d'une manière brillante; le colonel Burthe, du quatrième de hussards, et le chef de bataillon Camus, du vingt-huitième d'infanterie légère, se sont distingués.

Ces opérations se faisaient entre le 20 et le 26 janvier.

Le 26, on commença à attaquer sérieusement la ville, et l'on démasqua les batteries. Le 27 à midi, la brèche se trouva praticable sur plusieurs points de l'enceinte. Les troupes se logèrent dans le couvent de San-Ingracia. La division Grandjean occupa une trentaine de maisons dans la ville. Le colonel Chlopiscki et les soldats de la Vistule, se distinguèrent. Dans le même moment, le général de division Merlot, dans une attaque sur la gauche, s'empara de tout le front de défense de l'ennemi.

Le capitaine Guetteman, à la tête des travailleurs et de trente-six grenadiers du quarante-quatrième, est monté à la brèche avec une hardiesse rare. M. Bobieski, officier des voltigeurs de la Vistule, jeune homme âgé de dix-sept ans, et déjà couvert de sept blessures, s'est présenté le premier à la brèche. Le chef de bataillon Lejeune, aide-de-camp du prince de Neufchâtel, s'est conduit avec distinction, et a reçu deux blessures légères. Le chef de bataillon Haxo a aussi été légèrement blessé et s'est également distingué.

Le 30, les couvens de Sainte-Monique et des Grands-Augustins furent enlevés. Soixante maisons furent prises à la sape. Les sapeurs du quatorzième régiment de ligne se distinguèrent.

Le premier février, le général Lacoste fut atteint d'une balle, et mourut sur le champ d'honneur. C'était un officier aussi brave qu'instruit. Sa perte a été sensible à toute l'armée, et plus particulièrement encore à l'empereur. Le colonel Rogniat lui succéda dans le commandement de l'arme du génie et dans la direction du siége.

L'ennemi défendait chaque maison. Trois attaques de mines étaient conduites de front, et tous les jours trois ou quatre mines faisaient sauter plusieurs maisons, et permettaient aux troupes de se loger dans plusieurs autres.

C'est ainsi qu'on arriva jusqu'au Corso (grande rue de Sarragosse), qu'on se logea sur les quais, et que l'on s'empara de la maison des écoles et de celle de l'université. L'ennemi tentait d'opposer mineurs à mineurs ; mais peu habiles dans ce genre d'opérations, ses mineurs étaient sur-le-champ découverts et étouffés.

Cette manière de conduire le siége rendait sa marche lente, mais certaine et moins coûteuse pour l'armée. Pendant que trois compagnies de mineurs, et huit compagnies de sapeurs sont seules occupées à cette guerre souterraine, dont les résultats sont si terribles, le feu est presque constamment entretenu dans la ville par les mortiers qui lancent des bombes remplies de cloches à feu.

Il n'y avait que dix jours que l'attaque avait commencé, et déjà on présageait la prochaine reddition de la ville. On s'était emparé de plus du tiers des maisons et on s'y était logé. L'église où se trouvait l'image de Notre-Dame del Pilar, qui par tant de miracles avait promis de la défendre, était écrasée par les bombes, et n'était plus habitable.

Le duc de Montebello jugea alors nécessaire de s'emparer du faubourg de la rive gauche, pour occuper tout le diamètre de la ville, et croiser son feu. Le général de division Gazan enleva la caserne des Suisses, par une attaque prompte et brillante. Le 17, une batterie de cinquante pièces de canon qu'on avait établie, joua dès le matin. A trois heures après midi, un bataillon du vingt-huitième attaqua un énorme couvent dont les murs en briques avaient trois à quatre pieds d'épaisseur, et s'en empara. Sept mille ennemis défendaient le faubourg. Le général Gazan se porta rapidement sur le pont par où les insurgés avaient leur retraite dans la ville. Il en tua un grand nombre, et fit quatre mille prisonniers, au nombre desquels se trouvaient deux généraux, douze colonels, dix-neuf lieutenans-colonels et deux cent trente officiers. Il prit six drapeaux et trente pièces de canon. Presque toutes les troupes de ligne de la place occupaient ce point important qui était menacé depuis le 10.

Au même instant, le duc d'Abrantès traversait le Corso par plusieurs caponières, et faisait sauter, au moyen de deux fourneaux de mine, le vaste bâtiment des écoles.

Après ces événemens la terreur se mit dans la ville. La junte, pour obtenir quelques délais, et donner le temps à la frayeur des habitans de se dissiper, demanda à parlementer; mais sa mauvaise foi était connue et cette ruse lui fut inutile. Trente autres maisons furent enlevées à la sape ou par des mines.

Enfin le 21, toute la ville fut occupée par nos troupes. Quinze mille hommes d'infanterie et deux mille de cavalerie ont posé les armes à la porte de Portillo, et ont remis quarante drapeaux et cent cinquante pièces de canon. Les insurgés ont perdu vingt mille hommes pendant le siége. On en a trouvé treize mille dans les hôpitaux. Il en mourait cinq cents par jour.

Le duc de Montebello n'a pas voulu accorder de capitulation à la ville de Sarragosse; il a seulement fait connaître les dispositions suivantes :

La garnison posera les armes le 21, à midi, à la porte de Portillo; après quoi elle sera prisonnière de guerre. Les hommes des troupes de ligne qui voudraient prêter serment au roi Joseph et entrer à son service, pourront y être admis. Dans le cas où leur admission ne serait pas accordée par le ministre de la guerre du roi d'Espagne, ils seront prisonniers de guerre et conduits en France. La religion sera respectée. Les troupes françaises occuperont, le 21 à midi, le château. Toute l'artillerie et toutes les munitions de toute espèce, leur seront remises. Toutes les armes seront déposées aux portes de chaque maison, et recueillies par les alcades de chaque quartier.

Les magasins en blé, riz et légumes qu'on a trouvés dans la place, sont très-considérables.

Le duc de Montebello a nommé le général Laval, gouverneur de Sarragosse.

Une députation du clergé et des principaux habitans est partie pour se rendre à Madrid.

Palafox est dangereusement malade. Cet homme était l'objet du mépris de toute l'armée ennemie, qui l'accusait de présomption et de lâcheté.

On ne l'a jamais vu dans les postes où il y avait quelques dangers.

Le comte de Fuentes, grand d'Espagne, que les insurgés avaient arrêté dans ses terres, il y a sept mois, a été trouvé dans un cachot de huit pieds carrés, et délivré. On ne peut se faire une idée des maux qu'il a soufferts.

GUERRE D'AUTRICHE.

Donawerth, 17 avril 1809.

Proclamation à l'armée.

Soldats !

Le territoire de la confédération a été violé. Le général autrichien veut que nous fuyions à l'aspect de ses armes, et que nous lui abandonnions nos alliés ; j'arrive avec la rapidité de l'éclair.

Soldats, j'étais entouré de vous lorsque le souverain d'Autriche vint à mon bivouac de Moravie ; vous l'avez entendu implorer ma clémence et me jurer une amitié éternelle. Vainqueurs dans trois guerres, l'Autriche a dû tout à notre générosité ; trois fois elle a été parjure ! ! ! Nos succès passés sont un sûr garant de la victoire qui nous attend.

Marchons donc, et qu'à notre aspect l'ennemi reconnaisse son vainqueur.   NAPOLÉON.

Ratisbonne, 24 avril 1809.

Premier bulletin de la grande armée.

L'armée autrichienne a passé l'Inn le 9 avril ; par là les hostilités ont commencé, et l'Autriche a déclaré une guerre implacable à la France, à ses alliés et à la confédération du Rhin.

Voici quelle était la position des corps français et alliés.

Le corps du duc d'Auerstaedt à Ratisbonne.

Le corps du duc de Rivoli à Ulm.

Le corps du général Oudinot à Augsbourg.

Le quartier-général à Strasbourg.

Les trois divisions bavaroises, sous les ordres du duc de Dantzick : placées, la première, commandée par le prince royal, à Munich ; la deuxième, commandée par le général Deroi, à Landshut ; et la troisième, commandée par le général de Wrede, à Straubing.

La division wurtembergeoise à Heidenheim.

Les troupes saxonnes campées sous les murs de Dresde.

Le corps du duché de Varsovie, commandé par le prince Poniatowski, sous Varsovie.

Le 10, les troupes autrichiennes investirent Passau, où s'enferma un bataillon bavarois ; elles investirent en même temps Kufstein, où s'enferma également un bataillon bavarois. Ce mouvement eut lieu sans tirer un coup de fusil.

Les Autrichiens publièrent dans le Tyrol la proclamation ci-jointe. La cour de Bavière quitta Munich pour se rendre à Dillingen.

La division bavaroise qui était à Landshut se porta à Altorff, sur la rive gauche de l'Iser.

La division commandée par le général de Wrede se porta sur Neustadt.

Le duc de Rivoli partit d'Ulm et se porta sur Augsbourg.

Du 10 au 16, l'armée ennemie s'avança de l'Inn sur l'Iser. Des partis de cavalerie se rencontrèrent, et il y eut plusieurs charges, dans lesquelles les Bavarois eurent l'avantage. Le 16, à Pfaffenhoffen, les deuxième et troisième régimens de chevau-légers bavarois culbutèrent les hussards Stipschitz et les dragons de Rosemberg.

Au même moment, l'ennemi se présenta en force pour déboucher par Landshut. Le pont était rompu, et la division bavaroise, commandée par le général Deroy, opposait une vive résistance à ce mouvement ; mais menacée par des colonnes qui avaient passé l'Iser à Moorburg et à Freysing, cette division se retira en bon ordre sur celle du général de Wrede, et l'armée bavaroise se centralisa sur Neustadt.

Départ de l'empereur de Paris, le 13.

L'empereur apprit par le télégraphe, dans la soirée du 12, le passage de l'Inn par l'armée autrichienne, et partit de Paris un instant après. Il arriva le 16, à trois heures du matin, à Louisbourg, et dans la soirée du même jour à Dillingen, où il vit le roi de Bavière; passa une demi-heure avec ce prince et lui promit de le ramener en quinze jours dans sa capitale et de venger l'affront fait à sa maison, en le faisant plus grand que ne furent jamais aucun de ses ancêtres. Le 17, à sept heures du matin, S. M. arriva à Donawerth, où était établi le quartier-général, et donna sur-le-champ les ordres nécessaires.

Le 18, le quartier-général fut transporté à Ingolstadt.

Combat de Pfaffenhoffen, le 19.

Le 19, le général Oudinot, parti d'Augsbourg, arriva à la pointe du jour à Pfaffenhoffen, y rencontra trois à quatre mille Autrichiens qu'il attaqua et dispersa, et fit trois cents prisonniers.

Le duc de Rivoli, avec son corps d'armée, arriva le lendemain à Pfaffenhoffen.

Le même jour, le duc d'Auerstaedt quitta Ratisbonne pour se porter sur Neustadt et se rapprocher d'Ingolstadt. Il parut évident alors que le projet de l'empereur était de manœuvrer sur l'ennemi qui avait débouché de Landshut, et de l'attaquer dans le moment même où, croyant avoir l'initiative, il marchait sur Ratisbonne.

Bataille de Tann, le 19.

Le 19, à la pointe du jour, le duc d'Auerstaedt se mit en marche sur deux colonnes. Les divisions Morand et Gudin formaient sa droite; les divisions Saint-Hilaire et Friant formaient sa gauche. La division Saint-Hilaire, arrivée au village de Peissing, y rencontra l'ennemi plus fort en nombre, mais bien inférieur en bravoure; et là s'ouvrit la campagne par un combat glorieux pour nos armées. Le général Saint-Hilaire, soutenu par le général Friant, culbuta tout ce qui était devant lui, enleva les positions de l'ennemi, lui tua une grande quantité de monde et lui fit six à sept cents prisonniers.

Le soixante-douzième se distingua dans cette journée, et le cinquante-septième soutint son ancienne réputation. Il y a seize ans ce régiment avait été surnommé en Italie *le terrible,* et il a bien justifié ce surnom dans cette affaire, où seul il a abordé et successivement défait six régimens autrichiens.

Sur la gauche, à deux heures après-midi, le général Morand rencontra également une division autrichienne qu'il attaqua en tête, tandis que le duc de Dantzick, avec un corps bavarois, parti d'Abensberg, vint la prendre en queue. Cette division fut bientôt débusquée de toutes ses positions, et laissa quelques centaines de morts et de prisonniers. Le régiment entier des dragons de Levenher fut détruit par les chevau-légers bavarois, et son colonel fut tué.

A la chute du jour, le corps du duc de Dantzick fit sa jonction avec celui du duc d'Auerstaedt.

Dans toutes ces affaires les généraux Saint-Hilaire et Friant se sont particulièrement distingués.

Ces malheureuses troupes autrichiennes qu'on avait amenées de Vienne au bruit des chansons et des fifres, en leur faisant croire qu'il n'y avait plus d'armée française en Allemagne, et qu'elles n'auraient affaire qu'aux Bavarois et aux Wurtembergois, montrèrent tout le ressentiment qu'elles concevaient contre leurs chefs, des erreurs où ils les avaient entretenues, et leur terreur ne fut que plus grande à la vue de ces vieilles bandes qu'elles étaient accoutumées à considérer comme leurs maîtres.

Dans tous ces combats, notre perte fut peu considérable en comparaison de celle de l'ennemi, qui surtout perdit beaucoup d'officiers et de généraux, obligés de se mettre en avant pour donner de l'élan à leurs troupes. Le prince de Lichtenstein, le général de Lusignan et plusieurs autres furent blessés. La perte des Autrichiens en colonels et officiers de moindre grade, est extrêmement considérable.

Bataille d'Abensberg, le 20.

L'empereur résolut de battre et de détruire le corps de l'archiduc Louis et celui du général Hiller, forts ensemble de soixante mille hommes. Le 20, Sa Majesté se porta à Abensberg; il donna ordre au duc d'Auérstaedt de tenir en respect les corps de Hohenzollern, Rosemberg et de Lichtenstein, pendant qu'avec les deux divisions Morand et Gudin, les Bavarois et les Wurtembergeois, il attaquait de front l'armée de l'archiduc Louis et du général Hiller, et qu'il faisait couper les communications de l'ennemi par le duc de Rivoli, en le faisant passer à Freysing, et de là sur les derrières de l'armée autrichienne.

Les divisions Morand et Gudin formèrent la gauche et manœuvrèrent sous les ordres du duc de Montebello. L'empereur se décida à combattre ce jour-là à la tête des Bavarois et des Wurtembergeois. Il fit réunir en cercle les officiers de ces deux armées et leur parla long-temps. Le prince royal de Bavière traduisait en allemand ce qu'il disait en français.

L'empereur leur fit sentir la marque de confiance qu'il leur donnait. Il dit aux officiers bavarois que les Autrichiens avaient toujours été leurs ennemis; que c'était à leur indépendance qu'ils en voulaient; que depuis plus de deux cents ans les drapeaux bavarois étaient déployés contre la maison d'Autriche; mais que cette fois il les rendrait si puissans, qu'ils suffiraient seuls désormais pour lui résister.

Il parla aux Wurtembergeois des victoires qu'ils avaient remportées sur la maison d'Autriche, lorsqu'ils servaient dans l'armée prussienne, et des derniers avantages qu'ils avaient obtenus dans la campagne de Silésie. Il leur dit à tous que le moment de vaincre était venu pour porter la guerre sur le territoire autrichien. Ces discours, qui furent répétés aux compagnies par les capitaines, et les différentes dispositions que fit l'empereur, produisirent l'effet qu'on pouvait en attendre.

L'empereur donna alors le signal du combat et mesura les manœuvres sur le caractère particulier de ces troupes. Le général de Wrede, officier bavarois d'un grand mérite, placé au devant du pont de Siegenburg, attaqua une division autrichienne qui lui était opposée. Le général Vandamme, qui commandait les Wurtembergeois, la déborda sur son flanc droit. Le duc de Dantzick, avec la division du prince royal et celle du général Deroy, marcha sur le village de Rennhause pour arriver sur la grande route d'Abensberg à Landshut. Le duc de Montebello, avec ses deux divisions françaises, força l'extrême gauche, culbuta tout ce qui était devant lui, et se porta sur Rohr et Rothemburg. Sur tous les points, la canonnade était engagée avec succès. L'ennemi, déconcerté par ces dispositions, ne combattit qu'une heure et battit en retraite. Huit drapeaux, douze pièces de canon, dix-huit mille prisonniers furent le résultat de cette affaire, qui ne nous a coûté que peu de monde.

Bataille d'Eckmülh, le 22.

Tandis que la bataille d'Abensberg et le combat de Landshut avaient des résultats si importans, le prince Charles se réunissait avec le corps de Bohême, commandé par le général Kollowrath, et obtenait à Ratisbonne un faible succès.

Mille hommes du soixante-cinquième, qui avaient été laissés pour garder le pont de Ratisbonne, ne reçurent point l'ordre de se retirer. Cernés par l'armée autrichienne, ces braves ayant épuisé leurs cartouches, furent obligés de se rendre. Cet événement fut sensible à l'empereur; il jura que dans les vingt-quatre heures le sang autrichien coulerait dans Ratisbonne, pour venger cet affront fait à ses armes.

Dans le même temps, les ducs d'Auerstaedt et de Dantzick tenaient en échec les corps de Rosemberg, de Hohenzollern et de Lichtenstein. Il n'y avait pas de temps à perdre. Le 22 au matin, l'empereur se mit en marche de Landshut avec les deux divisions du duc de Montebello, le corps du duc de Rivoli, les divisions de cuirassiers Nansouty et Saint-Sulpice et la division wurtembergeoise. A deux heures après-midi, il arriva vis-à-vis Eckmülh, où les quatre corps de l'armée autrichienne, formant cent dix mille hommes, étaient en position sous le commandement de l'archiduc Charles. Le duc de Montebello déborda l'ennemi par la gauche avec la division Gudin. Au premier signal, les ducs d'Auerstaedt et de Dantzick, et la division de cavalerie légère du général Montbrun, débouchèrent. On vit alors un des plus beaux spectacles qu'aient offerts la guerre. Cent dix mille ennemis attaqués sur tous les points, tournés par leur gauche, et successivement dépostés de toutes leurs positions. Le détail des événemens militaires serait trop long; il suffit de dire que, mis en pleine déroute, l'ennemi a perdu la plus grande partie de ses canons et un grand nombre de prisonniers; que le *dixième* d'infanterie légère, de la division Saint-Hilaire, se couvrit de gloire en débouchant sur l'ennemi, et que les Autrichiens, débusqués du bois qui couvre Ratisbonne, furent jetés dans la plaine et coupés par la cavalerie. Le sénateur général de division Demont eut un cheval tué sous lui. La cavalerie autrichienne, forte et nombreuse, se présenta pour protéger la retraite de son infanterie; la division Saint-Sulpice sur la droite, la division Nansouty sur la gauche, l'abordèrent; la ligne de hussards et de cuirassiers ennemis fut mise en déroute. Plus de trois cents cuirassiers autrichiens furent faits prisonniers. La nuit commençait; nos cuirassiers continuèrent leur marche sur Ratisbonne. La division Nansouty rencontra une colonne ennemie qui se sauvait, la chargea et la fit prisonnière; elle était composée de trois bataillons hongrois de quinze cents hommes.

La division Saint-Sulpice chargea un autre carré dans lequel faillit être pris le prince Charles, qui ne dut son salut qu'à la vitesse de son cheval. Cette colonne fut également enfoncée et prise. L'obscurité obligea enfin à s'arrêter. Dans cette bataille d'Eckmülh, il n'y eut que la moitié à peu près des troupes françaises engagée. Poussée l'épée dans les reins, l'armée ennemie continua de défiler toute la nuit par morceaux et dans la plus épouvantable déroute. Tous ses blessés, la plus grande partie de son artillerie, quinze drapeaux et vingt mille prisonniers sont tombés en notre pouvoir. Les cuirassiers se sont, comme à l'ordinaire, couverts de gloire.

Combat et prise de Ratisbonne, le 23.

Le 20, à la pointe du jour, on s'avança sur Ratisbonne; l'avant-garde formée par la division Gudin et par les cuirassiers des divisions Nansouty et Saint-Sulpice; on ne tarda pas à apercevoir la cavalerie ennemie qui prétendait couvrir la ville. Trois charges successives s'engagèrent : toutes furent à notre avantage. Sabrés et mis en pièces, huit mille hommes de cavalerie ennemie repassèrent précipitamment le Danube. Sur ces entrefaites, nos tirailleurs tâtèrent la ville. Par une inconcevable disposition, le général autrichien y avait placé six régimens sacrifiés sans raison. La ville est enveloppée d'une mauvaise enceinte, d'un mauvais fossé et d'une mauvaise contrescarpe. L'artillerie arriva ; on mit en batterie des pièces de 12. On reconnut une issue par laquelle, au moyen d'une échelle, on pouvait descendre dans le fossé, et remonter ensuite par une brèche faite à la muraille.

Le duc de Montebello fit passer par cette ouverture un bataillon qui gagna une poterne et l'ouvrit ; on s'introduisit alors dans la ville. Tout ce qui fit résistance fut sabré ; le nombre des prisonniers passa huit mille. Par suite de ses mauvaises dispositions, l'ennemi n'eut pas le temps de couper le pont, et les Français passèrent avec lui sur la rive gauche. Cette malheureuse ville, qu'il a eu la barbarie de défendre, a beaucoup souffert ; le feu y a été une partie de la nuit ; mais par les soins du général Morand et de sa division, on parvint à le dominer et à l'éteindre.

Ainsi, à la bataille d'Abensberg, l'empereur battit séparément les deux corps de l'archiduc Louis et du général Hiller. Au combat de Landshut, il s'empara du centre des communications de l'ennemi et du dépôt général de ses magasins et de son artillerie. Enfin, à la bataille d'Eckmülh, les quatre corps d'Hohenzollern, de Rosenberg, de Kollowrath et de Lichtenstein furent défaits et mis en déroute. Le corps du général Bellegarde, arrivé le lendemain de cette bataille, ne put qu'être témoin de la prise de Ratisbonne, et se sauva en Bohême.

Cette première notice des opérations militaires qui ont

ouvert la campagne d'une manière si brillante, sera suivie d'une relation plus détaillée de tous les faits d'armes qui ont illustré les armées française et alliées.

Dans tous ces combats, notre perte peut se monter à douze cents tués et à quatre mille blessés. Le général de division Cervoni, chef d'état-major du général Montebello, fut frappé d'un boulet de canon et tomba mort sur le champ de bataille d'Eckmülh. C'était un officier de mérite et qui s'était distingué dans nos premières campagnes. Au combat de Peissing, le général Hervo, chef de l'état-major du duc d'Auerstaedt, a été également tué. Le duc d'Auerstaedt regrette vivement cet officier, dont il estimait la bravoure, l'intelligence et l'activité. Le général de brigade Clément, commandant une brigade de cuirassiers de la division Saint-Sulpice, a eu un bras emporté. C'est un officier de courage et d'un mérite distingué. Le général Schramm a été blessé. Le colonel du quatorzième de chasseurs a été tué dans une charge. En géral, notre perte en officiers est peu considérable. Les mille hommes du soixante-cinquième qui ont été faits prisonniers, ont été pour la plupart repris. Il est impossible de montrer plus de bravoure et de bonne volonté qu'en ont montré les troupes.

A la bataille d'Eckmülh, le corps du duc de Rivoli n'ayant pu encore joindre, ce maréchal est resté constamment auprès de l'empereur, il a porté des ordres et fait exécuter différentes manœuvres.

A l'assaut de Ratisbonne, le duc de Montebello, qui avait désigné le lieu du passage, a fait porter les échelles par ses aides-de-camp.

Le prince de Neufchâtel, afin d'encourager les troupes et donner en même temps une preuve de confiance aux alliés, a marché plusieurs fois à l'avant-garde avec les régimens bavarois.

Le duc d'Auerstaedt a donné dans ces différentes affaires de nouvelles preuves de l'intrépidité qui le caractérise.

Le duc de Rovigo, avec autant de dévouement que d'intrépidité, a traversé plusieurs fois les légions ennemies, pour aller faire connaître aux différentes colonnes l'intention de l'empereur.

Des deux cent vingt mille hommes qui composaient l'armée autrichienne, tous ont été engagés hormis les vingt mille hommes que commande le général Bellegarde et qui n'ont pas donné. De l'armée française, au contraire, près de la moitié n'a pas tiré un coup de fusil. L'ennemi, étonné par des mouvemens rapides, et hors de ses calculs, s'est trouvé en un moment déchu de sa folle espérance, et transporté du délire de la présomption dans un abattement approchant du désespoir.

Proclamation du général Jellachich aux habituns du Tyrol.

Tyroliens,

Si vous êtes encore ce que vous avez été il n'y a pas longtemps ; si vous vous rappelez le bonheur, la prospérité, la liberté véritable dont vous avez joui sous le sceptre bienfaisant de l'Autriche; si la voix du général que vous avez reconnu comme un des vôtres, lorsqu'en 1799 il vous a sauvés d'un danger imminent par la victoire de Feldkirch, qui, dans l'année suivante, a rendu inattaquable votre frontière depuis Arbberg jusqu'à la vallée de Karabendel; si tout cela n'est pas effacé de votre mémoire, écoutez ce que je viens vous dire ; écoutez et soyez-en pénétrés.

Votre seigneur légitime (je devrais dire votre père) vous recherche : placez-vous sous son égide ! Son cœur saigne de vous voir sous une domination étrangère; vous, ses fidèles, redevenez les enfans de l'Autriche, ne méconnaissez pas ce titre précieux!

Des armées autrichiennes plus nombreuses que jamais, plus animées et plus patriotiques, vont entrer dans votre pays; considérez-les comme vos frères, comme les enfans d'un même père; réunissez-vous à elles, suivant l'exemple de tous les peuples qui rendent hommage au trône autrichien. Enfin comportez-vous en tout comme vous l'avez fait tout récemment à l'admiration de toute l'Europe.

Tyroliens, Dieu est avec nous. Nous ne cherchons pas de nouvelles conquêtes, mais nous voulons ramener dans le sein de notre père impérial et grâcieux des frères qui ont été détachés de lui. Rien ne nous résiste, rien ne peut nous vaincre dès que nous nous unissons pour notre bonheur et pour la conservation de notre existence. Croyez-moi, Tyroliens, Dieu est avec nous!

Mulhdorf, 27 avril 1809.

Deuxième bulletin de la grande armée.

Le 22, le lendemain du combat de Landshut, l'empereur partit de cette ville pour Ratisbonne et livra la bataille d'Eckmühl. En même temps il envoya le maréchal duc d'Istrie, avec la division bavaroise aux ordres du général de Wrede, et la division Molitor, pour se porter sur l'Inn et poursuivre les deux corps d'armée autrichiens battus à la bataille d'Abensberg et au combat de Landshut.

Le maréchal duc d'Istrie, arrivé successivement à Wilsbiburg et à Neumark, y trouva un équipage de pont attelé, plus de quatre cents voitures, des caissons et des équipages, et fit dans sa marche quinze à dix-huit cents prisonniers.

Les corps autrichiens trouvèrent au-delà de Neumark un corps de réserve qui arrivait sur l'Inn; ils s'y rallièrent, et le 25 livrèrent à Neumark un combat où les Bavarois, malgré leur extrême infériorité, conservèrent leurs positions.

Le 24, l'empereur avait dirigé le corps du maréchal duc de Rivoli, de Ratisbonne sur Straubing, et de là sur Passau, où il arriva le 26. Le duc de Rivoli fit passer l'Inn au bataillon du Pô, qui fit trois cents prisonniers, débloqua la citadelle et occupa Scharding.

Le 25, le maréchal duc de Montebello avait eu ordre de marcher avec son corps, de Ratisbonne sur Mulhdorf; le 27, il passa l'Inn et se porta sur la Salza.

Aujourd'hui 27, l'empereur a son quartier-général à Mulhdorf.

La division autrichienne, commandée par le général Jellachich, qui occupait Munich, est poursuivie par le corps du duc de Dantzick.

Le roi de Bavière s'est montré de sa personne à Munich; il est retourné ensuite à Augsbourg, où il restera encore quelques jours, attendant, pour établir fixement sa résidence à Munich, que la Bavière soit entièrement purgée des partis ennemis.

Cependant, du côté de Ratisbonne, le duc d'Auerstaedt s'est mis à la poursuite du prince Charles, qui, coupé de ses communications avec l'Inn et Vienne, n'a eu d'autre ressource que de se retirer dans les montagnes de Bohême par Waldmunchen et Cham.

Quant à l'empereur d'Autriche, il paraît qu'il était devant Passau, s'étant chargé d'assiéger cette place avec trois bataillons de landwehr.

Toute la Bavière et le Palatinat sont délivrés de la présence des armées ennemies.

A Ratisbonne, l'empereur a passé la revue de plusieurs corps, et s'est fait présenter le plus brave soldat, auquel il a donné des distinctions et des pensions, et le plus brave officier, auquel il a donné des baronies et des terres. Il a spécialement témoigné sa satisfaction aux divisions Saint-Hilaire et Friant.

Jusqu'à cette heure, l'empereur a fait la guerre presque sans équipages et sans garde, et l'on a remarqué qu'en l'absence de sa garde, il avait toujours autour de lui des troupes alliées bavaroises et wurtembergeoises, voulant par là leur donner une preuve particulière de confiance. Hier sont arrivés à Landshut une partie des chasseurs et grenadiers à cheval de la garde, le régiment de fusiliers et un bataillon de chasseurs à pied.

D'ici à huit jours, toute la garde sera arrivée.

On a fait courir le bruit que l'empereur avait eu la jambe cassée; le fait est qu'une balle morte a effleuré le talon de la botte de S. M., mais n'a pas même altéré la peau. Jamais S. M., au milieu des plus grandes fatigues, ne s'est mieux portée.

On remarque comme un fait singulier qu'un des premiers officiers autrichiens faits prisonniers dans cette guerre, se trouve être l'aide de-camp du prince Charles, envoyé à M. Otto pour lui remettre la fameuse lettre portant que l'armée française eût à s'éloigner.

Les habitans de Ratisbonne s'étant très-bien comportés, et ayant montré l'esprit patriotique et confédéré que nous étions en droit d'attendre d'eux, S. M. a ordonné que les dégâts qui avaient été faits seraient réparés à ses frais, et particulièrement la restauration des maisons incendiées, dont la dépense s'élevera à plusieurs millions.

Tous les souverains et tous les pays de la confédération montrent l'esprit le plus patriotique. Lorsque le ministre d'Autriche à Dresde remit la déclaration de sa cour au roi de Saxe, ce prince ne put retenir son indignation. « Vous voulez la guerre, dit le roi, et contre qui ? Vous attaquez et vous invectivez celui qui, il y a trois ans, maître de votre sort, vous a restitué vos états. Les propositions que l'on me fait m'affligent ; mes engagemens sont connus de toute l'Europe ; aucun prince de la confédération ne s'en détachera. »

Le grand-duc de Wurtzbourg, frère de l'empereur d'Autriche, a montré les mêmes sentimens, et a déclaré que si les Autrichiens avançaient sur ses états, il se retirerait, s'il le fallait, au-delà du Rhin ; tout l'esprit de vertige et les injures de la cour de Vienne sont généralement appréciés. Les régimens des petits princes, toutes les troupes alliées, demandent à l'envi à marcher à l'ennemi.

Une chose notable, et que la postérité remarquera comme une nouvelle preuve de l'insigne mauvaise foi de la maison d'Autriche, c'est que le même jour qu'elle faisait écrire au roi de Bavière la lettre, elle faisait publier dans le Tyrol la proclamation du général Jellachich : le même jour on proposait au roi d'être neutre et on insurgeait ses sujets. Comment concilier cette contradiction, ou plutôt, comment justifier cette infamie ?

Ratisbonne, 24 avril 1809.

Ordre du jour.

Soldats !

Vous avez justifié mon attente : vous avez suppléé au nombre par votre courage ; vous avez glorieusement marqué la différence qui existe entre les soldats de César et les armées de Xerxès.

En peu de jours nous avons triomphé dans les trois batailles de Tann, d'Abensberg et d'Eckmühl, et dans les combats de Peissing, Lanshut et de Ratisbonne. Cent pièces de canon, quarante drapeaux, cinquante mille prisonniers, trois équipages attelés, trois mille voitures attelées portant les bagages, toutes les caisses des régimens, voilà le résultat de la rapidité de vos marches et de votre courage.

L'ennemi enivré par un cabinet parjure, paraissait ne plus conserver aucun souvenir de vous ; son réveil a été prompt ; vous lui avez paru plus terribles que jamais. Naguère il a traversé l'Inn et envahi le territoire de nos alliés ; naguère il se promettait de porter la guerre au sein de notre patrie. Aujourd'hui, défait, épouvanté, il fuit en désordre ; déjà mon avant-garde a passé l'Inn ; avant un mois nous serons à Vienne.

Burghausen, 30 avril 1809.

Troisième bulletin de la grande armée.

L'empereur est arrivé le 27, à six heures du soir, à Mulhdorf. S. M. a envoyé la division du général de Wrede à Lauffen, sur l'Alza, pour tâcher d'atteindre le corps que l'ennemi avait dans le Tyrol, et qui battait en retraite à marches forcées. Le général de Wrede arriva le 28 à Lauffen, rencontra l'arrière-garde ennemie, prit ses bagages, et lui fit bon nombre de prisonniers ; mais l'ennemi eut le temps de passer la rivière et brûla le pont.

Le 27, le duc de Dantzick arriva à Wanesburk et le 28 à Altenmarck.

Le 29, le général de Wrede avec sa division, continua sa marche sur Salzbourg : à trois lieues de cette ville, sur la route de Lauffen, il trouva des avant-postes de l'armée ennemie. Les Bavarois les poursuivirent l'épée dans les reins, et entrèrent pêle-mêle avec eux dans Salzbourg. Le général de Wrede assure que la division du général Jellachich est entièrement dispersée. Ainsi, ce général a porté la peine de l'infâme proclamation par laquelle il a mis le poignard aux mains des Tyroliens.

Les Bavarois ont fait cinq cents prisonniers. On a trouvé à Salzbourg des magasins assez considérables.

Le 28, à la pointe du jour, le duc d'Istrie arriva à Burghausen, et posta une avant-garde sur la rive droite de l'Inn. Le même jour, le duc de Montebello arriva à Burghausen. Le comte Bertrand disposa tout pour raccommoder le pont que l'ennemi avait brûlé. La crue de la rivière occasionée par la fonte des neiges, mit quelque retard au retablissement du pont. Toute la journée du 29 fut employée à ce travail. Dans la journée du 30, le pont a été rétabli et toute l'armée a passé.

Le 28, un détachement de cinquante chasseurs, sous le commandement du chef d'escadron Margaron, est arrivé à Dittemaning, où il a rencontré un bataillon de la fameuse landwerh qui à son approche se jeta dans un bois. Le chef d'escadron Margaron l'envoya sommer; après s'être long-temps consultés, mille hommes de ces redoutables milices postés dans un bois fourré et inaccessible à la cavalerie, se sont rendus à cinquante chasseurs. L'empereur voulut les voir; ils faisaient pitié : ils étaient commandés par de vieux officiers d'artillerie, mal armés et plus mal équipés encore.

Le génie arrogant et farouche de l'Autrichien s'était entièrement découvert dans le moment de fausse prospérité dont leur entrée à Munich les avait éblouis. Ils feignirent de caresser les Bavarois; mais les griffes du tigre reparurent bientôt. Le bailli de Mulhdorf, nommé Stark, qui avait mérité une distinction du roi de Bavière, pour les services qu'il avait rendus à ses troupes dans la dernière guerre, a été arrêté et conduit à Vienne pour y être jugé. A Burghausen la femme du bailli, comte d'Armansperd, est venue supplier l'empereur de lui faire rendre son mari que les Autrichiens ont emmené à Lintz, et de là à Vienne, sans qu'on en ait entendu parler depuis. La raison de ce mauvais traitement est qu'en

1805, il lui fut fait des réquisitions auxquelles il n'obtempéra point. Voilà le crime dont les Autrichiens lui ont gardé un si long ressentiment et dont ils ont tiré cette injuste vengeance.

Les Bavarois feront sans doute un récit de toutes les vexations et des violences que les Autrichiens ont exercées envers eux, pour en transmettre la mémoire à leurs enfans, quoiqu'il soit probable que c'est pour la dernière fois que les Autrichiens ont insulté aux alliés de la France. Des intrigues ont été ourdies par eux, en Tyrol et en Westphalie pour exciter les sujets à la revolte contre leurs princes.

Levant des armées nombreuses divisées en corps comme l'armée française, marchant au pas accéléré pour singer l'armée française, faisant des bulletins, des proclamations, des ordres du jour, en singeant même encore l'armée française, ils ne représentent pas mal l'âne qui, couvert de la peau du lion, cherche à l'imiter; mais le bout de l'oreille se laisse apercevoir, et le naturel l'emporte toujours.

L'empereur d'Autriche a quitté Vienne et a signé en partant une proclamation, rédigée par Gentz dans le style de l'esprit des plus sots libelles. Il s'est porté à Scharding, position qu'il a choisie, précisément pour n'être nulle part, ni dans sa capitale pour gouverner ses états, ni au camp où il n'eût été qu'un inutile embarras. Il est difficile de voir un prince plus débile et plus faux. Lorsqu'il a appris la suite de la bataille d'Eckmühl, il a quitté les bords de l'Iun et est rentré dans le sein de ses états.

La ville de Scharding que le duc de Rivoli a occupée, a beaucoup souffert. Les Autrichiens en se retirant ont mis le feu à leurs magasins et ont brûlé la moitié de la ville qui leur appartenait. Sans doute qu'ils avaient le pressentiment, et qu'ils ont adopté l'adage que ce qui leur appartenait, ne leur appartiendra plus.

Braunau, 1er mai 1809.

Quatrième bulletin de la grande armée.

Au passage du pont de Landshut, le général de brigade Lacour a montré du courage et du sang-froid. Le comte Lauriston a placé l'artillerie avec intelligence, et a contribué au succès de cette brillante affaire.

L'évêque et les principales autorités de Salzbourg sont venus à Burghausen implorer la clémence de l'empereur pour leur pays. S. M. leur a donné l'assurance qu'ils ne retourneraient plus sous la domination de la maison d'Autriche. Ils ont promis de prendre des mesures pour faire rentrer les quatre bataillons de milices que le cercle avait fournis, et dont une partie avait déjà été prise et dispersée.

Le quartier-général part pour se rendre aujourd'hui premier mai, à Ried.

On a trouvé à Braunau des magasins de deux cent mille rations de biscuit et de six mille sacs d'avoine. On espère en trouver de plus considérables à Ried. Le cercle de Ried a fourni trois bataillons de milices; mais la plus grande partie est déjà rentrée.

L'empereur d'Autriche a été pendant trois jours à Braunau. C'est à Scharding qu'il a appris la défaite de son armée. Les habitans lui imputent d'être le principal auteur de la guerre.

Les fameux volontaires de Vienne, battus à Landshut, ont repassé ici, jetant leurs armes et portant à toutes jambes l'alarme à Vienne.

Le 21 avril, on a publié dans cette capitale un décret du souverain qui déclare que les ports sont rouverts aux Anglais, les relations avec cet ancien allié rétablies, et les hostilités commencées avec l'ennemi commun.

Le général Oudinot a pris entre Altain et Ried un bataillon

de mille hommes : ce bataillon était sans cavalerie et sans artillerie ; à l'approche de nos troupes, il se mit en devoir de commencer la fusillade; mais cerné de tous côtés par la cavalerie, il posa les armes.

S. M. a passé en revue à Burghausen plusieurs brigades de cavalerie légère, entre autres celle de Hesse-Darmstadt, à laquelle elle a témoigné sa satisfaction. Le général Marulaz, sous les ordres duquel est cette troupe, en fait une mention particulière. S. M. lui a accordé plusieurs décorations de la légion d'honneur.

Enns, 4 mai 1809.

Cinquième bulletin de la grande armée.

Le premier mai, le général Oudinot, après avoir fait onze cents prisonniers, a poussé au-delà de Ried où il en a encore fait quatre cents, de sorte que dans cette journée il a pris quinze cents hommes sans tirer un coup de fusil.

La ville de Braunau était une place forte d'assez d'importance, puisqu'elle rendait maître d'un pont sur la rivière qui forme la frontière de l'Autriche. Par un esprit de vertige digne de ce débile cabinet, il a détruit une forteresse située dans une position frontière où elle pouvait lui être d'une grande utilité, pour en construire une à Comorn, au milieu de la Hongrie. La postérité aura peine à croire à cet excès d'inconséquence et de folie.

L'empereur est arrivé à Ried, le 2 mai à une heure du matin, et à Lambach le même jour à une heure après midi.

On a trouvé à Ried une manutention de huit fours organisés et des magasins contenant vingt mille quintaux de farine.

Le pont de Lambach sur la Braun avait été coupé par l'ennemi; il a été rétabli dans la journée.

Le même jour, le duc d'Istrie, commandant la cavalerie, et le duc de Montebello, avec le corps du général Oudinot, sont entrés à Wels. On a trouvé dans cette ville une manutention, douze ou quinze mille quintaux de farine et des magasins de vin et d'eau-de-vie.

Le duc de Dantzick, arrivé le 30 avril à Salzbourg, a fait marcher sur-le-champ une brigade sur Kufstein et une autre sur Rastadt, dans la direction des chemins d'Italie. Son avant-garde poursuivant le général Jellachich, l'a forcé dans la position de Colling.

Le premier mai, le quartier-général du maréchal duc de Rivoli était à Sharding. L'adjudant commandant Tringualye, commandant l'avant-garde de la division Saint-Cyr, a rencontré à Riedau, sur la route de Neumarck, l'avant-garde de l'ennemi; les chevau-légers wurtembergeois, les dragons badois et trois compagnies de voltigeurs du quatrième régiment de ligne français, aussitôt qu'ils aperçurent l'ennemi, l'attaquèrent et le poursuivirent jusqu'à Neumarck. Ils lui ont tué cinquante hommes et fait cinq cents prisonniers.

Les dragons badois ont bravement chargé un demi-bataillon du régiment de Jordis et lui ont fait mettre bas les armes; le lieutenant-colonel d'Emmerade, qui les commandait, a eu son cheval percé de coups de baïonnette. Le major Sainte-Croix a pris de sa propre main un drapeau à l'ennemi. Notre perte est de trois hommes tués et de cinquante blessés.

Le duc de Rivoli continua sa marche le 2, et arriva le 3 à Lintz. L'archiduc Louis et le général Hiller, avec les débris de leurs corps renforcés d'une réserve de grenadiers et de tout ce qu'avait pu leur fournir le pays, était en avant de la Traun avec trente-cinq mille hommes; mais menacés d'être tournés par le duc de Montebello, ils se portèrent sur Ebersberg pour y passer la rivière.

Le 3, le duc d'Istrie et le général Oudinot se dirigèrent sur Ebersberg et firent leur jonction avec le duc de Rivoli. Ils rencontrèrent en avant d'Ebersberg l'arrière-garde des

Autrichiens. Les intrépides bataillons des tirailleurs du Pô et des tirailleurs corses poursuivirent l'ennemi qui passait le pont, culbutèrent dans la rivière les canons, les chariots, huit à neuf cents hommes, et prirent dans la ville trois à quatre mille hommes que l'ennemi y avait laissés pour sa défense. Le général Claparède, dont ces bataillons faisaient l'avant-garde, les suivait ; il déboucha à Ebersberg et trouva trente mille Autrichiens occupant une superbe position. Le maréchal duc d'Istrie passait le pont avec sa cavalerie pour soutenir la division, et le duc de Rivoli ordonnait d'appuyer son avant-garde par le corps d'armée. Ces restes du corps du prince Louis et du général Hiller étaient perdus sans ressource. Dans cet extrême danger l'ennemi mit le feu à la ville, qui est construite en bois. Le feu s'étendit en un instant partout ; le pont fut bientôt encombré, et l'incendie gagna même jusqu'aux premières travées qu'on fut obligé de couper pour le conserver. Cavalerie, infanterie, rien ne put déboucher, et la division Claparède, seule, et n'ayant que quatre pièces de canon, lutta pendant trois heures contre trente mille ennemis. Cette action d'Ebersberg est un des plus beaux faits d'armes dont l'histoire puisse conserver le souvenir.

L'ennemi voyant que la division Claparède était sans communications, avança trois fois sur elle, et fut toujours arrêté et reçu par les baïonnettes. Enfin, après un travail de trois heures, on parvint à détourner les flammes et à ouvrir un passage. Le général de division Legrand, avec le vingt-cinquième d'infanterie légère et le dix-huitième de ligne, se porta sur le château que l'ennemi avait fait occuper par huit cents hommes. Les sapeurs enfoncèrent les portes, et l'incendie ayant gagné le château, tout ce qu'il renfermait y périt. Le général Legrand marcha ensuite au secours de la division Claparède. Le général Durosnel qui venait par la rive droite avec un millier de chevaux, se joignit à lui, et l'ennemi fut obligé de se mettre en retraite en toute hâte. Au premier bruit de ces événemens, l'empereur avait marché lui-même par la rive droite avec les divisions Nansouti et Molitor.

L'ennemi, qui se retirait avec la plus grande rapidité, arriva la nuit à Enns, brûla le pont, et continua sa fuite sur la route de Vienne. Sa perte consiste en douze mille hommes, dont sept mille cinq cents prisonniers, quatre pièces de canon et deux drapeaux.

La division Claparède, qui fait partie des grenadiers d'Oudinot, s'est couverte de gloire; elle a eu trois cents hommes tués et six cents blessés. L'impétuosité des bataillons des tirailleurs du Pô et des tirailleurs corses a fixé l'attention de toute l'armée. Le pont, la ville, et la position d'Ebersberg, seront des monumens durables de leur courage. Le voyageur s'arrêtera et dira : C'est ici, c'est de cette superbe position, de ce pont d'une si longue étendue, de ce château si fort par sa situation, qu'une armée de trente-cinq mille Autrichiens a été chassée par sept mille Français.

Le général de brigade Cohorne, officier d'une singulière intrépidité, a eu un cheval tué sous lui.

Les colonels en second Cardenau et Leudy ont été tués.

Une compagnie du bataillon corse poursuivant l'ennemi dans les bois, a fait à elle seule sept cents prisonniers.

Pendant l'affaire d'Ebersberg, le duc de Montebello arrivait à Steyer où il a fait rétablir le pont que l'ennemi avait coupé.

L'empereur couche aujourd'hui à Enns dans le château du prince d'Awersperg; la journée de demain sera employée à rétablir le pont.

Les députés des états de la Haute-Autriche ont été présentés à S. M. à son bivouac d'Ebersberg.

Les citoyens de toutes les classes et de toutes les provinces reconnaissent que l'empereur François II est l'agresseur : ils s'attendent à de grands changemens, et conviennent que la maison d'Autriche a mérité tous ses malheurs. Ils accusent même ouvertement de leurs maux, le caractère faible, opiniâtre et perfide de leur souverain ; ils manifestent tous la plus grande reconnaissance pour la générosité dont l'empereur Napoléon usa pendant la dernière guerre envers la capitale et les pays qu'il avait conquis ; ils s'indignent avec toute l'Europe, du ressentiment et de la haine que l'empereur François II n'a cessé de nourrir contre une nation qui avait été si grande et si magnanime envers lui ; ainsi, dans l'opinion même des sujets de notre ennemi, la victoire est du côté du bon droit.

Saint-Polten, 9 mai 1809.

Sixième bulletin de la grande armée.

Le maréchal prince de Ponte-Corvo qui commande le neuvième corps, composé en grande partie de l'armée saxonne, et qui a longé toute la Bohême, portant partout l'inquiétude, a fait marcher le général saxon Guts Schmitt sur Egra. Ce général a été bien reçu par les habitans, auxquels il a ordonné de faire désarmer la landwehr. Le 6, le quartier-général du prince de Ponte-Corvo était à Retz, entre la Bohême et Ratisbonne.

Le nommé Schill, espèce de brigand qui s'est couvert de crimes dans la dernière campagne de Prusse, et qui avait obtenu le grade de colonel, a déserté de Berlin avec tout son régiment, et s'est porté à Wittemberg, frontière de la Saxe. Il a cerné cette ville. Le général Lestocq l'a fait mettre à l'ordre comme déserteur. Ce ridicule mouvement était concerté avec le parti qui voulait mettre tout à feu et à sang en Allemagne.

S. M. a ordonné la formation d'un corps d'observation de l'Elbe, qui sera commandé par le maréchal duc de Valmy, et composé de soixante mille hommes. L'avant-garde est déjà en mouvement pour se porter d'abord sur Hanau.

Le maréchal duc de Montebello a passé l'Enns à Steyer le 4, et est arrivé le 5 à Amstetten, où il a rencontré l'avant-garde ennemie. Le général de brigade Colbert a fait faire par le vingtième régiment de chasseurs à cheval une charge sur un régiment de houlans dont cinq cents ont été pris. Le jeune Lauriston, âgé de dix-huit ans, et sorti depuis six mois des pages, a arrêté le commandant des houlans, et après un combat singulier, l'a terrassé et l'a fait prisonnier. S. M. lui a accordé la décoration de la légion d'honneur.

Le 6, le duc de Montebello est arrivé à Molk, le maréchal duc de Rivoli à Amstetten, et le maréchal duc d'Auerstaedt à Lintz.

Les débris du corps de l'archiduc Louis et du général Hiller ont quitté Saint-Polten le 7; les deux tiers ont passé le Danube à Crems; on les a poursuivis jusqu'à Mautern où l'on a trouvé le pont coupé; l'autre tiers a pris la direction de Vienne.

Le 8, le quartier-général de l'empereur était à Saint-Polten.

Le quartier-général du duc de Montebello est aujourd'hui à Sigarhiztzkirchen.

Le maréchal duc de Dantzick marche de Saltzbourg sur Inspruck, pour prendre à revers les détachemens que l'ennemi a encore dans le Tyrol, et qui inquiètent les frontières de la Bavière.

On a trouvé dans les caves de l'abbaye de Molck plusieurs millions de bouteilles de vin qui sont très-utiles à l'armée. Ce n'est qu'après avoir passé Molck qu'on entre dans les pays de vignobles.

Il résulte des états qui ont été dressés, que sur la ligne de l'armée depuis le passage de l'Inn, on a trouvé dans les différentes manutentions de l'ennemi, quarante mille quintaux de farine, quatre cent mille rations de biscuit et plusieurs centaines de milliers de rations de pain. L'Autriche avait formé ces magasins pour marcher en avant; ils nous ont beaucoup servi.

Vienne, 13 mai 1809.

Septième bulletin de la grande armée.

Le 10, à neuf heures du matin, l'empereur a paru aux portes de Vienne, avec le corps du maréchal duc de Montebello; c'était à la même heure, le même jour et un mois juste après que l'armée autrichienne avait passé l'Inn, et que l'empereur François II s'était rendu coupable d'un parjure, signal de sa ruine.

Le 5 mai, l'archiduc Maximilien, frère de l'impératrice, jeune prince âgé de vingt-six ans, présomptueux, sans expérience, d'un caractère ardent, avait pris le commandement de Vienne.

Le bruit était général dans le pays que tous les retranchemens qui environnaient la capitale, étaient armés, qu'on avait construit des redoutes, qu'on travaillait à des camps retranchés, et que la ville était résolue à se défendre. L'empereur avait peine à croire qu'une capitale si généreusement traitée par l'armée française en 1805, et que des habitans dont le bon esprit et la sagesse sont reconnus, eussent été fanatisés au point de se déterminer à une aussi folle entreprise. Il éprouva donc une douce satisfaction, lorsqu'en approchant des immenses faubourgs de Vienne, il vit une population nombreuse, des femmes, des enfans, des vieillards, se précipiter audevant de l'armée française, et accueillir nos soldats comme des amis.

Le général Conroux traversa les faubourgs, et le général Tharreau se rendit sur l'esplanade qui les sépare de la cité. Au moment où il débouchait, il fut reçu par une fusillade et par des coups de canon, et légèrement blessé.

Sur trois cent mille habitans qui composent la population de la ville de Vienne, la cité proprement dite, qui a une enceinte avec des bastions et une contrescarpe, contient à peine quatre-vingt mille habitans et treize cents maisons. Les huit quartiers de la ville qui ont conservé le nom de faubourgs, et qui sont séparés de la ville par une vaste esplanade et couverts du côté de la campagne, par des retranchemens, renferment plus de cinq mille maisons et sont habités par plus de deux cent vingt mille ames, qui tirent leur subsistance de la cité, où sont les marchés et les magasins.

L'archiduc Maximilien avait fait ouvrir des registres pour recueillir les noms des habitans qui voudraient se défendre. Trente individus seulement se firent inscrire; tous les autres refusèrent avec indignation. Déjoué dans ses espérances par le bons sens des Viennois, il fit venir dix bataillons de landwehr et dix bataillons de troupes de ligne, composant une force de quinze à seize mille hommes, et se renferma dans la place.

Le duc de Montebello lui envoya un aide-de-camp porteur d'une sommation; mais des bouchers et quelques centaines de gens sans aveu, qui étaient les satellites de l'archiduc Maximilien, s'élancèrent sur le parlementaire, et l'un d'eux le blessa. L'archiduc ordonna que le misérable qui avait commis une action aussi infâme, fût promené en triomphe dans toute la ville, monté sur le cheval de l'officier français et environné par la landwehr.

Après cette violation inouie du droit des gens, on vit l'affreux spectacle d'une partie d'une ville qui tirait contre l'autre, et d'une cité dont les armes étaient dirigées contre ses propres concitoyens.

Le général Andréossy, nommé gouverneur de la ville,

organisa dans chaque faubourg, des municipalités, un comité central des subsistances, et une garde nationale, composée des négocians, des fabricans et de tous les bons citoyens, armés pour contenir les prolétaires et les mauvais sujets.

Le général gouverneur fit venir à Schœnbrunn une députation des huit faubourgs : l'empereur la chargea de se rendre dans la cité pour porter une lettre écrite par le prince de Neufchâtel, major-général, à l'archiduc Maximilien. Il recommanda aux députés de représenter à l'archiduc, que, s'il continuait à faire tirer sur les faubourgs, et si un seul de ses habitans y perdait la vie par ses armes, cet acte de frénésie, cet attentat envers les peuples, briserait à jamais les liens qui attachent les sujets à leurs souverains.

La députation entra dans la cité, le 11 à dix heures du matin, et l'on ne s'aperçut de son arrivée que par le redoublement du feu des remparts. Quinze habitans des faubourgs ont péri et deux Français seulement ont été tués.

La patience de l'empereur se lassa : il se porta avec le duc de Rivoli sur le bras du Danube qui sépare la promenade du Prater des faubourgs, et ordonna que deux compagnies de voltigeurs occupassent un petit pavillon sur la rive gauche, pour protéger la construction d'un pont. Le bataillon de grenadiers qui défendait le passage, fut chassé par ces voltigeurs et par la mitraille de quinze pièces d'artillerie. A huit heures du soir, ce pavillon était occupé, et les matériaux du pont réunis. Le capitaine Pourtalès, aide-de-camp du prince de Neufchâtel, et le sieur Susaldi, aide-de-camp du général Boudet, s'étaient jetés des premiers à la nage, pour aller chercher les bateaux qui étaient sur la rive opposée.

A neuf heures du soir, une batterie de vingt obusiers, construite par les généraux Bertrand et Navelet, à cent toises de la place, commença le bombardement : dix-huit cents obus furent lancés en moins de quatre heures, et bientôt toute la ville parut en flammes. Il faut avoir vu Vienne, ses maisons à huit et neuf étages, ses rues resserrées, cette population si nombreuse dans une aussi étroite enceinte, pour se faire une idée du désordre, de la rumeur et des désastres que devait occasioner une telle opération.

L'archiduc Maximilien avait fait marcher, à une heure du matin, deux bataillons en colonne serrée, pour tâcher de reprendre le pavillon qui protégeait la construction du pont. Les deux compagnies de voltigeurs qui occupaient ce pavillon qu'elles avaient crénelé, reçurent l'ennemi à bout portant : leur feu et celui des quinze pièces d'artillerie qui étaient sur la rive droite, couchèrent par terre une partie de la colonne; le reste se sauva dans le plus grand désordre.

L'archiduc perdit la tête au milieu du bombardement, et au moment surtout où il apprit que nous avions passé un bras du Danube, et que nous marchions pour lui couper la retraite. Aussi faible, aussi pusillanime qu'il avait été arrogant et inconsidéré, il s'enfuit le premier et repassa les ponts. Le respectable général O'reilli n'apprit que par la fuite de l'archiduc, qu'il se trouvait investi du commandement.

Le 12, à la pointe du jour, ce général fit prévenir les avant-postes qu'on allait cesser le feu, et qu'une députation allait être envoyée à l'empereur.

Cette députation fut présentée à S. M. dans le parc de Schœnbrunn. Elle était composée de messieurs le comte de Dietrichstein, maréchal provisoire des états; le prélat de Klosternenbourg; le prélat des Ecossais; le comte Perges; le comte Veterain; le baron de Bartenstein; M. de Mayenberg; le baron de Hafen, référendaire de la Basse-Autriche; tous membres des états; l'archevêque de Vienne; le baron de Léderer, capitaine de la ville; M. Wohlleben, bourguemestre; M. Meher, vice-bourguemestre; Egger, Pinck, Staif, conseillers du magistrat.

S. M. assura les députés de sa protection ; elle exprima la peine que lui avait fait éprouver la conduite inhumaine de leur gouverneur, qui n'avait pas craint de livrer sa capitale à tous les malheurs de la guerre, qui, portant lui-même atteinte à ses droits, au lieu d'être le père et le roi de ses sujets, s'en était montré l'ennemi et en avait été le tyran. S. M. fit connaître que Vienne serait traitée avec les mêmes ménagemens et les mêmes égards dont on avait usé en 1805. La députation répondit à cette assurance par les témoignages de la plus vive reconnaissance.

A neuf heures du matin, le duc de Rivoli, avec les divisions Saint-Cyr et Boudet, s'est emparé de Léopoldstadt.

Pendant ce temps, le lieutenant-général O'reilly envoyait le lieutenant-général de Vaux, et M. Bellonte, colonel, pour traiter de la capitulation de la place. La capitulation a été signée dans la soirée, et le 13, à six heures du matin, les grenadiers du corps d'Oudinot ont pris possession de la ville.

Schœnbrunn, 13 mai 1809.

Ordre du jour.

Soldats,

Un mois après que l'ennemi passa l'Inn, au même jour, à la même heure, nous sommes entrés dans Vienne.

Ses landwehrs, ses levées en masse, ses remparts créés par la rage impuissante des princes de la maison de Lorraine, n'ont point soutenu vos regards. Les princes de cette maison ont abandonné leur capitale, non comme des soldats d'honneur qui cèdent aux circonstances et aux revers de la guerre, mais comme des parjures que poursuivent leurs remords. En fuyant de Vienne, leurs adieux à ses habitans ont été le meurtre et l'incendie ; comme Médée, ils ont de leurs propres mains égorgé leurs enfans.

Le peuple de Vienne, selon l'expression de la députation de ses faubourgs, délaissé, abandonné, veuf, sera l'objet de vos égards. J'en prends les habitans sous ma spéciale protection : quant aux hommes turbulens et méchans, j'en ferai une justice exemplaire.

Soldats ! soyons bons pour les pauvres paysans, pour ce bon peuple qui a tant de droits à notre estime : ne conservons aucun orgueil de tous nos. succès ; voyons-y une preuve de cette justice divine qui punit l'ingrat et le parjure.

NAPOLÉON.

Schœnbrunn, 13 mai 1809.

Circulaire aux archevêques et évêques, et aux présidens des consistoires.

Monsieur l'évêque de . . . . . . la divine providence ayant voulu nous donner une nouvelle preuve de sa spéciale protection en permettant notre entrée dans la capitale de notre ennemi, le même jour où, un mois auparavant, il avait violé la paix, et manifester ainsi d'une manière éclatante, qu'elle punit l'ingrat et le parjure, il est dans notre intention que vous réunissiez nos peuples dans les églises pour chanter un *Te Deum* en actions de grâce et toutes autres prières que vous jugerez convenable d'ordonner. Cette lettre n'étant à autre fin, monsieur l'évêque de . . . . . nous prions Dieu qu'il vous ait en sa sainte garde.

Vienne, 16 mai 1809.

Huitième bulletin de la grande armée.

Les habitans de Vienne se louent de l'archiduc Rainier. Il était gouverneur de Vienne, et lorsqu'il eut connaissance des mesures révolutionnaires ordonnées par l'empereur François II, il refusa de conserver le gouvernement. L'archiduc Maximilien fut envoyé à sa place. Ce jeune prince ayant toute l'inconséquence de son âge, déclara qu'il s'enterrerait sous les ruines de la capitale. Il fit appeler les hommes turbulens et sans aveu, qui sont toujours nombreux dans une grande ville, les arma de piques, et leur distribua toutes les armes qui étaient dans les arsenaux. En vain les habitans lui représentèrent qu'une grande ville, parvenue à un si haut degré de splendeur, au prix de tant de travaux et de trésors, ne devait pas être exposée aux désastres que la guerre entraîne avec elle. Ces représentations exaltèrent sa colère, et sa fureur était portée à un tel point, qu'il ne répondait qu'en ordonnant de jeter sur les faubourgs des bombes et des obus, qui ne devaient tuer que des Viennois, les Français trouvant un abri dans leurs tranchées, et leur sécurité dans l'habitude de la guerre.

Les Viennois éprouvaient des frayeurs mortelles, et la ville se croyait perdue, lorsque l'empereur Napoléon, pour épargner à la capitale les désastres d'une défense prolongée, en la rendant promptement inutile, fit passer le bras du Danube et occuper le Prater.

A huit heures, un officier vint annoncer à l'archiduc qu'un pont se construisait, qu'un grand nombre de Français avait passé la rivière à la nage, et qu'ils étaient déjà sur l'autre rive. Cette nouvelle fit pâlir ce prince furibond, et porta la crainte dans ses esprits. Il traversa le Prater en toute hâte; il renvoya au-delà des ponts chaque bataillon qu'il rencontrait, et il se sauva sans faire aucune disposition, et sans donner à personne le commandement qu'il abandonnait. C'était cependant le même homme qui, une heure auparavant, protestait de s'ensevelir sous les ruines de la capitale.

La catastrophe de la maison de Lorraine était prévue par les hommes sensés des opinions les plus opposées. Manfredinf avait demandé une audience à l'empereur, pour lui représenter que cette guerre peserait long-temps sur sa conscience, qu'elle entraînerait la ruine de sa maison, et que bientôt les Français seraient dans Vienne. Bah! bah! répondit l'empereur, ils sont tous en Espagne.

Thugut, profitant de l'ancienne confiance que l'empereur avait mise en lui, s'est aussi permis des représentations réitérées.

Le prince de Ligne disait hautement: Je croyais être assez vieux pour ne pas survivre à la monarchie autrichienne. Et lorsque le vieux comte Wallis vit l'empereur partir pour l'armée: « C'est Darius, dit-il, qui court audevant d'Alexandre; il aura le même sort. »

Le comte Louis de Cobentzel, principal auteur de la guerre de 1805, étant à son lit de mort, et vingt-quatre heures avant de fermer les yeux, adressa à l'empereur une lettre fort pathétique. « V. M., écrivait-il, doit se trouver heureuse de l'état où l'a mise la paix de Presbourg; elle est au second rang parmi les puissances de l'Europe; c'est celui de ses ancêtres. Qu'elle renonce à une guerre qui n'a point été provoquée et qui entraînera la ruine de sa maison. Napoléon sera vainqueur et il aura le droit d'être inflexible, etc., etc. » Cette dernière action de Cobentzel a jeté de l'intérêt sur ses derniers momens.

Le prince de Zinzendorf, ministre de l'intérieur, plusieurs hommes d'état demeurés étrangers comme lui à la corruption et aux fatales illusions du moment, beaucoup d'autres personnages distingués, et ce qu'il y avait de plus considérable dans la bourgeoisie, partageaient tous, exprimaient tous la même opinion.

Mais l'orgueil humilié de l'empereur François II, la haine de l'archiduc Charles contre les Russes, le ressentiment qu'il éprouvait en voyant la Russie et la France intimement unies, l'or de l'Angleterre qui avait corrompu le ministre Stadion, la légèreté et l'inconséquence d'une soixantaine de femmelettes, l'hypocrisie et les faux rapports de l'ambassadeur Metternich, les intrigues des Razumowski, des Dalpozzo, des Schlegel, des Gentz et autres aventuriers que l'Angleterre entretient sur le continent pour y fomenter des discussions, ont produit cette guerre insensée et sacrilége.

Avant que les Français eussent été vainqueurs sur le champ de bataille, on disait qu'ils n'étaient pas nombreux, qu'il n'y en avait plus en Allemagne, que les corps n'étaient composés que de conscrits, que la cavalerie était à pied, la garde impériale en révolte, les Parisiens en insurrection contre l'empereur Napoléon. Après nos victoires, on a dit que l'armée française était innombrable, qu'elle n'avait jamais été composée d'hommes plus aguerris et plus braves, que le devouement des soldats à Napoléon, triplait et quadruplait leurs moyens, que la cavalerie était superbe, nombreuse, redoutable, que l'artillerie, mieux attelée que celle d'aucune autre nation, marchait avec la rapidité de la foudre, etc., etc.

Princes faibles ! cabinets corrompus ! hommes ignorans, légers, inconséquens ! voilà cependant les piéges que l'Angleterre vous tend depuis quinze années, et vous y tombez toujours ; mais enfin la catastrophe que vous avez préparée s'est accomplie, la paix du continent est assurée pour jamais.

L'empereur a passé hier la revue de la division de grosse cavalerie du général Nansouty. Il a donné des éloges à la tenue de cette belle division qui, après une campagne aussi active, a présenté cinq mille chevaux en bataille. S. M. a nommé aux places vaccantes, a accordé le titre de baron, avec des dotations en terres, au plus brave officier, et la décoration de la Légion-d'Honneur, avec une pension de douze cents francs, au plus brave cuirassier de chaque régiment.

On a trouvé à Vienne cinq cents pièces de canon, beaucoup

d'affûts, beaucoup de fusils, de poudre et de munitions confectionnées, et une grande quantité de boulets et de fer coulé.

Il n'y a eu que dix maisons brûlées pendant le bombardement. Les Viennois ont remarqué que ce malheur est tombé sur les partisans les plus ardens de la guerre; aussi disaient-ils que le général Andréossy dirigeait les batteries. La nomination de ce général au gouvernement de Vienne, a été agréable à tous les habitans ; il avait laissé dans la capitale des souvenirs agréables, et il jouit de l'estime universelle.

Quelques jours de repos ont fait beaucoup de bien à l'armée ; et le temps est si beau que nous n'avons presque pas de malades. Le vin que l'on distribue aux troupes est abondant et de bonne qualité.

La monarchie autrichienne avait fait pour cette guerre des efforts prodigieux : on calcule que ses préparatifs lui ont coûté au-delà de trois cents millions en papier. La masse des billets en circulation excède quinze cents millions. La cour de Vienne a emporté les planches de cette espèce d'assignats, hypothéqués sur une partie des mines de la monarchie, c'est-à-dire, sur des propriétés presque chimériques, et qui ne sont pas disponibles. Pendant qu'on prodiguait ainsi un papier-monnaie que le public ne pouvait pas réaliser, et qui perdait chaque jour davantage, la cour faisait acheter par les banquiers de Vienne tout l'or qu'elle pouvait se procurer, et l'envoyait en pays étranger. Il y a à peine quelques mois que des caisses de ducats d'or, scellés du sceau impérial, ont été expédiées pour la Hollande, par le nord de l'Allemagne.

Vienne, 19 mai 1809.

Neuvième bulletin de la grande armée.

Pendant que l'armée prenait quelque repos dans Vienne, que ses corps se ralliaient, que l'empereur passait des revues, pour accorder des récompenses aux braves qui s'étaient distingués, et pour nommer aux emplois vacans, on préparait tout ce qui était nécessaire pour l'importante opération du passage du Danube.

Le prince Charles, après la bataille d'Eckmühl, jeté sur l'autre rive du Danube, n'eût d'autre refuge que les montagnes de la Bohême.

En suivant les débris de l'armée du prince Charles dans l'intérieur de la Bohême, l'empereur lui aurait enlevé son artillerie et ses bagages; mais cet avantage ne valait pas l'inconvénient de promener son armée, pendant quinze jours, dans des pays pauvres, montagneux et dévastés.

L'empereur n'adopta aucun plan qui pût retarder d'un jour son entrée à Vienne, se doutant bien que, dans l'état d'irritation qu'on avait excité, on songerait à défendre cette ville, qui a une excellente enceinte bastionnée, et à opposer quelque obstacle. D'un autre côté, son armée d'Italie attirait son attention, et l'idée que les Autrichiens occupaient ses belles provinces du Frioul et de la Piave, ne lui laissait point de repos.

Le maréchal duc d'Auerstaedt resta en position en avant de Ratisbonne, pendant le temps que mit le prince Charles à déboucher en Bohême, et immédiatement après, il se dirigea sur Passau et Lintz, sur la rive gauche du Danube, gagnant quatre marches sur ce prince. Le corps du prince de Ponte-Corvo fut dirigé dans le même système. D'abord il fit un mouvement sur Egra, ce qui obligea le prince Charles à y détacher le corps du général Bellegarde ; mais par une contremarche, il se porta brusquement sur Lintz, où il arriva avant le général Bellegarde, qui, ayant appris cette contremarche, se dirigea aussi sur le Danube.

Ces manœuvres habiles, faites jour par jour, selon les circonstances, ont dégagé l'Italie, livré sans défense les barrières de l'Inn, de la Salza, de la Traun et tous les magasins ennemis, soumis Vienne, désorganisé les milices et la landwerh, terminé la défaite des corps de l'archiduc Louis et du général Hiller, et achevé de perdre la réputation du général ennemi. Celui-ci, voyant la marche de l'empereur, devait penser à se porter sur Lintz, passer le pont, et s'y réunir aux corps de l'archiduc Louis et du général Hiller ; mais l'armée française y était réunie plusieurs jours avant qu'il pût y arriver. Il aurait pu espérer de faire sa jonction à Krems ; vains calculs ! il était encore en retard de quatre jours, et le général Hiller, en repassant le Danube, fut obligé de brûler le beau pont de Krems. Il espérait enfin se réunir devant Vienne ; il était encore en retard de plusieurs jours.

L'empereur a fait jeter un pont sur le Danube, vis-à-vis le village d'Ebersdorf, à deux lieues au-dessous de Vienne. Le fleuve divisé en cet endroit en plusieurs bras, a quatre cents toises de largeur. L'opération a commencé hier 18, à quatre heures après midi. La division Molitor a été jetée sur la rive gauche, et a culbuté les faibles détachemens qui voulaient lui disputer le terrain et couvrir le dernier bras du fleuve.

Les généraux Bertrand et Pernetti ont fait travailler aux deux ponts, l'un de plus de deux cent quarante, l'autre de plus de cent trente toises, communiquant entre eux par une île. On espère que les travaux seront finis demain.

Tous les renseignemens qu'on a recueillis portent à penser que l'empereur d'Autriche est à Znaïm.

Il n'y a encore aucune levée en Hongrie : sans armes, sans selles, sans argent, et fort peu attachée à la maison d'Autriche, cette nation paraît avoir refusé toute espèce de secours.

Le général Lauriston, aide-de-camp de S. M., à la tête de la brigade d'infanterie badoise et de la brigade de cavalerie légère du général Colbert, s'est porté de Neustadt sur Bruck et sur la Simeringberg, haute montagne qui sépare les eaux qui coulent dans la mer Noire et dans la Méditerranée. Dans ce passage difficile il a fait quelques centaines de prisonniers.

Le général Dupellin a marché sur Mariazell, où il a désarmé un millier de landwehr et fait quelques centaines de prisonniers.

Le maréchal duc de Dantzick s'est porté sur Inspruck ; il a rencontré le 14, à Vorgel, le général Chasteller avec ses Tyroliens. Il l'a culbuté et lui a pris sept cents hommes et onze pièces d'artillerie.

Kufstein a été débloqué le 12. Le chambellan de S. M., Germain, qui s'était renfermé dans cette place, s'est bien montré.

Voici quelle est aujourd'hui la position de l'armée :

Les corps des maréchaux duc de Rivoli et de Montebello, et le corps des grenadiers du général Oudinot, sont à Vienne, ainsi que la garde impériale. Le corps du maréchal duc d'Auerstaedt est réparti entre Saint-Polten et Vienne. Le maréchal prince Ponte-Corvo est à Lintz, avec les Saxons et les Wurtembergeois, il a une réserve à Passau. Le maréchal duc de Dantzick est, avec les Bavarois, à Saltzbourg et à Inspruck.

Le colonel comte de Czernichew, aide-de-camp de l'empereur de Russie, qui avait été expédié pour Paris, est arrivé au moment où l'armée entrait à Vienne. Depuis ce moment, il fait le service, et suit S. M. Il a apporté des nouvelles de l'armée russe, qui n'aura pu sortir de ses cantonnemens que vers le 10 ou 12 mai.

Ebersdorf, 23 mai 1809.

Dixième bulletin de la grande armée.

Vis-à-vis Ebersdorf, le Danube est divisé en trois bras séparés par deux îles. De la rive droite à la première île il y a deux cent quarante toises; cette île a à-peu-près mille toises de tour. De cette île à la grande île, où est le principal courant, le canal est de cent vingt toises. La grande île, appelée In-der-Lobau, a sept mille toises de tour, et le canal qui la sépare du continent a soixante-dix toises. Les premiers villages que l'on rencontre ensuite sont Gross-Aspern, Esling et Enzersdorf. Le passage d'une rivière comme le Danube devant un ennemi connaissant parfaitement les localités, et ayant les habitans pour lui, est une des plus grandes opérations de guerre qu'il soit possible de concevoir.

Le pont de la rive droite à la première île et celui de la première île à celle de In-der-Lobau ont été faits dans la journée du 19, et dès le 18 la division Molitor avait été jetée par des bateaux à rames, dans la grande île.

Le 20, l'empereur passa dans cette île, et fit établir un pont sur le dernier bras, entre Gross-Aspern et Esling. Ce bras n'ayant que soixante-dix toises, le pont n'exigea que quinze pontons, et fut jeté en trois heures par le colonel d'artillerie Aubry.

Le colonel Sainte-Croix, aide-de-camp du maréchal duc de Rivoli, passa le premier dans un bateau sur la rive gauche.

La division de cavalerie légère du général Lasalle et les divisions Molitor et Boudet passèrent dans la nuit.

Le 21, l'empereur, accompagné du prince de Neufchâtel et des maréchaux ducs de Rivoli et de Montebello, reconnut la position de la rive gauche, et établit son champ de bataille, la droite au village d'Esling, et la gauche à celui de Gross-Aspern, qui furent sur le champ occupés.

Le 21, à quatre heures après midi, l'armée ennemie se montra et parut avoir le dessein de culbuter notre avant-garde et de la jeter dans le fleuve; vain projet ! Le maréchal duc de Rivoli fut le premier attaqué à Gross-Aspern, par le corps du général Bellegarde. Il manœuvra avec les divisions Molitor et Legrand, et pendant toute la soirée, fit tourner à la confusion de l'ennemi toutes les attaques qui furent entreprises. Le duc de Montebello défendit le village d'Esling, et le maréchal duc d'Istrie, avec la cavalerie légère et la division de cuirassiers Espagne couvrit la plaine et protégea Enzersdorf. L'affaire fut vive; l'ennemi déploya deux cents pièces de canon et à peu près quatre-vingt dix mille hommes composés des débris de tous les corps de l'armée autrichienne.

La division de cuirassiers Espagne fit plusieurs belles charges, enfonça deux carrés et s'empara de quatorze pièces de canon. Un boulet tua le général Espagne, combattant glorieusement à la tête des troupes, officier brave, distingué et recommandable sous tous les points de vue. Le général de brigade Foulers fut tué dans une charge.

Le général Nansouty, avec la seule brigade commandée par le général Saint-Germain, arriva sur le champ de bataille vers la fin du jour. Cette brigade se distingua par plusieurs belles charges. A huit heures du soir le combat cessa, et nous restâmes entièrement maîtres du champ de bataille.

Pendant la nuit, le corps du général Oudinot, la division Saint-Hilaire, deux brigades de cavalerie légère et le train d'artillerie passèrent les trois ponts.

Le 22, à quatre heures du matin, le duc de Rivoli fut le premier engagé. L'ennemi fit successivement plusieurs attaques pour reprendre le village. Enfin, ennuyé de rester sur la défensive, le duc de Rivoli attaqua à son tour et culbuta l'ennemi. Le général de division Legrand s'est fait remarquer par ce sang-froid et cette intrépidité qui le distinguent.

Le général de division Boudet, placé au village d'Esling, était chargé de défendre ce poste important.

Voyant que l'ennemi occupait un grand espace, de la droite à la gauche, on conçut le projet de le percer par le centre. Le duc de Montebello se mit à la tête de l'attaque, ayant le général Oudinot à la gauche, la division Saint-Hilaire au centre et la division Boudet à la droite. Le centre de l'armée ennemie ne soutint pas les regards de nos troupes. Dans un moment tout fut culbuté. Le duc d'Istrie fit faire plusieurs belles charges, qui toutes eurent du succès. Trois colonnes d'infanterie ennemie furent chargées par les cuirassiers et sabrées. C'en était fait de l'armée autrichienne, lorsqu'à sept heures du matin, un aide-de-camp vint annoncer à l'empereur que la crue subite du Danube ayant mis à flot un grand nombre de gros arbres et de radeaux, coupés et jetés sur les rives, dans les événemens qui ont eu lieu lors de la prise de Vienne, les ponts qui communiquaient de la rive droite à la petite île, et de celle-ci à l'île de In-der-Lobau, venaient d'être rompus; cette crue périodique, qui n'a ordinairement lieu qu'à la mi-juin, par la fonte des neiges, a été accélérée par la chaleur prématurée qui se fait sentir depuis quelques jours. Tous les parcs de réserve qui défilaient se trouvèrent retenus sur la rive droite par la rupture des ponts, ainsi qu'une partie de notre grosse cavalerie, et le corps entier du maréchal duc d'Auerstaedt. Ce terrible contre-temps décida l'empereur à arrêter le mouvement en avant. Il ordonna au duc de Montebello de garder le champ de bataille qui avait été reconnu, et de prendre position, la gauche appuyée à un rideau qui couvrait le duc de Rivoli, et la droite à Esling.

Les cartouches à canon et d'infanterie, que portait notre parc de réserve, ne pouvaient plus passer. L'ennemi était dans la plus épouvantable déroute, lorsqu'il apprit que nos ponts étaient rompus. Le ralentissement de notre feu et le mouvement concentré que faisait notre armée, ne lui laissaient aucun doute sur cet événement imprévu. Tous ses canons et ses équipages d'artillerie, qui étaient en retraite, se représentèrent sur la ligne, et depuis neuf heures du matin jusqu'à sept heures du soir, il fit des efforts inouïs, secondé par le feu de deux cents pièces de canon, pour culbuter l'armée française. Ces efforts tournèrent à sa honte; il attaqua trois fois les villages d'Esling et de Gross-Aspern, et trois fois il les remplit de ses morts. Les fusiliers de la garde, commandés par le général Mouton, se couvrirent de gloire, et culbutèrent la réserve, composée de tous les grenadiers de l'armée autrichienne, les seules troupes fraîches qui restassent à l'ennemi. Le général Gros fit passer au fil de l'épée sept cents Hongrois qui s'étaient déjà logés dans le cimetière du village d'Esling. Les tirailleurs sous les ordres du général Curial firent leurs premières armes dans cette journée, et montrèrent de la vigueur. Le général Dorsenne, colonel commandant la vieille garde, la plaça en troisième ligne, formant un mur d'airain, seul capable d'arrêter tous les efforts de l'armée autrichienne. L'ennemi tira quarante mille coups de canon, tandis que, privés de nos parcs de réserve, nous étions dans la nécessité de ménager nos munitions pour quelques circonstances imprévues.

Le soir, l'ennemi reprit les anciennes positions qu'il avait quittées pour l'attaque, et nous restâmes maîtres du champ de bataille. Sa perte est immense; les militaires dont le coup d'œil est le plus exercé ont évalué à plus de douze mille les morts qu'il a laissés sur le champ de bataille. Selon le rapport des prisonniers, il a eu vingt-trois généraux et soixante officiers supérieurs tués ou blessés. Le feld-maréchal-lieutenant Weber, quinze cents hommes et quatre drapeaux sont restés en notre pouvoir. La perte de notre côté a été considérable; nous avons eu onze cents tués et trois mille blessés. Le duc de Montebello a eu la cuisse emportée par un boulet, le 22, sur les six heures du soir. L'amputation a été faite, et sa vie est hors de danger. Au premier moment on le crut mort. Transporté sur un brancard auprès de l'empereur, ses adieux furent touchans. Au milieu des sollicitudes de cette journée, l'empereur se livra à la tendre amitié qu'il porte depuis tant d'années à ce brave compagnon d'armes. Quelques larmes coulèrent de ses yeux, et se tournant vers ceux qui l'environnaient : « Il fallait, dit-il, que dans cette journée mon cœur fût frappé par un coup aussi sensible, pour que je pusse m'abandonner à d'autres soins qu'à ceux de mon armée. » Le duc de Montebello avait perdu connaissance ; la présence de l'empereur le fit revenir ; il se jeta à son cou en lui disant : « Dans une heure vous aurez perdu celui qui meurt avec la gloire et la conviction d'avoir été et d'être votre meilleur ami. »

Le général de division Saint-Hilaire a été blessé ; c'est un des généraux les plus distingués de la France.

Le général Durosnel, aide-de-camp de l'empereur, a été enlevé par un boulet en portant un ordre.

Le soldat a montré un sang-froid et une intrépidité qui n'appartiennent qu'à des Français.

Les eaux du Danube croissant toujours, les ponts n'ont pu être rétablis pendant la nuit. L'empereur a fait repasser le 23, à l'armée le petit bras de la rive gauche, et a fait prendre position dans l'île de In-der-Lobau, en gardant les têtes de pont.

On travaille à rétablir les ponts ; l'on n'entreprendra rien qu'ils ne soient à l'abri des accidens des eaux, et même de tout ce que l'on pourrait tenter contre eux : l'élévation du fleuve et la rapidité du courant obligent à des travaux considérables et à de grandes précautions.

Lorsque le 23, au matin, on fit connaître à l'armée que

l'empereur avait ordonné qu'elle repassât dans la grande île, l'étonnement de ces braves fut extrême. Vainqueurs dans les deux journées, ils croyaient que le reste de l'armée allait les rejoindre; et quand on leur dit que les grandes eaux ayant rompu les ponts et augmentant sans cesse, rendaient le renouvellement des munitions et des vivres impossible, et que tout mouvement en avant serait insensé, on eut de la peine à les persuader.

C'est un malheur très-grand et tout à fait imprévu que des ponts formés des plus grands bateaux du Danube, amarrés par de doubles ancres et par des cinquenelles, aient été enlevés; mais c'est un grand bonheur que l'empereur ne l'ait pas appris deux heures plus tard; l'armée poursuivant l'ennemi aurait épuisé ses munitions, et se serait trouvée sans moyen de les renouveler.

Le 23, on a fait passer une grande quantité de vivres au camp d'In-der-Lobau.

La bataille d'Esling, dont il sera fait une relation plus détaillée qui fera connaître les braves qui se sont distingués, sera, aux yeux de la postérité, un nouveau monument de la gloire et de l'inébranlable fermeté de l'armée française.

Les maréchaux ducs de Montebello et de Rivoli ont montré dans cette journée toute la force de leur caractère militaire.

L'empereur a donné le commandement du second corps au comte Oudinot, général éprouvé dans cent combats, où il a montré autant d'intrépidité que de savoir.

Ebersdorf, 24 mai 1809.

Onzième bulletin de la grande armée.

Le maréchal duc de Dantzick est maître du Tyrol. Il est entré à Inspruck le 19 de ce mois. Le pays entier s'est soumis.

Le 11, le duc de Dantzick avait enlevé la forte position

de Strub-Pass, et pris à l'ennemi sept canons et six cents hommes.

Le 13, après avoir battu Chasteller dans la position de Vœrgel, l'avoir mis dans une déroute complète, et lui avoir pris toute son artillerie, il l'avait poursuivi jusqu'au-delà de Rattenberg. Ce misérable n'a dû son salut qu'à la vitesse de son cheval.

En même temps, le général Deroy, ayant débloqué la forteresse de Kufstein, faisait sa jonction avec les troupes que le duc de Dantzick commandait en personne. Ce maréchal se loue de la conduite du major Palm, du chef du bataillon léger bavarois, du lieutenant-colonel Habèrman, du capitaine Laider, du capitaine Bernard du troisième régiment de chevau-légers de Bavière, de ses aides-de-camp Montmarie, Maingarnaud et Montelegier, et du chef d'escadron Fontange, officier d'état-major.

Chasteller était entré dans le Tyrol avec une poignée de mauvais sujets. Il a prêché la révolte, le pillage et l'assassinat. Il a vu égorger sous ses yeux plusieurs milliers de Bavarois et une centaine de soldats français. Il a encouragé les assassins par ses éloges, et excité la férocité de ces ours des montagnes. Parmi les Français qui ont péri dans ce massacre se trouvaient une soixantaine de Belges tous compatriotes de Chasteller. Ce misérable couvert des bienfaits de l'empereur, à qui il doit d'avoir recouvré des biens montant à plusieurs millions, était incapable d'éprouver le sentiment de la reconnaissance, et ces affections qui attachent même les barbares aux habitans du pays qui leur a donné naissance.

Les Tyroliens vouent à l'exécration les hommes dont les perfides insinuations les ont excités à la rebellion et ont appelé sur eux les malheurs qu'elle entraîne avec elle. Leur fureur contre Chasteller était telle, que lorsqu'il se sauva après la déroute de Vœrgel, ils l'arrêtèrent à Hall, le fustigèrent et le maltraitèrent au point qu'il fut obligé de passer deux jours dans son lit. Il osa ensuite reparaître pour demander à capituler ; on lui répondit qu'on ne capitulait pas avec un brigand, et il s'enfuit à toute hâte dans les montagnes de la Carinthie.

La vallée de Zillerthal a été la première à se soumettre ; elle a remis ses armes et donné des ôtages ; le reste du pays a suivi cet exemple. Tous les chefs ont ordonné aux paysans de rentrer chez eux, et on les a vus quitter les montagnes de toutes parts, et revenir dans leurs villages. La ville d'Inspruck et tous les cercles ont envoyé des députations à S. M. le roi de Bavière, pour protester de leur fidélité et implorer sa clémence.

Le Voralberg, que les proclamations incendiaires et les intrigues de l'ennemi avaient aussi égaré, imitera le Tyrol ; et cette partie de l'Allemagne sera arrachée aux désastres et aux crimes des insurrections populaires.

Combat de Urfar.

Le 17 de ce mois, à deux heures après midi, trois colonnes autrichiennes commandées par les généraux Grainville, Bucalowitz et Sommariva, et soutenues par une réserve aux ordres du général Jellachich, ont attaqué le général Vandamme, au village de Urfar, en avant de la tête du pont de Lintz. Dans le même moment arrivait à Lintz le maréchal prince de Ponte-Corvo, avec la cavalerie et la première brigade d'infanterie saxonne. Le général Vandamme, à la tête des troupes wurtembergeoises, et avec quatre escadrons de hussards et de dragons saxons, repoussa vigoureusement les deux premières colonnes ennemies, les chassa de leurs positions, leur prit six pièces de canon et quatre cents hommes, et les mit dans une pleine déroute. La troisième colonne eunemie parut sur les hauteurs de Boslingberg, à sept heures du soir, et son infanterie couronna en un instant la crête des montagnes voisines. L'infanterie saxonne attaqua l'ennemi avec impétuosité, le chassa de toutes ses positions, lui prit trois cents hommes et plusieurs caissons de munitions.

L'ennemi s'est retiré en désordre sur Freystadt et sur Haslach. Les hussards envoyés à sa poursuite ont ramené beaucoup de prisonniers. On a pris dans les bois cinq cents fusils et une quantité de voitures et de caissons chargés d'effets d'habillement. La perte de l'ennemi, indépendamment des prisonniers, est de deux mille hommes tués ou blessés; la nôtre ne va pas à quatre cents hommes hors de combat.

Le maréchal prince de Ponte-Corvo fait beaucoup d'éloges du général Vandamme. Il se loue de la conduite de M. de Leschwitz, général en chef des Saxons, qui conserve, à soixante-cinq ans, l'activité et l'ardeur d'un jeune homme; du général d'artillerie Mossel; du général Gérard, chef d'état-major, et du lieutenant-colonel aide-de-camp Hamelinaie.

Ebersdorf, 26 mai 1809.

Douzième bulletin de la grande armée.

On a employé toute la journée du 23, la nuit du 23 au 24, et toute la journée du 24 à réparer les ponts.

Le 25, à la pointe du jour, ils étaient en état. Les blessés, les caissons vides, et tous les objets qu'il était nécessaire de renouveler, ont passé sur la rive droite.

La crue du Danube devant encore durer jusqu'au 15 juin, on a pensé que pour pouvoir compter sur les ponts, il convenait de planter en avant des lignes de pilotis auxquels on amarrera la grande chaîne de fer qui est à l'arsenal, et qui fut prise par les Autrichiens sur les Turcs, qui la destinaient à un semblable usage.

On travaille à ces ouvrages avec la plus grande activité, et déjà un grand nombre de sonnettes battent des pilotis ; par ce moyen, et avec les fortifications qu'on fait sur la rive gauche, nous sommes assurés de pouvoir manœuvrer sur les deux rives à volonté.

Notre cavalerie légère est vis-à-vis de Presbourg, appuyée sur le lac de Neusiedel.

Le général Lauriston est en Styrie sur le Simmeringberg et sur Bruck.

Le maréchal duc de Dantzick est en grandes marches avec les Bavarois. Il ne tardera pas à rejoindre l'armée près de Vienne.

Les chasseurs à cheval de la garde sont arrivés hier ; les dragons arrivent aujourd'hui ; on attend dans peu de jours les grenadiers à cheval et soixante pièces d'artillerie de la garde.

Nous avons fait prisonniers lors de la capitulation de Vienne, sept feld-maréchaux-lieutenans, neuf généraux-majors, dix colonels, vingt majors et lieutenans-colonels, cent capitaines, cent cinquante lieutenans, deux cents sous-lieutenans, et trois mille sous-officiers et soldats, parmi lesquels ne sont pas compris les hommes qui étaient aux hôpitaux, et qui montaient à plusieurs milliers.

Ebersdorf, 27 mai 1809.

Proclamation à l'armée d'Italie.

Soldats de l'armée d'Italie,

Vous avez glorieusement atteint le but que je vous avais marqué ; le Simering a été témoin de votre jonction avec la grande armée.

Soyez les bienvenus ! Je suis content de vous !!!. Surpris par un ennemi perfide avant que vos colonnes fussent réunies, vous avez dû rétrograder jusqu'à l'Adige ; mais lorsque vous reçûtes l'ordre de marcher en avant, vous étiez sur le champ mémorable d'Arcole, et là, vous jurâtes sur les mânes de nos héros de triompher. Vous avez tenu parole à la bataille de la Piave, aux combats de Saint-Daniel, de Tarvis, de Gorice. Vous avez pris d'assaut les forts de Malborghetto, de Pradel et fait capituler la division ennemie retranchée dans Prévald et Laybach. Vous n'aviez pas encore passé la Drave, et déjà vingt-cinq mille prisonniers, soixante pièces de bataille, dix drapeaux avaient signalé votre valeur. Depuis, la Drave, la Save, la Muer n'ont pu retarder votre marche. La colonne autrichienne de Jellachich, qui la première entra dans Munich, qui donna le signal des massacres dans le Tyrol, environnée à Saint-Michel, est tombée dans vos baïonnettes. Vous avez fait une prompte justice de ces débris dérobés à la colère de la grande armée.

Soldats, cette armée autrichienne d'Italie, qui un moment souilla par sa présence mes provinces, qui avait la prétention de briser ma couronne de fer, battue, dispersée, anéantie, grâces à vous, sera un exemple de la vérité de cette devise : *Dieu me la donne, gare à qui la touche.* NAPOLÉON.

Ebersdorf, 28 mai 1809.

Treizième bulletin de la grande armée.

Dans la nuit du 26 au 27, nos ponts sur le Danube ont été enlevés par les eaux et par des moulins qu'on a détachés. On n'avait pas encore eu le temps d'achever les pilotis et de placer la grande chaîne de fer. Aujourd'hui, l'un des ponts est rétabli, on espère que l'autre le sera demain.

L'empereur a passé la journée d'hier sur la rive gauche, pour visiter les fortifications que l'on élève dans l'île d'In-der-Lobau, et pour voir plusieurs régimens du corps du duc de Rivoli en position de cette espèce de tête de pont.

Le 27, à midi, le capitaine Bataille, aide-de-camp du prince vice-roi, a apporté l'agréable nouvelle de l'arrivée de l'armée d'Italie à Bruck. Le général Lauriston avait été envoyé au devant d'elle, et la jonction a eu lieu sur le Simmeringberg. Un chasseur du neuvième qui était en coureur en avant d'une reconnaissance de l'armée d'Italie, rencontra un chasseur d'un peloton du vingtième, envoyé par le général Lauriston. Après s'être observés pendant quelque temps, ils reconnurent qu'ils étaient Français et s'embrassèrent. Le chasseur du vingtième marcha sur Bruck, pour se rendre auprès du vice-roi, et celui du neuvième se dirigea vers le général Lauriston pour l'informer de l'approche de l'armée d'Italie. Il y avait plus de douze jours que les deux armées n'avaient pas de nouvelles l'une de l'autre. Le 26 au soir, le général Lauriston était à Bruck au quartier-général du vice-roi.

Le vice-roi a montré dans toute cette campagne un sang-froid et un coup d'œil qui présagent un grand capitaine.

Dans la relation des faits qui ont illustré l'armée d'Italie pendant ces vingt derniers jours, Sa Majesté a remarqué avec plaisir la destruction du corps de Jellachich. C'est ce général qui fit aux Tyroliens cette insolente proclamation qui alluma leur fureur et aiguisa leurs poignards. Poursuivi par le duc de Dantzick, menacé d'être pris en flanc par la brigade du général Dupellin, que le duc d'Auerstaedt avait fait déboucher par Mariazell, il est venu tomber comme dans un piége en avant de l'armée d'Italie. L'archiduc Jean qui, il y a si peu de temps, et dans l'excès de sa présomption, se dégradait par sa lettre au duc de Raguse, a évacué Gratz, hier, 27, ramenant à peine vingt ou vingt-cinq mille hommes de cette belle armée qui était entrée en Italie. L'arrogance, l'insulte, les provocations à la révolte, toutes ses actions portant le caractère de la rage, ont tourné à sa honte.

Les peuples de l'Italie se sont conduits comme auraient pu

le faire les peuples de l'Alsace, de la Normandie ou du Dauphiné. Dans la retraite de nos soldats, ils les accompagnaient de leurs vœux et de leurs larmes; ils reconduisaient par des chemins détournés, et jusqu'à cinq marches de l'armée, les hommes égarés. Lorsque quelques prisonniers ou quelques blessés, français ou italiens, ramenés par l'ennemi, traversaient les villes et les villages, les habitans leur portaient des secours; ils cherchaient pendant la nuit les moyens de les travestir et de les faire sauver.

Les proclamations et les discours de l'archiduc Jean n'inspiraient que le mépris et le dédain, et l'on aurait peine à se peindre la joie des peuples de la Piave, du Tagliamento et du Frioul, lorsqu'ils virent l'armée de l'ennemi fuyant en désordre, et l'armée du souverain et de la patrie revenant triomphante.

Lorsqu'on a visité les papiers de l'intendant de l'armée autrichienne qui était à la fois le chef du gouvernement et de la police, et qui a été pris à Padoue avec quatre voitures, on y a découvert la preuve de l'amour des peuples d'Italie pour l'empereur. Tout le monde avait refusé des places, personne ne voulait servir l'Autriche: et parmi sept millions d'hommes qui composent la population du royaume, l'ennemi n'a trouvé que trois misérables qui n'aient pas repoussé la séduction.

Les régimens d'Italie qui s'étaient distingués en Pologne et qui avaient rivalisé d'intrépidité dans la campagne de Catalogne avec les plus vieilles bandes françaises, se sont couverts de gloire dans toutes les affaires. Les peuples d'Italie marchent à grands pas vers le dernier terme d'un heureux changement. Cette belle partie du continent, où s'attachent tant de grands et d'illustres souvenirs, que la cour de Rome, que cette nuée de moines, que ses divisions avaient perdue, reparaît avec honneur sur la scène de l'Europe.

Tous les détails qui suivent, de l'armée autrichienne, constalent que dans les journées du 21 et du 22, sa perte a été énorme. L'élite de l'armée a péri. Selon les aimables de Vienne, les manœuvres du général Danube ont sauvé l'armée autrichienne.

Le Tyrol et le Voralberg sont parfaitement soumis. La Carniole, la Styrie, la Carinthie, le pays de Salzbourg, la Haute et la Basse-Autriche sont pacifiés et désarmés.

Trieste, cette ville où les Français et les Italiens ont subi tant d'outrages, a été occupée. Les marchandises coloniales anglaises ont été confisquées. Une circonstance de la prise de Trieste a été très-agréable à l'empereur : c'est la délivrance de l'escadre russe; elle avait eu ordre d'appareiller pour Ancône; mais retenue par les vents contraires, elle était restée au pouvoir des Autrichiens.

La jonction de l'armée de Dalmatie est prochaine. Le duc de Raguse s'est mis en marche aussitôt qu'il a appris que l'armée d'Italie était sur l'Izonso. On espère qu'il arrivera à Laybach avant le 5 juin.

Le brigand Schill qui se donnait, et avec raison, le titre de général au service de l'Angleterre, après avoir prostitué le nom du roi de Prusse, comme les satellites de l'Angleterre prostituent celui de Ferdinand à Séville, a été poursuivi et jeté dans une île de l'Elbe. Le roi de Westphalie, indépendamment de quinze mille hommes de ses troupes, avait une division hollandaise et une division française; et le duc de Valmy a déjà réuni à Hanau deux divisions du corps d'observation, commandées par les généraux Rivaux et Despeaux, et composées des brigades Lameth, Clément, Taupin et Vaufreland.

La pacification de la Souabe rend disponible le corps d'observation du général Beaumont qui est réuni à Augsbourg, et où se trouvent plus de trois mille dragons.

La rage des princes de la maison de Lorraine contre la

ville de Vienne peut se peindre par un seul trait. La capitale est nourrie par quarante moulins établis sur la rive gauche du fleuve. Ils les ont fait enlever et détruire.

Ebersdorf, 1er juin 1809.

Quatorzième bulletin de la grande armée.

Les ponts sur le Danube sont entièrement rétablis. On y a joint un pont volant, et l'on prépare tous les matériaux nécessaires pour jeter un autre pont de radeaux. Sept sonnettes battent des pilotis; mais le Danube ayant dans plusieurs endroits vingt-quatre et vingt-six pieds de profondeur, on emploie toujours beaucoup de temps pour faire tenir les ancres, lorsqu'on déplace les sonnettes. Cependant les travaux avancent et seront terminés sous peu.

Le général de brigade du génie Lazowski fait travailler, sur la rive gauche, à une tête de pont qui aura seize cents toises de développement, et qui sera couverte par un bon fossé plein d'eau courante.

Le quarante-quatrième équipage de la flottille de Boulogne, commandé par le capitaine de vaisseau Baste, est arrivé. Un grand nombre de bateaux en croisière battent toutes les îles, couvrent le pont et rendent beaucoup de services.

Le bataillon des ouvriers de la marine travaille à la construction de petites péniches armées, qui serviront à maîtriser parfaitement le fleuve.

Après la défaite du corps du général Jellachich, M. Mathieu, capitaine-adjoint à l'état-major de l'armée d'Italie, fut envoyé avec un dragon d'ordonnance sur la route de Salzbourg; ayant rencontré successivement une colonne de six cent cinquante hommes de troupes de ligne, et une colonne de deux mille landwehrs qui, l'une et l'autre étaient coupées et égarées, il les somma de se rendre, et elles mirent bas les armes.

Le général de division Lauriston est arrivé à OEdembourg,

premier comitat de Hongrie, avec une forte avant-garde. Il paraît qu'il y a de la fermentation en Hongrie, que les esprits y sont très-divisés, et que la majorité n'est pas favorable à l'Autriche.

Le général de division Lasalle a son quartier-général vis-à-vis Presbourg, et pousse ses postes jusqu'à Altenbourg et jusqu'auprès de Raab.

Trois divisions de l'armée d'Italie sont arrivées à Neustadt. Le vice-roi est depuis deux jours au quartier-général de l'empereur.

Le général Macdonald, commandant un des corps de l'armée d'Italie, est entré à Gratz. On a trouvé dans cette capitale de la Styrie d'immenses magasins de vivres et d'effets d'habillement et d'équipement de toute espèce.

Le duc de Dantzick est à Lintz.

Le prince de Ponte-Corvo marche sur Vienne. Le général de division Vandamme, avec les Wurtembergeois, est à Saint-Polten, Mautern et Krems.

La tranquillité règne dans le Tyrol. Coupés par les mouvemens du duc de Dantzick et de l'armée d'Italie, tous les Autrichiens qui s'étaient imprudemment engagés dans cette pointe, ont été détruits, les uns par le duc de Dantzick, les autres, tels que le corps de Jellachich, par l'armée d'Italie. Ceux qui étaient en Souabe n'ont eu d'autre ressource que de tâcher de traverser en partisans l'Allemagne, en se portant sur le Haut-Palatinat. Ils formaient une petite colonne d'infanterie et de cavalerie qui s'était échappée de Lindau et qui avait été rencontrée par le colonel Reiset du corps d'observa- du général Beaumont; elle a été coupée à Neumarck, et la colonne entière, officiers et soldats, a mis bas les armes.

Vienne est tranquille, le pain et le vin sont en abondance; mais la viande que cette capitale tirait du fond de la Hongrie, commence à devenir rare. Contre toutes les raisons politiques et tous les motifs d'humanité, les ennemis font l'impossible pour affamer leurs compatriotes et cette capitale qui renferme cependant leurs femmes et leurs enfans. Il y a loin de cette conduite à celle de notre Henri IV, nourrissant lui-même une ville qui était alors ennemie et qu'il assiégeait.

Le duc de Montebello est mort hier à cinq heures du matin. Quelque temps auparavant, l'empereur s'était entretenu pendant une heure avec lui. Sa Majesté avait envoyé chercher par le général Rapp, son aide-de-camp, M. le docteur Franck, l'un des médecins les plus célèbres de l'Europe; ses blessures étaient en bon état, mais une fièvre pernicieuse avait fait en peu d'heures les plus funestes progrès. Tous les secours de l'art étaient devenus inutiles. S. M. a ordonné que le corps du duc de Montebello soit embaumé et transporté en France pour y recevoir les honneurs qui sont dus à un rang élevé et à d'éminens services. Ainsi a fini l'un des militaires les plus distingués qu'ait eus la France. Dans les nombreuses batailles où il s'est trouvé, il avait reçu treize blessures. L'empereur a été extrêmement sensible à cette perte qui sera ressentie par tous les Français.

Ebersdorf, 2 juin 1809.

Quinzième bulletin de la grande armée.

L'armée de Dalmatie a obtenu les plus grands succès; elle a défait tout ce qui s'est présenté devant elle aux combats de Mont-Kitta, de Gradchatz, de la Liéca et d'Ottachatz. Le général en chef Stoissevich a été pris.

Le duc de Raguse est arrivé le 28 à Fiume, et a fait ainsi sa jonction avec l'armée d'Italie et avec la grande armée, dont l'armée de Dalmatie forme l'extrême droite. On fera connaître la relation du duc de Raguse sur ces différens événemens.

Le 28, une escadre anglaise de quatre vaisseaux, deux frégates et un brick, s'est présentée devant Trieste, avec l'intention de prendre l'escadre russe. Le général comte Cafarelli venait d'arriver dans ce port. Comme la ville était désarmée, les Russes ont débarqué quarante pièces de canon, dont vingt-quatre de 36 et seize de 24. On a mis ces pièces en batterie, et l'escadre russe s'est embossée. Tout était prêt pour bien recevoir l'ennemi qui, voyant son coup manqué, s'est éloigné.

Un millier d'Autrichiens ayant passé de Krems sur la rive droite du Danube, ont été culbutés par le corps wurtembergeois qui leur a fait soixante prisonniers.

Ebersdorf, 4 juin 1809.

Seizième bulletin de la grande armée.

L'ennemi avait jeté sur la rive droite du Danube, vis-à-vis Presbourg, une division de neuf mille hommes, qui s'était retranchée dans le village d'Engerau. Le duc d'Auerstaedt l'a fait attaquer hier par les tirailleurs de Hesse-Darmstadt, soutenus par le douzième régiment d'infanterie de ligne. Le village a été emporté avec rapidité. Un major, huit officiers du régiment de Beaulieu, parmi lesquels se trouve le petit-fils de ce feld-maréchal, et quatre cents hommes ont été pris. Le reste du régiment a été tué, ou blessé, ou jeté dans l'eau ; ce qui restait de la division a trouvé protection dans une île pour repasser le fleuve. Les tirailleurs de Hesse-Darmstadt se sont très-bien battus.

Le vice-roi a aujourd'hui son quartier-général à OEdembourg.

Les effets les plus précieux de la cour ont été transportés de Bude à Peterwaradin, où l'impératrice s'est retirée.

Le duc de Raguse est arrivé à Laybach.

Le général Macdonald est maître de Gratz; il cerne la citadelle qui fait mine de résister.

A la bataille d'Esling, le général de brigade Foulers, blessé dans une charge, fut précipité de son cheval, et le général de division Durosnel, aide-de camp de l'empereur, portant un ordre à la division de cuirassiers qui chargeait, avait aussi été renversé. Nous avons eu la satisfaction d'apprendre que ces deux généraux et cent cinquante soldats que nous croyions avoir perdus, ne sont que blessés, et étaient restés dans les blés, lorsque l'empereur ayant appris que les ponts du Danube venaient de se rompre, ordonna de se concentrer entre Esling et Gross-Aspern.

Le Danube baisse; cependant la continuation des chaleurs fait encore craindre une crue.

Vienne, 8 juin 1809.

Dix-septième bulletin de la grande armée.

Le colonel Gorgoli, aide-de-camp de l'empereur de Russie, est arrivé au quartier-impérial avec une lettre de ce souverain pour S. M. Il a annoncé que l'armée russe se dirigeant sur Olmutz avait passé la frontière le 24 mai.

L'empereur a passé avant-hier la revue de sa garde, infanterie, cavalerie et artillerie. Les habitans de Vienne ont admiré le nombre, la belle tenue et le bon état de ces troupes.

Le vice-roi s'est porté avec l'armée d'Italie à OEdembourg, en Hongrie. Il paraît que l'archiduc Jean cherche à rallier son armée sur Raab.

Le duc de Raguse est arrivé avec l'armée de Dalmatie, le 3 de ce mois, à Laybach.

Les chaleurs sont très-fortes, et les gens-pratiques du Danube annoncent qu'il y aura un débordement d'ici à peu de jours. On profite de ce temps pour achever, indépendamment des ponts de bateaux et de radeaux, de planter les pilotis.

Tous les renseignemens que l'on reçoit du côté de l'ennemi annoncent que les villes de Presbourg, Brunn et Znaïm sont remplies de blessés. Les Autrichiens évaluent eux-mêmes leur perte à dix-huit mille hommes.

Le prince Poniatowski, avec l'armée du grand-duché de Varsovie, poursuit ses succès. Après la prise de Sandomir, il s'est emparé de la forteresse de Zamosc, où il a fait éprouver à l'ennemi une perte de trois mille hommes et pris trente pièces de canon. Tous les Polonais qui sont à l'armée autrichienne désertent.

L'ennemi, après avoir échoué devant Thorn, a été vivement poursuivi par le général Dombrowski.

L'archiduc Ferdinand ne retirera que de la honte de son expédition. Il doit être arrivé dans la Silésie autrichienne, réduit au tiers de ses forces.

Le sénateur Wibiski s'est distingué par ses sentimens patriotiques et son activité.

M. le comte de Metternich est arrivé à Vienne. Il va être échangé aux avant-postes avec la légation française, à qui les Autrichiens avaient, contre le droit des gens, refusé des passeports, et qu'ils avaient emmenée à Pest.

Vienne, 13 juin 1809.

Dix-huitième bulletin de la grande armée.

La division du général Chasteller, qui avait insurgé le Tyrol, a passé le 4 de ce mois aux environs de Clagenfurth, pour se jeter en Hongrie. Le général Rusca a marché à elle, et il y a eu un engagement assez vif, où l'ennemi a été battu, et où on lui a fait neuf cents prisonniers.

Le prince Eugène, avec un gros corps, manœuvre au milieu de la Hongrie.

Depuis quelques jours le Danube a augmenté d'un pied.

Le général Gratien, avec une division hollandaise, ayant marché sur Stralsund, où s'était retranché le nommé Schill, a enlevé ses retranchemens d'assaut. Schill avait donné ordre de brûler la ville pour assurer sa retraite, mais sa bande n'en a pas eu le temps ; elle a été en entier tuée ou prise ; lui-même a été tué sur la grande place près du corps-de-garde, dans le moment où il se sauvait et cherchait à gagner le port pour s'embarquer.

L'archiduc Ferdinand a évacué précipitamment Varsovie le 2 juin. Ainsi tout le grand-duché est abandonné par l'armée ennemie, tandis que les troupes que commande le prince Poniatowski occupent les trois quarts de la Galicie.

Vienne, 16 juin 1809.

Dix-neuvième bulletin de la grande armée.

L'anniversaire de la bataille de Marengo a été célébré par la victoire de Raab, que la droite de l'armée commandée par le vice-roi, a remportée sur les corps réunis de l'archiduc Jean et de l'archiduc Palatin.

Depuis la bataille de la Piave, le vice-roi a poursuivi l'archiduc Jean, l'épée dans les reins.

L'armée autrichienne espérait se cantonner aux sources de la Raab, entre Saint-Gothard et Comorn.

Le 5 juin, le vice-roi partit de Neustadt et porta son quartier-général à Œdembourg, en Hongrie.

Le 7, il continua son mouvement, et arriva à Guns. Le général Lauriston, avec son corps d'observation, le rejoignit sur la gauche.

Le 8, le général Montbrun, avec sa division de cavalerie

légère, força le passage de la Raabnitz, auprès de Sovenshaga, culbuta trois cents cavaliers de l'insurrection hongroise, et les rejeta sur Raab.

Le 9, le vice-roi se porta sur Sarvar.

La cavalerie du général Grouchy rencontra l'arrière-garde ennemie à Vasvar, et fit quelques prisonniers.

Le 10, le général Macdonald, venant de Gratz, arriva à Comorn.

Le 11, le général de division Grenier rencontra à Karako, une colonne de flanqueurs ennemis qui défendait le pont, et passa la rivière de vive force. Le général Debroc, avec le neuvième de hussards, a fait une belle charge sur un bataillon de quatre cents hommes, dont trois cents ont été faits prisonniers.

Le 12, l'armée déboucha par le pont de Merse sur Papa. Le vice-roi aperçut d'une hauteur toute l'armée ennemie en bataille. Le général de division Montbrun, général de cavalerie et officier d'une grande espérance, déboucha dans la plaine, attaqua et culbuta la cavalerie ennemie, après avoir fait plusieurs manœuvres précises et vigoureuses. L'ennemi avait déjà commencé sa retraite. Le vice-roi passa la nuit à Papa.

Le 13, à cinq heures du matin, l'armée se mit en marche pour se porter sur Raab. Notre cavalerie et la cavalerie autrichienne se rencontrèrent au village de Szanak. L'ennemi fut culbuté et on lui fit quatre cents prisonniers.

L'archiduc Jean, ayant fait sa jonction avec l'archiduc Palatin, près de Raab, prit position sur de belles hauteurs, la droite appuyée à Raab, ville fortifiée, et la gauche couvrant le chemin de Comorn, autre place forte de la Hongrie.

Le 14, à onze heures du matin, le vice-roi range son armée en bataille, et avec trente-cinq mille hommes, en attaque cinquante mille. L'ardeur de nos troupes est encore augmentée par le souvenir de la victoire mémorable qui a consacré cette journée. Tous les soldats poussent des cris de joie à la vue de l'armée ennemie, qui était sur trois lignes et composée de vingt à vingt-cinq mille hommes, restes de cette superbe armée d'Italie, qui naguère se croyait déjà maîtresse de toute l'Italie; de dix mille hommes commandés par le général Haddick, et formés des réserves des places fortes de Hongrie; de cinq à six mille hommes composés des débris réunis du corps de Jellachich, et des autres colonnes du Tyrol, échappés aux mouvemens de l'armée, par les gorges de la Carinthie; enfin, de douze à quinze mille hommes de l'insurrection hongroise, cavalerie et infanterie.

Le vice-roi plaça son armée, la cavalerie du général Montbrun, la brigade du général Colbert et la cavalerie du général Grouchy sur la droite; le corps du général Grenier, formant deux échelons, dont la division du général Serras formait l'échelon de droite, en avant; une division italienne commandée par le général Baraguey-d'Hilliers, formant le second échelon, et la division du général Puthod, en réserve. Le général Lauriston, avec son corps d'observation, soutenu par le général Sahuc, formait l'extrême gauche, et observait la place de Raab.

A deux heures après midi, la canonnade s'engagea. A trois heures, le premier, le second et le troisième échelons, en vinrent aux mains. La fusillade devint vive, la première ligne de l'ennemi fut culbutée, mais la seconde ligne arrêta un instant l'impétuosité de notre premier échelon qui fut aussitôt renforcé et la culbuta. Alors la réserve de l'ennemi se présenta. Le vice-roi qui suivait tous les mouvemens de l'ennemi, marcha, de son côté, avec sa réserve : la belle position des Autrichiens fut enlevée, et à quatre heures la victoire était décidée.

L'ennemi, en pleine déroute, se serait difficilement rallié

si un défilé ne s'était opposé aux mouvemens de notre cavalerie. Trois mille hommes faits prisonniers, six pièces de canon et quatre drapeaux, sont les trophées de cette journée. L'ennemi a laissé sur le champ de bataille trois mille morts, parmi lesquels on a trouvé un général major. Notre perte s'est élevée à neuf cents hommes tués ou blessés. Au nombre des premiers se trouve le colonel Thierry, du vingt-troisième régiment d'infanterie légère, et parmi les derniers, le général de brigade Valentin et le colonel Expert.

Le vice-roi fait une mention particulière des généraux Grenier, Montbrun, Serras et Danthouard. La division italienne Severoli a montré beaucoup de précision et de sang-froid. Plusieurs généraux ont eu leurs chevaux tués; quatre aides-de-camp du vice-roi ont été légèrement atteints. Ce prince a été constamment au milieu de la plus grande mêlée. L'artillerie commandée par le général Sabatier, a soutenu sa réputation.

Le champ de bataille de Raab avait été dès long-temps reconnu par l'ennemi, car il annonçait fort à l'avance qu'il tiendrait dans cette belle position. Le 15, il a été vivement poursuivi sur la route de Comorn et de Pest.

Les habitans du pays sont tranquilles, et ne prennent aucune part à la guerre. La proclamation de l'empereur a mis de l'agitation dans les esprits. On sait que la nation hongroise a toujours désiré son indépendance. La partie de l'insurrection qui se trouve à l'armée avait déjà été levée par la dernière diète; elle est sous les armes et elle obéit.

Vienne, 20 juin 1809.

Vingtième bulletin de la grande armée.

Lorsque la nouvelle de la victoire de Raab arriva à Bude, l'impératrice en partit à l'heure même, ainsi que tout ce qui tenait au gouvernement.

L'armée ennemie a été poursuivie pendant les journées du 15 et du 16 ; elle a passé le Danube sur le pont de Comorn.

La ville de Raab a été investie. On espère être maître sous peu de jours de cette place importante. On a trouvé dans les faubourgs des magasins assez considérables.

On a pris le superbe camp retranché de Raab, qui pouvait contenir cent mille hommes. La colonne destinée à le défendre n'a pu s'y introduire ; elle a été coupée.

Un courrier venant de Bude, a été intercepté. Les dépêches écrites en latin, dont il était porteur, font connaître l'effet qu'a produit la bataille de Raab.

L'ennemi inonde le pays de faux bruits ; cela tient au système adopté pour remuer les dernières classes du peuple.

M. de Metternich est parti le 18 de Vienne. Il sera échangé entre Comorn et Bude, avec M. Dodun et les autres personnes de la légation française.

M. d'Epinay, officier d'ordonnance de S. M., est arrivé à Pétersbourg. Il a passé au quartier-général de l'armée russe. Le prince Serge-Galitzin est entré en Galicie le 3 de ce mois, sur trois colonnes ; savoir, celle du général Levis par Drohyezim ; celle du prince Gortszakoff par Therespold, et celle du prince Suwarow par Wlodzimirz.

Vienne, 22 juin 1809.

Vingt-unième bulletin de la grande armée.

Un aide-de-camp du prince Joseph Poniatowski est arrivé du quartier-général de l'armée du grand-duché. Le 10 de ce mois le prince Serge-Galitzin devait être à Lublin et son avant-garde à Sandomir.

L'ennemi se complaît à répandre des bulletins éphémères, où il rapporte tous les jours une victoire : selon lui, il a pris vingt mille fusils et deux mille cuirasses à la bataille d'Esling.

Il dit que le 21 et le 22 il était maître du champ de bataille. Il a même fait imprimer et répandre une gravure de cette bataille, où on le voit enjambant de l'une à l'autre rive, et ses batteries traversant les îles et le champ de bataille dans tous les sens. Il imagine aussi une bataille, qu'il appelle la bataille de Kitsée, dans laquelle un nombre immense de Français auraient été pris ou tués. Ces puérilités, colportées par de petites colonnes de landwehrs comme celle de Schill, sont une tactique employée pour inquiéter et soulever le pays.

Le général Maziani qui a été fait prisonnier à la bataille de Raab, est arrivé au quartier-général. Il dit que, depuis la bataille de la Piave, l'archiduc Jean avait perdu les deux tiers de son monde; qu'il a ensuite reçu des recrues qui ont à peu près rempli les cadres, mais qui ne savent pas faire usage de leurs fusils. Il porte à douze mille hommes la perte de l'archiduc Jean et du Palatin à la bataille de Raab. Selon le rapport des prisonniers hongrois, l'archiduc Palatin a été le premier dans cette journée à prendre la fuite.

Quelques personnes ont voulu mettre en opposition la force de l'armée autrichienne à Esling, estimée à quatre-vingt-dix mille hommes, avec les quatre-vingt mille hommes qui ont été faits prisonniers depuis l'ouverture de la campagne; elles ont montré peu de réflexion. L'armée autrichienne est entrée en campagne avec neuf corps d'armée de quarante mille hommes chacun, et il y avait dans l'intérieur des corps de recrues et de landwehrs; de sorte que l'Autriche avait réellement plus de quatre cent mille hommes sous les armes. Depuis la bataille d'Ebensberg jusqu'à la prise de Vienne, y compris l'Italie et la Pologne, on peut avoir fait cent mille prisonniers à l'ennemi, et il a perdu cent mille hommes tués, déserteurs ou égarés. Il devait donc lui rester encore deux cent mille hommes distribués comme il suit : l'archiduc Jean avait à la bataille de Raab cinquante mille hommes, la principale armée autrichienne avait, avant la bataille d'Esling quatre-vingt-dix mille hommes ; il restait donc vingt-cinq mille hommes à l'archiduc Ferdinand à Varsovie, et vingt-cinq mille hommes étaient disséminés dans le Tyrol, dans la Croatie et répandus en partisans sur les confins de la Bohème.

L'armée autrichienne à Esling était composée du premier corps commandé par le général Bellegarde, le seul qui n'eût pas donné et qui fût encore entier, et des débris du deuxième, du troisième, du quatrième, du cinquième et du sixième corps qui avaient été écrasés dans les batailles précédentes. Si ces corps n'avaient rien perdu et eussent été réunis tels qu'ils étaient au commencement de la campagne, ils auraient formé deux cent quarante mille hommes. L'ennemi n'avait pas plus de quatre-vingt-dix mille hommes, ainsi l'on voit combien sont énormes les pertes qu'il avait éprouvées.

Lorque l'archiduc Jean est entré en campagne, son armée était composée des huitième et neuvième corps, formant quatre-vingt mille hommes. A Raab elle se trouvait de cinquante mille hommes. Sa perte aurait donc été de trente mille hommes. Mais dans ces cinquante mille hommes étaient compris quinze mille Hongrois de l'insurrection. Sa perte était donc réellement de quarante-cinq mille hommes.

L'archiduc Ferdinand était entré à Varsovie avec le septième corps formant quarante mille hommes. Il est réduit à vingt-cinq mille. Sa perte est donc de quinze mille hommes.

On voit comment ces différens calculs se vérifient.

Le vice-roi a battu à Raab cinquante mille hommes avec trente mille Français.

A Esling quatre-vingt-dix mille hommes ont été battus et contenus par trente mille Français qui les auraient mis dans une complète déroute et détruits, sans l'événement des ponts qui a produit le défaut de munitions.

Les grands efforts de l'Autriche ont été le résultat du papier-monnaie, et de la résolution que le gouvernement autrichien a prise de jouer le tout pour le tout. Dans le péril d'une banqueroute qui aurait pu amener une révolution, il a préféré ajouter cinq cents millions à la masse de son papier-monnaie, et tenter un dernier effort pour le faire escompter par l'Allemagne, l'Italie et la Pologne. Il est fort probable que cette raison ait influé plus que toute autre, sur ses déterminations.

Pas un seul régiment français n'a été tiré d'Espagne, si ce n'est la garde impériale.

Le général comte Lauriston continue le siége de Raab avec la plus grande activité. La ville brûle déjà depuis vingt-quatre heures, et cette armée qui a remporté à Esling une si grande victoire, qu'elle s'est emparée de vingt mille fusils et de deux mille cuirasses; cette armée qui, à la bataille de Kitsée, a tué tant de monde et fait tant de prisonniers; cette armée qui, selon ses bulletins apocryphes, a obtenu de si grands avantages à la bataille de Raab, voit tranquillement assiéger et brûler ses principales places et inonder la Hongrie de partis, et fait sauver son impératrice, ses dicastères, tous les effets précieux de son gouvernement, jusqu'aux frontières de la Turquie et aux extrémités les plus reculées de l'Europe.

Un major autrichien a eu la fantaisie de passer le Danube sur deux bateaux à l'embouchure de la Marsch. Le général Gilly-Vieux s'est porté à sa rencontre avec quelques compagnies, l'a jeté dans l'eau et lui a fait quarante prisonniers.

Vienne, 24 juin 1809.

Vingt-deuxième bulletin de la grande armée.

La place de Raab a capitulé. Cette ville est une excellente position au centre de la Hongrie. Son enceinte est bastionnée, ses fossés sont pleins d'eau, et une inondation en couvre une partie. Elle est située au confluent de trois rivières; elle est comme le réduit du grand camp retranché où l'ennemi espérait réunir et exercer toute l'insurrection hongroise, et où il avait fait d'immenses travaux. Sa garnison, forte de dix-huit cents hommes, était insuffisante. L'ennemi comptait y laisser cinq mille hommes, mais par la bataille de Raab, son armée a été séparée d'avec la place. Cette ville a souffert huit jours d'un bombardement qui a détruit les plus beaux édifices. Tout ce qu'on pouvait dire sur l'inutilité de sa défense était sans effet; elle s'était bercée de la chimère d'être secourue.

Le comte de Metternich, après être resté trois jours aux avant-postes, est retourné à Vienne. Le secrétaire d'ambassade Dodun et les personnes des légations alliées qui ne s'étaient pas encore retirées avant la prise de Vienne, ont été évacués sur les confins de la Hongrie, lorsqu'on a appris à Bude la perte de la bataille de Raab.

Deux bataillons de landwehrs, deux escadrons de houllans et un bataillon de troupes de ligne, formant ensemble deux mille cinq cents hommes, sont entrés à Bareuth. Ils ont comme à l'ordinaire répandu des proclamations et cherché à exciter des soulèvemens. Au même moment, le général Am-Ende est entré à Dresde avec trois bataillons de ligne, trois bataillons de landwehrs, un ramassis d'hommes levés par le duc de Brunswick, et quelques escadrons de cavalerie tirés de différens corps, tout cela formant sept à huit mille hommes.

Le roi de Westphalie a réuni le dixième corps et s'est mis en marche. Le duc de Valmy a mis en mouvement de Hanau, l'avant-garde de l'armée de réserve qu'il commande.

Vienne, 28 juin 1809.

Vingt-troisième bulletin de la grande armée.

Le 25 de ce mois, S. M. a passé en revue un grand nombre de troupes sur les hauteurs de Schœnbrunn. On a remarqué une superbe ligne de huit mille hommes de cavalerie dont la garde faisait partie, et où ne se trouvait pas un régiment de cuirassiers. On a remarqué également une ligne de deux cents pièces de canon. La tenue et l'air martial des troupes excitaient l'admiration des spectateurs.

Samedi 24, à quatre heures après-midi, nos troupes sont entrées à Raab. Le 25, la garnison prisonnière de guerre est partie. Décompte fait, elle s'est trouvée monter à deux mille cinq cents hommes.

S. M. a donné au général de division Narbonne le commandement de cette place et de tous les comitats hongrois soumis aux armes françaises.

Le duc d'Auerstaedt est devant Presbourg. L'ennemi travaillait à des fortifications. On lui a intimé de cesser ses travaux s'il ne voulait pas attirer de grands malheurs sur les paisibles habitans. Il n'en a tenu compte : quatre cents bombes et obus l'ont forcé de renoncer à son projet, mais le feu a pris dans cette malheureuse ville, et plusieurs quartiers ont été brûlés.

Le duc de Raguse avec l'armée de Dalmatie a passé la Drave le 22, et marchait sur Dratz.

Le 24, le général Vandamme a fait embarquer à Molck trois cents Wurtembergeois commandés par le général Kechler, pour les jeter sur l'autre rive, et avoir des nouvelles. Le débarquement s'est fait. Ces troupes ont mis en déroute deux compagnies ennemies, et ont pris deux officiers et quatre-vingts hommes du régiment de Mitrowski.

Le prince de Ponte-Corvo et l'armée saxonne sont à Saint-Polten.

Le duc de Dantzick qui est à Lintz, a fait faire une reconnaissance sur la rive gauche par le général de Wrede. Tous les postes ennemis ont été repoussés. On a pris plusieurs officiers et une vingtaine d'hommes. L'objet de cette reconnaissance était aussi de se procurer des nouvelles.

La ville de Vienne est abondamment approvisionnée de viande; l'approvisionnement de pain est plus difficile à cause des embarras qu'on éprouve pour la moûture. Quant aux subsistances de l'armée, elles sont assurées pour six mois : elle a des vivres, du vin et des légumes en abondance. Le vin des caves des couvens a été mis en magasin pour fournir aux distributions à faire à l'armée. On a réuni ainsi plusieurs millions de bouteilles.

Le 10 avril, au moment même où le général autrichien prostituait son caractère et tendait un piége au roi de Bavière, en écrivant la lettre qui a été insérée dans tous les papiers publics, le général Chasteller insurgeait le Tyrol et surprenait sept cents conscrits français qui allaient à Augsbourg où étaient leurs régimens, et qui marchaient sur la foi de la paix. Obligés de se rendre et faits prisonniers, ils furent massacrés. Parmi eux se trouvaient quatre-vingt Belges nés dans la même ville que Chasteller. Dix-huit cents Bavarois, faits prisonniers à la même époque, furent aussi massacrés. Chasteller qui commandait fut témoin de ces horreurs. Non-seulement il ne s'y opposa point, mais on l'accusa d'avoir souri à ce massacre, espérant que les Tyroliens, ayant à redouter la vengeance d'un crime dont ils ne pouvaient espérer le pardon, seraient ainsi plus fortement engagés dans leur rebellion.

Lorsque S. M. eut connaissance de ces atrocités, elle se trouva dans une position difficile : si elle voulait recourir aux représailles, vingt généraux, mille officiers, quatre-vingt mille hommes faits prisonniers pendant le mois d'avril pouvaient satisfaire aux mânes des malheureux Français si lâchement égorgés. Mais des prisonniers n'appartiennent pas à la puissance pour laquelle ils ont combattu ; ils sont tous la sauve-garde de l'honneur et de la générosité de la nation qui les a désarmés. S. M. considéra Chasteller comme étant sans aveu ; car, malgré les proclamations furibondes et les discours violens des princes de la maison de Lorraine, il était impossible de croire qu'ils approuvaient de pareils attentats. S. M. fit en conséquence publier l'ordre du jour suivant :

Au quartier-général impérial à Ens, le 5 mai 1809.

Ordre du jour.

D'après les ordres de l'empereur, le nommé Chasteller, soi-disant général au service d'Autriche, moteur de l'insurrection du Tyrol, et prévenu d'être l'auteur des massacres commis sur les prisonniers bavarois et français par les insurgés, sera traduit à une commission militaire, aussitôt qu'il sera fait prisonnier, et passé par les armes s'il y a lieu, dans les vingt-quatre heures qui suivront la saisie.   BERTHIER.

A la bataille d'Esling, le général Durosnel, portant un ordre à un escadron avancé, fut fait prisonnier par vingt-cinq hulans. L'empereur d'Autriche, fier d'un triomphe si facile, fit publier un ordre du jour conçu en ces termes :

Copie d'une lettre de S. M. l'empereur d'Autriche au prince Charles.

Mon cher frère,

J'ai appris que l'empereur Napoléon a déclaré le marquis de Chasteller hors du droit des gens. Cette conduite injuste et contraire aux usages des nations, et dont on n'a aucun exemple dans les dernières époques de l'histoire, m'oblige d'user de représailles : en conséquence, j'ordonne que les généraux français Durosnel et Foulers soient gardés comme ôtages, pour subir le même sort et les mêmes traitemens que l'empereur Napoléon se permettrait de faire éprouver au général Chasteller. Il en coûte à mon cœur de donner un pareil ordre, mais je le dois à mes braves guerriers et à mes braves peuples, qu'un pareil sort peut atteindre au milieu des devoirs qu'ils remplissent avec tant de dévouement. Je vous charge de faire connaître cette lettre à l'armée, et de l'envoyer, par un parlementaire, au major-général de l'empereur Napoléon. *Signé* FRANÇOIS.

Aussitôt que cet ordre du jour parvint à la connaissance de S. M., elle ordonna d'arrêter le prince de Colloredo, le prince Metternich, le comte de Pergen et le comte de Harddeck, et de les conduire en France, pour répondre des jours des généraux Durosnel et Foulers. Le major-général écrivit au chef d'état-major de l'armée autrichienne la lettre ci-jointe :

A monsieur le major-général de l'armée autrichienne.

Monsieur,

S. M. l'empereur a eu connaissance d'un ordre donné par l'empereur François, qui déclare que les généraux français Durosnel et Foulers, que les circonstances de la guerre ont mis en son pouvoir, doivent répondre de la peine que les lois de la justice infligeraient à M. Chasteller, qui s'est mis à la tête des insurgés du Tyrol, et a laissé égorger sept cents prisonniers français et dix-huit à dix-neuf cents Bavarois ; crime inouï dans l'histoire des nations, qui eût pu exciter une terrible représaille contre quarante feld-maréchaux-lieutenans, trente-six généraux-majors, plus de soixante colonels ou majors, douze cents officiers et quatre-vingt mille soldats, qui sont nos prisonniers, si S. M. ne regardait les prisonniers comme placés sous sa foi ou son honneur, et d'ailleurs n'avait eu des preves que les officiers autrichiens du Tyrol en ont été aussi indignés que nous.

Cependant, S. M. a ordonné que le prince de Colloredo, le prince Metternich, le comte Frédéric de Harddeck et le comte Pergen, seraient arrêtés et transférés en France, pour répondre de la sûreté des généraux Durosnel et Foulers, menacés par l'ordre du jour de votre souverain. Ces officiers pourront mourir, monsieur, mais ils ne mourront pas sans vengeance : cette vengeance ne tombera sur aucun prisonnier, mais sur les parens de ceux qui ordonneraient leur mort.

Quant à M. Chasteller, il n'est pas encore au pouvoir de l'armée; mais s'il est arrêté, vous pouvez compter que son procès sera instruit, et qu'il sera traduit à une commission militaire.

Je prie votre excellence de croire aux sentimens de ma haute considération.

> Le major-général *Signé* BERTHIER.

La ville de Vienne et le corps des états de la Basse-Autriche sollicitèrent la clémence de S. M., et demandèrent à envoyer une députation à l'empereur François, pour faire sentir la déraison du procédé dont on usait à l'égard des généraux Durosnel et Foulers, pour représenter que Chasteller n'était pas condamné, qu'il n'était point arrêté, qu'il était seulement traduit devant les tribunaux; que les pères, les femmes, les enfans, les propriétés des généraux autrichiens étaient entre les mains des Français, et que l'armée française était décidée, si l'on attentait à un seul prisonnier, à faire un exemple dont la postérité conserverait long-temps le souvenir.

L'estime que S. M. accorde aux bons habitans de Vienne

et aux corps des états, la détermina à accéder à cette demande. Elle autorisa MM. de Colloredo, de Metternich, de Pergen et de Harddeck à rester à Vienne, et la députation à partir pour le quartier-général de l'empereur d'Autriche.

Cette députation est de retour. L'empereur François a répondu à ses représentations qu'il ignorait le massacre des prisonniers français en Tyrol; qu'il compatissait aux maux de la capitale et des provinces; que ses ministres l'avaient trompé, etc., etc., etc. Les députés firent observer que tous les hommes sages voient avec peine l'existence de cette poignée de brouillons qui, par les démarches qu'ils conseillent, par les proclamations, les ordres du jour, etc., etc., etc., qu'ils font adopter, ne cherchent qu'à fomenter les passions et les haines, et à exaspérer un ennemi maître de la Croatie, de la Carniole, de la Carinthie, de la Styrie, de la Haute et de la Basse-Autriche, de la capitale de l'empire et d'une grande partie de la Hongrie; que les sentimens de l'empereur pour ses sujets devaient le porter à calmer le vainqueur, plutôt qu'à l'irriter, et à donner à la guerre le caractère qui lui est naturel chez les peuples civilisés, puisque ce vainqueur pouvait en appesantir les maux sur la moitié de la monarchie.

On dit que l'empereur d'Autriche a répondu que la plupart des écrits dont les députés voulaient parler, étaient controuvés; que ceux, dont on ne désavouait pas l'existence, étaient plus modérés; que les rédacteurs dont on se servait, étaient d'ailleurs des commis français, et que, lorsque ces écrits contenaient des choses inconvenantes, on ne s'en apercevait que quand le mal était fait. Si cette réponse qui court dans le public, est vraie, nous n'avons aucune observation à faire. On ne peut méconnaître l'influence de l'Angleterre; car ce petit nombre d'hommes, traîtres à leur patrie, est certainement à la solde de cette puissance.

Lorsque les députés ont passé à Bude, ils ont vu l'impératrice; c'était quelques jours avant qu'elle fût obligée de quitter cette ville. Ils l'ont trouvée changée, abattue et consternée des malheurs qui menaçaient sa maison. L'opinion de la monarchie est extrêmement défavorable à la famille de cette princesse. C'est cette famille qui a excité à la guerre. Les archiducs Palatin et Regnier sont les seuls princes autrichiens qui aient insisté pour le maintien de la paix. L'impératrice était loin de prévoir les événemens qui se sont passés. Elle a beaucoup pleuré; elle a montré un grand effroi du nuage épais qui couvre l'avenir; elle parlait de paix; elle demandait la paix; elle conjurait les députés de parler à l'empereur François en faveur de la paix. Ils ont rapporté que la conduite de l'archiduc Maximilien avait été désavouée, et que l'empereur d'Autriche l'avait envoyé au fond de la Hongrie.

Vienne, 3 juillet 1809.

Vingt-quatrième bulletin de la grande armée.

Le général Broussier avait laissé deux bataillons du quatre-vingt-quatrième régiment de ligne dans la ville de Gratz, et s'était porté sur Vilden, pour se joindre à l'armée de Dalmatie.

Le 26 juin, le général Giulay se présenta devant Gratz, avec dix mille hommes, composés, il est vrai, de Croates et de régimens des frontières. Le quatre-vingt-quatrième se cantonna dans un des faubourgs de la ville, repoussa les attaques de l'ennemi, les culbuta partout, lui prit cinq cents hommes, deux drapeaux, et se maintint dans sa position pendant quatorze heures, donnant le temps au général Broussier de le secourir. Ce combat d'un contre dix, a couvert de gloire le quatre-vingt-quatrième et son colonel, Gambin. Les drapeaux ont été présentés à S. M. à la parade. Nous avons à regretter vingt tués et quatre-vingt-douze blessés de ces braves gens.

Le duc d'Auerstaedt a fait attaquer le 30, une des îles du Danube, peu éloignée de la rive droite, vis-à-vis Presbourg, où l'ennemi avait quelques troupes.

Le général Gudin a dirigé cette opération avec habileté : elle a été exécutée par le colonel Decouz et par le vingt-unième régiment d'infanterie de ligne, que commande cet officier. A deux heures du matin, ce régiment, partie à la nage, partie dans des nacelles, a passé le très-petit bras du Danube, s'est emparé de l'île, a culbuté les quinze cents hommes qui s'y trouvaient, a fait deux cent cinquante prisonniers, parmi lesquels le colonel du régiment de Saint-Julien et plusieurs officiers, et a pris trois pièces de canon que l'ennemi avait débarquées pour la defense de l'île.

Enfin, il n'existe plus de Danube pour l'armée française : le général comte Bertrand a fait exécuter des travaux qui excitent l'étonnement et inspirent l'admiration.

Sur une largeur de quatre cents toises, et sur un fleuve le plus rapide du monde, il a, en quinze jours, construit un pont formé de soixante arches, ou trois voitures peuvent passer de front ; un second pont de pilotis a été construit, mais pour l'infanterie seulement, et de la largeur de huit pieds. Après ces deux ponts, vient un pont de bateaux. Nous pouvons donc passer le Danube en trois colonnes. Ces trois ponts sont assurés contre toute insulte, même contre l'effet des brûlots et machines incendiaires, par des estacades sur pilotis, construites entre les îles, dans différentes directions, et dont les plus éloignées sont à deux cent cinquante toises des ponts. Quand on voit ces immenses travaux, on croit qu'on a employé plusieurs années à les exécuter ; ils sont cependant l'ouvrage de quinze à vingt jours : ces beaux travaux sont défendus par des têtes de pont ayant chacune seize cents toises de développement, formées de redoutes palissadées, fraisées et entourées de fossés pleins d'eau. L'île de Lobau est une place forte : il y a des manutentions de vivres, cent pièces de gros calibre et vingt mortiers ou obusiers de siége en batterie. Vis-à-vis Esling, sur le dernier bras du Danube, est un pont que le duc de Rivoli a fait jeter hier. Il est couvert par une tête de pont qui avait été construite lors du premier passage.

Le général Legrand, avec sa division, occupe les bois en avant de la tête du pont. L'armée ennemie est en bataille, couverte par des redoutes, la gauche à Enzendorf, la droite à Gros-Aspern : quelques légères fusillades d'avant-postes ont eu lieu.

A présent que le passage du Danube est assuré, que nos ponts sont à l'abri de toute tentative, le sort de la monarchie autrichienne sera décidé dans une seule affaire.

Les eaux du Danube étaient le premier juillet de quatre pieds audessus des plus basses et de treize pieds audessous des plus hautes.

La rapidité de ce fleuve dans cette partie est, lors des grandes eaux, de sept à douze pieds, et lors de la hauteur moyenne, de quatre pieds six pouces par seconde, et plus forte que sur aucun autre point. En Hongrie, elle diminue beaucoup, et à l'endroit où Trajan fit jeter un pont, elle est presque insensible. Le Danube est là d'une largeur de quatre cent cinquante toises; ici il n'est que de quatre cents. Le pont de Trajan était un pont de pierres fait en plusieurs années. Le pont de César, sur le Rhin, fut jeté, il est vrai, en huit jours, mais aucune voiture chargée n'y pouvait passer.

Les ouvrages sur le Danube sont les plus beaux ouvrages de campagne qui aient jamais été construits.

Le prince Gagarin, aide-de-camp de l'empereur de Russie, est arrivé avant-hier à quatre heures du matin à Schœnbrunn, au moment où l'empereur montait à cheval. Il était parti de Pétersbourg le 8 juin. Il a apporté des nouvelles de la marche de l'armée russe en Gallicie.

Sa Majesté a quitté Schœnbrunn. Elle campe depuis deux jours. Ses tentes sont fort belles et faites à la manière des tentes égyptiennes.

Wolkersdorf, 8 juillet 1809.

Vingt-cinquième bulletin de la grande armée.

Les travaux du général comte Bertrand et du corps qu'il commande, avaient, dès les premiers jours du mois, dompté entièrement le Danube. S. M. résolut, sur-le-champ, de réunir son armée dans l'île de Lobau, de déboucher sur l'armée autrichienne et de lui livrer une bataille générale. Ce n'était pas que la position de l'armée française ne fût très-belle à Vienne ; maîtresse de toute la rive droite du Danube, ayant en son pouvoir l'Autriche et une forte partie de la Hongrie, elle se trouvait dans la plus grande abondance. Si l'on éprouvait quelques difficultés pour l'approvisionnement de la population de Vienne, cela tenait à la mauvaise organisation de l'administration, à quelques embarras que chaque jour aurait fait cesser, et aux difficultés qui naissent naturellement de circonstances telles que celles où l'on se trouvait, et dans un pays où le commerce des grains est un privilége exclusif du gouvernement. Mais comment rester ainsi séparé de l'armée ennemie par un canal de trois ou quatre cents toises, lorsque les moyens de passage avaient été préparés et assurés ? C'eût été accréditer les impostures que l'ennemi a débitées et répandues avec tant de profusion dans son pays et dans les pays voisins. C'était laisser du doute sur les événemens d'Esling ; c'était enfin autoriser à supposer qu'il y avait une égalité de consistance entre deux armées si différentes, dont l'une était animée et en quelque sorte renforcée par des succès et des victoires multipliées, et l'autre était découragée par les revers les plus mémorables.

Tous les renseignemens que l'on avait sur l'armée autrichienne portaient qu'elle était considérable, qu'elle avait été recrutée par de nombreuses réserves, par les levées de Moravie et de Hongrie, par toutes les landwehrs des provinces ; qu'elle avait remonté sa cavalerie par des réquisitions dans tous les cercles, et triplé ses attelages d'artillerie en faisant d'immenses levées de charrettes et de chevaux en Moravie, en Bohême et en Hongrie. Pour ajouter de nouvelles chances en leur faveur, les généraux autrichiens avaient établi des ouvrages de campagne dont la droite était appuyée à Gros-Aspern et la gauche à Enzersdorf.

Les villages d'Aspern, d'Esling et d'Enzersdorf, et les intervalles qui les séparaient, étaient couverts de redoutes palissadées, fraisées et armées de plus de cent cinquante pièces de canon de position, tirées des places de la Bohême et de la Moravie. On ne concevait pas comment il était possible qu'avec son expérience de la guerre, l'empereur voulût attaquer des ouvrages si puissamment défendus, soutenus par une armée qu'on évaluait à deux cent mille hommes, tant de troupes de ligne que des milices et de l'insurrection, et qui étaient appuyés par une artillerie de huit ou neuf cents pièces de campagne. Il paraissait plus simple de jeter de nouveaux ponts sur le Danube, quelques lieues plus bas, et de rendre ainsi inutile le champ de bataille préparé par l'ennemi. Mais dans ce dernier cas, on ne voyait pas comment écarter les inconvéniens qui avaient déjà failli être funestes à l'armée, et parvenir en deux ou trois jours à mettre ces nouveaux ponts à l'abri des machines de l'ennemi.

D'un autre côté, l'empereur était tranquille. On voyait élever ouvrages sur ouvrages dans l'île de Lobau, et établir sur le même point, plusieurs ponts sur pilotis et plusieurs rangs d'estacades.

Cette situation de l'armée française, placée entre ces deux

grandes difficultés, n'avait pas échappé à l'ennemi. Il convenait que son armée trop nombreuse et pas assez maniable, s'exposerait à une perte certaine, si elle prenait l'offensive; mais en même temps, il croyait qu'il était impossible de le déposter de la position centrale où il couvrait la Bohême, la Moravie et une partie de la Hongrie. Il est vrai que cette position ne couvrait pas Vienne et que les Français étaient en possession de cette capitale; mais cette position était, jusqu'à un certain point, disputée, puisque les Autrichiens se maintenaient maîtres du Danube, et empêchaient les arrivages des choses les plus nécessaires à la subsistance d'une si grande cité.

Telles etaient les raisons d'espérance et de crainte, et la matière des conversations des deux armées, lorsque le premier juillet, à quatre heures du matin, l'empereur porta son quartier-général à l'île Lobau, qui avait déjà été nommée, par les ingénieurs, île Napoléon; une petite île à laquelle on avait donné le nom du duc de Montebello et qui battait Enzersdorf, avait été armée de dix mortiers et de vingt pièces de dix-huit. Une autre île, nommée île Espagne, avait été armée de six pièces de position de douze et de quatre mortiers. Entre ces deux îles, on avait établi une batterie égale en force à celle de l'île Montebello et battant également Enzersdorf. Ces soixante-deux pièces de position avaient le même but et devaient, en deux heures de temps, raser la petite ville d'Enzersdorf, en chasser l'ennemi, et en détruire les ouvrages. Sur la droite, l'île Alexandre, armée de quatre mortiers, de dix pièces de douze et de douze pièces de six de position, avaient pour but de battre la plaine et de protéger le ploiement et le déploiement de nos ponts.

Le 2, un aide-de-camp du duc de Rivoli passa avec cinq cents voltigeurs, dans l'île du Moulin, et s'en empara. On arma cette île; on la joignit au continent par un petit pont qui allait à la rive gauche. En avant, on construisit une petite flèche que l'on appela redoute Petit. Le soir, les redoutes d'Esling, en parurent jalouses : ne doutant pas que ce ne fût une première batterie que l'on voulait faire agir contre elles, elles tirèrent avec la plus grande activité. C'était précisément l'intention que l'on avait eue en s'emparant de cette île ; on voulait y attirer l'attention de l'ennemi pour la détourner du véritable but de l'opération.

Passage du bras du Danube à l'île Lobau.

Le 4, à dix heures du soir, le général Oudinot fit embarquer, sur le grand bras du Danube, quinze cents voltigeurs, commandés par le général Conroux. Le colonel Baste, avec dix chaloupes canonnières, les convoya et les débarqua au-delà du petit bras de l'île Lobau dans le Danube. Les batteries de l'ennemi furent bientôt écrasées, et il fut chassé des bois jusqu'au village de Muhllenten.

A onze heures du soir les batteries dirigées contre Enzersdorf reçurent l'ordre de commencer leur feu. Les obus brûlèrent cette infortunée petite ville, et en moins d'une demi-heure les batteries ennemies furent éteintes.

Le chef de bataillon Dessales, directeur des équipages des ponts, et un ingénieur de marine avaient préparé, dans le bras de l'île Alexandre, un pont de quatre-vingts toises d'une seule pièce et cinq gros bacs.

Le colonel Sainte-Croix, aide-de-camp du duc de Rivoli, se jeta dans des barques avec deux mille cinq cents hommes et débarqua sur la rive gauche.

Le pont d'une seule pièce, le premier de cette espèce qui, jusqu'à ce jour, ait été construit, fut placé en moins de cinq minutes, et l'infanterie y passa au pas accéléré.

Le capitaine Buzelle jeta un pont de bateaux en une heure et demie.

Le capitaine Payerimoffe jeta un pont de radeaux en deux heures.

Ainsi, à deux heures après minuit, l'armée avait quatre ponts, et avait débouché, la gauche à quinze cents toises au-dessous d'Enzersdorf, protégée par les batteries, et la droite sur Vittau. Le corps du duc de Rivoli forma la gauche ; celui du comte Oudinot le centre, et celui du duc d'Auerstaedt la droite. Les corps du prince de Ponte-Corvo, du vice-roi et du duc de Raguse, la garde et les cuirassiers formaient la seconde ligne et les réserves. Une profonde obscurité, un violent orage et une pluie qui tombait par torrens, rendait cette nuit aussi affreuse qu'elle était propice à l'armée française et qu'elle devait lui être glorieuse.

Le 5, aux premiers rayons du soleil, tout le monde reconnut quel avait été le projet de l'empereur, qui se trouvait alors avec son armée en bataille sur l'extrémité de la gauche de l'ennemi, ayant tourné ses camps retranchés, ayant rendu tous ses ouvrages inutiles, et obligeant ainsi les Autrichiens à sortir de leurs positions et à venir lui livrer bataille, dans le terrain qui lui convenait. Ce grand problème était résolu, et sans passer le Danube ailleurs, sans recevoir aucune protection des ouvrages qu'on avait construits, on forçait l'ennemi à se battre à trois quarts de lieue de ses redoutes. On présagea dès-lors les plus grands et les plus heureux résultats.

A huit heures du matin, les batteries qui tiraient sur Enzersdorf avaient produit un tel effet que l'ennemi s'était borné à laisser occuper cette ville par quatre bataillons. Le duc de Rivoli fit marcher contre elle son premier aide-de-camp Sainte-Croix, qui n'éprouva pas une grande résistance, s'en empara et fit prisonnier tout ce qui s'y trouvait.

Le comte Oudinot cerna le château de Sachsengand que

l'ennemi avait fortifié, fit capituler les neuf cents hommes qui le défendaient, et prit douze pièces de canon.

L'empereur fit alors déployer toute l'armée dans l'immense plaine d'Enzersdorf.

Bataille d'Enzersdorf.

Cependant, l'ennemi, confondu dans ses projets, revint peu à peu de sa surprise, et tenta de ressaisir quelques avantages dans ce nouveau champ de bataille. A cet effet, il détacha plusieurs colonnes d'infanterie, un bon nombre de pièces d'artillerie, et sa cavalerie tant de ligne qu'insurgée, pour essayer de déborder la droite de l'armée française. En conséquence, il vint occuper le village de Rutzendorf. L'empereur ordonna au général Oudinot de faire enlever ce village, à la droite duquel il fit passer le duc d'Auerstaedt, pour se diriger sur le quartier-général du prince Charles, en marchant toujours de la droite à la gauche.

Depuis midi jusqu'à neuf heures du soir, on manœuvra dans cette immense plaine; on occupa tous les villages, et à mesure qu'on arrivait à la hauteur des camps retranchés de l'ennemi, ils tombaient d'eux-mêmes et comme par enchantement. Le duc de Rivoli les faisait occuper sans résistance. C'est ainsi que nous nous sommes emparés des ouvrages d'Esling et de Gros-Aspern, et que le travail de quarante jours n'a été d'aucune utilité à l'ennemi. Il fit quelque résistance au village de Raschdorf, que le prince de Ponte-Corvo fit attaquer et enlever par les Saxons. L'ennemi fut partout mené battant et écrasé par la supériorité de notre feu. Cet immense champ de bataille resta couvert de ses débris.

Bataille de Wagram.

Vivement effrayé des progrès de l'armée française et des grands résultats qu'elle obtenait presque sans effort, l'ennemi fit marcher presque toutes ses troupes, et à six heures du soir, il occupa la position suivante : sa droite, de Stadelau à Gerardorf; son centre, de Gerardorf à Wagram, et sa gauche, de Wagram à Neusiedel. L'armée française avait sa gauche à Gros-Aspern, son centre à Raschdorf, et sa droite à Gluzendorf. Dans cette position, la journée paraissait presque finie, et il fallait s'attendre à avoir le lendemain une grande bataille; mais on l'évitait et on coupait la position de l'ennemi en l'empêchant de concevoir aucun système, si dans la nuit on s'emparait du village de Wagram. Alors sa ligne, déjà immense, prise à la hâte et par les chances du combat, laissait errer les différens corps de l'armée sans ordre et sans direction, et on en aurait eu bon marché sans engagement sérieux. L'attaque de Wagram eut lieu, nos troupes emportèrent ce village ; mais une colonne de Saxons et une colonne de Français se prirent dans l'obscurité pour des troupes ennemies, et cette opération fut manquée.

On se prépara alors à la bataille de Wagram. Il paraît que les dispositions du général français et du général autrichien furent inverses. L'empereur passa toute la nuit à rassembler ses forces sur son centre où il était de sa personne à une portée de canon de Wagram. A cet effet, le duc de Rivoli se porta sur la gauche d'Aderklau en laissant sur Aspern une seule division qui eut ordre de se replier en cas d'événement sur l'île de Lobau. Le duc d'Auerstaedt recevait l'ordre de dépasser le village de Grosshoffen pour s'approcher du centre. Le général autrichien, au contraire, affaiblissait son centre pour garnir et augmenter ses extrémités auxquelles il donnait une nouvelle étendue.

Le 6, à la pointe du jour, le prince de Ponte-Corvo occupa la gauche, ayant en seconde ligne le duc de Rivoli. Le vice-roi le liait au centre, où le corps du comte Oudinot, celui du duc de Raguse, ceux de la garde impériale, et les divisions de cuirassiers formaient sept ou huit lignes.

Le duc d'Auerstaedt marcha de la droite pour arriver au centre. L'ennemi, au contraire, mettait le corps de Bellegarde en marche sur Stadelau. Les corps de Kollowrath, de Lichtenstein et de Hiller liaient cette droite à la position de Wagram où était le prince de Hohenzollern, et à l'extrémité de la gauche à Neusiedel, où débouchait le corps de Rosemberg pour déborder également le duc d'Auerstaedt. Le corps de Rosemberg et celui du duc d'Auerstaedt faisant un mouvement inverse, se rencontrèrent aux premiers rayons du soleil, et donnèrent le signal de la bataille. L'empereur se porta aussitôt sur ce point, fit renforcer le duc d'Auerstaedt par la division de cuirassiers du duc de Padoue, et fit prendre le corps de Rosemberg en flanc par une batterie de douze pièces de la division du général comte de Nansouty. En moins de trois quarts d'heure le beau corps du duc d'Auerstaedt eut fait raison du corps de Rosemberg, le culbuta et le rejeta au-delà de Neusiedel après lui avoir fait beaucoup de mal.

Pendant ce temps, la canonnade s'engageait sur toute la ligne et la disposition de l'ennemi se développait de moment en moment. Toute sa gauche se garnissait d'artillerie. On eût dit que le général autrichien ne se battait pas pour la victoire, mais qu'il n'avait en vue que le moyen d'en profiter. Cette disposition de l'ennemi paraissait si insensée, que l'on craignait quelque piége, et que l'empereur différa quelque temps avant d'ordonner les faciles dispositions qu'il avait à faire pour annuler celles de l'ennemi et les lui rendre funestes. Il ordonna au duc de Rivoli de faire une attaque sur un village qu'occupait l'ennemi, et qui pressait un peu l'extrémité du centre de l'armée. Il ordonna au duc d'Auerstaedt de tourner la position de Neusiedel et de pousser de là sur Wagram au moment où déboucherait le duc de Rivoli.

Sur ces entrefaites, on vint prévenir que l'ennemi attaquait avec fureur le village qu'avait enlevé le duc de Rivoli, que notre gauche était débordée de trois mille toises, qu'une vive canonnade se faisait déjà entendre à Gros-Aspern, et que l'intervalle de Gros-Aspern à Wagram paraissait couvert d'une immense ligne d'artillerie. Il n'y eut plus à douter; l'ennemi commettait une énorme faute; il ne s'agissait que d'en profiter. L'empereur ordonna sur-le-champ au général Macdonald de disposer les divisions Broussier et Lamarque en colonnes d'attaque; il les fit soutenir par la division du général Nansouty, par la garde à cheval, et par une batterie de soixante pièces de la garde et de quarante pièces de différens corps. Le général comte de Lauriston, à la tête de cette batterie de cent pièces d'artillerie, marcha au trot à l'ennemi, s'avança sans tirer jusqu'à demi-portée de canon, et là commença un feu prodigieux qui éteignit celui de l'ennemi, et porta la mort dans ses rangs. Le général Macdonald marcha alors au pas de charge; le général de division Reille, avec la brigade de fusiliers et de tirailleurs de la garde, soutenait le général Macdonald. La garde avait fait un changement de front pour rendre cette attaque infaillible. Dans un clin d'œil, le centre de l'ennemi perdit une lieue de terrain; sa droite, épouvantée, sentit le danger de la position où elle s'était placée, et rétrograda en grande hâte. Le duc de Rivoli l'attaqua alors en tête. Pendant que la déroute du centre portait la consternation et forçait les mouvemens de la droite de l'ennemi, sa gauche était attaquée et débordée par le duc d'Auerstaedt, qui avait enlevé Neusiedel, et qui, étant monté sur le plateau, marchait sur Wagram. La division Broussier et la division Gudin se sont couvertes de gloire.

Il n'était alors que dix heures du matin, et les hommes les moins clairvoyans voyaient que la journée était decidée et que la victoire était à nous.

A midi, le comte Oudinot marcha sur Wagram pour aider

à l'attaque du duc d'Auerstaedt. Il y réussit et enleva cette importante position. Dès dix heures, l'ennemi ne se battait plus que pour sa retraite; dès midi, elle était prononcée et se faisait en désordre, et beaucoup avant la nuit, l'ennemi était hors de vue. Notre gauche était placée à Jetessée et Ebersdorf, notre centre sur Obersdorf, et la cavalerie de notre droite avait des postes jusqu'à Shoukirchen.

Le 7, à la pointe du jour, l'armée était en mouvement et marchait sur Kornenbourg et Wolkersdorf, et avait des postes sur Nicolsbourg. L'ennemi, coupé de la Hongrie et de la Moravie, se trouvait acculé du côté de la Bohême.

Tel est le récit de la bataille de Wagram, bataille décisive et à jamais célèbre, où trois à quatre cent mille hommes, douze à quinze cents pièces de canon se battaient pour de grands intérêts, sur un champ de bataille étudié, médité, fortifié par l'ennemi depuis plusieurs mois. Dix drapeaux, quarante pièces de canon, vingt mille prisonniers, dont trois ou quatre cents officiers et bon nombre de généraux, de colonels et de majors, sont les trophées de cette victoire. Les champs de bataille sont couverts de morts, parmi lesquels on trouve les corps de plusieurs généraux, et entre autres d'un nommé Normann, Français, traître à sa patrie, qui avait prostitué ses talens contre elle.

Tous les blessés de l'ennemi sont tombés en notre pouvoir. Ceux qu'il avait évacués au commencement de l'action, ont été trouvés dans les villages environnans. On peut calculer que le résultat de cette bataille sera de réduire l'armée autrichienne à moins de soixante mille hommes.

Notre perte a été considérable : on l'évalue à quinze cents hommes tués et à trois ou quatre mille blessés.

Le duc d'Istrie, au moment où il disposait l'attaque de la cavalerie, a eu son cheval emporté d'un coup de canon; le boulet est tombé sur sa selle, et lui a fait une légère contusion à la cuisse.

Le général de division Lasalle a été tué d'une balle. C'était un officier du plus grand mérite et l'un de nos meilleurs généraux de cavalerie légère.

Le général bavarois de Wrède, et les généraux Seras, Grenier, Vignolle, Sahuc, Frère et Defrance ont été blessés.

Le colonel prince Aldobrandini a été frappé au bras par une balle. Les majors de la garde Daumesnil et Corbineau et le colonel Sainte-Croix, ont aussi été blessés. L'adjudant-commandant Duprat a été tué. Le colonel du neuvième d'infanterie de ligne est resté sur le champ de bataille. Ce régiment s'est couvert de gloire.

L'état-major fait dresser l'état de nos pertes.

Une circonstance particulière de cette grande bataille, c'est que les colonnes les plus rapprochées de Vienne n'en étaient pas à douze cents toises. La nombreuse population de cette capitale couvrait les tours, les clochers, les toits, les monticules pour être témoin de ce grand spectacle.

L'empereur d'Autriche avait quitté Wolkersdorf le 6, à cinq heures du matin, et était monté sur un belvédère d'où il voyait le champ de bataille, et où il est resté jusqu'à midi. Il est alors parti en toute hâte.

Le quartier-général français est arrivé à Wolkersdorf, dans la matinée du 7.

Wolkersdorf, 9 juillet 1809.

Vingt-sixième bulletin de la grande armée.

La retraite de l'ennemi est une déroute. On a ramassé une partie de ses équipages; ses blessés sont tombés en notre pouvoir; on compte déjà au-delà de douze mille hommes;

tous les villages en sont remplis. Dans cinq de ses hôpitaux seulement on en a trouvé plus de six mille.

Le duc de Rivoli, poursuivant l'ennemi par Stokerau, est déjà arrivé à Hollabrunn.

Le duc de Raguse l'avait d'abord suivi sur la route de Brunn, qu'il a quittée à Wulfersdorf pour prendre celle de Znaïm. Aujourd'hui, à neuf heures du matin, il a rencontré à Laa une arrière-garde qu'il a culbutée, et à laquelle il a fait neuf cents prisonniers. Il sera demain à Znaïm.

Le duc d'Auerstaedt est arrivé aujourd'hui à Nicolsbourg.

L'empereur d'Autriche, le prince Antoine, une suite d'environ deux cents calèches, carosses et autres voitures, ont couché, le 6, à Erensbrunn; le 7, à Hollabrunn, et le 8 à Znaïm, d'où ils sont partis le 9 au matin : selon les rapports des gens du pays qui les conduisaient, leur abattement était extrême.

L'un des princes de Rohan a été trouvé blessé sur le champ de bataille. Le feld-maréchal lieutenant Wussakowicz est parmi les prisonniers.

L'artillerie de la garde s'est couverte de gloire; le major d'Aboville qui la commandait, a été blessé. L'empereur l'a fait général de brigade. Le chef d'escadron d'artillerie Grenier a eu un bras emporté. Ces intrépides canonniers ont montré toute la puissance de cete arme terrible.

Les chasseurs à cheval de la garde ont chargé, le jour de la bataille de Wagram, trois carrés d'infanterie qu'ils ont enfoncés; ils ont pris quatre pièces de canon. Les chevau-légers polonais de la garde ont chargé un régiment de lanciers. Ils ont fait prisonnier le prince d'Auersperg et pris deux pièces de canon.

Les hussards saxons d'Albert ont chargé les cuirassiers d'Albert, et leur ont pris un drapeau. C'était une chose fort singulière de voir deux régimens appartenant au même colonel combattre l'un contre l'autre.

Il paraît que l'ennemi abandonne la Moravie et la Hongrie et se retire en Bohème.

Les routes sont couvertes de gens de la landwehr et de la levée en masse, qui retournent chez eux.

Les pertes que la désertion ajoute à celles que l'ennemi a éprouvées, en tués, blessés et prisonniers, concourent à l'anéantissement de cette armée.

Les nombreuses lettres interceptées font un tableau frappant du mécontentement de l'armée ennemie et du désordre qui y règne.

A présent que la monarchie autrichienne est sans espérance, ce serait mal connaître le caractère de ceux qui l'ont gouvernée, que de ne pas s'attendre qu'ils s'humilieront comme ils le firent après la bataille d'Austerlitz. A cette époque ils étaient, comme aujourd'hui, sans espoir, et ils épuisèrent les protestations et les sermens.

Pendant la journée du 6, l'ennemi a jeté sur la rive droite du Danube quelques centaines d'hommes des postes d'observation. Ils se sont rembarqués après avoir perdu quelques hommes tués ou faits prisonniers.

La chaleur a été excessive ces jours-ci; le thermomètre a été presque constamment à vingt-six degrés.

Le vin est en très-grande abondance. Il y a tel village où on en a trouvé jusqu'à trois millions de pintes. Il n'a heureusement aucune qualité malfaisante.

Vingt villages, les plus considérables de la belle plaine de Vienne, et tels qu'on en voit aux environs d'une grande capitale, ont été brûlés pendant la bataille. La juste haine de la nation se prononce contre les hommes criminels qui ont attiré tous ces malheurs sur elle.

Le général de brigade Laroche est entré, le 28 juin, avec

un corps de cavalerie, a Nuremberg et s'est dirigé sur Bareuth ; il a rencontré l'ennemi à Besentheim, l'a fait charger par le premier régiment provisoire de dragons, a sabré tout ce qui s'est trouvé devant lui, et a pris deux pièces de canon.

Znaïm, 12 juillet 1809.

Vingt-septième bulletin de la grande armée.

Le 10, le duc de Rivoli a battu devant Hollabrunn l'arrière-garde ennemie.

Le même jour à midi, le duc de Raguse, arrivé sur les hauteurs de Znaïm, vit les bagages et l'artillerie de l'ennemi qui filaient sur la Bohême. Le général Bellegarde lui écrivit que le prince Jean de Lichtenstein se rendait auprès de l'empereur avec une mission de son maître, pour traiter de la paix, et demanda en conséquence une suspension d'armes. Le duc de Raguse répondit qu'il n'était pas en son pouvoir d'accéder à cette demande, mais qu'il allait en rendre compte à l'empereur. En attendant il attaqua l'ennemi, lui enleva une belle position, lui fit des prisonniers et prit deux drapeaux.

Le même jour au matin, le duc d'Auerstaedt avait passé la Taya vis-à-vis Nicolsbourg, et le général Grouchy avait battu l'arrière-garde du prince de Rosemberg et lui avait fait quatre cent cinquante prisonniers du régiment du prince Charles.

Le 11 à midi, l'empereur arriva vis-à-vis Znaïm. Le combat était engagé. Le duc de Raguse avait débordé la ville, et le duc de Rivoli s'était emparé du pont et avait occupé la fabrique de tabac. On avait pris à l'ennemi, dans les différens engagemens de cette journée, trois mille hommes, deux drapeaux et trois pièces de canon. Le général de brigade Bruyères, officier d'une grande espérance, a été blessé. Le général de brigade Guiton a fait une belle charge avec le dixième de cuirassiers. L'empereur instruit que le prince Jean de Lichtenstein, envoyé auprès de lui, était entré dans nos avant-postes, fit cesser le feu. Un armistice fut signé à minuit chez le prince de Neufchâtel. Le prince de Lichtenstein a été présenté à l'empereur dans sa tente à deux heures du matin.

Znaïm, en Moravie, 13 juillet 1809.

Circulaire aux évêques.

M. l'évêque de......, les victoires d'Enzersdorf et de Wagram, où le Dieu des armées a si visiblement protégé les armées françaises, doivent exciter la plus vive reconnaissance dans le cœur de nos peuples. Notre intention est donc qu'au reçu de la présente vous vous concertiez avec qui de droit pour réunir nos peuples dans les églises; et adresser au ciel des actions de grâces et des prières conformes aux sentimens qui nous animent.

Notre Seigneur Jésus-Christ, quoique issu du sang de David, ne voulut aucun règne temporel. Il voulut au contraire qu'on obéît à César dans le réglement des affaires de la terre; il ne fut animé que du grand objet de la rédemption et du salut des ames. Héritier du pouvoir de César, nous sommes résolus à maintenir l'indépendance de notre trône et de nos droits. Nous persévérons dans le grand œuvre du rétablissement de la religion. Nous environnerons ses ministres de la considération que nous seul pouvons leur donner. Nous écouterons leur voix dans tout ce qui a rapport au spirituel et au réglement des consciences.

Au milieu des soins des camps, des alarmes et des sollicitudes de la guerre, nous avons été bien aise de vous donner connaissance de ces sentimens afin de faire tomber dans le mépris ces œuvres de l'ignorance et de la faiblesse, de la méchanceté ou de la démence, par lesquelles on voudrait semer le trouble et le désordre dans nos provinces. On ne nous détournera pas du grand but vers lequel nous tendons, et que nous avons déjà en partie heureusement atteint, le rétablissement des autels de notre religion, en nous portant à croire que ses principes sont incompatibles, comme l'ont prétendu les Grecs, les Anglais, les protestans et les calvinistes, avec l'indépendance des trônes et des nations. Dieu nous a assez éclairé pour que nous soyons loin de partager de pareilles erreurs : notre cœur et ceux de nos sujets n'éprouvent point de semblables craintes. Nous savons que ceux qui voudraient faire dépendre de l'intérêt d'un temporel périssable, l'intérêt éternel des consciences et des affaires spirituelles, sont hors de la charité, de l'esprit et de la religion de celui qui a dit : Mon empire n'est pas dans ce monde. Cette lettre n'étant à d'autres fins, je prie Dieu, monsieur l'évêque, qu'il vous ait en sa sainte garde. NAPOLÉON.

Vienne, 14 juillet 1809.

Vingt-huitième bulletin de la grande armée.

Le Danube a crû de six pieds. Les ponts de bateaux qu'on avait établis devant Vienne depuis la bataille de Wagram, ont été rompus par les effets de la crue. Mais nos ponts d'Ebersdorf, solides et permanens, n'en ont pas souffert. Ces ponts et les ouvrages de l'île de Lobau sont le sujet de l'admiration des militaires autrichiens. Ils avouent que de tels travaux à la guerre sont sans exemple depuis les Romains.

L'archiduc Charles ayant envoyé le général-major Weisseuvof complimenter l'empereur, et depuis, le baron Wimpffen et le prince Jean de Lichtenstein ayant fait la même politesse en son nom, S. M., a jugé à propos de lui envoyer le duc de Frioul, grand-maréchal du palais, qui l'a trouvé à Bud–

weis et a passé une partie de la journée d'hier à son quartier-général.

L'empereur est parti hier à neuf heures du matin de son camp de Znaïm, et est arrivé au palais de Schœnbrunn à trois heures après-midi.

S. M. a visité les environs du village de Spitz qui forme la tête du pont de Vienne. Elle a ordonné au général comte Bertrand différens ouvrages qui doivent avoir été tracés et commencés aujourd'hui.

Le pont sur pilotis de Vienne sera rétabli dans le plus court delai.

S. M. a nommé maréchaux de l'empire le général Oudinot, le duc de Raguse et le général Macdonald; le nombre des maréchaux était de onze. Cette nomination le porte à quatorze: il reste encore deux places vacantes. Les places de colonel-général des Suisses et de colonel-général des chasseurs sont aussi vacantes.

Le colonel-général des chasseurs est, d'après nos constitutions, grand-officier de l'empire.

S. M. a témoigné sa satisfaction de la manière dont la chirurgie a servi, et particulièrement des services du chirurgien en chef Heurteloup.

Le 7, S. M. traversant le champ de bataille a fait enlever un grand nombre de blessés et y a laissé le duc de Frioul, grand-maréchal du palais, qui y a passé toute la journée.

Le nombre des blessés autrichiens tombés en notre pouvoir s'élève de douze à treize mille.

Les Autrichiens ont eu dix-neuf généraux tués ou blessés. On a remarqué comme un fait singulier que les officiers français, soit de l'ancienne France, soit des nouvelles provinces, qui se trouvaient au service d'Autriche, ont pour la plupart péri.

On a intercepté plusieurs courriers, et l'on a trouvé dans

les lettres dont ils étaient porteurs, une correspondance suivie de Gentz avec le comte Stadion. L'influence de ce misérable dans les grandes décisions du cabinet autrichien est ainsi matériellement prouvée. Voilà les instrumens dont l'Angleterre se servait comme d'une nouvelle boîte de Pandore pour souffler les tempêtes et répandre les poisons sur le continent.

Le corps du duc de Rivoli forme ses camps dans le cercle de Znaïm. Celui du duc d'Auerstaedt dans le cercle de Brunn; celui du maréchal duc de Raguse dans le cercle de Korn-Neubourg; celui du maréchal Oudinot, en avant de Vienne à Spitz; celui du vice-roi, sur Presbourg et Gratz. La garde impériale rentre dans les environs de Schœnbrunn.

La récolte est très-belle et partout d'une grande abondance. L'armée est cantonnée dans de superbes pays, riches en denrées de toutes espèces, et surtout en vins.

Vienne, 22 juillet 1809.

Vingt-neuvième bulletin de la grande armée.

Les généraux Durosnel et Foulers sont arrivés au quartier-général. Les conjectures qu'on avait formées au sujet du général Durosnel se sont toutes trouvées fausses. Il n'a pas été blessé; il n'a pas eu de cheval tué sous lui; mais en revenant de porter au duc de Montebello, dans la journée du 22 mai, l'ordre de concentrer son mouvement à cause de la rupture des ponts, il traversa un ravin où il trouva vingt-cinq hussards qu'il croyait former un de nos postes. Il ne s'aperçut qu'ils étaient ennemis qu'au moment où ils lui sautèrent au collet. Comme on avait été long-temps sans avoir de ses nouvelles, et d'après quelques autres indices, on l'avait cru mort.

Le général de division Reynier a pris le commandement des Saxons, et a occupé Presbourg.

Le maréchal Macdonald s'est mis en marche pour aller

prendre possession de la citadelle de Gratz, où il doit être entré aujourd'hui.

Le maréchal duc de Raguse a campé ses troupes sur les hauteurs de Krems.

S. M. assiste tous les matins aux parades de la garde, qui sont fort belles. Les vélites et les grenadiers à pied de la garde italienne se font remarquer par une excellente tenue.

Le prince Jean de Lichtenstein revenant de Bude, a été présenté le 18 à S. M. Il apportait une lettre de l'empereur d'Autriche.

Le comte de Bubna, général-major aide-de-camp de l'empereur d'Autriche, a dîné plusieurs fois chez M. le comte Champagny.

Sur les rives du Danube on a rassemblé et réparé les bateaux du commerce qui avaient été dispersés par les événemens de la guerre, et on les charge partout de bois, de légumes, de blés et de farines. On en voit arriver chaque jour.

Toute l'armée est campée.

Vienne, 30 juillet 1809.

Trentième bulletin de la grande armée.

Le neuvième corps, que commandait le prince de Ponte-Corvo, a été dissous le 8. Les Saxons qui en faisaient partie sont sous les ordres du général Reynier. Le prince de Ponte-Corvo est allé prendre les eaux. Dans la bataille de Wagram, le village de Wagram a été enlevé le 6, entre dix et onze heures du matin, et la gloire en appartient tout entière au maréchal Oudinot et à son corps.

D'après tous les renseignemens qui ont été pris, la maison d'Autriche se préparait à la guerre depuis près de quatre ans, c'est-à-dire, depuis la guerre de Presbourg. Son état militaire lui a coûté pendant trois années trois cents millions de francs chaque année. Aussi son papier-monnaie, qui ne se montait qu'a un milliard de francs, lors de la paix de Presbourg, passe-t-il aujourd'hui deux milliards.

La maison d'Autriche est entrée en campagne avec soixante-deux régimens de ligne, dix-huit régimens de frontières, quatre corps francs ou légions, ayant ensemble un présent sous les armes de trois cent dix mille hommes; cent cinquante bataillons de landwehr, commandés par d'anciens officiers et exercés pendant dix mois, formant cent cinquante mille hommes; quarante mille hommes de l'insurrection hongroise, et soixante mille hommes de cavalerie, d'artillerie et de sapeurs; ce qui a porté ses forces réelles de cinq à six cents mille hommes. Aussi la maison d'Autriche se croyait-elle sûre de la victoire. Elle espérait balancer les destins de la France, lors même que toutes nos forces auraient été réunies, et elle ne doutait pas qu'elle s'avançât sur le Rhin, sachant que la majeure partie de nos troupes et nos plus beaux régimens étaient en Espagne. Cependant ses armées sont aujourd'hui réduites à moins du quart, tandis que l'armée française est doublée de ce qu'elle était à Ratisbonne.

Ces efforts, la maison d'Autriche n'a pu les faire qu'une fois. C'est un miracle attaché au papier-monnaie. Le numéraire est si rare, que l'on ne croit pas qu'il y ait dans les états de cette monarchie, soixante millions de francs en espèces. C'est ce qui soutient le papier-monnaie, puisque près de deux milliards, qui, moyennant la réduction au tiers, ne valent que six à sept cents millions, ne sont que le signe nécessaire à la circulation.

On a trouvé dans la citadelle de Gratz vingt-deux pièces de canon.

La forteresse de Sachsenbourg, située aux débouchés du Tyrol, a été remise au général Rusca.

Le duc de Dantzick est entré en Tyrol avec vingt-cinq mille hommes. Il a occupé le 28 Lovers, et il a partout désarmé les habitans. Il doit en ce moment être à Inspruck.

Le général Thielmann est entré à Dresde.

Le duc d'Abrantès est à Bayreuth. Il a établi ses postes sur les frontières de la Bohême.

Schœnbrunn, 7 septembre 1809.

Lettre de S. M. l'empereur et roi au ministre de la guerre.

Monsieur le comte de Hunebourg, notre ministre de la guerre, des rapports qui sont sous nos yeux, contiennent les assertions suivantes : le gouverneur commandant la place de Flessingue n'aurait pas exécuté l'ordre que nous lui avions donné de couper les digues et d'inonder l'île de Walcheren, aussitôt qu'une force supérieure ennemie y aurait débarqué; il aurait rendu la place que nous lui avions confiée, l'ennemi n'ayant pas exécuté le passage du fossé, le revêtement du rempart étant sans brèche praticable et intact dès-lors, sans avoir soutenu d'assaut, et même lorsque les tranchées des ennemis n'étaient qu'à cent cinquante toises de la place, et lorsqu'il avait encore quatre mille hommes sous les armes; enfin, la place se serait rendue par l'effet d'un premier bombardement. Si telle était la vérité, le gouverneur serait coupable, et il resterait à savoir si c'est à la trahison ou à la lâcheté que nous devrions attribuer sa conduite.

Nous vous écrivons la présente lettre close, pour qu'aussitôt après l'avoir reçue, vous ayez à réunir un conseil d'enquête, qui sera composé du comte Aboville, sénateur; du comte Rampon, sénateur; du vice-amiral Thévenard, et du comte Songis, premier inspecteur-général de l'artillerie. Toutes les pièces qui se trouveront dans votre ministère, dans ceux de la marine, de l'intérieur, de la police, ou de tout autre département, sur la reddition de la place de Flessingue, tant sous le rapport de la défense, que de tout autre objet qui pourrait intéresser notre service, seront adressées au conseil, pour nous être mises sous les yeux, avec le résultat de ladite enquête.

Cette lettre n'étant à autre fin, nous prions Dieu, monsieur le comte de Hunebourg, qu'il vous ait en sa sainte garde.

Signé NAPOLÉON.

Paris, 3 décembre 1809.

Discours de S. M. l'empereur, à l'ouverture du corps législatif.

Messieurs les députés des départemens au corps législatif, depuis votre dernière session, j'ai soumis l'Aragon et la Castille, et chassé de Madrid le gouvernement fallacieux formé par l'Angleterre.

Je marchais sur Cadix et Lisbonne, lorsque j'ai dû revenir sur mes pas, et planter mes aigles sur les remparts de Vienne. Trois mois ont vu naître et terminer cette quatrième guerre punique. Accoutumé au dévouement et au courage de mes armées, je ne puis cependant, dans cette circonstance, ne pas reconnaître les preuves particulières d'amour que m'ont données mes soldats d'Allemagne.

Le génie de la France a conduit l'armée anglaise ; elle a terminé ses destins dans les marais pestilentiels de Walcheren. Dans cette importante circonstance, je suis resté éloigné de quatre cents lieues, certain de la nouvelle gloire qu'allaient acquérir mes peuples et du grand caractère qu'ils allaient déployer. Mes espérances n'ont pas été trompées. Je dois des remercîmens en particulier, aux citoyens des départemens du Pas-de-Calais et du Nord..... Français ! tout ce qui voudra s'opposer à vous, sera vaincu et soumis. Votre grandeur s'accroîtra de toute la haine de vos ennemis. Vous avez devant vous de longues années de gloire et de prospérité à parcourir. Vous avez la force et l'énergie de l'Hercule des anciens.

J'ai réuni la Toscane à l'empire. Ces peuples en sont dignes par la douceur de leur caractère, par l'attachement que nous ont toujours montré leurs ancêtres, et par les services qu'ils ont rendus à la civilisation européenne.

L'histoire m'a indiqué la conduite que je devais tenir envers Rome. Les papes, devenus souverains d'une partie de l'Italie, se sont constamment montrés les ennemis de toute puissance prépondérante dans la Péninsule. Ils ont employé leur influence spirituelle pour lui nuire. Il m'a donc été démontré que l'influence spirituelle exercée dans mes états par un souverain étranger, était contraire à l'indépendance de la France, à la dignité et à la sûreté de mon trône. Cependant, comme je reconnais la nécessité de l'influence spirituelle des descendans du premier des pasteurs, je n'ai pu concilier ces grands intérêts qu'en annulant la donation des empereurs français, mes prédécesseurs, et en réunissant les états romains à la France.

Par le traité de Vienne, tous les rois et souverains, mes alliés, qui m'ont donné tant de témoignages de la constance de leur amitié, ont acquis et acquerront un nouvel accroissement de territoire.

Les provinces Illyriennes portent sur la Save les frontières de mon grand empire. Contigu avec l'empire de Constantinople, je me trouverai en situation naturelle de surveiller les premiers intérêts de mon commerce dans la Méditerranée, l'Adriatique et le Levant. Je protégerai la Porte, si la Porte s'arrache à la funeste influence de l'Angleterre : je saurai la punir si elle se laisse dominer par des conseils astucieux et perfides.

J'ai voulu donner une nouvelle preuve de mon estime à la nation suisse, en joignant à mes titres celui de son médiateur, et mettre un terme à toutes les inquiétudes que l'on cherche à répandre parmi cette brave nation.

La Hollande, placée entre l'Angleterre et la France, en est également froissée. Cependant, elle est le débouché des principales artères de mon empire. Des changemens deviendront nécessaires ; la sûreté de mes frontières et l'intérêt bien entendu des deux pays l'exigent impérieusement.

La Suède a perdu, par son alliance avec l'Angleterre, après une guerre désastreuse, la plus belle et la plus importante de ses provinces. Heureuse cette nation, si le prince sage qui la gouverne aujourd'hui eût pu monter sur le trône quelques années plus tôt ! Cet exemple prouve de nouveau aux rois que l'alliance de l'Angleterre est le présage le plus certain de leur ruine.

Mon allié et ami, l'empereur de Russie, a réuni à son vaste empire, la Finlande, la Moldavie, la Valachie, et un district de la Gallicie. Je ne suis jaloux de rien de ce qui peut arriver de bien à cet empire. Mes sentimens pour son illustre souverain sont d'accord avec ma politique.

Lorsque je me montrerai au-delà des Pyrénées, le léopard épouvanté cherchera l'Océan, pour éviter la honte, la défaite et la mort. Le triomphe de mes armes sera le triomphe du génie du bien sur celui du mal, de la modération, de l'ordre, de la morale, sur la guerre civile, l'anarchie et les passions malfaisantes. Mon amitié et ma protection rendront, je l'espère, la tranquillité et le bonheur aux peuples des Espagnes.

Messieurs les députés des départemens au corps législatif, j'ai chargé mon ministre de l'intérieur de vous faire connaître l'historique de la législation, de l'administration et des finances, dans l'année qui vient de s'écouler. Vous y verrez que toutes les pensées que j'ai conçues pour l'amélioration de mes peuples, se sont suivies avec la plus grande activité ; que dans Paris, comme dans les parties les plus éloignées de mon empire, la guerre n'a apporté aucun retard dans les travaux. Les membres de mon conseil d'état vous présenteront différens projets de lois, spécialement la loi sur les finances ; vous y verrez leur état prospère. Je ne demande à mes peuples aucun nouveau sacrifice, quoique les circonstances m'aient obligé à doubler mon état militaire.

Paris, 2 janvier 1810.

A M. le comte Dejean, ministre de 'administration de la guerre.

Monsieur le comte Dejean, j'accepte votre démission ; je regrette de ne plus vous compter parmi mes ministres. J'ai été satisfait de vos services ; mais cinquante années d'expérience vous rendent nécessaire aux travaux que j'ai entrepris sur toutes mes frontières et que je suis encore dans l'intention d'accroître. Vous continuerez là à me donner des preuves de vos talens et de votre attachement à ma personne. Comptez toujours sur mon estime : cette lettre n'étant à autre fin, je prie Dieu, monsieur le comte Dejean, qu'il vous ait en sa sainte garde.

NAPOLÉON.

Paris, 5 janvier 1810.

Réponse de Sa Majesté à l'adresse du collége électoral du département de la Drôme.

Messieurs les députés du collége du département de la Drôme, j'agrée les sentimens que vous m'exprimez au nom de votre collége ; je connais le bon esprit des citoyens de votre département et leur attachement à ma personne.

Réponse de Sa Majesté à l'adresse du collége électoral du département du Rhône.

Messieurs les députés du collége du département du Rhône, j'aime à vous entendre; il me semble être dans ma bonne ville de Lyon. Dans toutes les occasions, ses habitans se sont distingués par leur attachement à ma personne. Ils doivent compter constamment sur mon amour.

Réponse de Sa Majesté à l'adresse du collége électoral du département de Saône-et-Loire.

Messieurs les députés du collége du département de Saône-et-Loire, tout ce que le président de votre assemblée m'a dit sur le bon esprit qui y a régné, m'a fait plaisir; soyez unis entre vous et avec les villes voisines; il ne faut conserver le souvenir du passé, que pour connaître la grandeur du danger que la patrie a couru. La monarchie et le trône sont aussi nécessaires à l'existence et au bonheur de la France, que le soleil qui nous éclaire : sans eux tout est trouble, anarchie et confusion.

A celle de la Sarthe.

Messieurs les députés du collége du département de la Sarthe, je viendrai avec plaisir dans vos cités; je me félicite des bons sentimens qui les animent. C'est aux colléges à donner l'exemple de l'union. Tous les Français, de quelque classes qu'ils aient été, quelque conduite qu'ils aient tenue dans des temps de discorde et de guerre civile, sont également mes enfans.

Paris, 5 février 1810.

Réponse de Sa Majesté à l'adresse du collége électoral du département de la Dordogne.

Messieurs les députés du collége électoral du département de la Dordogne, moi et mon allié l'empereur de Russie, nous avons tout fait pour pacifier le monde, nous n'avons pu y réussir. Le roi de l'Angleterre, vieilli dans sa haine contre la France, veut la guerre..... Son état l'empêche d'en sentir les maux pour le monde et d'en calculer les résultats pour sa famille. Toutefois la guerre doit avoir un terme, et alors nous serons plus grands, plus puissans et plus forts que nous n'avons jamais été. L'empire français a la vie de la jeunesse ; il ne peut que croître et se consolider ; celui de mes ennemis est à son arrière-raison ; tout en présage la décroissance. Chaque année dont ils retarderont la paix du monde, ne fera qu'augmenter sa puissance.

Réponse de Sa Majesté à l'adresse du collége électoral du département du Doubs.

Messieurs les députés du collége du département du Doubs, j'ai eu souvent occasion de distinguer vos citoyens sur le champ d'honneur. Ce sera avec plaisir que je verrai vos campagnes ; mais ma famille est devenue bien grande. Cependant j'irai vous voir quand le canal qui doit joindre le Rhin au Rhône passera par votre ville.

Réponse de Sa Majesté à l'adresse du collége électoral du département de l'Indre.

Messieurs les députés du collége du département de l'Indre, je vous remercie des sentimens que vous m'exprimez ; je les mérite de mes peuples par la sollicitude que je porte constamment à tout ce qui les intéresse.

Réponse de Sa Majesté à l'adresse du collège électoral du département du Léman.

J'agrée vos sentimens ; moi et ceux de mes descendans qui occuperont ce trône, nous protégerons toute religion fondée sur l'évangile, puisque toutes en prêchent la morale et en respirent la charité.

Ce n'est pas que je ne déplore l'ignorance et l'ambition de ceux qui, voulant, sous le masque de la religion, dominer sur l'univers et y lever des tributs à leur profit, ont donné un si précieux prétexte aux discordes qui ont divisé la famille chrétienne.

Ma doctrine comme mes principes sont invariables. Quelles que puissent être les clameurs du fanatisme et de l'ignorance, tolérance et protection pour toutes les religions chrétiennes, garantie et indépendance pour ma religion et celle de la majorité de mes peuples, contre les attentats des Grégoire, des Jules, des Boniface. En rétablissant en France, par un concordat, mes relations avec les papes, je n'ai entendu le faire que sous l'égide des quatre propositions de l'église gallicane, sans quoi j'aurais sacrifié l'honneur et l'indépendance de l'empire aux plus absurdes prétentions.

Réponse de Sa Majesté à l'adresse du collège électoral du département de la Loire-Inférieure.

Messieurs les députés du collège du département de la Loire-Inférieure, c'est en entrant dans vos murs que je reçus l'avis que des Français avaient rendu mes aigles sans combattre, et avaient préféré la vie et le déshonneur aux dangers et à la gloire. Il n'a fallu rien moins que l'expression des sentimens des citoyens de ma bonne ville de Nantes pour me rendre des momens de joie et de plaisir. J'ai éprouvé au milieu de vous ee qu'on éprouve au milieu de ses vrais amis : c'est vous dire combien ces sentimens sont profondément gravés dans mon cœur.

Réponse de Sa Majesté à l'adresse du collége électoral du département du Lot.

Messieurs les députés du collége du département du Lot, j'ai pensé à ce que vous me demandez ; le Lot sera rendu navigable aussitôt que les canaux de l'Escaut au Rhin, du Rhin au Rhône, du Rhône à la Seine, et de la Rance à la Vilaine, seront terminés. Ce sera dans six ans. Je connais l'attachement de votre département à ma personne.

Réponse de Sa Majesté à l'adresse du collége électoral du département de la Roër.

Messieurs les députés du collége du département de la Roër, j'agrée vos sentimens. Votre pays est celui de Charlemagne ; vous faites aujourd'hui, comme alors, partie du grand empire. J'apprends avec plaisir le bon esprit qui anime vos habitans. Je désire que ceux de vos concitoyens qui ont leurs enfans au service étranger, les rappellent en France. Un Français ne doit verser son sang que pour son prince et pour sa patrie.

Réponse de Sa Majesté à la députation de la ville de Lyon, qui sollicitait la permission d'élever dans ses murs une statue à Napoléon.

J'approuve la délibération du conseil municipal. Je verrai avec plaisir une statue au milieu de ma bonne ville de Lyon ; mais je désire qu'avant de travailler à ce monument, vous ayez fait disparaître toutes ces ruines, restes de nos malheureuses guerres civiles. J'apprends que déjà la place de Bellecour est rétablie. Ne commencez le piédestal que lorsque tout sera entièrement achevé.

Au palais des Tuileries, le 27 février 1810.

Message au sénat.

Sénateurs,

Nous avons fait partir pour Vienne, comme notre ambassadeur extraordinaire, notre cousin le prince de Neufchâtel, pour faire la demande de la main de l'archiduchesse Marie-Louise, fille de l'empereur d'Autriche.

Nous ordonnons à notre ministre des relations extérieures de vous communiquer les articles de la convention de mariage entre nous et l'archiduchesse Marie-Louise, laquelle a été conclue, signée et ratifiée.

Nous avons voulu contribuer éminemment au bonheur de la présente génération. Les ennemis du continent ont fondé leur prospérité sur ses dissensions et son déchirement. Ils ne pourront plus alimenter la guerre en nous supposant des projets incompatibles avec les liens et les devoirs de parenté que nous venons de contracter avec la maison impériale régnante en Autriche.

Les brillantes qualités qui distinguent l'archiduchesse Marie-Louise lui ont acquis l'amour des peuples de l'Autriche. Elles ont fixé nos regards. Nos peuples aimeront cette princesse pour l'amour de nous, jusqu'à ce que, témoins de toutes les vertus qui l'ont placée si haut dans notre pensée, ils l'aiment pour elle-même. NAPOLÉON.

Au palais des Tuileries, 1er mars 1810.

Message de S. M. l'empereur et roi au sénat.

Sénateurs,

Les principes de l'empire s'opposant à ce que le sacerdoce soit réuni à aucune souveraineté temporelle, nous avons dû regarder comme non avenue la nomination que le Prince-Primat avait faite du cardinal Fesch pour son successeur. Ce prélat, si distingué par sa piété et par les vertus de son état, nous avait d'ailleurs fait connaître la répugnance qu'il avait à être distrait des soins et de l'administration de ses diocèses.

Nous avons voulu aussi reconnaître les grands services que le Prince-Primat nous a rendus, et les preuves multipliées que nous avons reçues de son amitié. Nous avons ajouté à l'étendue de ses états et nous les avons constitués sous le titre de grand-duché de Francfort. Il en jouira jusqu'au moment marqué pour le terme d'une vie consacrée à faire le bien.

Nous avons en même temps voulu ne laisser aucune incertitude sur le sort de ses peuples, et nous avons en conséquence cédé à notre cher fils le prince Eugène-Napoléon, tous nos droits sur le grand-duché de Francfort. Nous l'avons appelé à posséder héréditairement cet état après le décès du Prince-Primat, et conformément à ce qui est établi dans les lettres d'investiture dont nous chargeons notre cousin le prince archichancelier de vous donner connaissance.

Il a été doux pour notre cœur de saisir cette occasion de donner un nouveau témoignage de notre estime et de notre tendre amitié à un jeune prince dont nous avons dirigé les premiers pas dans la carrière du gouvernement et des armes, qui, au milieu de tant de circonstances, ne nous a jamais donné aucun motif du moindre mécontentement. Il nous a, au contraire, secondé avec une prudence au-dessus de ce qu'on pouvait attendre de son âge, et dans ces derniers temps, il a montré, à la tête de nos armées, autant de bravoure que de connaissance de l'art de la guerre. Il convenait de le fixer d'une manière stable dans le haut rang où nous l'avons placé.

Elevé au grand duché de Francfort, nos peuples d'Italie ne seront pas pour cela privés de ses soins et de son administration ; notre confiance en lui sera constante, comme les sentimens qu'il nous porte. NAPOLÉON.

Paris, 4 mars 1810.

Réponse de Sa Majesté à une adresse du sénat.

Sénateurs,

Je suis touché des sentimens que vous m'exprimez. L'impératrice Marie-Louise sera pour les Français une tendre mère ; elle fera ainsi mon bonheur. Je suis heureux d'avoir été appelé par la Providence à régner sur ce peuple affectueux et sensible, que j'ai trouvé dans toutes les circonstances de ma vie, si fidèle et si bon pour moi.

Réponse de Sa Majesté à l'adresse du collége électoral du département de l'Hérault.

Ce que vous me dites au nom de votre département me fait plaisir. J'ai besoin de connaître le bien que mes sujets éprouvent ; je ressens vivement leurs moindres maux, car ma véritable gloire, je l'ai placée dans le bonheur de la France.

Réponse de Sa Majeté à l'adresse du collége électoral du département de la Haute-Loire.

Messieurs les députés du collége du département de la Haute-Loire,

Je vous remercie des sentimens que vous m'exprimez. Si j'ai confiance dans ma force, c'est que j'en ai dans l'amour de mes peuples.

Réponse de Sa Majesté à l'adresse du collége électoral du département des Basses-Pyrénées.

J'agrée vos sentimens; j'ai parcouru l'année passée votre département avec intérêt………. Si j'ai porté tant d'intérêt à fixer les destinées des Espagnes et à les lier d'une manière immuable à l'empire, c'est surtout pour assurer la tranquillité de vos enfans.

Réponse de Sa Majesté à l'adresse du collége de Montenotte.

Messieurs les députés du collége du département de Montenotte,

Le nom que porte votre département réveille dans mon cœur bien des sentimens. Il me fait souvenir de tout ce que je dois de reconnaissance aux vieilles bandes de ma première armée d'Italie. Un bon nombre de ces intrépides soldats sont morts aux champs d'Egypte et d'Allemagne ; un plus grand nombre, ou soutiennent encore l'honneur de mes aigles, ou vivent couverts de glorieuses cicatrices dans leurs foyers. Qu'ils soient l'objet de la considération et des soins de leurs concitoyens; c'est le meilleur moyen que mes peuples puissent choisir pour m'être agréable.

Je prends un intérêt spécial à votre pays ; j'ai vu avec plaisir que les travaux que j'ai ordonnés pour l'amélioration de votre port, et pour ouvrir des communications avec le Piémont et la Provence, s'achèvent.

Paris, 4 avril 1810.

Réponse de Sa Majesté au discours du président du sénat, après le mariage de Napoléon.

Sénateurs,

Moi et l'impératrice, nous méritons les sentimens que vous

nous exprimez, par l'amour que nous portons à nos peuples. Le bien de la France est notre premier besoin.

Réponse de Sa Majesté à l'adresse du sénat d'Italie.

Messieurs les députés du sénat de notre royaume d'Italie, Nos peuples d'Italie savent combien nous les aimons. Aussitôt que cela sera possible, moi et l'impératrice, nous voulons aller dans nos bonnes villes de Milan, de Venise et de Bologne, donner de nouveaux gages de notre amour à nos peuples d'Italie.

Réponse de Sa Majesté au discours du président du corps législatif.

Messieurs les députés des départemens au corps législatif, Les vœux que vous faites pour nous nous sont fort agréables. Vous allez bientôt retourner dans vos départemens; dites-leur que l'impératrice, bonne mère de ce grand peuple, partage tous nos sentimens pour lui. Nous et elle ne pouvons goûter de félicité qu'autant que nous sommes assurés de l'amour de la France.

Saint-Cloud, 3 juin 1810.

Lettre de l'empereur au ministre de la police générale.

Monsieur le duc d'Otrante, les services que vous nous avez rendus dans les différentes circonstances qui se sont présentées, nous portent à vous confier le gouvernement de Rome jusqu'à ce que nous ayons pourvu à l'exécution de l'article 8 de l'acte des constitutions du 17 février dernier. Nous avons déterminé par un décret spécial les pouvoirs extraordinaires dont les circonstances particulières où se trouvent ces départemens, exigent que vous soyez investi. Nous attendons que vous continuerez, dans ce nouveau poste, à nous donner des preuves de votre zèle pour notre service et de votre attachement à notre personne.

Cette lettre n'étant à d'autre fin, nous prions Dieu, mon duc d'Otrante, qu'il vous ait en sa sainte garde.

NAPOLÉON.

Paris, 21 juillet 1810.

Paroles de Napoléon au jeune duc de Berg, fils de Louis Bonaparte, après l'abdication faite par celui-ci de la couronne de Hollande.

Lorsque Napoléon eut reçu l'abdication de Louis, il fit venir le jeune prince son neveu, le tint long-temps embrassé et lui parla en ces termes :

« Venez, mon fils, lui a-t-il dit, je serai votre père, vous n'y perdrez rien.

« La conduite de votre père afflige mon cœur ; sa maladie seule peut l'expliquer. Quand vous serez grand, vous paierez sa dette et la vôtre. N'oubliez jamais, dans quelque position que vous placent ma politique et l'intérêt de mon empire, que vos premiers devoirs, même ceux envers les peuples que je pourrais vous confier, ne viennent qu'après. »

Paris, 15 août 1810.

Réponse de Napoléon à une députation du corps législatif batave, après l'abdication du roi Louis.

Messieurs les députés du corps législatif, des armées de terre et de mer de la Hollande, et Messieurs les députés de ma bonne ville d'Amsterdam, vous avez été depuis trente ans le jouet de bien des vicissitudes. Vous perdîtes votre liberté lorsqu'un des grands officiers de votre république, favorisé par l'Angleterre, fit intervenir les baïonnettes prussiennes aux délibérations de vos conseils : les constitutions politiques que vous teniez de vos pères furent déchirées et le furent pour toujours.

Lors de la première coalition, vous en fîtes partie. Par suite, les armées françaises conquirent votre pays, fatalité attachée à l'alliance de l'Angleterre.

Depuis la conquête, vous fûtes gouvernés par une administration particulière; mais votre république fit partie de l'empire. Vos places fortes et les principales positions de votre pays restèrent occupées par mes troupes. Votre administration changea au gré des opinions qui se succédèrent en France.

Lorsque la providence me fit monter sur le premier trône du monde, je dus, en fixant à jamais les destinées de la France, régler le sort de tous les peuples qui faisaient partie de l'empire, faire éprouver à tous les bienfaits de la stabilité et de l'ordre, et faire disparaître chez tous les maux de l'anarchie. Je terminai les incertitudes de l'Italie en plaçant sur ma tête la couronne de fer; je supprimai le gouvernement qui régissait le Piémont. Je traçai dans mon acte de médiation les constitutions de la Suisse, et conciliai les circonstances locales de ce pays, les souvenirs de son histoire, avec la sûreté et les droits de la couronne impériale.

Je vous donnai un prince de mon sang pour vous gouverner : c'était un lien naturel qui devait concilier les intérêts de votre administration et les droits de l'empire. Mes espérances ont été trompées. J'ai, dans cette circonstance, usé de plus de longanimité que ne comportaient mon caractère et mes droits. Enfin, je viens de mettre un terme à la douloureuse incertitude où vous vous trouviez, et de faire cesser une agonie qui achevait d'anéantir vos forces et vos ressources. Je viens d'ouvrir à votre industrie le continent. Le jour viendra où vous porterez mes aigles sur les mers qui ont illustré vos ancêtres. Vous vous y montrerez alors dignes d'eux et de moi. D'ici là, tous les changemens qui surviendront sur la face de l'Europe auront pour cause première le système tyrannique, aveugle et destructif de sa prospérité, qui a porté le gouvernement anglais à mettre le commerce hors de la loi commune, en le plaçant sous le régime arbitraire des licences.

Messieurs les députés du corps législatif, des armées de terre et de mer de la Hollande, et messieurs les députés de ma bonne ville d'Amsterdam, dites à mes sujets de Hollande que je suis satisfait des sentimens qu'ils me montrent, que je ne doute pas de leur fidélité; que je compte que leurs efforts se réuniront aux efforts de tous mes autres sujets, pour reconquérir les droits maritimes que cinq coalitions successives fomentées par l'Angleterre, ont fait perdre au continent. Dites-leur qu'ils peuvent compter, dans toutes les circonstances, sur ma spéciale protection.

Réponse de Napoléon à une députation des provinces Illyriennes.

Messieurs les députés de mes provinces Illyriennes, j'agrée vos sentimens. Je désire connaître les besoins de vos compatriotes et assurer leur bien-être.

Je mets du prix à vous savoir contens, et je serai heureux d'apprendre que les plaies de tant de guerres sont cicatrisées, et toutes vos pertes réparées.

Assurez mes sujets de l'Illyrie de ma protection impériale.

Fontainebleau, 12 novembre 1810.

Lettre de Sa majesté impériale et royale au président du sénat.

Monsieur le comte Garnier, président du sénat, la satisfaction que nous fait éprouver l'heureuse grossesse de l'impératrice, notre très-chère et bien aimée épouse, nous porte à vous écrire cette lettre pour que vous fassiez part, en notre nom, au sénat de cet événement aussi essentiel à notre bonheur, qu'à l'intérêt et à la politique de notre empire. La présente n'étant à autre fin, nous prions Dieu qu'il vous ait, monsieur le comte Garnier, président du sénat, en sa sainte et digne garde. NAPOLÉON.

Paris, 10 décembre 1810.

Message de Sa Majesté impériale et royale au sénat.

Sénateurs,

J'ordonne à mon ministre des relations extérieures de vous faire connaître les différentes circonstances qui nécessitent la réunion de la Hollande à l'empire.

Les arrêts publiés par le consul britannique en 1806 et 1807, ont déchiré le droit public de l'Europe. Un nouvel ordre de choses régit l'univers; de nouvelles garanties m'étant devenues nécessaires, la réunion des embouchures de l'Escaut, de la Meuse, du Rhin, de l'Ems, du Wéser et de l'Elbe à l'empire, l'établissement d'une navigation intérieure avec la Baltique, m'ont paru être les premières et les plus importantes.

J'ai fait dresser le plan d'un canal qui sera exécuté avant cinq ans, et qui joindra la Baltique à la Seine.

Des indemnités seront données aux princes qui pourront se trouver froissés par cette grande mesure, que commande la nécessité, et qui appuie sur la Baltique la droite des frontières de mon empire.

Avant de prendre ces déterminations, j'ai fait pressentir l'Angleterre; elle a su que le seul moyen de maintenir l'indépendance de la Hollande était de rapporter ses arrêts du conseil de 1806 et 1807, ou de revenir enfin à des sentimens pacifiques ; mais cette puissance a été sourde à la voix de de ses intérêts comme au cri de l'Europe.

J'espérais pouvoir établir un cartel d'échange des prisonniers entre la France et l'Angleterre, et par suite profiter du séjour des deux commissaires, à Paris et à Londres, pour arriver à un rapprochement entre les deux nations. Mes espérances ont été déçues. Je n'ai reconnu dans la manière de négocier du gouvernement anglais qu'astuce et que mauvaise foi.

La réunion du Valais est une conséquence prévue des immenses travaux que je fais faire depuis dix ans dans cette partie. Lors de mon acte de médiation, je séparai le Valais de la confédération helvétique, prévoyant dès-lors une mesure si utile à la France et à l'Italie.

Tant que la guerre durera avec l'Angleterre, le peuple français ne doit pas poser les armes.

Mes finances sont dans l'état le plus prospère. Je puis fournir à toutes les dépenses que nécessite cet immense empire, sans demander à mes peuples de nouveaux sacrifices.

NAPOLÉON.

Paris, 11 mars 1811.

Réponse de S. M. à différentes députations.

A la députation du département de Gênes.

« Mes peuples de Gênes connaissent la prédilection que j'ai eue pour eux dès le premier moment où j'ai paru à la tête de mes armées en Italie. Ils peuvent aussi se vanter avec raison de m'avoir été constamment fidèles, et leur attachement n'a fait qu'acquérir une nouvelle chaleur toutes les fois que la fortune de mes armes a été incertaine. Ils fournissent aujourd'hui un grand nombre de matelots à mes escadres, et lorsque mes amiraux m'ont rendu compte du zèle et du bon esprit qui les animaient, mon cœur en a été vivement ému.

« Les momens ne sont pas éloignés où je vous mettrai à même de surpasser la gloire qu'ont acquise vos pères sur toutes les côtes de la Méditerranée. »

A la députation de Marengo.

« Je vous remercie de ce que vous me dites. Les grands travaux que, depuis dix-huit ans, je fais faire à Alexandrie, rendent cette ville l'une des plus fortes de l'Europe : je compte sur la fidélité et la bravoure de mes peuples de Marengo. »

A la députation de Tarn-et-Garonne.

« J'agrée vos sentimens ; j'en connais la sincérité. Lors de mon dernier voyage, j'ai été satisfait de tout ce que j'ai vu dans vos belles contrées, et spécialement dans ma bonne ville de Montauban. Comptez toujours sur mon affection. »

A la députation de la Vendée.

« Tout ce que vous me dites dans votre adresse, je l'ai éprouvé lors de mon dernier voyage dans votre pays. Le spectacle que m'ont offert vos villages, dix ans après la guerre, m'a paru horrible. J'ai fait la guerre dans les trois parties du monde. Je crois avoir des droits à la reconnaissance des peuples que j'ai vaincus ; car, six mois après la guerre terminée, il n'en restait plus de traces sur leur territoire. J'ai été touché des sentimens que mes peuples de la Vendée m'ont témoignés. Ils ont raison de compter sur l'amour que je leur porte. Faites disparaître promptement ces traces de nos malheurs domestiques. J'ai mis, cette année, à la disposition de mon ministre de l'intérieur de nouveaux moyens pour vous y aider. Lorsque vous relevez une ruine, que vous rebâtissez une de vos maisons, songez que vous faites la chose qui m'est le plus agréable; c'est une manière sûre de me plaire. La première fois que vous reviendrez ici, dites-moi que toutes vos villes et villages sont entièrement rebâtis, et que mes peuples de la Vendée sont logés comme le comporte la fertilité de leur sol. »

Paris, 17 mars 1811.

Réponse de l'empereur à une députation des villes de Hambourg, Lubeck et Brême.

« Messieurs les députés des villes anséatiques de Hambourg, Brême et Lubeck, vous faisiez partie de l'empire germanique : votre constitution a fini avec lui. Depuis ce temps votre situation était incertaine. Je voulais reconstituer vos villes sous une administration indépendante, lorsque les changemens qu'ont produits dans le monde les nouvelles lois du conseil britannique, ont rendu ce projet impraticable. Il m'a été impossible de vous donner une administration indépendante, puisque vous ne pouviez plus avoir un pavillon indépendant.

« Les décrets de Berlin et de Milan sont la loi fondamentale de mon empire. Ils ne cessent d'avoir leur effet que pour les nations qui défendent leur souveraineté et maintiennent la religion de leur pavillon. L'Angleterre est en état de blocus pour les nations qui se soumettent aux arrêts de 1806, parce que les pavillons qui se sont ainsi soumis aux lois anglaises, sont dénationalisés; ils sont Anglais. Les nations, au contraire, qui ont le sentiment de leur dignité, et qui trouvent, dans leur courage et dans leurs forces, assez de ressources pour méconnaître le blocus par notification, vulgairement appelé *blocus sur le papier*, et aborder dans les ports de mon empire, autres que ceux réellement bloqués, en suivant l'usage reconnu et les stipulations du traité d'Utrecht, peuvent communiquer avec l'Angleterre. L'Angleterre n'est pas bloquée pour elles. Les décrets de Berlin et de Milan, dérivant de la nature des choses, formeront constamment le droit public de mon empire pendant tout le temps que l'Angleterre maintiendra ses arrêts de 1806 et 1807, et violera les stipulations du traité d'Utrecht sur cette matière.

« L'Angleterre a pour principe de saisir les marchandises appartenant à son ennemi sous quelque pavillon qu'elles soient. L'empire a dû admettre le principe de saisir les marchandises anglaises ou provenant du commerce de l'Angleterre, sur quelque territoire que ce soit. L'Angleterre saisit les marchands, les voyageurs, les charretiers de la nation avec laquelle elle est en guerre sur toutes les mers. La France a dû saisir les voyageurs, les marchands, les charretiers anglais sur quelque point du continent qu'ils se trouvent et où elle peut les atteindre; et si dans ce système il y a quelque chose de peu conforme à l'esprit du siècle, c'est l'injustice des nouvelles lois anglaises qu'il faut en accuser.

« Je me suis plu à entrer dans ces développemens avec vous, pour vous faire voir que votre réunion à l'empire est une suite nécessaire des lois britanniques de 1806 et 1807, et non l'effet d'aucun calcul ambitieux. Vous trouverez dans mes lois civiles une protection que, dans votre position maritime, vous ne sauriez plus trouver dans les lois politiques. Le commerce maritime, qui a fait votre prospérité, ne peut renaître désormais qu'avec ma puissance maritime. Il faut reconquérir à la fois les droits des nations, la liberté des mers et la paix générale. Quand j'aurai plus de cent vaisseaux de haut-bord, je soumettrai dans peu de campagnes l'Angleterre. Les matelots de vos côtes et les matériaux qui arrivent aux débouchés de vos rivières me sont nécessaires. La France, dans ses anciennes limites, ne pouvait construire une marine en temps de guerre : lorsque ses côtes étaient bloquées, elle était réduite à recevoir la loi. Aujourd'hui, par l'accroissement qu'a reçu mon empire depuis six ans, je puis construire, équiper et armer vingt-cinq vaisseaux de hautbord par an, sans que l'état de guerre maritime puisse l'empêcher ou me retarder en rien.

« Les comptes qui m'ont été rendus du bon esprit qui anime vos concitoyens, m'ont fait plaisir ; et j'espère, avant peu, avoir à me louer du zèle et de la bravoure de vos matelots. »

Paris, 22 mars 1811.

Réponse de l'empereur à une députation du sénat et du conseil d'état, envoyée pour le féliciter sur la naissance de son fils le roi de Rome.

Au Sénat.

Sénateurs,

« Tout ce que la France me témoigne dans cette circonstance va droit à mon cœur. Les grandes destinées de mon fils s'accompliront. Avec l'amour des Français, tout lui deviendra facile.

« J'agrée les sentimens que vous m'exprimez. »

Au conseil d'état.

Messieurs les conseillers d'état,

« J'ai ardemment désiré ce que la providence vient de m'accorder. Mon fils vivra pour le bonheur et la gloire de la France. Nos enfans se dévoueront pour son bonheur et sa gloire.

« Je vous remercie des sentimens que vous m'exprimez. »

Saint-Cloud, 25 avril 1811.

Lettre de l'empereur aux évêques de France, pour les inviter à se rassembler en concile.

« Monsieur l'évêque de..... les églises les plus illustres et les plus populeuses de l'empire sont vacantes ; une des parties contractantes du concordat l'a méconnu. La conduite que l'on a tenue en Allemagne depuis dix ans a presque détruit l'épiscopat dans cette partie de la chrétienté : il n'y a aujourd'hui que huit évêques ; grand nombre de diocèses sont gouvernés par des vicaires apostoliques ; on a troublé les chapitres dans le droit qu'ils ont de pourvoir, pendant la vacance du siége, à l'administration du diocèse, et l'on a ourdi des manœuvres ténébreuses tendantes à exciter la discorde et la sédition parmi nos sujets. Les chapitres ont rejeté des brefs contraires à leurs droits et aux saints canons.

« Cependant les années s'écoulent, de nouveaux évêchés viennent à vaquer tous les jours : s'il n'y était pourvu promptement, l'épiscopat s'éteindrait en France et en Italie comme en Allemagne. Voulant prévenir un état de choses si contraire au bien de notre religion, aux principes de l'église gallicane, et aux intérêts de l'état, nous avons résolu de réunir, au 9 juin prochain, dans l'église de Notre-Dame de Paris, tous les évêques de France et d'Italie en concile national.

« Nous désirons donc qu'aussitôt que vous aurez reçu la présente, vous ayez à vous mettre en route, afin d'être arrivé dans notre bonne ville de Paris dans la première semaine du mois de juin.

« Cette lettre n'étant à autre fin, nous prions Dieu qu'il vous ait en sa sainte garde. » NAPOLÉON.

Rambouillet, 18 mai 1811.

Lettre de l'empereur aux évêques.

« Monsieur l'évêque de........, la naissance du roi de Rome est une occasion solennelle de prières et de remercîmens envers l'auteur de tous biens. Le 9 juin, jour de la Trinité, nous irons nous-même le présenter au baptême dans l'église de Notre-Dame de Paris. Notre intention est que le même jour nos peuples se réunissent dans leurs églises pour assister au *Te Deum*, et joindre leurs prières et leurs vœux aux nôtres.

« Concertez-vous à cet effet avec qui de droit, et remplissez nos intentions avec le zèle dont vous avez donné des preuves réitérées. Cette lettre n'étant à autre fin, nous prions Dieu, etc. »   NAPOLÉON.

Paris, 17 juin 1811.

Discours de l'empereur à l'ouverture du corps-législatif.

« Messieurs les députés des départemens au corps-législatif,

« La paix conclue avec l'empire d'Autriche a été depuis cimentée par l'heureuse alliance que j'ai contractée : la naissance du roi de Rome a rempli mes vœux et satisfait à l'avenir de mes peuples.

« Les affaires de la religion ont été trop souvent mêlées et sacrifiées aux intérêts d'un état du troisième ordre. Si la moitié de l'Europe s'est séparée de l'église de Rome, on peut l'attribuer spécialement à la contradiction qui n'a cessé d'exister entre les vérités et les principes de la religion, qui sont pour tout l'univers, et des prétentions et des intérêts qui ne regardaient qu'un très-petit coin de l'Italie. J'ai mis fin à ce scandale pour toujours. J'ai réuni Rome à l'empire. J'ai accordé des palais aux papes, à Rome et à Paris : s'ils ont à cœur les intérêts de la religion, ils voudront séjourner souvent au centre des affaires de la chrétienté; c'est ainsi que Saint Pierre préféra Rome au séjour même de la Terre-Sainte.

« La Hollande a été réunie à l'empire; elle n'en est qu'une émanation. Sans elle, l'empire ne serait pas complet.

« Les principes adoptés par le gouvernement anglais, de ne reconnaître la neutralité d'aucun pavillon, m'ont obligé de m'assurer des débouchés de l'Ems, du Weser et de l'Elbe, et m'ont rendu indispensable une communication intérieure avec la Baltique. Ce n'est pas mon territoire que j'ai voulu accroître, mais bien mes moyens maritimes.

« L'Amérique a fait des efforts pour faire reconnaître la liberté de son pavillon. Je la seconderai.

« Je n'ai qu'à me louer des souverains de la confédération du Rhin.

« La réunion du Valais avait été prévue dès l'acte de médiation, et considérée comme nécessaire pour concilier les intérêts de la Suisse avec les intérêts de la France et de l'Italie.

« Les Anglais mettent en jeu toutes les passions. Tantôt ils supposent à la France tous les projets qui peuvent alarmer les autres puissances; projets qu'elle aurait pu mettre à exécution s'ils étaient entrés dans sa politique : tantôt ils font un appel à l'amour propre des nations pour exciter leur jalousie; ils saisissent toutes les circonstances que font naître les événemens inattendus des temps où nous nous trouvons : c'est la guerre dans toutes les parties du continent qui peut seule assurer leur prospérité. Je ne veux rien qui ne soit dans les traités que j'ai conclus. Je ne sacrifierai jamais le sang de mes peuples pour des intérêts qui ne sont pas immédiatement ceux de mon empire. Je me flatte que la paix du continent ne sera pas troublée.

« Le roi d'Espagne est venu assister à cette dernière solennité. Je lui ai accordé tout ce qui était nécessaire et propre à réunir les intérêts et l'esprit des différens peuples de ses provinces. Depuis 1809, la plupart des places fortes d'Espagne ont été prises après des siéges mémorables. Les insurgés ont été battus dans un grand nombre de batailles rangées. L'Angleterre a compris que cette guerre tournait à sa fin, et que les intrigues et l'or n'étaient plus suffisans désormais pour la nourrir. Elle s'est trouvée contrainte à en changer la nature ; et d'auxiliaire, elle est devenue partie principale. Tout ce qu'elle a de troupes de ligne a été envoyé dans la péninsule : l'Angleterre, l'Ecosse, l'Irlande sont dégarnies. Le sang anglais a enfin coulé à grands flots dans plusieurs actions glorieuses pour les armes françaises......... Cette lutte contre Carthage, qui paraissait devoir se décider sur les champs de bataille de l'Océan ou au-delà des mers, le sera donc désormais dans les plaines des Espagnes! Lorsque l'Angleterre sera épuisée, qu'elle aura enfin ressenti les maux qu'avec tant de cruauté elle verse depuis vingt ans sur le continent, que la moitié de ses familles sera couverte du voile funèbre, un coup de tonnerre mettra fin aux affaires de la péninsule, aux destins de ses armées, et vengera l'Europe et l'Asie en terminant cette seconde guerre punique.

« Messieurs les députés des départemens au corps-législatif,

« J'ordonne à mon ministre de mettre sous vos yeux les comptes de 1809 et 1810. C'est l'objet pour lequel je vous ai réunis. Vous y verrez la situation prospère de mes finances. Quoique j'aie mis, il y a trois mois, cent millions d'extraordinaire à la disposition de mes ministres de la guerre, pour subvenir aux dépenses des nouveaux armemens qui alors paraissaient nécessaires, je me trouve dans l'heureuse situation de n'avoir à imposer aucune nouvelle surcharge à mes peuples. Je ne hausserai aucun tarif; je n'ai besoin d'aucun accroissement dans les impositions. »

Paris, 30 juin 1811.

Réponse de l'empereur à une députation du corps-législatif envoyée après le baptême du roi de Rome.

« Monsieur le président et messieurs les députés du corps-législatif,

« J'ai été bien aise de vous voir auprès de moi dans cette circonstance si chère à mon cœur.

« Tous les vœux que vous formez pour l'avenir me sont très-agréables. Mon fils répondra à l'attente de la France ; il aura pour vos enfans les sentimens que je vous porte. Les Français n'oublieront jamais que leur bonheur et leur gloire sont attachés à la prospérité de ce trône que j'ai élevé, consolidé et agrandi avec eux et pour eux : je désire que ceci soit entendu de tous les Français. Dans quelque position que la Providence et ma volonté les aient placés, le bien, l'amour de la France est leur premier devoir.

J'agrée vos sentimens. »

Paris, 18 août 1811.

Réponse de l'empereur à deux députations, l'une du département de la Lippe et l'autre des Iles Ioniennes.

A celle de la Lippe.

« Messieurs les députés du département de la Lippe, la ville de Munster appartenait à un souverain ecclésiastique, déplorable effet de l'ignorance et de la superstition. Vous étiez sans patrie. La Providence, qui a voulu que je rétablisse le trône de Charlemagne, vous a fait naturellement rentrer, avec la Hollande et les villes anséatiques, dans le sein de l'empire. Du moment où vous êtes devenus Français, mon cœur ne fait pas de différence entre vous et les autres parties de mes états. Aussitôt que les circonstances me le permettront, j'éprouverai une vive satisfaction de me trouver au milieu de vous. »

A celle des Iles Ioniennes.

« Messieurs les députés des Iles Ioniennes, j'ai fait faire dans votre pays de grands travaux. J'y ai réuni un grand nombre de troupes et de munitions de toute espèce. Je ne regrette pas les dépenses que Corfou coûte à mon trésor ; elle est la clé de l'Adriatique.

« Je n'abandonnerai jamais des îles que la supériorité de l'ennemi sur mer a fait tomber en son pouvoir. Dans l'Inde, comme dans l'Amérique, comme dans la Méditerranée, tout ce qui est et a été Français, le sera constamment. Conquis par l'ennemi, par les vicissitudes de la guerre, ou par les stipulations de la paix, je regarderais comme une tache ineffaçable à la gloire de mon règne, de sanctionner jamais l'abandon d'un seul Français.

« J'agrée les sentimens que vous m'exprimez. »

FIN DU CINQUIÈME VOLUME.

www.ingramcontent.com/pod-product-compliance
Lightning Source LLC
Chambersburg PA
CBHW071611230426
43669CB00012B/1909